高等学校物流管理与工程专业系列教材

U0650816

# LOGISTICS AND SUPPLY CHAIN MANAGEMENT

# 物流与供应链管理

主 编 伍京华

高等教育出版社·北京

内容简介

本教材从物流管理基础理论、供应链管理基础理论、物流管理与供应链管理的关系、物流管理与供应链管理共同拥有的各项功能和最新应用五个角度全面构建了物流与供应链管理的教学体系。本教材内容全面,结构合理,案例新颖,在注重对物流与供应链管理基础理论知识阐述的基础上,重点关注物流与供应链管理的应用和实施。本教材每章开始有学习目标和知识逻辑图,全书配有大量最新案例和补充阅读,大部分章节都辅以最新的应用系统案例,这也是本教材的特色之一。全书各章配有二维码关联即测即评,学习者可以扫描二维码直接检测学习效果。

本教材既可作为物流管理与工程专业的本科生教材,也可作为企业管理、市场营销、工商管理等经济管理类专业相关课程教材,还可供企业从事物流与供应链管理工作的人员参考。

**图书在版编目(CIP)数据**

物流与供应链管理 / 伍京华主编. —北京:高
等教育出版社,2018.12
  ISBN 978-7-04-050820-8

Ⅰ. ①物… Ⅱ. ①伍… Ⅲ. ①物流管理—高等学校—
教材②供应链管理—高等学校—教材 Ⅳ. ① F252.1

中国版本图书馆 CIP 数据核字(2018)第 240334 号

| | | | | | | | |
|---|---|---|---|---|---|---|---|
| 策划编辑 | 曾飞华 | 责任编辑 | 曾飞华 | 封面设计 | 李小璐 | 版式设计 | 于 婕 |
| 插图绘制 | 于 博 | 责任校对 | 刁丽丽 | 责任印制 | 陈伟光 | | |

| | | | | |
|---|---|---|---|---|
| 出版发行 | 高等教育出版社 | 网 址 | http://www.hep.edu.cn |
| 社 址 | 北京市西城区德外大街4号 | | http://www.hep.com.cn |
| 邮政编码 | 100120 | 网上订购 | http://www.hepmall.com.cn |
| 印 刷 | 中青印刷厂 | | http://www.hepmall.com |
| 开 本 | 787mm×1092mm 1/16 | | http://www.hepmall.cn |
| 印 张 | 20.25 | | |
| 字 数 | 400 千字 | 版 次 | 2018 年 12 月第 1 版 |
| 购书热线 | 010-58581118 | 印 次 | 2018 年 12 月第 1 次印刷 |
| 咨询电话 | 400-810-0598 | 定 价 | 41.00 元 |

# 前　言

随着经济全球化和信息技术的飞速发展，物流与供应链管理作为经济发展的重要保障因素之一，也得到了迅猛发展。越来越多企业认识到了物流与供应链管理作为第三利润源的重要性。物流与供应链管理作为改善和提高企业服务水平的重要管理目标和手段，已经成为各大企业增强其核心竞争力的重要途径之一。

从现在我国企业对物流与供应链管理的关注和应用实施来看，虽然很多企业已经意识到了物流与供应链管理的重要性，并且已经展开行动，但由于供应链管理思想引入时间不长，导致对两者认识不够深入。本教材对物流管理与供应链管理两者关系深入剖析，将两者共同拥有的各项功能如客户关系、信息、运输、库存、配送、包装、装卸搬运、流通加工和金融等联系起来进行系统介绍，并将前沿技术如云计算和大数据等与物流与供应链管理结合起来进行了阐述。

本教材的作者从事物流与供应链管理教学工作近十年，并有在企业从事相关工作的实际经验和工作积累。本教材的编写，既注重对物流与供应链管理理论基础知识的探究，又注重物流与供应链管理的应用与实施，突出案例学习。本教材既可作为物流管理与工程专业的本科生教材，也可作为企业管理、市场营销、工商管理等经济管理类专业相关课程教材，还可供企业从事和物流与供应链管理有关工作的人员参考。

本教材由中国矿业大学（北京）的伍京华副教授负责全书的编写，参与编写工作的还有中国矿业大学（北京）的杨洋副教授和张富娟、韩佳丽、王竞陶、冯思艺、刘创、张竞丹、刘玲竹。具体编写分工如下：杨洋（第一、十四章）、张富娟（第一、二、三章）、韩佳丽（第一、四章）、王竞陶（第一、四章）、冯思艺（第十三、十四章）、刘创（第十、十一、十二章）、张竞丹（第七、八、九章）、刘玲竹（第五、六章）。

本教材在编写过程中参考了大量国内外教授、专著、论文和相应的出版物，以及网上的相应资料，虽然参考文献中列出了这些参考的主要资料和网站来源，但仍旧可能存在遗漏和标注不完整的地方，在此深表歉意和谢意。最后，尽管本教材的编写团队参阅了大量资料，付出了艰辛劳动，但由于水平有限，书中难免依旧存在疏漏甚至是错误之处，敬请广大读者批评指正。读者如需相应的教学课件，请发邮件至 uwhua@ 163.com。

伍京华
2018 年 8 月

# 目　录

第一章　物流与物流管理概述 ………… 1

第一节　物流概述 ……………… 2

第二节　物流管理概述 ………… 9

第三节　主要物流学说及趋势 … 13

第四节　国内外物流发展概况 … 17

本章小结 …………………… 31

练习题 ……………………… 32

延伸阅读 …………………… 32

第二章　供应链与供应链管理概述 … 33

第一节　供应链概述 ………… 35

第二节　供应链管理概述 …… 42

第三节　供应链与供应链管理的
　　　　主要方法 ………… 47

第四节　供应链风险管理 …… 53

本章小结 …………………… 61

练习题 ……………………… 62

延伸阅读 …………………… 62

第三章　物流管理与供应链管理
　　　　的关系 ……………… 63

第一节　物流管理与供应链管理
　　　　的联系 …………… 65

第二节　物流管理与供应链管理
　　　　的区别 …………… 68

第三节　供应链管理环境下物流
　　　　管理的特点 ……… 69

第四节　供应链管理环境下物流
　　　　管理的创新 ……… 71

本章小结 …………………… 76

练习题 ……………………… 77

延伸阅读 …………………… 77

第四章　物流与供应链的客户
　　　　关系管理 …………… 78

第一节　核心竞争力 ………… 79

第二节　客户关系管理基础理论 … 81

第三节　物流与供应链的客户关系
　　　　管理 ……………… 88

第四节　典型系统 …………… 93

本章小结 …………………… 102

练习题 ……………………… 102

延伸阅读 …………………… 103

第五章　物流与供应链管理的
　　　　信息管理 …………… 104

第一节　物流信息管理 ……… 105

第二节　供应链信息管理 …… 111

第三节　典型系统：中国物通网
　　　　信息化物流平台 … 114

本章小结 …………………… 120

练习题 ……………………… 120

延伸阅读 …………………… 121

第六章　物流与供应链管理的
　　　　运输管理 …………… 122

第一节　物流运输管理 ……… 124

第二节　供应链运输管理 …… 131

第三节　典型系统 …………… 134

本章小结 ……………………………… 143

练习题 ……………………………… 143

延伸阅读 ……………………………… 144

**第七章　物流与供应链管理的**
　　　　**库存管理** ……………………… 145

第一节　库存管理概述 ……………… 146

第二节　供应链库存管理 …………… 159

第三节　典型系统 …………………… 169

本章小结 ……………………………… 176

练习题 ……………………………… 177

延伸阅读 ……………………………… 177

**第八章　物流与供应链管理的**
　　　　**配送管理** ……………………… 178

第一节　物流与供应链管理的配送 … 180

第二节　物流与供应链管理的
　　　　配送中心 ………………… 187

第三节　典型系统 …………………… 194

本章小结 ……………………………… 198

练习题 ……………………………… 198

延伸阅读 ……………………………… 198

**第九章　物流与供应链管理的**
　　　　**包装管理** ……………………… 199

第一节　包装管理概述 ……………… 200

第二节　供应链包装管理 …………… 209

第三节　典型系统 …………………… 214

本章小结 ……………………………… 216

练习题 ……………………………… 216

延伸阅读 ……………………………… 216

**第十章　物流与供应链管理的**
　　　　**装卸搬运** ……………………… 217

第一节　装卸搬运概述 ……………… 218

第二节　典型系统：京东无人仓 …… 226

本章小结 ……………………………… 229

练习题 ……………………………… 230

延伸阅读 ……………………………… 230

**第十一章　物流与供应链管理的**
　　　　　**流通加工** …………………… 231

第一节　流通加工概述 ……………… 232

第二节　供应链管理中的流通加工 … 241

第三节　典型系统：红星美凯龙
　　　　"家居流通4.0" ………… 244

本章小结 ……………………………… 248

练习题 ……………………………… 248

延伸阅读 ……………………………… 248

**第十二章　物流与供应链管理的**
　　　　　**金融管理** …………………… 249

第一节　物流与供应链管理
　　　　金融概述 ………………… 251

第二节　物流与供应链金融
　　　　融资管理 ………………… 258

第三节　典型系统：维金供应链金融
　　　　管理系统 ………………… 264

本章小结 ……………………………… 266

练习题 ……………………………… 267

延伸阅读 ……………………………… 267

**第十三章　物流与供应链管理中**
　　　　　**的云计算** …………………… 268

第一节　云计算概述 ………………… 270

第二节　物流与供应链管理中的
　　　　云计算 …………………… 277

第三节　典型系统 …………………… 282

本章小结 ……………………………… 287

练习题 ……………………………… 287

延伸阅读 ……………………………… 288

第十四章　物流与供应链管理中的
　　　　大数据 ···················· 289
　第一节　大数据概述 ············· 291
　第二节　物流与供应链管理中的
　　　　　大数据 ··············· 297
　第三节　典型系统：京东青龙智慧

物流系统 ·············· 304
本章小结 ···················· 307
练习题 ····················· 307
延伸阅读 ···················· 308
参考文献 ···················· 309

# 第一章 物流与物流管理概述

知识逻辑图

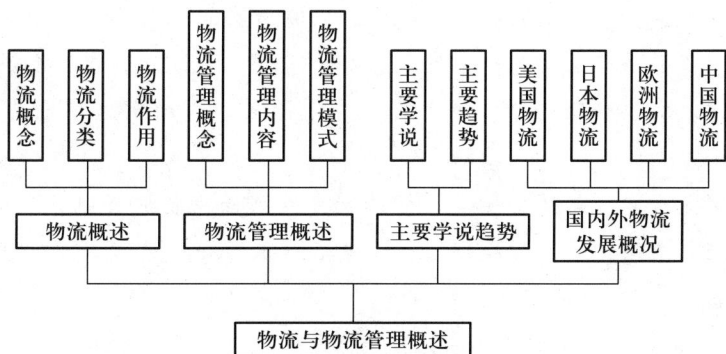

【学习目标】

理解并掌握物流的概念、分类和作用；熟悉物流管理的概念、内容和模式；了解物流的主要学说和趋势；了解国内外物流发展的概况。

案例 1.1

## 支付宝联合菜鸟加速中小物流公司"互联网+"进程

2017 年 9 月 14 日，在上海举办的蚂蚁开放日物流开放专场上，蚂蚁金服和菜鸟联合宣布面向中小物流公司开放支付、金融、信用、营销等一系列能力，助推中小物流公司的"互联网+"进程。支付宝还将投入 2 亿元资金，以支付手续费优惠、联合营销推广等方式加速中小物流公司与互联网的深度融合，为用户提供更便捷的体验。

蚂蚁金服物流行业总监浩瀚表示，物流行业存在大量代收货款业务，以往都是以现金为主，既不方便携带，又容易产生假币短款等风险，甚至还存在携款跑路的可能性。在支付宝向中小物流公司开放的能力中，当面付、APP 支付、接口及时转账、商家极速返款等产品可以帮助中小物流公司解决从收款到资金清算的问题，提高了资金使用效率及安全性。菜鸟通过分账体系，完成了和平台商户的实时结算返款，节省了70%的人工对账财务成本。再比如，宅急送使用"商家极速返款"产品将原本需要T+2天的返款时间，缩短至1秒内完成，受到上游电商的好评。

物流行业资金结算有时间差、从业人员流动性高，如何防范卷款跑路的风险？芝麻信用可以帮助物流企业解决"从业人员准入判定"和"月结客户风险防控"等问题。"以前快递员入职，需要提供身份证、无犯罪证明等一系列材料，快递员和我们都觉得费力，现在一个接口就解决了。"一位快递公司的HR对记者高兴地表示道。

营销层面的能力开放，则体现在支付宝"我的快递""生活号""会员卡"等产品之间的打通。理想的流程是，用户在支付宝上通过"我的快递"获得快递公司提供的物流运单状态查询、提醒等服务后，可以关注该物流公司的生活号，并领取电子会员卡。这样一来，快递公司在提升用户服务感知的同时，也打造了自己的会员营销阵地，并做了品牌推广。蚂蚁金服透露，截至目前，支付宝"我的快递"已有2.5亿用户，日活跃用户过千万。

同时，依托支付宝、菜鸟裹裹等APP，菜鸟网络面向物流公司开放运力平台，以菜鸟无线寄件业务为例，通过智能调度、服务链路保障等，实现物流从业人员激励和更好消费者体验。

（案例来源：http://news.163.com）

**启发思考**：该案例反映了物流及物流管理的哪些重要方面？未来两者的发展趋势是什么？

# 第一节　物流概述

现如今，经济全球化日益发展，物流存在于国民经济和社会生活的各个方面，与人们生活密切相关。随着经济的发展和社会的进步，人们对物流概念的认识也在不断地改变。

## 一、物流概念

人们对物流的认识经历了不断深化的过程。最早，在第二次世界大战中，为了使战略物资补给的费用更低、速度更快、服务更好，美国军队围绕战争供应建立了"后勤"理论，对军火等战略物资的运输、补给和屯驻等进行全面管理。第二次世界大战后，"后勤"一词在企业中广泛应用，又发展出商业后勤或流通后勤的概念，指的是"包括原材料的流通、产品分配、运输、购买与库存控制、储存、客户服务等业务活动"，其领域包括原材料物流、生产物流和销售物流，其意义更加宽泛，所以被称为广义的物流。

国内外物流专家对物流的定义各不相同，但大体都包含以下两方面内容：物流是克服时间间隔和空间间隔的经济性活动；物流包括物资流通和信息流通。

1. 美国对物流的定义

美国后勤管理协会关于物流的定义为：物流是有计划地对原材料、半成品和成品由其生产地到消费地的高效流通活动，包括为用户服务、需求预测、情报信息联络、物料搬运、订单处理、选址、采购、包装、运输、装卸、废料处理及仓库管理等。

2. 日本对物流的定义

日通综合研究所将物流定义为：物流是将货物由供应者向需求者的物理性移动，是创造时间价值和场所价值的经济活动，包括包装、搬运、保管、库存管理、运输、配送等。

日本工业标准对物流的定义为：物流是指将实物从供给者物理性移动到用户这一过程的活动，一般包括输送、保管、装卸，以及与其有关的情报等各种活动。

3. 欧洲对物流的定义

欧洲物流协会认为：物流是在一个系统内对人员和商品的运输、安排及与此相关的支持活动进行计划、执行和控制，以达到特定的目的。

4. 我国对物流的定义

《中华人民共和国国家标准物流术语》（GB/T 18354—2006）（以下简称《物流术语》）对物流的定义为：物流是物品从供应地向接收地的实体流动过程。根据实际需要，将运输、储存、装卸、搬运、包装、加工、配送和信息处理等基本功能实施有机结合。

目前，被普遍认同的是美国物流管理协会（2004年已更名为美国供应链管理协会）2000年所下的定义：物流是为满足客户需要，对商品、服务及相关信息在源头与消费点之间的高效（高效率、高效益）正向及反向流动与储存进行的计划、实施与控制的过程。

## 二、物流分类

当前，物流已存在于社会的各个领域，许多领域也都有了自己特定的物流活动。由于物流对象、物流目的、物流方向及物流范围的不同，人们可以从不同的角度、采用不同的标准对物流进行分类。

### （一）按照物流的范畴分类

按照物流的范畴，可将物流分为社会物流、行业物流、企业物流三类。

1. 社会物流

社会物流，也称为大物流或宏观物流，属宏观范畴，一般发生在流通领域，是全社会物流的整体。社会物流是伴随商业活动发生的，也就是说与物流过程和所有权的更迭相关，这也是社会物流的一个重要标志。

社会物流关系到国民经济的发展，从总体上来讲，其流通网络是国民经济发展的命脉。只有社会物流的网络分布合理、渠道畅通，国民经济才能更好地发展。为保证社会物流的高效能和低成本运行，应尽量采用先进的物流技术和手段，对社会物流进行科学的管理和有效的控制。当社会物流发展得越来越好，经济效益和社会效益也会随之变得越来越好。

2．行业物流

行业物流属中观物流，它是指在一个行业内部所发生的物流活动。通常，同一行业中的企业，即使它们之间的关系可能是竞争者，为了共同的利益，在物流领域中却常常互相协作，它们的这种协作促进了行业物流系统的合理化。行业物流系统化的结果将会使这些企业实现真正意义上的"共赢"。

例如，日本的建设机械行业，提出该行业物流系统化的具体内容如下：各种运输手段的有效利用；建设共同的零部件仓库，实行共同集配送；建立新旧设备及零部件的共同流通中心；建立技术中心，共同培训操作人员和维修人员；统一设立机械的规格等。

3．企业物流

企业物流属微观物流的范畴，它是从企业角度研究有关的物流活动，即在企业经营范围内由生产或服务活动所形成的物流系统称为企业物流。企业物流通过管理层、控制层和作业层三个层次的协调配合实现企业物流系统的总体功能，如某运输公司要按客户要求将货物输送到指定地点。

**（二）按照物流的作用分类**

按照物流的作用，可将物流分为供应物流、生产物流、销售物流、回收物流和废弃物流五类。

1．供应物流

供应物流是指企业提供原材料、零部件或其他物品时，物品在提供者与需求者之间的实体流动。由于供应物流占用了大量的企业流动资金，因此对供应物流严格管理并将其控制在合理的范围内，对企业的成本控制至关重要。

例如，亚马逊采取了循环取货与供应商自送相结合的供应物流模式，这种供应模式是电商行业供应物流的新尝试。这种供应物流优化方案降低了亚马逊的物流成本，保证了电商运营中心、供应商和物流商三方的协同作业，提高了物流运送效率。

补充阅读

### 循 环 取 货

循环取货（Milk Run），又称为牛奶取货，其思想来自牛奶公司每天清晨挨家挨户在牧场收购牛奶。该模式是一种制造商用同一货运车辆从多个供给处取零配件的操作模式，具体运作方式是天天在固定的时刻，卡车从制造企业工厂或者集货、配送中心出发，到第一个供应商处装上预备发运的原材料，然后按事先设计好的路线到第二家、第三家，以此类推，直到装完所有安排好的材料再返回。这样做既省去了所有供应商空车返回的浪费，同时也能使物料及时供给，因为发运货物少的供应商不必等到货物积满一卡车再发运，一定程度上保证了较低库存。

**2. 生产物流**

从工厂的原材料采购进入库起，直到工厂成品库的成品发送为止，这一全过程的物流活动称为生产物流。生产物流和生产流程同步，主要存在于制造业。原材料、半成品等按照工艺流程在各个加工点不停移动和流转，从而形成了生产物流。

例如，华联印刷生产物流管理是以工程单为主线，明确每一订单的具体要求，并对常规流程进行规范，最终保证了生产物流的顺畅和高效。

**3. 销售物流**

生产企业、流通企业售出产品或商品的物流过程称为销售物流，是指物资的生产者或持有者到用户或消费者之间的物流活动，包括产品的库存管理、发货运输、订单处理与顾客服务等活动。

例如，青岛啤酒借助"像送鲜花一样送啤酒"的经营理念，引入了销售物流管理信息系统，建立起销售公司与各销售分公司的物流、资金流、信息流能合理规划、顺畅配合的销售物流管理信息系统。该系统对企业的发货方式、仓储管理、运输环节进行了全面改造，有效提高了产品的周转速率。

**4. 回收物流**

回收物流是指退货、返修物品和周转使用的包装容器等从需方返回供方所产生的物流活动。在生产及流通活动中有一些资料要回收并加以利用，如作为包装容器的纸箱、塑料筐、酒瓶等，还有可用杂物的回收和再利用，如旧报纸、书籍通过回收、分类可以再制成纸浆加以利用，金属废弃物可以回收并重新冶炼成有用的原材料等。

例如，大熊猫的粪便通过特殊的工艺流程，可以制作成纸张，被回收利用，既解决了环保问题，还获得了相应的经济效益。

**5. 废弃物流**

废弃物流是指将经济活动中失去原有使用价值的物品，根据实际需要进行收集、分类、加工、包装、搬运、储存等，并分别送到专门处理场所时所形成的物品实体流动。生产过程产生的废旧物资有工艺性的废料、生产过程中产生的废品、损坏和报废的机械设备、各种废旧零件和废旧材料等。

例如，日本印刷株式会社的新型包装贯彻了环境意识四原则，即包装材料减量化、使用后包装体积减少、再循环使用、减轻环境污染的原则，使得该企业在包装产品的材料、工艺等方面都进行了改进，同时减少了生产过程中二氧化碳的排放量，从而保护了环境。

**（三）按照从事物流的主体分类**

按照从事物流的主体不同，可将物流分为：第一方物流、第二方物流、第三方物流、第四方物流四种类型。

1. 第一方物流

第一方物流是指需求方（生产企业或流通企业）为满足自己企业在物流方面的需求，由自己完成或运作的物流业务。

例如，京东的自营物流是京东企业通过组建自己的物流中心，来完成统一配送，从而达到了高效配送和品质保证的目的。

2. 第二方物流

第二方物流是指供应方（生产厂家或原材料供应商）专业物流企业，提供运输、仓储等单一或某种物流服务的物流业务。

3. 第三方物流

第三方物流是指由物流的供应方与需求方以外的物流企业提供的物流服务。即由第三方专业物流企业以签订合同的方式为其委托人提供所有的或一部分的物流服务。所以第三方物流也称为合同制物流。

例如，广州宝供储运公司是一家业务范围面向全国、流动资金几千万的第三方物流服务公司，拥有员工近千人，有十几家分公司，该公司以"质量第一、顾客至上、24小时服务"的经营特色，提供"门到门"的服务，这种服务理念吸引了宝洁公司的合作。在实施第三方物流服务过程中，宝供针对宝洁公司的物流服务需求，建立了遍布全国的物流运作网络，为宝洁公司提供门到门的"一条龙"服务，将宝洁公司的产品快速、准确、及时地送到全国各地的销售网点，双方的合作取得了相当好的成效。

4. 第四方物流

1998年，第四方物流概念由美国埃森哲咨询公司率先提出。第四方物流通过帮助企业实现降低成本和有效整合资源，专门为第一方、第二方和第三方提供物流规划、咨询、物流信息系统、供应链管理等活动，从而为客户提供独特和广泛的供应链解决方案。

例如，华夏媒体公司是美国著名集团MCC公司在中国投资的专业从事企业信息化软件开发的公司，其电子物流与供应链管理平台（iSCM），主要功能模块涉及制造企业的销售、物流、采购、促销、渠道管理、维修站售后服务，以及第三方物流企业的仓储和运输管理等。该平台可以整合企业物流与供应链过程中不同成员企业内的信息系统中的资源，完成各企业系统之间的数据交换，实现信息共享。飞利浦通过使用该平台，加强了与上下游企业和物流企业之间的合作，优化了相应的物流与供应链，取得了很好的效果。

### （四）按照物流在社会再生产中的作用分类

按照物流在社会再生产中的作用，可将物流分为宏观物流、中观物流和微观物流三类。

#### 1. 宏观物流

宏观物流是指从社会再生产总体角度认识和研究的物流活动。宏观物流是从宏观的角度，以长远性和战略性为观点，全面系统地研究和管理物流，其参与者主要是构成社会总体的大生产者、大集团。

#### 2. 中观物流

中观物流是社会再生产过程中的区域性物流，是从区域范围的经济社会来认识和研究物流的。从空间位置来看，一般是较大的空间。例如，一个国家的经济区的物流，称为特定经济区物流；一个国家的城市经济社会的物流，称为城市物流。

#### 3. 微观物流

微观物流是指消费者、生产者所从事的实际的、具体的物流活动。微观物流研究的特点是具体性和局部性，微观物流的运行状况将直接影响企业的经济效益。在整个物流活动中的一个局部、一个环节的具体的物流活动，在一个小区域空间发生的具体的物流活动，针对某一种具体产品所进行的物流活动等，都属于微观物流。在物流活动中，企业物流、生产物流、供应物流、销售物流、回收物流、废弃物流、生活物流等都属于微观物流。

## 三、物流作用

在当今的市场经济环境下，无论是从微观经济还是宏观经济层面考虑，物流都占有越来越重要的地位，而且经济越发达，物流的作用就越突出。

### （一）物流在宏观经济运行中的作用

社会再生产是由无数个企业再生产构成的总体运动过程。这个总体运动就是宏观经济的运行。如果把整个经济社会看作一个大系统，那么物流仅是这个大系统中的一个子系统。这个系统对整个宏观经济的运行发挥着重要作用。

#### 1. 物流是联结社会经济各系统的大动脉

每个国家的经济都由众多企业经济构成，企业之间相互提供产品，同时也为普通消费者提供产品和服务，它们既存在合作又存在竞争，形成了极其错综复杂的关系，物流就是维系这些关系的纽带。尤其是现代科学技术的发展，引起经济结构、产业结构、消费结构的一系列变化，在这种情况下，物流就像链条一样把众多不同类型的企业、复杂多变的产业部门以及成千上万种产品联结起来，成为一个有序运行的国民经济整体。

2．物流的发展对经济发展速度具有促进和制约作用

一方面，市场经济运行规律要求流通规模应与生产发展规模相适应，而流通规模的大小在大多数情况下取决于物流效能的大小。例如，只有在铁路运输、水路运输和汽车运输都有了较好的发展，煤炭、水泥等量大、体重大的产品才有可能成为大量生产、大量消费的产品，这些商品的生产规模才有可能扩大。另一方面，物流技术的发展为加快物品流通速度提供了重要的基础。例如，肉、奶、蔬菜、水果等农产品，在以前物流没有得到发展时，也就只能保存几天到十几天的时间。但当物流技术得到较快发展后，这些商品便能在短时间内进入更为广阔的市场和消费领域。随着物流技术的迅速发展，物品流转速度将会大大加快，从而加速经济发展。

3．物流的改进是提高经济效益的重要源泉

由于物流组织的好坏直接影响着生产过程的顺利进行，决定着物品使用价值的实现，因而物流成本已成为生产成本和流通成本的重要组成部分，物流成本将是大幅度降低成本的"宝库"。因此，企业通过采取合理组织运输、减少装卸次数、提高装卸效率、改进商品包装和装卸工具来减少物品损耗等措施，降低物流费用，使物流能真正成为企业"第三利润"的源泉。

**（二）　物流在微观经济运行中的作用**

企业是国民经济的细胞。在市场经济下，企业是市场的主体，其生产经由供应、生产和消费三个阶段完成。物流在其中的作用主要表现在以下几个方面。

1．物流是企业生产连续进行的前提条件

现代化生产的重要特征之一是连续性。企业生产要连续地、不间断地进行，一方面必须根据生产需要，按质、按时，均衡不断地供给原材料、燃料和工具、设备等，另一方面又必须及时将成品销售出去。同时，在生产过程中，各种物质资料也要在各个生产场所和工序之间互相传递，使它们经过一步步的连续加工，成为价值更高、使用价值更大的产品。在现代企业生产经营中，物流贯穿于从生产计划到把产品送达顾客手中的整个循环过程之中，并紧紧围绕着物品使用价值的形态功能更替进行价值实现和转移。企业生产经营的全部职能都要通过物流得以实现，企业生产经营管理活动无一不伴随着物流运行。

2．物流是实现商品价值和使用价值的条件

任何产品从生产出来到最终消费，都必须经过一段时间和距离，都要经过运输、保管、包装、装卸、搬运等多环节、多次数的物流活动。无论是生产资料商品，还是生活资料商品，在进入生产和生活消费之前，其价值和使用价值始终是潜在的。为了能把这种潜在的价值变为现实，物品必须借助于其实物运动即物流来实现。在这个过程中，产品可能会淋雨受潮、水浸、生锈、破损、丢失等。物流的使命就是防止上述现象的发生，保证产品从生产者到消费者转移过程中的质量和数量，顺利实现商品价值和使用价

值的转移。

3. 物流是保证商流顺畅进行的物质基础

在商品流通中，商流是物流的前提，而物流是商流的继续和完成。商流的目的在于实现商品的所有权、支配权、使用权的转移；而物流是在商品交换过程中实现商品由生产地向消费地的运动。因此，物流畅通无阻，就可以使商品顺利地完成向消费者的转移。如果没有物流，商品的所有权、支配权、使用权也就无法转移，商品的价值和使用价值运动也就无法实现。没有物流过程，也就无法完成商品的流通过程，包含在商品中的价值和使用价值就不能实现。

4. 物流信息是企业经营决策的重要依据

随着生产力水平的迅速提高，生产规模的急剧扩大，商品需求量和供给量也越来越大，生产结构和消费结构越来越复杂，这导致商品市场竞争异常激烈。在这种情况下，企业如果没有及时、准确、迅速地掌握市场信息和物流信息，将会造成巨大损失，因为从某种意义上讲，信息就是金钱，而且商品经济越发达，物流信息的作用就越大、越重要。近年来，许多生产企业和流通企业都建立了设备先进的物流信息中心，以便及时掌握企业内部和外部的物流信息，作为企业生产经营决策的重要依据。

5. 物流是增强企业全球竞争力的重要因素

在当今经济全球化、消费需求多样化的时代，企业面临范围更大、速度更快、种类更多的生产要素与产品组合，特别是大型企业、跨国企业，不仅产品与服务的销售范围是全球化的，而且生产和原材料供应也是全球化的，这就要求企业必须在更大的范围内组织供应、生产、销售等阶段的物流，以获得产品、价格、服务等竞争优势。因此，物流已不仅仅是实现价值、降低成本、促进销售的手段，而是直接决定产品、价格与销售，从而直接参与价值创造的过程，是决定企业经营成败的重要战略因素。

## 第二节　物流管理概述

### 一、物流管理概念

一般来说，物流管理是为了以最低的物流成本达到用户满意的服务水平，对物流活动进行的计划、组织、协调与控制等活动。物流管理的目标是要在服务与总成本之间取得平衡，以达到"以最低的物流成本达到用户最满意的服务水平"。

### 二、物流管理内容

物流管理发展到现在，内容广泛，重点包括客户关系管理、信息管理、运输管理、库存管理、配送管理、包装管理、装卸搬运、流通加工、金融管理这几个方面。

## （一）客户关系管理

企业的核心在于客户，物流企业的核心表现为良好的客户关系管理，它能使物流企业在收集、处理客户数据与挖掘客户价值时具有集成该物流企业其他信息资源的能力，方便物流企业与客户的互动沟通。一方面，物流企业通过广告、交易等记录获得客户数据；另一方面，客户通过主动交流向物流企业告知他们的需求，以及对某种产品或服务的意见和建议。这些通过不同渠道发来的数据都被集成到物流客户关系管理系统中，随时供物流企业查询。通过多种渠道，物流企业可以在提供客户服务时高效地与客户沟通，了解客户的个性化需求，测定客户的满意度。此外，客户也可以参与物流企业的新产品研发和选择恰当的服务方式。这就进一步巩固了物流企业的客户关系，提高了物流企业的竞争力。

## （二）信息管理

信息作为物流系统的中枢神经，它能够将运输、储存、装卸搬运、流通加工等其他各种活动有机地结合起来，在很大程度上提高物流效率，降低物流成本。物流信息管理就是通过收集及传递与物流活动相关的各种信息，根据信息安排各项物流活动，从而使各项物流活动能够顺利、有效地进行。例如，一些美国食品杂货店认真地研究了西班牙裔顾客的消费习惯，发现他们比其他族群更重视产品的新鲜度。因此，位于西班牙裔人口稠密地区的食品杂货店比其他地区的食品杂货店通常会储存更多的新鲜产品。

## （三）运输管理

物流管理中的核心是运输管理，是指物品借助于运输工具在空间中所发生的位置移动。《物流术语》（GB/T 18354—2006）中指出，运输管理指的是用专用的运输设备将物品从一地点向另一地点运送。常见的运输方式有五种，包括铁路、公路、水路、管道和航空。一般来说，在物流系统中，运输管理主要提供物品转移和物品存储两大功能。此外，运输管理的最终目的就是以最少的时间、财务和环境资源成本，将物品从供应地转移到需要的地点，且希望物品的损失成本最低。

## （四）库存管理

库存管理又称为仓储管理，是物流研究中的重要领域，也是供应链管理中的重要环节。传统的库存管理只是针对单个企业而言，侧重于优化单一的库存成本，从存储成本和订货成本出发，确定经济订货量和订货点，但是这些传统的理论与方法难以适应物流与供应链管理环境的要求。现在的物流与供应链库存管理强调各节点企业间的长期合作，某一节点企业的成本直接制约供应链的综合成本、整体性能和竞争优势。因此，现在的物流与供应链库存管理的重点是建立起各种协调机制，使其中的各企业长期保持这种由协调带来的竞争优势。

### （五）配送管理

《物流术语》（GB/T 18354—2006）对配送管理的定义如下：所谓配送管理，就是指在经济合理区域范围内，根据用户要求，对物品进行拣选、加工、包装、分割、组配等作业，并按时送达指定地点的物流活动。首先，配送是用户需要什么送什么；工厂送货一般是生产什么送什么的一种直达型送货（直接送到用户手中），而配送是"中转"型送货。其次，配送在整个运送过程中是处于"二次运输""支线运输""终端运输"的位置，不是单纯的运输和输送。再次，配送是一种"门到门"的服务，是以供给者送货到户式的服务性供应，不是广义概念的组织物资订货、签约、进货及对物资处理分配的供应。最后，配送是基于全面配货的基础，完全按用户要求、包装种类、品种搭配、数量、时间等方面的要求所进行的运送，是"配"和"送"的有机结合。

### （六）包装管理

所谓包装管理，是指为在流通过程中保护产品、方便运输、促进消费，按照一定技术方法而采用的容器、材料及辅助物等的总体管理。也指为了达到上述目的而在采用容器、材料和辅助物的过程中施加一定技术方法等的管理活动。首先，包装管理具有保护功能，就是保护商品不受损伤的功能，它体现了包装的主要目的；其次，包装管理具有方便功能，良好的包装可以为物流全过程提供巨大的方便，物流的效果也会大大提高；最后，包装管理具有销售功能，因为在商业交易中促进物资销售的众多手段中，包装的装潢设计占有重要地位。

### （七）装卸搬运

《物流术语》（GB/T 18354—2006）对装卸进行了定义，指物品在指定地点以人力或机械实施垂直位移的作业。对搬运的定义是指在同一场所内，对物品进行水平移动为主的作业，因此装卸搬运就是指在某一物流节点范围内进行的，主要内容和目的是以改变物料的存放状态和空间位置的活动。装卸搬运同生产或流通领域的其他活动相比，具有作业量大、对象复杂、作业不平衡等特点。现在，装卸搬运已经成为物流管理的主要内容之一，它是物流顺利进行的关键，已经渗透到物流各领域、各环节。

### （八）流通加工

《物流术语》（GB/T 18354—2006）对流通加工进行了定义，指物品在从生产地到使用地的过程中，根据需要施加包装、分割、计量、分拣、刷标志、拴标签、组装等作业管理的总称。流通加工是在物资进入流通领域后，为了提高物流速度和物资的利用率，还需按客户要求进行一定的加工活动，即在物品从生产者向消费者流动的过程中，为了促进销售，维护产品质量，实现物流的高效率所采取的使物品发生物理和化学变化的活动。

### （九）金融管理

物流管理中的金融管理在微观经济结构中的功能突出表现为物流金融服务，特别是在供应链中为第三方物流企业提供的一种金融与物流集成式的创新服务，其主要服务内容包括：物流、流通加工、融资、评估、监管、资产处理、金融咨询等。物流管理中的金融管理不仅能为客户提供高质量、高附加值的物流与加工服务，还能为客户提供间接或直接的金融服务，以提高物流与供应链管理的整体绩效和客户的经营及资本运作效率等。

## 三、物流管理模式

随着现代管理及物流理论和技术的发展，形成了物流一体化管理模式、物流精益化管理模式、物流服务导向管理模式等不同种类的物流管理模式。

### （一）物流一体化管理模式

物流一体化管理模式是指不同职能部门之间或不同企业之间形成的物流合作，以达到提高物流效率、降低物流成本的效果。物流一体化又可以分为以下三种形式。

1. 垂直一体化物流

该模式要求企业将提供产品或运输服务等的供应商和用户纳入管理范围。从原材料供货商和用户的合作关系，形成一种联合力量，通过对从原料、半成品和成品的生产、供应、销售直到最终消费者的整个过程中的物流与资金流、信息流的协调，来满足顾客的需要，这是垂直一体化物流的关键所在。

2. 水平一体化物流

水平一体化物流是通过同行业中各企业之间的物流合作以获得整体上的规模经济，从而提高物流效率。例如，进行不同类型商品的共同运输时，不同企业可以用同样的装运方式。几个企业在物流范围相近且某个时间内物流量较少时，同时分别进行物流操作显然不经济，于是就出现了一个企业在装运本企业商品的同时，也装运其他企业商品，这不仅从经济效益上降低了企业物流成本，而且从社会效益上减少了重复劳动。

3. 网络一体化物流

网络一体化物流是垂直一体化物流与水平一体化物流的综合体。当一体化物流每个环节同时又是其他一体化物流系统的组成部分时，以物流为联系的企业关系就会形成一个网络关系，即物流网络。企业可自由加入或退出这个开放的物流网络系统，尤其在业务最忙的季节最可能利用到这个系统。网络一体化物流中，一体化、标准化、模块化就是物流网络能发挥规模经济作用的条件。

### （二）物流精益化管理模式

物流精益化管理模式是通过消除生产和供应过程中的非增值的浪费，减少备货时间，提高客户满意度。传统的物流管理模式强调与制造、采购、分销、销售等职能领域的联结和集成，每个职能领域都有单独的业务和系统去满足各自的职能需求，但是真正的物流与供应链所需的可能并不一定是这些需求。物流精益化管理模式强调的是不断改善和精益求精，达到不断以最小成本向客户提供最大价值和最满意服务的目标。

### （三）物流服务导向管理模式

现代企业是以服务为导向，因此建立物流服务导向管理模式，对物流企业来说，极为重要。物流企业的服务应在充分考虑客户需求的前提下，根据市场环境的变化和竞争格局加以调整，要积极地通过客户沟通、客户需求调查确定物流服务目标。

补充阅读

#### 改善无止境：持续改善提升物流管理

没有任何一套方法或系统能够永远适合企业而一成不变，任何适合企业的管理工具都必然处于不断的优化和持续改善中。持续改善，就是秉持持续改善的理念去追求管理水平的提升。

物流企业系统的提升，就是应用持续改善的方法，去践行改善，去实现改善的目标。物流服务水平的提升以及企业系统效率的提高没有终点，企业的管理永无止境，企业的经营管理就是一条漫漫的持续改善之路，物流企业的经营管理也是一条漫漫的持续改善之路。

持续改善的特点包括：持续投入、渐进推行、小幅度改进、依赖于制度；持续改善的作用包括：营造良好工作氛围、提升产品及服务质量、不断积累知识和技术、促进系统的良性循环；持续改善的方法包括：5S、标准化、5W1H分析、PDSA程序。

## 第三节　主要物流学说及趋势

### 一、主要学说

#### （一）"黑暗大陆"学说

1962年4月，美国管理学家彼得·F.德鲁克（Peter F.Drucker）在《财富》杂志上发表了题为"经济领域的黑暗大陆"的文章。文章认为，"我们对物流的认识就像拿破仑当年对非洲大陆的认识。我们知道它确实存在，而且很大，但除此之外，我们便一无所知"。文章指出，消费者所支出的商品价格中约50%是与商品流通活动相关的费用，物流领域是降低成本的最后领域。德鲁克认为物流是当时经济体系的"黑暗大陆"（"黑暗大陆"的原意是指未被认识和尚未了解的事物，属于未来学研究的范围），人们对整体物流所知不多。他主要强调物流的重要性和物流整合人才的缺乏。

德鲁克用"黑暗大陆"来说明或形容物流，主要指人们尚未认识和了解物流，其中包含着两层意思：其一，这个领域未知的东西很多，其理论和实践还不太成熟；其二，在该领域内有很多可供开发的东西。由于当时物流中可探索的东西有很多，如果理论研究和实践探索照亮了这片"黑暗大陆"，那么摆在人们面前的可能是一片不毛之地，也可能是一片宝藏。因此，我国有的学者认为，德鲁克提出的"黑暗大陆"说法实际上是对物流运动做出的理论评价。"黑暗大陆"学说对物流的评价至今仍不失其正确性，因为在物流领域中未知的东西确实存在而且很多，理论和实践都不够成熟。

**（二）"物流冰山"学说**

日本早稻田大学的西泽修教授在 1970 年提出了物流冰山学说，是指当人们提起物流费用时，只注意到企业公布的财务统计数据中的物流费用，即露出海面的冰山一角，却看不见潜藏在海水下面的冰山主体。西泽修教授通过对物流成本的具体分析，验证了德鲁克的"黑暗大陆"学说。事实证明，物流领域的方方面面对我们而言还是不清楚的，"黑暗大陆"和"物流冰山"下部正是物流尚待开发的领域，这正是物流的潜力所在。

"物流冰山"学说之所以成立，有三个方面的原因：一是物流成本的计算范围太大。包括：原材料物流、工厂内物流、从工厂到仓库和配送中心的物流、从配送中心到商店的物流等。这么大的范围，涉及的单位非常多，牵涉的面也特别广。二是运输、保管、包装、装卸、流通加工以及信息等各物流环节中，以哪几个环节作为物流成本的计算对象问题。只计算运输和保管费用，与计算运输、保管、装卸、包装、流通加工以及信息等全部费用的结果差别相当大。三是选择哪几种费用列入物流成本中去的问题。比如向外部支付的运输费、保管费、装卸费等一般都容易列入物流成本，可是本企业内部发生的物流费用，如与物流相关的人工费、物流设施建设费、设备购置费，以及折旧费、维修费、电费、燃料费等是否也列入物流成本中去，都与物流费用的多少直接相关。

**（三）"第三利润源"学说**

"第三利润源"学说来自于日本学者西则修的著作，他认为人类历史上曾经有过两个大量提供利润的领域：第一是原材料资源领域，第二是人力资源领域。

原材料资源领域起初是廉价原材料、燃料的掠夺或获得，其后则是依靠科技进步、节约原材料消耗、原材料节约代用、原材料综合利用、原材料回收利用，乃至大量人工合成原材料资源而获取高额利润，习惯将其称为"第一利润源"。

人力资源领域起初是利用廉价劳动力，其后则是依靠科技进步提高劳动生产率，降低人力资源消耗，或采用机械化、自动化来降低劳动耗用，从而降低成本，或通过提高劳动力的训练程度来提高劳动生产率，从而增加利润，人们习惯称这个领域为"第二利润源"。

在前两个利润源潜力越来越小，利润开拓越来越困难的情况下，物流领域的潜力被人所重视，因此按时间序列排为"第三利润源"。物流作为第三利润源，就是合理组织产供销环节，将货物按必要的数量，以必要的方式，在要求的时间内送到必要的地点，让每一个要素和环节都做到最好。

### （四）"效益背反"学说

"效益背反"又称为二律背反，即两个相互排斥而又被认为是同样正确的命题之间的矛盾。物流成本的效益背反规律或二律背反效应又被称为物流成本交替损益，是指在物流的各要素间，物流成本此消彼长。虽然在许多领域中这种现象都存在，但在物流管理领域，这个问题尤其严重。例如，包装管理中，在产品销售市场和销售价格皆不变的前提下，假定其他成本因素也不变，那么包装方面每少花一分钱，这一分钱就必然转到收益上来，包装越省，利润则越高。但是，一旦商品进入流通之后，如果劣质包装降低了产品的防护效果，造成了大量损失，就会造成库存、装卸、运输等工作的劣化和效益大减，我国流通领域每年因包装不善出现的上百亿元的商品损失，就是这种效益背反的实证。

## 二、主要趋势

物流活动的综合性特征决定了物流趋势的多维性，目前主要的物流趋势包括第三方物流、"互联网+"物流和物流 4.0。

### （一）第三方物流

大多数学者从关系的角度对第三方物流定义及其趋势进行了分析，强调第三方物流与客户之间的联盟关系，表 1.1 是对这些趋势的归纳和梳理。

**表 1.1 第三方物流定义及其趋势**

| 作者或机构 | 定义 | 趋势 |
|---|---|---|
| Bagchi 和 Virum（1996） | 第三方物流是客户与物流提供商之间的物流联盟的关系，共同确定物流需求，共同参与设计物流方案和绩效评估，形成双赢 | 从关系属性的角度强调第三方物流是客户与物流提供商之间的一种物流联盟 |
| Berglund 等（1999） | 第三方物流是为了托运人的利益执行一些活动，至少包括管理和实施运输及仓储运作，还可能包括其他活动，如信息服务、增值活动、呼叫中心和订单处理及支付结算等活动 | 从物流提供内容的角度强调第三方物流对托运人的责任 |
| Simchi-Levi 等（2003） | 第三方物流是利用一家外部的企业来完成企业全部或部分物料管理和产品配送功能；与传统的物流提供商相比，第三方物流是真正的战略联盟，且关系更加复杂 | 从物流过程和关系属性的角度强调第三方物流是一种战略联盟 |

续表

| 作者或机构 | 定义 | 趋势 |
|---|---|---|
| Lieb 和 Randall（2004） | 第三方物流是利用外部公司执行物流功能，包括整个物流过程或者是其中的一部分 | 从外部公司的视角强调了第三方物流的物流角色 |
| 美国物流管理协会（2002） | 第三方物流是将企业的全部或部分物流运作任务外包给专业企业去管理经营，这些是能为客户提供多样化服务的专业企业 | 从外包角度强调了第三方物流对客户的服务责任 |
| 中华人民共和国国家标准GB/T 18354—2006《物流术语》 | 第三方物流是独立于供需双方为客户提供专项或全面的物流系统设计及系统运营的物流服务模式 | 强调第三方物流是一种独立的物流服务模式 |

## （二）"互联网+"物流

"互联网+"代表一种新的经济形态，即充分发挥互联网在生产要素配置中的优化和集成作用，将互联网的创新成果深度融合于经济社会各领域之中，提高实体经济的创新力和生产力，形成更广泛的以互联网为基础设施和实现工具的经济发展新状态。

"互联网+"物流形成的首要因素在于改变原始物流的运作模式。全面推行信息化，实现智能物流。其本质上是传统物流行业、企业，经过互联网化改造后的空间化、在线化、数据化、系统化，推动行业、企业的转型升级。其核心是物流，而互联网为物流提供了营销渠道、交易平台和信息交互的路径。

"互联网+"物流的核心竞争力在线下的资源（物品、客户、技术），只有拥有线下资源的平台后，大数据运作能力才占有优势，从而由企业来设计，运作自身成功的商业模式。"互联网+"物流必须依赖具有上下游全链路信息化、可视化和资源整合能力的企业，既深度参与厂商的仓储和库存管理，又深刻了解消费者需求，还能调动运、储、仓等中间物流环节的资源，并跨界整合金融、信息、社交、政管等生态链运行的状态。

"互联网+"物流形式下的信息化，不是单纯地建网站、搭平台、开发 APP。首要是企业内部运营管理的信息化、互联网化，以此来更多的利用移动互联网的优势，在运营作业、金融支付等方面实现信息共享、协同运作。其本质是基于互联网时代开发、共享、多赢的思维，运用自动识别等先进技术来整合社会上分散的物流资源，拓展服务功能，构建完整体系，实现行业的协同发展。

# 第四节　国内外物流发展概况

## 一、美国物流

### （一）美国物流的发展历程

美国物流的发展首先是 20 世纪初至 50 年代的第一阶段即分散管理阶段；其次是 20 世纪 60—70 年代的第二阶段即概念实践阶段；再次是 20 世纪 80 年代的第三阶段即一体化阶段；最后是 20 世纪 90 年代至今的第四阶段即信息化阶段，如表 1.2 所示。

**表 1.2　美国物流的发展历程**

| 阶段 | 年代 | 概述 |
| --- | --- | --- |
| 第一阶段：分散管理阶段 | 20 世纪初至 50 年代 | 20 世纪 50 年代以前，美国由于经济短缺，企业的生产供不应求。企业的经营重心是生产制造，无暇顾及物流问题，导致物流被看做市场营销的附属功能。物流的各项职能被分散管理，例如物流业务的成本被归入不同的职能部门，各部门的效率与降低物流总成本的目的相矛盾，企业成本居高不下。 |
| 第二阶段：概念实践阶段 | 20 世纪 60—70 年代 | 20 世纪 60 年代，美国经济繁荣。在大量生产、消费模式下，企业一般都拥有备货周期长达 30 天的大量仓库。虽然潜藏着库存成本过大的危机，但由于当时的物流政策是限制物流行业竞争并稳定运价，所以企业对物流系统的改革并不热心。<br>70 年代，石油危机造成通货膨胀，物价上涨，迫使企业开始考虑改善物流系统。在企业中，物流管理的概念迅速普及，如准时生产计划系统（JIT）、物流总成本的概念开始被引入。<br>1973 年成立的联邦快递（Federal Express）公司开始提供全美国翌日到达的门到门航空快递服务，这种新的物流服务方式对美国物流的发展产生了重要的影响。 |
| 第三阶段：一体化阶段 | 20 世纪 80 年代 | 20 世纪 80 年代是物流业发生全面革新的时代。最明显的表现是美国政府出台了一系列物流改善政策，给美国物流的发展带来了极大的促进作用。<br>对物流的理解也从实体配送（Physical Distribution）向物流概念（Logistics）和供应链管理（Supply Chain Management）转化，即追求从原材料的采购到产品的销售整个过程的效率化，而不是运输、保管、库存管理等个别功能的效率化。<br>物流管理的内容由企业内部延伸到企业外部，将供货商、分销商以及用户等纳入管理的范围，利用物流管理建立和发展与供货厂商及用户的稳定、良好、双赢、互助的合作伙伴关系。物流管理部门成为企业经营战略中的重要职能部门。 |

续表

| 阶段 | 年代 | 概述 |
|---|---|---|
| 第四阶段：信息化阶段 | 20 世纪 90 年代至今 | 进入 20 世纪 90 年代，电子商务在美国迅猛发展，促使物流向信息化发展。电子商务在互联网开放环境下进行在线交易，降低了交易成本，提高了物流的运作效率。<br><br>以企业资源计划（ERP）为代表的专家系统和决策支持系统的推广，也使美国的物流管理趋向于信息智能化。以系统化管理思想为企业决策层及员工提供决策运行手段的管理平台，实现企业内部资源与企业相关的外部资源的整合，共同实现商品附加价值。<br><br>90 年代末，物联网作为第三次信息化革命，开始引发物流信息智能化的新一轮高潮。作为物联网核心技术的射频识别技术（RFID），在美国的物流信息化中已广泛运用。宝洁作为 RFID 较早的推行者之一，在 RFID 实施中获得了巨额回报。 |

补充阅读

## 企业资源计划（ERP）

企业资源计划即 ERP（Enterprise Resource Planning），由美国 Gartner Group 公司于 1990 年提出。企业资源计划是 MRP II（企业制造资源计划）的升级。除了 MRP II 已有的生产资源计划、制造、财务、销售、采购等功能外，还有质量管理，实验室管理，业务流程管理，产品数据管理，存货、分销与运输管理，人力资源管理和定期报告系统。在我国，目前 ERP 所代表的含义已经被扩大，用于企业的各类软件，已经统统被纳入 ERP 的范畴。它跳出了传统企业边界，从供应链范围去优化企业的资源，是基于网络经济时代的新一代信息系统。它主要用于改善企业业务流程以提高企业核心竞争力。

（资料来源：https://baike.baidu.com）

**启发思考**：物流与供应链管理中，还有哪些新思想是从 ERP 基础上发展起来的？

### （二）美国物流的发展特点

1. 营造良好的物流宏观环境

美国政府推行自由经济政策，在初期对物流业并没有过多干预，主要由民间组织即各种物流协会推进。在 20 世纪 70 年代面临石油危机后，企业才开始考虑节省物流成本。在尝试物流管理的过程中，美国政府发现了巨大的经济效益，从 80 年代初开始出台了一系列宽松的促进物流发展的措施政策，并出巨资建设与物流有关的基础设施。海运、铁路、公路、航空运输网，道路、港口、码头、仓库等基础设施的建设，为物流业发展创造了良好条件，极大地降低了美国的物流成本。1980 年，美国的物流费用占 GDP

的 17.5%，1997 年降为 10%，节约额达 5 100 亿美元。进入 21 世纪后，这一比例保持在 8.6%左右。

2．重视发展第三方物流服务

据统计，美国第三方物流在整个物流规模总量中的比例为 57%，在物流业中占据主导地位。第三方物流的发展与物流服务供需双方面临的压力有关。从物流服务的需求方看，使用外部物流合同，企业不仅可以减少物流设施的新投资，而且采用第三方物流的专业技能，可以克服内部劳动力效率不高的问题。从物流服务的供给方看，由于公路运输等传统行业竞争越来越激烈，传统物流企业在服务上增加了咨询和管理功能，改造成综合物流公司，形成进入门槛较高的细分市场，保证与客户的长期合同，提高了物流公司的利润率。

UPS 公司（United Parcel Service Inc.联合包裹速递服务公司）是世界上最大的快递承运商与包裹递送公司，是美国典型的第三方物流公司，其服务规模范围大、可辐射范围广、信息技术程度高。通过建立在 50 多个国家的 450 多个分拨中心，UPS 物流集团为客户提供全面的零配件和产品供应链管理，以及退货、修理等售后服务方面的物流管理，降低客户在流通领域的成本，提高服务水平。

BOO.COM 是美国的一个时装网站，UPS 负责将其供应商的产品运输到 UPS 的派送中心，对产品作质量检验，并装入印有 BOO.COM 商标的包装盒中，然后派送到消费者手中。并且，当 UPS 把商品交付到消费者手中后，其系统将自动给厂商的财务部发出电子确认信息，以便厂商及时发出催款账单。

3．形成合理的物流人才教育培训体系

在物流人才需求的推动下，美国已形成较为合理的物流人才教育培训体系。美国建立了包括研究生、本科生和职业教育多层次的物流专业教育。并且，在美国物流管理委员会的组织和倡导下，全面开展了物流在职教育，建立了美国物流业的职业资格认证制度。仓储工程师、配送工程师等若干职位的物流从业人员必须接受职业教育，经过考试获得上述工程师资格后才能从事物流工作。在美国的企业中，对物流的认知已经上升到战略的高度，许多企业集团设立了专门机构和人员，从事物流技术研究，致力改善物流现代化技术设备和物流科学管理方法，以提高企业的竞争能力。

案例 1.2

**沃尔玛合并线上线下采购应对亚马逊竞争**

2017 年 2 月，沃尔玛（Wal-Mart）将首次整合实体店及网店的采购业务。这是这家全球最大零售商为消除重复工序而采取的重大举措，也是沃尔玛首席执行官 Doug McMillon 和沃尔玛电商首席执行官 Marc Lore 为缩小沃尔玛与亚马逊之间的差距走的最新一步棋。

整合线上线下的采购业务可以更好地应对与亚马逊的竞争。目前,沃尔玛的线上采购团队独立于线下团队运营。

沃尔玛向部分供应商表示,其正设法提高自身及供应商采购程序的效率,并增强采购团队间的合作,公司希望将实体店获得的低价优惠应用到电商业务上。沃尔玛发言人 Lorenzo Lopez 表示,"沃尔玛希望创造一个更有效的流程,加速将实体店内所有的产品带到 walmart.com 上"。

未来,位于阿肯色州本顿维尔的沃尔玛总部的线下采购团队将整合给两个平台供货的供应商的订单。在新系统下,沃尔玛实体店内有售的商品也将被批准在线销售。这样做,可以利用沃尔玛总部强大的采购业务把 4 600 家美国实体店的商品转移到线上,扩大在线商品的种类。实际上,沃尔玛一直在试图扩大其在线品类,其线上商品的种类已从 2016 年年初的 800 万件增长到了 2016 年年底的超过 2 000 万件。但这个数字和亚马逊相比依然相形见绌,亚马逊上有超过 3 亿件产品。

据一家大型消费品供应商透露:"到目前为止,沃尔玛的运行方式对我们和他们来说都效率极低。打个比方,他们每年会为实体店进货 500 万件,为网店进货 500 万件,我们却要为此接触不同的买方,这的确是件麻烦事。"如果供应商提供的商品仅限在线销售,那么他们仍然需要与沃尔玛的电子商务采购团队打交道。沃尔玛位于加利福尼亚州圣布鲁诺的采购团队仍然负责处理只为沃尔玛电商供货的供应商。这些供货商不能绕过圣布鲁诺采购团队的程序。

因为电商的销量较低,许多供应商专注于为沃尔玛的传统商店供货,而忽视了它的线上采购团队。"我很难优先考虑他们的线上采购部门,有机会时才会接触他们。"另一个大型消费品供应商说。现在沃尔玛联合线上线下采购的目的,也是为了解决这种割裂。

但 Lorenzo Lopez 在接受消费新闻和分析网站 Retail Dive 的采访时表示,供应商告诉路透社的情报有些偏差,沃尔玛要做的不是合并电子商务和实体的采购业务。"实体店和 walmart.com 的采购团队不会合并,并将继续作为两个独立的团队运营,我们只是简化了程序,让实体店内的商品更方便地上架到 walmart.com。"

尽管如此,新的采购政策仍然会大大丰富沃尔玛的在线商品种类。目前沃尔玛在线产品的种类远不如亚马逊丰富,这一采购政策可以提升沃尔玛电商的搜索量和销售量,Lorenzo Lopez 承认这正是沃尔玛的最终目标,但并未透露实体店中最终会有几成商品上架电商。

(案例来源:http://www.linkshop.com.cn)

**启发思考:**沃尔玛的整合,说明美国物流具有什么样的特点和趋势?

## 二、日本物流

日本的物流概念于 1956 年从美国全面引进，随后发展非常迅速，50 多年来对日本经济起到很大的推动作用。日本政府将物流运输业改革作为国民经济中最为重要的核心课题予以研究和发展，形成了独具风格的发展模式和管理经验。

### （一）日本物流的发展历程

**1. 概念引进和形成阶段（20 世纪 50 年代末至 60 年代初）**

1956 年，日本派出的"流通技术专业考察团"对美国工厂当时尚以物资分拨为中心的物流管理进行考察，并将 Physical Distribution 这一概念引入日本。从 20 世纪 50 年代中期开始，日本改变了以前重生产、轻流通的思想，进入到"保证运输与保管"的时代，着手发展陆路运输，重视有关车站、码头的装卸运作的研究与实践。

**2. 流通主导的发展阶段（20 世纪 60 年代中期至 70 年代初）**

这是日本大量物流设施建设、构筑的时代，同时也是日本经济高度成长、大量生产、大量销售的时代。

1965 年 1 月，日本政府中期 5 年经济计划强调要实现物流的近代化，日本政府开始在全国范围内开展高速道路网、港湾设施、流通聚集地等各种基础建设。与此同时，各厂商也开始高度重视物流，并积极投资物流体系的建设。各企业都建立了相应的专业部门，积极推进物流基础建设，这种基础建设的目的在于构筑与大量生产、销售相适应的物流设施。所以可以说这一时期日本厂商的共同战略是增大物流量、扩大物流处理能力。厂商开始广泛推广货台、铲车等机械化装卸设备，导入自动仓库，灵活运用货台和集装箱，开展单位货物装卸系统等。同时，物流中心、中央物流中心等各种物流管理系统也不断增加。除此之外，这个时期的日本也在积极推行物流联网系统，开发 VSP、配车系统等物流软件。这一时期是日本物流建设的大发展时期。这一阶段的发展直到 1973 年第一次石油危机爆发才告一段落。

**3. 物流合理化阶段（20 世纪 70 年代末至 80 年代初）**

第一次石油危机后，日本迎来了减量经营的时代，经营成本的降低成为经营战略的重要课题，从而要求物流能有所作为，所以说，这一时期是物流合理化的时代。

这一阶段，担当物流合理化作用的物流专业部门开始登上了企业管理的舞台，从而真正从系统整体的观点来开展降低物流成本的运动。此外，这一时期物流子公司也开始兴起。"物流利润源学说"揭示了现代物流的本质，使物流能在战略和管理上统筹企业生产、经营的全过程，并推动物流现代化发展。在实践上，这一时期对应于理论发展，开始广范围地设立合理化工程小组，实行物流活动中的质量管理。

具体讲，当时物流合理化的主要对策包括缩短物流路径、减少输送次数、实施计划输送、实行共同配送、加强库存管理、简化包装、扩大站台和运用省力化机器等措施。

与此同时，全国范围内的物流联网也蓬勃发展，以大型量贩店为中心的网上订、发货系统被迅速普及应用，一般较大的物流公司在各地设立分公司或支社，开展面向全国甚至海外的物流业务。在日本的企业和政府的共同努力下，"物流成本计算统一标准"的政策出台和日本物流学会的成立，标志着物流管理在日本得到飞跃性地发展。

4. 需求差异化阶段（20 世纪 80 年代中期至 90 年代中期）

20 世纪 80 年代中期以后，物流合理化面临挑战。90 年代日本泡沫经济的崩溃，使以前那种大量生产、大量销售的生产经营体系出现问题，日本生产经营发生重大变革。这时，多品种化和少量化成为生产经营主流，导致整个流通体系的物流管理必须适应消费需求差异化的发展。日本企业开始积极倡导高附加价值物流、准时计划生产等物流服务。

此外，在法规方面，1990 年颁布《物流法》，推动了各种运输的发展，对物流产业的发展起到了促进作用。在行政方面，1992 年成立了"日本物流系统协会"，着重多渠道、多层次、多形式地建立综合物流网络体系。

5. 物流现代化阶段（20 世纪 90 年代末至今）

20 世纪 90 年代末以来，日本的物流与经济同步进入国际化时代。随着物流服务竞争多样化，物流成本越来越高昂，如何克服物流成本上升、提高物流效率成为 90 年代日本物流面临的最大问题。在政策方面，日本政府于 1997 年拟定了具有重要影响力的《综合物流施政大纲》，目标是构建具有国际竞争力的绿色物流系统。

2003 年以后，日本开始完善物流信息网络，加强物流的全面质量管理，实现物流的高效率化，同时进一步整合物流资源，加强相关部门的合作。此外，还完善了海、陆、空运输条件，发展区域物流和国际物流。随着技术进步和研究深化，政府管制的放松和一系列法规的颁布和实施，推动日本物流业进一步持续稳定地发展。

**（二）日本物流的发展特点**

1. 全面完善的物流基础设施建设

多年来，日本在全国范围内开展了包括高速公路网、新干线铁路运输网、沿海港湾设施、航空枢纽港、流通聚集地在内的各种基础设施建设，构造新型的物流运输体系和仓储系统，既拉动了投资和内需的上升，又为扩大物流市场和促进物流业的发展提供了有力的保证。从时间上看，日本的大规模基础设施建设阶段是与现代物流业的兴起基本同步的。在 20 世纪 60 年代下半期到 70 年代末，日本交通运输业发展很快，高速公路纷纷投建，仓储条件大为改观，汽车迅速普及，还有集装箱船的出现，极大地促进了物流业的发展。与现阶段的物流业发展相适应，日本已经将基础设施建设的重点转向国际海港等国际物流基地、海上高速网络、干线公路网络和连接港口、机场与高速公路的出入口交通设施，同时通过修建市内环状公路、改进道口等来扩大交通容量，解决城市内物流的瓶颈制约问题。

在空间布局上，日本从国土和人口等国情出发，把物流性基础设施的重点放在高速公路网和沿海港口设施、海运网络上，以避免在狭小国土上铁路运输的不便，发挥公路运输快捷可控和灵活机动的优势，同时突出"海运立国"的发展战略。如今政府和业界又从环境保护和合理利用能源、运力的角度，提出将重点转向适应复合联运的交通体系建设。这些都是因地制宜和顺应时代潮流建设物流基础设施的具体表现。

2．重视物流管理方式的创新

日本物流发展过程中，重视共同配送，对其进行了大力发展。共同配送也称共享第三方物流服务，指多个客户联合起来，共同由一个第三方物流服务公司提供配送服务，是在配送中心的统一计划、统一调度下展开的。共同配送是由多个企业联合组织实施的配送活动。共同配送的本质是通过作业活动的规模化降低作业成本，提高物流资源的利用效率。共同配送是指企业采取多种方式，进行横向联合、集约协调、求同存异以及效益共享。

例如，7-11便利店在连锁经营中，把地区集中建店和信息灵活应用作为发展的基本政策，在配送体系的建设上，他们没有建立自己的配送中心，而是凭借公司的知名度和经营实力，利用其他企业的配送中心，采取汇总配送和共同配送的方式，实现自己的连锁化经营战略。7-11的共同配送模式的建立通过四个方面：整体化战略；实行地区集中建店；建立高效的信息网络；实行汇总配送，建立共同配送中心。最后，7-11做到了协调好集中配送、窗口批发、完全统一三种典型的共同配送模式，降低了物流成本，大大提高了配送效率，使得7-11成为全球最大的便利商店，获得了丰厚的利益。共同配送模式显然是其成功的一个非常重要的因素。

3．实现物流信息资源共享化

信息技术装备和信息管理系统在物流诸多环节的全过程覆盖，使物流管理和运作如虎添翼。以Cargo Master（库存管理）系统的应用为例：当店铺将订购信息汇总传送到供应商手中后，供应商就可以利用这个系统向物流中心选定和配送货物；而在物流中心或配送仓库，包括进货、保管、分类、加工与出货等所有的需求信息、库存数据和运行状态都在这个系统中得到反映；在事务所、仓库、流通加工车间甚至装卸货物的叉车上，都能得到这些物流信息或具体指令，而在每一个相关终端上工作的岗位责任人，也可以将工作结果和货物流动的详情输入这个系统中心，操作起来简单易行。运用这个系统的最大好处，就是对库存情况完全可以做到"心中有数"，并通过数据交换促使"货畅其流"。

在供应链管理的诸多环节中，库存管理系统是重要基础。对于物流企业来说，这个信息系统的功能比较健全，能满足客户的各种要求，可以任意设定多达10个种类的管理项目，甚至能进行货物库存分析，提出所有货物的安全库存量和库存临界点，在货物进出的过程中及时提醒客户。由于它是通过数据交换系统联网运行的，从物流企业到客户、生产厂家都能对总的库存情况了如指掌，其信息传递在瞬间就能完成；此外，这个系统还能根据客户要求进行相应的货物进出管理，提供出入库账目、出入库实绩和应收款数额等信息，并具有无线系统、货品检验捆包系统、车辆调度系统和流通加工系统等管理功能。

当前日本物流业界在信息化方面最关注的课题是如何实现公共部门、制造业、商家与物流业之间的信息自由交换。当然，要达到这些目标并非易事，需要政府、企业和学术界的大量协作与互相支持，其中相当重要的是信息网络平台的建立和通用数据交换软件的开发应用。在物流企业内部，也要把信息数据处理的触角延伸到包括经营管理、财务和人事在内的所有相关部门，使物流业的管理水平和应对能力得到更快的提高。

4. 重视社会资源的整合和物流成本的降低

首先，日本大多数制造型企业将物流职能从其生产职能中剥离出来，强化了自身的物流管理，降低了物流活动总成本。以朝日啤酒为例，2000年与1991年相比，由于更多地采用直接配送和调整物流网络，分布在全国的配送中心从45处削减到22处，到消费者手中的啤酒鲜度也大为提高，朝日由此一跃成为日本第一大啤酒生产商；而索尼公司则通过因特网方式，与世界上77家公司连接，实行零部件的按时调配，平时将交易单位的零售件置于索尼事务所管理之下，只有当索尼在生产中使用这些零部件时才向交易单位付款，大大减少了资金的占用。最近10多年来，企业自身内部物流与通过物流子公司或第三方物流企业提供物流的费用比例发生了根本性的改观。

其次，日本的物流业也在这个专业化的浪潮中进行重组和整合。传统物流企业在走向专业化的过程中，一般都经历了一个相当艰巨的重组、磨合和提高过程。铃与株式会社在专业化的"重生"过程中，不仅充分利用原有的海港装卸和仓储优势，而且适应时代的进步和运输方式的革命性变化，进行了一番脱胎换骨的改造，获得了集装箱运输、流通加工和配送的新优势，从原先比较单纯的海港装卸运输企业，转变为一个大型综合物流企业。从日本物流业发展的过程看，这是一个历史性的进步：专业化的直接后果就是使物流企业把眼睛盯在与物流相关的经营管理领域，以更多的精力去完善企业的现代物流功能，发展物流中心业务。

最后，日本物流业企业非常注重物流资源的优化整合，以保持核心竞争力和专业优势。在物流基地、配送中心和专业仓库，不管是货物出入库的具体操作还是流通加工，凡是能让其他业务单位和中介机构承担的普通业务，都由它们承担，如货物服务公司（Cargo Services）和日本著名的佐川急便公司、西浓运输公司就在相当大的程度上担负起流通加工、出入库操作、包装捆扎、货物配送的具体事务，而物流企业的业务骨干和中层干部、技术专家则可以集中精力，从事物流管理和经营业务，开发和运用物流信息系统和其他管理系统。

在实行"供应链管理"的过程中，日本的物流业也非常强调对物流各个环节的运行方案的优化，强调"链"的作用和它们之间的衔接，提高从原材料供应采购到产成品销售直至送达用户手中的全过程物流效率。

案例 1.3

### 日本物流业严重缺工 企业着手打造机器人仓库

日本物流业和仓储面临着严重的人力短缺问题，为了改善困境，许多企业除了增聘人力外，也开始使用机器人。虽然机器人并非万能，但稳定的质量和工作效能，得到许多企业青睐，甚至出现以机器人为主的仓库。

日本经济产业省指出，日本电子商务规模每年以 10% 幅度成长，2016 年市场规模达 151 兆日元（约 1.35 兆美元）。但人口结构却走向老龄化社会，劳动人口持续减少。

日本家具大厂宜得利（Nitori）正面临仓库人力短缺问题。宜得利旗下子公司 HomeLogistics 为了摆脱此困境，自 2016 年 2 月起于川崎市物流据点设立机器人仓库 "AutoStore"。AutoStore 内设有 60 台自动搬运机器人，可将仓储人员处理好的商品搬运至适当位置出货。机器人能搬运约 1 万种产品，且效率不输人类。

HomeLogistics 社长松浦学表示，打造机械化或 IT 化仓库是理所当然的趋势。以往员工为了搬运货物一天得行走 2 万~3 万步，但起用机器人后，员工只需要在定点作业。以前取货业务最多得起用 200 位员工，现在只要大约 6 成人力，且机器人每小时能取出的货物数量是人类的 5 倍。

不过仓库管理人员表示，机器人的功能还无法胜过兼职人员，因为有时产品会塞满纸箱，得依赖人类智能安排置放位置。机器人也无法有效抓取过于柔软的商品。

同时，日本物流业司机人力严重短缺，是日本政府需要解决的重要课题。政府召开未来投资会议，商讨成长战略草案，其中亦论及物流业的"高速公路卡车队列行驶"技术。

卡车队列行驶技术内容简单说，就是让一位司机能同时驾驭多量卡车。由最前头的卡车由司机亲手驾驶，之后尾随的卡车一律采用自动驾驶。无人卡车内的计算机会感测前方卡车的动作，保持一定距离尾随。

新创企业 Mobility 布局卡车队列行驶技术，计划 2018 会计年度在一般汽车行驶的马路上测试卡车队列行驶，由 3 台卡车进行，每台车都有司机。2020 会计年度转至新东名高速公路测试，届时将只有领头卡车配有司机。

日本物流系统协会（JILS）指出，物流业的人力缺口不只出现在宅配，远距离卡车司机等职位也面临严重人手不足。各家企业的尖端科技是否能有效改善物流业的缺工困境，值得持续追踪。

（案例来源：http://www.chinawuliu.com.cn）

**启发思考**：日本物流的机器人仓库对我国国内物流企业有什么启示？

## 三、欧洲物流

### （一）欧洲物流的发展历程

1. 工厂物流阶段（20 世纪 50—60 年代）

20 世纪中期，欧洲各国为了降低产品成本，对传统的物流搬运进行变革，开始重视工厂范围内的物流过程中的信息传递，对厂内物流进行必要的规划，以寻求物流合理化的途径。当时制造业（工厂）还处于加工车间模式，从订单中获取需求信息。企业为了实现客户当月供货的服务要求，在内部实现密切的流程管理，工厂内的物资由厂内设置的仓库提供。但这一时期的信息技术还比较落后：信息交换通过邮件，产品跟踪采用贴标签的方式，信息处理的软硬件平台是纸袋穿孔式的计算机及相应的软件。这一阶段储存与运输分离，各自独立经营，是欧洲物流发展的初级阶段。

2. 综合物流阶段（20 世纪 70 年代）

20 世纪 70 年代是欧洲经济快速发展时期，随着商品生产和销售进一步扩大，多个工厂联合的企业集团或大企业内部的物流已不能满足对物流的要求。并且制造业已开始广泛采用成组技术（GT），对物流服务的需求增多；客户的期望也已变成当周供货或服务，服务节奏明显加快。因此在这一时期出现了综合物流，即基于工厂集成的物流。仓库不再是静止封闭的储存式模式，而是动态的物流配送中心。需求信息不仅是看订单，更主要是从配送中心的装运情况获取。这个时期信息交换采用电话方式，通过产品本身的标记（Product Tags）实现产品的跟踪。进行信息处理的硬件平台是小型计算机，由于当时还没有功能比较强大的商品化软件问世，所以一般都是企业（工厂）自己开发软件。此外，与工厂内部物流相比，基于工厂集成的物流服务面更大，因此物流的来源出现了由承运人提供的新模式，为物流成本的降低探索了一条新的途径。

3. 供应链物流阶段（20 世纪 80 年代）

为了在物流系统集成化的过程中实现差别化，欧洲的厂商、批发业者和零售业者等不同类型的企业都在进行各自的物流革新。由于各类企业都拥有不同的物流系统，造成在经济主体的联结点处产生矛盾。为了解决这个问题，20 世纪 80 年代欧洲开始应用供应链的概念，发展联盟型或合作式的物流新体系，强调加强企业间的合作，实现消费者和供应商之间的物流与信息流的整合。这一时期制造业已采用准时生产（JIT）模式，客户的物流服务需求发展到当天供货（或服务）。因此物流与供应链管理进一步得到加强，如组织好港站库的交叉与衔接、零售商管理控制总库存量、产品物流总量的分配等。这一时期，物流需求信息可直接从仓库出货点获取，通过传真方式进行信息交换，产品跟踪采用条形码扫描。信息处理的软硬件平台是客户/服务器模式和购买商品化的软件包。值得一提的是，这一时期欧洲第三方物流开始兴起。

4. 全球物流阶段（20世纪90年代）

进入20世纪90年代，经济全球化趋势加强，欧洲企业纷纷在国外特别是在劳动力低廉的亚洲地区建立生产基地，并且当时欧洲制造业已发展到精良制造，客户的物流服务要求同一工班供货，因此物流中心的建设迅速发展。这一时期物流需求信息直接从顾客消费点获取，信息交换采用EDI，产品跟踪应用射频标识技术（RF Tags），信息处理广泛应用互联网和物流服务方提供的软件。这一时期是欧洲实现物流现代化的重要阶段。

5. 电子物流阶段（21世纪初至今）

随着信息技术的不断进步，基于互联网和电子商务的电子物流（E-Logistic）在欧洲兴起，以满足客户越来越苛刻的物流需求，此时客户已开始要求在一小时之内供货。物流信息来源由电子商务服务的供应方提供，并进一步扩展交易的最优化供应链管理，实现物流的协同规划、预测和供应。在运输链上实现组装的方式，使库存量实现极小化。信息交换采用数字编码分类技术和无线互联网，产品跟踪利用激光制导标识技术（Smart Ink）等。

**（二）欧洲物流的发展特点**

欧盟各国在物流基础设施规划与建设、物流组织与管理、物流技术创新与应用等方面的经验，使欧洲物流企业出现了运作规范、管理严格、讲究效率，以及集约化、规模化、现代化程度高的新特点。物流企业向集约化与协同化发展，主要表现在以下两个方面。

1. 以港口物流为主的物流园区的建设

港口物流园区是物流园区总概念下一个具有港口特征的物流经济区域。借鉴日本开发物流园区、德国不来梅建设城市大规模物流中心等经验，结合港口特点和我国港口基础建设及相关项目的界定，给港口物流园区以下界定：港口物流园区是指以港口为依托，由多个物流组织设施和专业化物流企业构成，以降低物流成本，提高物流组织和运作效率，改善企业服务为目的的，具有装卸、仓储、运输、加工等基本功能，和与之配套的信息、咨询、维修等综合服务功能的规模化、功能化、信息化物流组织和经济运行区域。

例如，荷兰阿姆斯特丹斯基蒲物流园区。斯基蒲集团是一家进行国内、国际机场建设的公司，该公司在机场里规划了一个区域，专门来做购物休闲服务、商务办公以及交通中转，用这个区域中的部分地方建立车站，通过铁路可连接至欧洲各大城市；并保留拥有大面积停车场，供旅客及工作人员停放。后来发现，规划后，超过500家商务机构进驻，包括从事航空相关业务的公司——航空公司、货运商、配餐服务、海关等；还有许多国际业务繁忙的公司，如跨国保险公司等。这个区域规划后，不但经济效益提高了，而且直接满足了客户的需求。之后很多枢纽机场都在学习荷兰的经验，像斯基蒲集团就先后在纽约肯尼迪国际机场、鹿特丹机场、Lelystad 机场、Eindhoven 机场、布里斯班机场复制了这种经验，参与建设航空物流园区，并提供商业计划、实施并管理。

2. 物流企业的兼并与合作

随着国际贸易的发展，欧洲的一些大型物流企业跨越国境开展并购，并购中的一个新特点是国营企业并购民营企业：法国邮政收购了德国的民营敦克豪斯公司；德国国营邮政出资 11.4 亿美元收购了美国大型陆上运输企业 AEI；德国邮政公司在最近两年间并购欧洲地区物流企业达 11 家，现在已发展成为年销售额达 290 亿美元的欧洲巨型物流企业。欧洲物流协会专家认为，世界上各行业和企业间的国际联合与并购，必然带动国际物流业加速向全球化方向发展，而物流全球化的发展走势，又必然推动和促进各国物流企业的联合和并购活动。新组成的物流联合企业、跨国公司将充分发挥互联网优势，及时准确地掌握全球物流动态信息，构筑起全球一体化的物流网络，战胜竞争对手，为货主提供优质服务。

案例 1.4

### 欧洲物流商关注中欧班列发展

中欧班列是指按照固定车次、线路、班期和全程运行时刻开行，往来于中国与欧洲以及"一带一路"沿线各国的集装箱国际铁路联运班列。自 2011 年首次开行以来，中欧班列发展势头迅猛，目前已累计开行了 2 000 多列。在德国西部城市杜伊斯堡 2016 年 11 月 8 日至 9 日召开的一个国际物流商会议上，欧洲物流商热切关注中欧班列的运营和发展情况。

德国杜伊斯堡港集团负责人埃里希·斯塔克在会上表示，中欧班列不仅是一条贸易线路，它连接了不同市场，使世界工业和物流活动发生变化，沿线国家都希望参与其中并受益。"5 年前，中欧班列最初在重庆和杜伊斯堡之间开通时，我们就看好中欧班列的未来发展，当时需要 19 天才能抵达，如今已缩短至 11 至 12 天，每周开行超过 20 列。"斯塔克说。近来，杜伊斯堡港集团还和中国成都、香港的合作伙伴围绕新建运输枢纽签订多项协议，以更好利用合作商机。格鲁吉亚铁路公司首席执行官马穆卡·巴克塔泽说，格鲁吉亚参与了"一带一路"倡议，认为这一倡议将为沿线国家带来诸多积极影响。格鲁吉亚也是亚投行的创始成员之一，期待通过各项合作促进本国的基础设施现代化，为客户提供更好的服务。

参与中欧班列运营的俄铁远东路桥公司首席执行官托马斯·卡格尔说，相对海运和空运，中欧班列是一种特殊运输途径，已作为一种可靠的运输方式被接受。班列全面建成后将获得更高运输效率，拉动欧洲和中国内陆地区的运输和贸易，俄罗斯已经在这方面有所收获。他认为，中欧班列未来一定能连通欧亚物流链条的每一个部分。

波兰 PKP 货运公司业务发展经理安娜·罗扎尔斯卡说，波中两国的良好关系使该公司对未来业务发展有着良好预期，"中国政府向波兰和波兰运营公司提供了巨大帮助和支持，我们为此非常感激"。

（案例来源：http://www.chinawuliu.com.cn）

**启发思考：**还有哪些国家可以加入中欧班列？

## 四、中国物流

### （一）中国物流的发展历程

我国物流的发展历程，与我国的经济发展水平和结构、科学技术状况以及我国经济体制变革有直接关系。按照我国经济发展历程，物流发展大致经历如下几步：

1. 有计划的商品经济条件下的物流（20 世纪 80 年代初至 90 年代初）

在 20 世纪 80 年代以前，我国只有流通业、运输业、仓储业等与物流相关的行业，国家实行指令性计划生产分配和供应。1979 年，我国才开始引入现代物流概念。这个时期，我国经济开始从计划经济逐步向市场经济过渡，随着产品和服务的商业化和市场化，各类企业开始意识到现代物流的重要作用。物流业开始打破部门和地区的界限，向社会化、专业化的方向发展。物流活动已不仅仅局限于被动的仓储和运输，还开始注重系统运作，即考虑包括运输、仓储、包装、装卸、流通加工在内的物流系统的整体效益。按系统化思想，推出了仓库一次性作业、集装单元化技术、自动化立体仓库及各种运输方式综合利用和联合运输等系统应用形式，对物流的全过程进行优化，物流的经济效益和社会效益有所提高。但这时候还没有真正意义上的现代物流运作和现代物流企业。

2. 社会主义市场经济条件下的物流（20 世纪 90 年代中期至今）

随着我国科学技术的迅速发展和信息技术的普及应用，消费需求个性化趋势的加强，以及竞争机制的建立，现代物流呈现出强劲需求。买方市场的形成，让企业对物流领域中存在的"第三利润源泉"开始有了较为深刻的认识，专业化物流企业开始涌现并初具规模。政府部门对现代化物流的重视程度不断提高，物流规划的地位在不断加强。交通运输、仓储设施、信息通信、货物包装和搬运等物流基础设施和装备的规模在逐步扩大，社会货物运输量持续增加。物流园区、配送中心、第三方物流等的发展加快了我国现代物流的发展进程。

### （二）中国物流的发展特点

根据《社会物流统计核算与报表制度》要求，国家发展改革委、中国物流与采购联合会对 2016 年全国重点工业、批发和零售业企业物流状况和物流企业经营情况进行了统计调查，并发布了《2017 年全国重点企业物流统计调查报告》。报告认为，2016 年，随着供给侧结构性改革的推进，工业、商贸领域重点改革任务取得积极进展，中国物流发展具有物流成本稳中趋缓、行业物流效率持续改善、物流专业化和社会化仍是主流等特点。

1. 物流成本稳中趋缓

2016 年工业、批发和零售业企业物流成本同比增长 3.7%，上年为下降 1.2%，物流成本增速虽由下降转为增长但仍保持低速增长，延续了近年来总体回落的走势。其中，运输成本占企业物流成本的 47.6%，按可比口径计算，比上年提高 0.2 个百分点；保管成本占 36.8%，下降 0.6 个百分点；管理成本占 15.6%，提高 0.2 个百分点。

2. 行业物流效率持续改善

2016 年被调查企业物流效率持续改善，物流费用率延续了下降走势，但各行业水平仍存在较大差异。从 2016 年看，有以下几个方面特点：

大宗商品行业物流费用率明显趋缓，但仍处于较高水平。在工业行业中，造纸及纸制品业、非金属矿物制品业、农副食品加工业、黑色金属冶炼及压延加工业的物流费用率较高，大宗商品行业合计物流费用率为 11.6%，比上年下降 0.5 个百分点。2016 年虽有所回落但仍高于工业企业平均水平。

医药、汽车等高附加值行业物流费用率小幅回升。在工业行业中，医药制造业、汽车制造业等高附加值行业物流费用率小幅回升，比上年分别提高 0.3 和 0.4 个百分点，一方面近年医药冷链行业物流设施设备投入增加，另一方面，"921 治超"等新政出台，对汽车物流特别是运输成本产生一定影响。综合来看，高附加值行业物流费用率短期虽有所回升，但仍低于工业企业平均水平。

3. 物流专业化和社会化仍是主流

近年来，工业、批发和零售企业物流专业化水平总体趋升，2016 年仍维持较高水平，工业、批发和零售业企业对外支付的物流成本占企业物流成本的 65.3%，同比回落 0.1 个百分点，占比近七成是行业物流发展的趋势。

案例 1.5

**顺丰扩张全球：斥巨资与世界第一快递 UPS 成立合资公司**

2017 年 5 月 26 日，顺丰控股股份有限公司发布公告称，公司将与 UPS 在香港成立合资公司，双方拟分别对合资企业投资 500 万美元，各持股 50%，双方共计投资 1 000 万美元。其中，顺丰拟合计以现金出资 50 万美元认购合资企业发行的股份，持股比例为 50%，UPS 拟合计以现金出资 50 万美元认购合资企业发行的股份，持股比例为 50%，其余部分将由双方协商一致后进行投入。合资企业的营业期限为 20 年，合资企业名称为 Global Connect Holding Limited（环球速运控股有限公司），位于香港中环皇后大道中 15 号置地广场告罗士打大厦，业务范围为经营推广和开发联合品牌的国际快递产品。

本次投资的交割条件如下：

（1）每一方均适当并有效地签署和交付所有交易文件；

（2）所有交易文件均未根据其各自的条款被有效终止；

（3）取得所有必需的监管审批、备案和登记，顺丰和 UPS 将共同申请所有的批准、备案和/或登记；

（4）取得签署《融资协议》的所有必要同意，同时交割所必需的其他行为均已履行。

公告显示，如截至 2017 年 12 月 31 日下午 5:00 前（香港时间）（或各方书面同意的其他更晚时间）尚未完成交割，则《合资协议》届时终止。合资企业设董事会，董事会人数上限为 4 名。首任董事由顺丰与 UPS 各提名 2 名人选。每位股东有权不时更换其提名的董事人选。

顺丰控股称，合资企业将经营推广和开发联合品牌的国际快递服务，助力顺丰和 UPS 提供更具竞争力的国际贸易物流产品，聚焦 B2B 和 B2C 客户的跨境贸易，拓展全球市场。合资企业的成立有助于中美两家知名的物流企业在网络、规模等方面取长补短，提升效率，为客户提供更多样化的选择和更优质的服务。

UPS 集团是全球领先的物流企业，通过配备一整套包括包裹递送与货运服务、简化国际贸易、应用领先科技在内的全面完善的解决方案，实现全球商务的更高效管理。UPS 集团的总部设在美国亚特兰大，其业务网点遍布全球 220 多个国家和地区。

顺丰提到，成立合资企业有待相关部门的批准，《合资协议》的顺利交割存在不确定性。

另外，顺丰和 UPS 第一次合作开发联合品牌产品，相关产品的市场前景尚不明朗，未来在业务发展和运营方面存在一定的不确定性。本次投资完成后，公司将持有合资企业 50% 的股权。由于联合品牌产品属于全新推出的产品，预计本次投资对本公司 2017 年度经营业绩不会产生重大影响。

（案例来源：http://www.chinaz.com）

**启发思考：**顺丰和 UPS 的合作，说明中国物流发展具有什么样的特点和趋势？

# 本章小结

本章首先介绍了物流的概念、分类及作用，以及物流管理的相关内容，包括物流管理的概念、内容和模式；其次介绍了物流的主要学说（包括"黑暗大陆"学说、"物流冰山"学说、"第三利润源"学说、"效益背反"学说）和主要趋势（包括第三方物流理论、"互联网+"物流）；最后对国内外物流的发展概况进行了阐述。通过本章学习，读者应该理解并掌握物流的相关概念，熟悉物流管理的相关内容，了解物流的主要学说趋势和国内外物流发展概况。

## 练习题

一、概念识记

物流　物流管理　黑暗大陆　"互联网+"物流

二、简答

1. 被普遍认同的对物流的定义是哪个机构提出的？怎样定义的？

2. 简述物流的作用。

3. 简述物流管理的内容。

4. 简述物流管理模式。

## 即测即评

请扫描二维码进行在线测试。

## 延伸阅读

1. ［美］Paul Myerson. 精益供应链与物流管理［M］. 梁峥，等，译. 北京：人民邮电出版社，2014.

2. ［日］角井亮一. 精益制造014：物流管理［M］. 刘波，译，上海：东方出版社，2013.

3. 张佺举，张洪. 物流管理［M］. 北京：北京大学出版社，2014.

4. 李联卫. 企业成功运作的经典物流案例汇编［M］. 北京：化学工业出版社，2015.

# 第二章　供应链与供应链管理概述

## 知识逻辑图

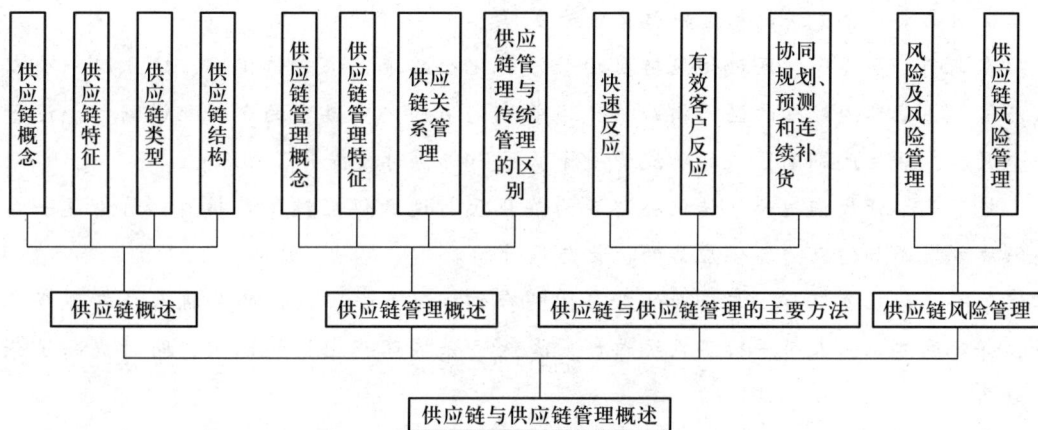

供应链概念　供应链特征　供应链类型　供应链结构　供应链管理概念　供应链管理特征　供应链关系管理　供应链管理与传统管理的区别　快速反应　有效客户反应　协同规划、预测和连续补货　风险及风险管理　供应链风险管理

供应链概述　供应链管理概述　供应链与供应链管理的主要方法　供应链风险管理

供应链与供应链管理概述

## 【学习目标】

　　了解供应链的概念、特征、类型及结构；掌握供应链管理的概念及特征，了解如何管理供应链关系，以及供应链管理与传统管理的区别；熟悉供应链管理的主要方法；了解如何管理供应链风险。

---

案例 2.1

### 传化网全国供应链助力屈臣氏和山东佐田氏财富迅速增长

2017 年 9 月 1 日，全球首富又易主了！常年占据"榜首"的比尔·盖茨退居第二，让位于西班牙 ZARA 母公司 Inditex 的创办人阿曼西奥·奥特加。

这位时装界大亨打造的"快时尚"服装帝国，塑造出了 ZARA、Pull & Bear 和 Bershka 等不少令人耳熟能详的品牌。

在服装实体店被互联网冲击得摇摇欲坠的时代，阿曼西奥·奥特加的 ZARA 却几十年屹立不倒，并且保持着稳定的财富增长与全球化扩张，这得益于其出色的全程供应链管理。

从"产供销"到"销供产"商业模式的巨大变革，供应链越来越成为商业流程中的制胜要素。"真正的竞争不是企业与企业之间的竞争，而是供应链和供应链之间的竞争。"著名供应链专家马丁·克里斯多弗的这句话在当下愈发得到验证。

而在中国，目前最大的保健品和美容产品零售连锁商店——屈臣氏，也一直把供应链系统的管理和优化，作为其"决胜法宝"。

店铺扩张是屈臣氏在中国市场发展的主要运营策略。在屈臣氏的规划中，其门店数量将在 2017 年增至 3 000 家，覆盖 520 个城市。而其商品涉及保健产品、美容产品、化妆品、日用品、食品等，庞大的业务结构和复杂的商品种类，加上快速的扩张，决定其必然需要一个先进的供应链体系作为支撑。

在湖南，屈臣氏把区域供应链交由长沙传化公路港，依靠传化网，建立起一个以长沙传化公路港为核心的区间供应链，覆盖湖南省的省市县乡的仓储配送网络。运营一个月后，屈臣氏湖南区域的物流费用降低了 24%，时效提升了 20%。

接下来，让我们把长沙传化公路港为屈臣氏打造的供应链体系拆解，看看这一系统解决方案是如何助力其供应链的优化与提升的。

第一，分拣库环节，与专业的劳务团队合作，每天保障固定的分拣人员在现场工作，并对这些工作人员进行了系统培训，降低了分拣环节出错的比例，同时提高了分拣效率。

第二，利用园区干线进行运输，实现单据一票到底，不靠人工监测达到系统可视也即将实现。

第三，建立专项管理团队，主动与客户对接，及时、主动反馈优化用户体验。

第四，用传化的品牌优势，为自己的品牌增加运输上的可靠度，同时利用传化网的智能化，以及依托公路港这个基站，未来将货物、小料用更统一、便捷、安全的方式覆盖全国省、市、区。

在这个过程中，传化网的分拨中心、智能化系统等助力屈臣氏实现了降本增效和一单到底，传化网——一张致力于成为中国最大货运网的智能物流网络已经形成，并正在发挥作用。

无独有偶，在济南，山东最大的生物有机肥生产企业——山东佐田氏生物科技有限公司，依靠济南传化泉胜公路港的供应链方案，一年降低 330 万元的物流成本费用。

佐田氏生物专注研发高品质有机肥料、微生物肥料、水溶肥料等五大系列产品，其中高品质有机肥料的年产销量超过 20 万吨。

济南公路港的供应链团队为佐田氏量身定制运输业务解决方法——

第一，出"方案"，根据实际业务场景打造定制化解决方案。

第二，出"人"，安排专人驻场，提供运力调度、信息查询、异常处理等现场服务。

第三，出"系统"，提供 TMS 系统支持，实现不同运力的信息协同共享，实现一单到底。同时通过每单货物全程系统化、可视化，将风险控制在了最低水平。

具体操作上，济南公路港负责为佐田氏运输业务组织招投标，通过强大的物流资源为佐田氏遴选优质可靠的承运商，并负责承运商的管理考核、智慧物流系统信息跟踪与线上操作，有效降低了物流成本。

"下一步我们计划继续合作传化云仓以及化肥原料供应与运输，延展产品链条，估计每年又要降低上百万的成本，让老百姓都受益。"佐田氏董事长辛寒晓满意地表示。

（案例来源：http://www.chinawuliu.com.cn）

**启发思考：**为什么说真正的竞争不是企业与企业之间的竞争，而是供应链和供应链之间的竞争？

# 第一节　供应链概述

## 一、供应链概念

早期的供应链（Supply Chain）概念认为供应链是一个制造企业的内部过程，它指的是采购的原材料和零部件由生产和销售过程向企业用户转化的过程，这个概念局限于企业内部运作，注重企业自身的利益目标。

随着企业经营管理的发展，供应链的内涵扩大到涉及与其他企业的联系以及外部环境，更倾向于将其定义为通过制造、组装、分销和零售过程，将原材料转化成产品并给最终用户的转换过程，这是更广泛、更系统的概念。

美国的史蒂文斯（Stevens）认为："通过价值增值过程和分销渠道控制，从供应商的供应商到用户的用户的流程就是供应链，它开始于供应的源点，结束于消费的终点。"该定义注重了供应链的完整性，并考虑了供应链中所有成员操作的一致性。

目前普遍认为，供应链是指产品生产和流通过程中所涉及的原材料供应商、制造商、批发商、零售商以及最终消费者组成的供需网络，即由原材料获取、物料加工和制造直至将成品送到用户手中，这一完整过程所涉及的企业和企业部门所组成的网链结构，每个企业就是一个节点，节点企业与节点企业之间是一种供需关系，其总目标是满足最终用户的需求。可将供应链的网络结构通过下图 2.1 表示。

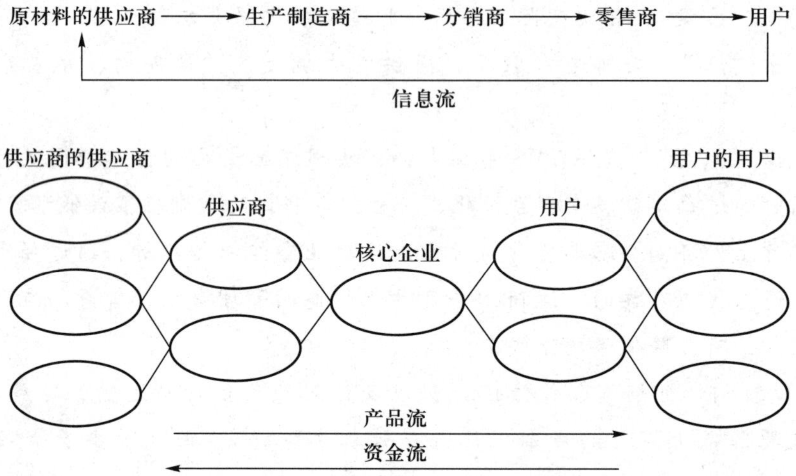

原材料的供应商 ——→ 生产制造商 ——→ 分销商 ——→ 零售商 ——→ 用户

信息流

供应商的供应商　　　　　　　　　　　　　　　　用户的用户

供应商　　　　　　　　　　　用户

核心企业

产品流

资金流

图 2.1　供应链的网络结构模型

## 二、供应链特征

（1）复杂性。供应链节点企业组成的层次不强，供应链往往由多个多类型甚至多国企业组成，所以供应链的结构模式比一般单个企业的结构模式更为复杂。

（2）动态性。供应链中节点企业需要经常性地变化，以适应企业战略和市场需求变化的需要，因此供应链具有明显的动态性。

（3）面向客户的需求。供应链的形成、存在、重构，都是基于一定的客户需求，因此，供应链中客户需求的拉动是供应链中信息流、物流和资金流运作的驱动源。

（4）风险性。消费需求和生产供应之间始终存在时间和空间的分割。通常，在生产产品的数周和数月之前，制造商必须先确定生产产品的款式和数量。这一决策直接影响到供应链系统中的生产、运输、仓储、配送等功能的容量设定及成本构成，因此，这一决策涉及面广、不确定性强，并会随时间变化而不断变化，隐含着如财务、成本等方面的巨大风险。

（5）增值性。供应链的特征还表现为增值性。企业的生产运营系统将一些资源进行转换和组合后输出，供应链则通过把这些输出分送到顾客的手中来使该输出增加相应的价值。

## 三、供应链类型

供应链产生和发展的历史虽然短暂，但由于它在企业经营中的重要地位而发展速度很快，有多种类型。目前来看，从不同角度出发，按不同标准，可将供应链划分为不同类型。

## （一）按照供应链涉及主体划分

供应链中的主体是指整个链条中的核心企业。根据涉及主体的不同，供应链可以分为两种类型。

### 1. 内部供应链

它是指企业内部产品生产和流通过程中所涉及的采购部门、生产部门、仓储部门、销售部门等组成的供需网络。

### 2. 外部供应链

它是指企业外部的，与企业相关的产品生产和流通过程中涉及的原材料供应商、生产厂商、储运商、零售商以及最终消费者组成的供需网络。

内、外部供应链共同组成了企业产品从原材料到成品再到消费者的供应链。一般认为，内部供应链是外部供应链的缩小化。如对于制造厂商，其采购部门相当于外部供应链中的供应商。区别只在于外部供应链的范围大，涉及企业众多，企业间的协调更困难。

## （二）按照供应链管理对象划分

供应链管理对象是指供应链所涉及的企业及其产品、企业的活动、参与的人员和部门等。根据供应链管理的研究对象及其范围，供应链可以分为三种类型。

### 1. 企业供应链

它以某企业为核心，以该企业产品为主导，形成包括该企业的供应商、供应商的供应商及一切向前的关系，和用户、用户的用户及一切向后的关系。该核心企业对整个供应链的建立和组织起关键作用，在整个供应链中有明显的主导地位和作用。

### 2. 产品供应链

它是以某一特定产品或项目为核心，由该产品或项目需求所拉动的，包括与此相关的所有经济活动的供应链。产品供应链上的企业相互依存、密切合作。

### 3. 基于供应链合作伙伴关系的供应链

它一般通过契约协调双方或多方间的利益，实现物流、信息流、资金流的流动与交换，主要针对供应链上各职能成员间合作进行管理。

## （三）按照供应链网络结构划分

### 1. V形供应链

V形供应链是供应链网状结构中最基础的结构。这种供应链以大批量物料存在方式为基础，经过企业加工转换为中间产品，提供给其他企业，作为它们的原材料。生产中间产品的企业拥有的客户往往要多于供应商，而且呈发散状。例如，原料经过中间产品的生产和转换，成为工业原材料，如石油、化工、造纸和纺织等企业，这些企业产生种类繁多的产品，满足众多下游客户的需求，从而形成了V形供应链。

### 2. A形供应链

当核心企业为供应链网络上的最终客户服务时，它的业务本质上是由订单和客户驱动的。在制造、组装和总装时，会遇到一个与 V 形供应链相反的情况，即为了满足相对少数的客户需求和客户订单，需要从大量的供应商手中采购大量的物料。这是一种典型的汇聚性的供应链网，即 A 形供应链。这种供应链可以加强供应商和制造商之间的密切合作，共同控制库存量。

3．T 形供应链

许多企业通常结成的是介于上述两种类型之间的 T 形供应链。这种类型的供应链要求企业根据订单确定通用件，从与自己相似的供应商采购大量的物料，通过制造标准化来降低订单的复杂程度，为大量终端客户和合作伙伴提供构件和套件。如医药保健品、电子产品和食品、饮料等行业，以及为总装配提供零部件的公司，如为汽车、电子器械和飞机主机厂商提供零配件的企业等。

**（四） 按照供应链驱动力的来源划分**

按照供应链驱动力的来源，可以分为推动式供应链和拉动式供应链两种类型。

1．推动式供应链

推动式供应链是传统的供应链类型，它以产品为中心，以生产制造商为驱动原点，力图尽量提高生产率，降低单件产品成本来获得利润。通常，生产企业根据自己的MRP-II/ERP 计划来安排从供应商处购买原材料，生产出产品，并将产品经过各种渠道，如分销商、批发商、零售商等，一直推至客户端，如图 2.2 所示。

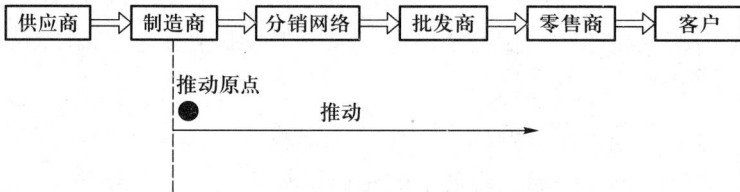

图 2.2　推动式供应链

从图 2.2 来看，在推动式供应链上，生产商对整个供应链起主导作用，是供应链上的核心或关键成员，而其他环节如流通领域的企业则处于被动地位，这种供应链的运作和实施相对较为容易。然而，由于生产商在供应链上远离客户，对客户的需求远不如流通领域的零售商和分销商了解得清楚，这种供应链上企业之间的集成度较低，反应速度慢，因此在缺乏对客户需求了解的情况下生产出的产品往往无法匹配和满足客户需求。同时，由于无法掌握供应链下游，特别是最末端的客户需求，一旦下游有微小的需求变化，反应到上游时，这种变化将被逐级放大，这种效应被称为牛鞭效应。

2．拉动式供应链

拉动式供应链是以客户为基础，产品的生产和服务由市场和客户的实际需求以及需求的预测驱动。这种运营和管理需要整个供应链更快地跟踪，甚至超前于客户和市场需求，以提高整个供应链产品和资本的流通效率，减少流通过程中不必要的浪费，降低成本，提高市场适应力。特别是对于下游分销零售行业，要求在供应链成员之间具有较强的信息共享、协调、响应和适应能力。例如，发达国家采取协同规划、预测补货（CPFR）政策和系统，实现对下游供应链成员快速反应的需求，更加及时获取信息，整合信息和共享度更高的数据交换速度，缓冲库存和降低供应链总库存，增强盈利能力等。

　　拉动式供应链虽然整体绩效突出，但对供应链企业的管理和信息化水平要求较高，对整个供应链的整合和协同技术和基础设施要求也较高。以计算机公司为例，其对计算机市场的预测和订单是企业一切业务活动的拉动点，生产装配、采购等的计划安排和运作都是以它们为依据和基础进行的，这种典型的面向订单的生产运作可以明显减少库存积压和个性化的特殊配置需求，并加快资金周转。然而，这种供应链的运作和实施相对较难。其结构原理如图 2.3 所示。

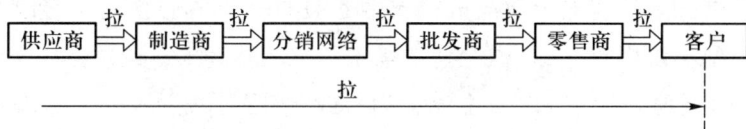

图 2.3　拉动式供应链

　　但在企业内部，对于有些业务流程来说，往往是推动式和拉动式两种类型共存。如戴尔计算机公司的 PC 生产线，既有推动式运作又有拉动式运作，其 PC 装配的起点就是推和拉的分界线，在装配之前的所有流程都是推动式流程，而装配和其后的所有流程是拉动式流程，完全取决于客户订单。这种推拉共存的运作对制定有关供应链设计的战略决策非常有用。例如，供应链延迟生产策略通过对产品设计流程的改进，使推和拉的边界尽可能后延，便可有效地解决大规模生产与大规模个性定制之间的矛盾，在充分利用规模经济的同时实现大批量客户化生产。

**（五）其他划分**

　　除了以上划分标准外，供应链还可以根据其他不同标准，划分为其他几种类型。

　　1. 稳定供应链和动态供应链

　　根据供应链存在的稳定性划分，可以将供应链分为稳定供应链和动态供应链。基于相对稳定、单一的市场需求而组成的供应链，稳定性较强，而基于相对频繁变化、复杂需求而组成的供应链，动态性较高。在实际管理运作中，需要根据不断变化的需求，相应改变供应链的组成。

　　2. 平衡供应链和倾斜供应链

　　根据供应链容量与客户需求的关系，供应链可以划分为平衡和倾斜两种类型。供应链具有一定的、相对稳定的设备容量和生产能力（所有节点企业能力的综合，包括供应商、制造商、运输商、分销商、零售商等），但客户需求处于不断变化中，当供应链容量能满足客户需求时，供应链处于平衡状态，而当市场变化加剧，造成供应链成本、库存、浪费等增加时，企业不是在最优状态下运作，供应链则处于倾斜状态。

3．有效性供应链和反应性供应链

根据供应链的功能模式（物理功能和市场中介功能），可以把供应链划分为有效性供应链（Efficient Supply Chain）和反应性供应链（Responsive Supply Chain）两种。有效性供应链主要体现供应链的物理功能，即以最低的成本将原材料转化成零部件、半成品、产品，以及在供应链中的运输等；反应性供应链主要体现供应链的市场中介功能，即把产品分配到满足客户需求的市场，对未预知的需求做出快速反应等。

## 四、供应链结构

供应链由所有加盟的节点企业组成，其中一般有一个核心企业（可以是产品制造企业，也可以是大型零售企业），节点企业在需求信息的驱动下，通过供应链的职能分工与合作（生产、分销、零售等），以资金流、物流或/和服务流为媒介，实现整个供应链的不断增值。

可以把供应链结构形象地描绘成一棵枝叶茂盛的大树的根；独家代理商是树干；分销商是树枝和树梢；满树的绿叶红花是最终用户；在根与主干、枝与干的一个个节点，蕴藏着一次次的流通，相同的脉络便是其中的信息管理系统。

供应链结构中，各企业之间的关系与生物学中的食物链类似。在"草—兔子—狼—狮子"这样简单的食物链中，如果我们把兔子全部杀掉，那么草就会疯长起来，狼也会因兔子的灭绝而饿死，连最厉害的狮子也会因狼的死亡而慢慢饿死。可见，食物链中的每一种生物之间是相互依存的，破坏食物链中的任何一种生物，势必导致这条食物链失去平衡，最终破坏人类赖以生存的生态环境。

同样道理，在供应链"企业 A—企业 B—企业 C"的结构中，企业 A 是企业 B 的原材料供应商，企业 C 是企业 B 的产品销售商。如果企业 B 忽视了供应链中各要素的相互依存关系，而过分注重自身的内部发展，虽然生产产品的能力不断提高，但如果企业 A 不能及时向它提供生产原材料，或者企业 C 的销售能力跟不上企业 B 产品生产能力的发展，那么企业 B 生产力的发展就不能适应这条供应链的整体效率。

案例 2.2

### "三藏平台"打造一带一路云供应链综合服务平台

2017 年 6 月 30 日，海航科技集团旗下"三藏平台"上线运行。作为世界 500 强企业——海航集团旗下的云供应链服务平台，"三藏平台"拥有丰富的产业集团资源，可提供全球运输、仓配一体、冷链物流、工程物流、物流云等一系列服务，通过"物流、商流、资金流和信息流"多流合一，建立与客户共赢的合作机制，致力于服务整个商业生态圈，对促进传统物流行业向技术、数据、信息、资本驱动型转型，加快中国物流行业的产业升级具有重大意义。

"三藏平台"响应了"2017年'一带一路'国际合作高峰论坛"会议中强调的"国家正在大力倡导构建良好的跨国供应链生态环境"这一重要精神，定位于服务"一带一路"实体经济项目的"云供应链综合服务平台"，充分落实国家"一带一路"相关产业链规划蓝图，成为"一带一路"相关国家宏观战略落地实施的重要一环，为打造"共享、开放、共赢"的供应链生态圈贡献能量。

"三藏平台"此次高调亮相的主要看点在于，借助"超级货运平台+产业链金融+供应链科技"三大模块首创属于自己的复合发展模式，实现联运物流、产业金融服务、云技术平台三者之间的深度融合：即在真实的交易场景基础上，依托强大的科技研发能力与科技应用资源，为用户提供安全可靠的一站式物流及金融服务。

超级货运模块融合了国内外各类优质供应链物流资源，建立了辐射全球的海陆空多式联运体系，利用互联网与物联网科技平台，为各种有海陆空运输及仓储需求的客户提供供应链物流整体解决方案，包括全球海运、全球空运、全球速递、仓配一体、冷链物流、工程物流等，为一切有发货需求的客户提供高效、快捷的物流运输服务。

产业链金融模块主要在真实交易场景基础上提供审批、放款、回款等一站式金融服务，探索全新的产业金融发展模式。通过控制上下游企业的资金流，把单个企业难以控制的风险转变为整体供应链的可控风险，解决资金难题，为客户提供安全可靠的金融服务。

供应链科技模块通过强大的科技研发能力与科技应用资源，提供物流云应用、大数据征信等服务的技术平台，推动区块链、物联网等在物流供应链的创新研发和应用。不仅可以根据客户需求量身定制各类科技应用，更可以根据产业供应链的普遍痛点和痒点组织科技经营与行业专家，形成供应链科技公关难题，用科技手段解决实际问题。

此次上线，"三藏平台"率先开放物流运输模块，打通跨境、仓储、运力、配送等链条，将产业链上的不同服务商串联在一起，为合作伙伴提供一站式供应链解决方案，而且该平台提供的金融、科技等板块也会在近期陆续上线。"三藏平台"的专业化服务主要体现在以下几个方面：搭建工程物流产业生态链，打造全球工程物流产业资源整合商，基于能源、农产品等行业相关痛点提出解决方案，高性价比的报关代理服务等。

目前，"三藏平台"拥有遍布中国86个城市及全球10多个国家和地区的运输、仓储、冷链、工程物流等丰富资源，已与英国石油集团、道达尔公司、美国海湾石油、中石化、中石油、中广核、中能源、香港大生集团、中铁建、西王集团等全世界20多家世界500强和70多家国内外知名企业达成战略合作。

　　"三藏平台"战略团队表示，"目前物流市场不透明是供应链管理的一大痛点，货方与物流商之间信息不对称，导致物流运输选择成本高，效率低下。"三藏平台"旨在改善这一现状，为一切有发货需求的客户提供全方位的供应链服务支持，帮助更多企业走出国门，响应国家"一带一路"发展政策，促进传统物流行业产业升级。"

　　在"一带一路"的大背景和大机遇下，"三藏平台"顺势而起，构建服务于整个商业生态圈的一站式云供应链综合服务平台。在成功嫁接海航充沛资源的基础上，"三藏平台"充分发挥了社会资源整合和协同效应的优势，借助新科技、新技术，打造了云供应链产业生态圈。

　　（案例来源：http://www.chinawuliu.com.cn）

　　**启发思考**："三藏平台"打造了哪种供应链类型？　为什么？

## 第二节　供应链管理概述

### 一、供应链管理概念

　　从上节来看，供应链的概念与传统的销售链不同，它已跨越了企业界限，从建立合作制造或战略伙伴关系的新思维出发，从产品生命线的源头开始到产品消费市场，从全局和整体的角度考虑产品的竞争力，从而使供应链从一种运作性的竞争工具上升为一种管理性的方法体系，这就是供应链管理提出的实际背景。

　　最早人们把供应链管理的重点放在管理库存上，作为平衡有限的生产能力和适应客户需求变化的缓冲手段，它通过各种协调手段，寻求把产品迅速、可靠地送到客户手中所需费用与生产、库存管理费用之间的平衡点，从而确定最佳库存投资额，因此其主要任务是管理库存和运输。现在的供应链管理则把供应链上各个企业作为一个不可分割的整体，使供应链上各企业分担的采购、生产、分销和销售的职能成为一个协调发展的有机体。

　　关于供应链管理的概念现在有很多，例如伊文斯（Evens）认为，供应链管理是通过前馈的信息流和反馈的物料流及信息流，将供应商、制造商、分销商、零售商直到最终用户，连成一个整体的管理模式。菲利浦（Phillip）认为供应链管理不是供应商管理的别称，而是一种新的管理策略，它把不同企业集成起来，以增加整个供应链的效率，注重企业之间的合作。目前普遍认为，供应链管理（Supply Chain Management，SCM）是一种集成的管理思想和方法，它执行供应链中从供应商到最终用户的物流计划、组织、领导和控制等职能。

## 二、供应链管理特征

从供应链管理的概念来看，供应链管理具有以下特征：

（1）"横向一体化"的管理思想。这种思想强调每个企业的核心竞争力，因此要清楚辨别本企业的核心业务，然后狠抓核心资源，以提高核心竞争力。

（2）非核心业务都以外包方式分散给业务伙伴，因此要和业务伙伴结成战略联盟关系。

（3）供应链企业间形成的是一种合作性竞争。这里的合作性竞争包括两层含义：一是过去的竞争对手相互结盟，共同开发新技术，成果共享；二是将过去由本企业生产的非核心零部件外包给供应商，双方合作，共同参与竞争。

（4）以客户满意为目标的服务化管理。对下游企业来讲，供应链上游企业的功能不是简单地提供物料，而是要用最低的成本提供最好的服务。

（5）供应链追求物流、信息流、资金流、工作流和组织流的集成。这几个流在企业日常经营中都会发生，但过去是间歇性或者间断性的，因而影响企业间的协调，最终导致整体竞争力下降。供应链管理则强调这几个流必须集成起来，只有跨企业流程实现集成化，才能实现供应链企业协调运作的目标。

## 三、供应链关系管理

### （一）供应链关系的概念

供应链关系，一般指的是和合作伙伴的关系，因此又被广泛称为供应链合作伙伴关系（Supply Chain Partnership，SCP），包括供应商—制造商（Supplier—Manufacturer）关系、卖主/供应商—买主（Vendor/Supplier—Buyer）关系等。

国内外关于供应链关系的概念较多，一般认为，供应链关系指的是供应商与制造商为了实现某个特定目标，在一定时期内共享信息、共担风险、共同获利的协议关系。这样一种战略合作关系形成于集成化供应链管理环境下，且形成于供应链中为了特定的目标和利益的企业之间。显然，战略合作关系必然要求强调合作和信任。像通用汽车（General Motors）、雀巢（Nestle）等强大的制造商，沃尔玛、家乐福（Carrefour）等有统治地位的零售商，以及大型批发商，都在寻求整个物流与服务管理的新的合作方式，其战略视野正从单一的组织转向许多组织的伙伴关系。

### （二）供应链关系的选择

供应链关系选择的基础是对合作伙伴的选择，也是企业间进行合作的第一步。因此，选择良好的合作伙伴，是建立供应链关系的重要条件。一般认为，供应链关系中选择的合作伙伴应符合以下三个特征。

（1）长期性。企业应选择少数几个合作伙伴进行长期合作，关系稳定，对合作各方都有好处，可以降低交易成本和协议成本，降低库存，从而使整个供应链的合作达到最优。

（2）动态性。供应链上的合作是一种动态联盟，所以供应链合作伙伴既是长期稳定的，又应该根据竞争环境的变化进行适时的调整。

（3）竞争性。供应链合作伙伴与传统企业的供需客户不同，供应链合作伙伴既要采取一定的策略和技巧与其他企业进行合作，同时在与其他企业竞争加入某一供应链的过程中，又需要体现出竞争的优势，这是一种基于竞争基础的合作伙伴。

在确定了合作伙伴后，应采取科学的方法完成供应链关系的选择，这也是供应链企业在当前激烈的竞争环境中的最重要活动之一。目前，供应链关系选择的方法较多，较常用的方法包括如下几种。

（1）直观判断法。直观判断法是根据征询和调查所得的资料，结合人的分析判断，对合作伙伴进行分析、评价的一种方法。这种方法主要是倾听和接纳有经验的人员的意见，或直接由有经验的人员凭借经验做出判断。

（2）招标法。当定购数量大、合作伙伴竞争激烈时，可采用招标法来选择适当的合作伙伴。它是由企业提出招标条件，各招标合作伙伴进行竞标，然后由企业决标，与提出最有利条件的伙伴签订合同或协议。

（3）采购成本比较法。对质量和交货期都能满足要求的合作伙伴，需要通过计算采购成本来进行比较分析，采购成本一般包括售价、采购费用、运输费用等各项支出的总和。

### （三）供应链关系的建立

供应链关系的建立应遵循以下步骤：

（1）建立供应链关系的需求分析；

（2）确立标准，选择合作伙伴；

（3）正式建立供应链关系；

（4）实施和加强供应链关系。

## 四、供应链管理与传统管理的区别

供应链管理不同于传统的企业管理，它更强调供应链整体的集成与协调，要求各节点企业围绕物流、信息流、资金流以及业务流，进行信息共享与整体协调，实现柔性的、稳定的供需关系。二者的基本区别主要体现在以下几个方面。

1．供应链管理是全过程的战略管理

供应链是由供应商、制造商、分销商、零售商、最终客户组成的网络结构，是环环相扣的一个有机整体。因此，从总体上考虑，如果只依赖于部分环节信息，则会由于信息的局限或失真，可能导致决策失误、计划失控、管理失效，进一步造成供应链上供应、制造、分销等职能目标之间的冲突。只有站在最高管理层的高度，才能充分认识到供应链管理的重要性与整体性，并运用战略管理思想有效地实施供应链管理。

2. 供应链管理提出了全新的库存观

传统的库存思想认为，库存是维系生产与销售的必要措施，因而供应链中的企业与其上下游企业之间在不同的市场环境下只是实现了库存转移，整个社会库存总量并未减少。而供应链管理具有更高的目标，即通过管理库存和合作关系去实现高水平服务，并通过各成员间的关系和快速响应，实现总体库存的大幅度降低。

3. 供应链管理以最终客户为中心

不管节点企业有多少类型，也无论供应链是长是短（层次多少），供应链管理都是由客户需求驱动的。只有最终客户的需求，才使供应链管理得以存在；只有最终客户获得满意，供应链管理才能良性延续和持续发展。

---

案例 2.3

**供应链四大开放平台模式：菜鸟、京东、顺丰、准时达**

供应链中，竞争的关系慢慢变弱而合作的关系逐渐加强，"联盟化""平台化"成为物流行业大势所趋。近几年的实践过程中，有几种平台化已经初见端倪，清晰地显现出各自的定位及竞争优势。

1. 社会化物流开放平台模式

这一模式的典型代表就是阿里系的菜鸟。阿里的开放型模式是以建设数据驱动、社会化协同为主的物流与供应链平台。阿里在现有物流业态的基础上，通过社会化协同，打通电商配送的全网物流链路。但阿里生态体系建设也不是完全的社会化物流开放平台，主要还是围绕阿里的电商生态开展的。

过去 10 年，电商和物流相互促进，成就彼此，电商贡献了快递公司 60% 以上的订单，而在快递市场竞争日益加剧的情况下，由阿里建立起菜鸟平台，整合快递公司资源，建立起标准化的物流服务要求，提升了商家和物流公司对阿里系电商用户需求的服务品质，例如当日达、次日达、定时达等，菜鸟提供的标准化物流管理直接增强了对配送渠道和网络的管控能力，货物流动变得可控可管，菜鸟的掌控力大大加强。

菜鸟物流仅用了 3 年时间，在平台的整合能力上就趋于成熟，2016 年日销售额达1 200 亿元，物流单量近 7 亿元，却丝毫没有出现 2012 年的混乱，并且配送效率和服务品质也有直线上升。

2. 自营供应链开放平台模式

这一模式的典型代表是京东。京东在 10 年自建物流网络基础上，已经形成涵盖仓储、运输、配送、客服、金融等正逆一体化供应链服务的解决方案提供商，京东物流主打的产品包括中小件、大件、冷链、B2B、跨境和众包六大物流网络服务。

2016年年末，京东向社会开放三大服务体系：仓配一体化的供应链服务、京东快递服务和京东物流云服务。2017年，京东物流子集团建立。但京东的物流业务仅为部分开放，其社会化物流也受京东电商平台发展制约。

在电商物流领域，京东自建物流的做法在开始几年饱受质疑，而当京东的物流变成其电商竞争力时，各大电商企业都开始感到压力，而京东的另一大贡献就是迫使其他电商平台开始改造物流体系，京东物流的开放对促进整个物流行业的创新和服务品质的提升做了很大的贡献。

3. 第三方快递及综合服务平台模式

这一模式的典型代表是顺丰。顺丰在自建物流及快递网络基础上，针对电商、食品、医药、汽配等不同类型客户，开发出一站式供应链解决方案，并提供支付、融资、理财等综合性的供应链管理服务。

很多人认为顺丰的网络以自营为主，并不能划分到平台模式类型，但其实顺丰基于已经打造的各类服务业务的系统接口，也在打造开放平台，例如速递业务的接口和仓储业务的接口。顺丰的服务平台供客户或者第三方软件供应商与顺丰进行系统对接，打通与顺丰系统之间的信息流，实现整体物流供应链的一体化，提升作业效率以及系统的客户体验，实现与顺丰的双赢。

但顺丰的弱项在于纯第三方快递和供应链服务，需要有足够订单及货量支持其发展。菜鸟和京东物流是基于电商平台发展起来的物流业务，而顺丰正好相反，是基于物流快递发展的电商业务。

4. 供应链实时协同平台模式

这一模式的典型代表是准时达。准时达是富士康科技集团授权的供应链管理平台企业，2016年富士康的营收总额为8 000亿元人民币，排名财富世界500强第27位，不难想象如富士康这样体量的大型制造业工厂的供应链管理有多复杂，为这样一家巨无霸型的企业提供供应链管理所需要的难度有多大，而准时达在制造业的供应链管理领域默默耕耘了17年，其在精益供应链管理方面的实力不容小觑。

据了解，目前准时达正在打造以电子制造和3C家电为核心产业的供应链管理实时协同平台，未来如果这一计划得以成功实现，中小型制造企业以及他们的供应商、客户、渠道商、合作伙伴都将从中受益。

随着互联网下半场即移动互联、物联网、人工智能等的兴起，其他类型的供应链开放平台模式也日益成熟，如以货车帮和运满满为代表的车货匹配模式、以美团为代表的闪送众包模式等。而各种平台化模式的背后，我们都能看到物流企业已经不再是传统型的企业，有竞争力的物流企业一定是互联网化、轻资产性、智慧智能为基因的企

业，通过共享和协同效应，将物流业从生产制造到服务金融等全方位串联，以合作替
代竞争，以互融互通代替独占市场，将带领物流行业走向一个新的时代。

（案例来源：http://info.10000link.com/newsdetail.aspx?doc=2017103190017）

**启发思考：** 以上四种平台模式的特点及其各自竞争力体现在什么地方？

## 第三节　供应链与供应链管理的主要方法

供应链与供应链管理最早多是以一些具体的方法出现的。其中，常见的方法有快速
反应（Quick Response，QR）、有效客户反应（Efficient Consumer Response，ECR）及协同
规划、预测和连续补货（Collaborative Planning Forecasting and Replenishment）。

### 一、快速反应

#### （一）快速反应产生的背景

20世纪70年代后半期，美国纤维纺织业出现了大幅度萎缩的趋势，纺织品进口大幅
度上升。到80年代初，进口产品几乎占据了美国纺织品市场的40%。1984年，美国
84家大型企业结成了"爱国货运动协会"，该协会在积极宣传美国产品的同时，委托克
特·萨尔蒙公司调查、研究提升美国纤维产业竞争力的方法。该公司的研究报告提出，
通过信息共享以及生产商与零售商之间的合作，确立起能对消费者的需求做出迅速响应
的QR体制。在克特·萨尔蒙公司的倡导下，从1985年开始，美国纤维行业开始大规模
开展QR运动。

1983年，沃尔玛导入了销售时点系统（Point of Sales，POS），采用了UPC条码，在
整个行业最早实现了产业链中的信息共享，成为QR的先驱和主导者。当时，沃尔玛与纤
维纺织品领域的休闲服装生产商塞米诺尔和面料生产商米尼肯公司建立了良好的供应链
管理中的QR体系，还倡导建立了VICS委员会（Voluntary Inter-Industry Communications
Standard Committee），并制定了行业统一的ANSI X12标准和商品识别标准即UPC商品条
码，使美国服装产业的恶劣环境得到改善，削减了贸易赤字，而且大大推动了QR在美国
的发展，成为现代企业管理变革的主要趋势之一。

#### （二）快速反应的含义

快速反应是指在供应链中，为了实现共同目标，零售商和制造商建立战略伙伴关
系，利用EDI等信息技术，进行销售时点的信息交换以及订货补充等其他经营信息的交
换，用多频度和小数量的配送方式连续补充商品，以实现缩短交货周期，减少库存，提
高客户服务水平和企业竞争力的供应链管理方法。

## （三）　快速反应的优势

快速反应的优势包括对厂商的优势和对零售商的优势两个方面。从对厂商的优势来说，快速反应能提供更好的客户服务、降低费用、制定生产计划等；从对零售商的优势来说，快速反应能提高销售额、减少削价损失、降低采购费用和成本、加快库存周转等。

## （四）　快速反应的实施步骤

目前，随着供应链与供应链管理各项理论方法的迅速发展，快速反应也已经发展到了一定程度，建立了如图 2.4 所示的科学的实施步骤。

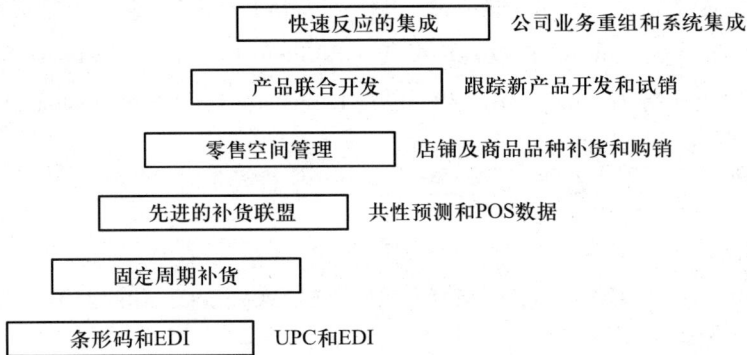

| 快速反应的集成 | 公司业务重组和系统集成 |
| 产品联合开发 | 跟踪新产品开发和试销 |
| 零售空间管理 | 店铺及商品品种补货和购销 |
| 先进的补货联盟 | 共性预测和POS数据 |
| 固定周期补货 | |
| 条形码和EDI | UPC和EDI |

图 2.4　快速反应的实施步骤

1. 条形码和 EDI

零售商首先必须安装条形码（UPC 码）、POS 扫描和 EDI 等技术设备，以加快 POS 机收款速度，获得更准确的销售数据，并使信息沟通更加流畅。许多零售商和厂商都了解了 EDI 的重要性，所以已经实施了一些基本的 EDI 业务。而且，很多大型零售商也强制其厂商实施 EDI 来保证快速反应。

2. 固定周期补货

自动补货是指基本商品销售预测的自动化。自动补货使用基于过去和目前的销售数据及其可能变化的软件进行定期预测，同时考虑目前的存货情况和其他一些因素，以确定订货量。自动补货是由零售商、批发商在仓库或店内进行的。

3. 先进的补货联盟

为了保证补货业务的流畅，成立先进补货联盟使零售商和消费品制造商联合起来检查销售数据，制定关于未来需求的计划和预测，在保证有货和减少缺货的情况下，降低库存水平。还可以进一步由消费品制造商管理零售商的存货和补货，以加快库存周转速度。

4. 零售空间管理

零售空间管理是指根据每个店铺的需求模式，规定其经营商品的花色品种和补货业务。一般来说，对于花色品种、数量、店内陈列及培训或激励售货员等决策，消费品制造商也可以参与甚至制定决策。

5. 联合产品开发

厂商和零售商联合开发新产品，可以使双方的关系密切，不仅超过了购买与销售的业务关系，而且可以缩短从新产品概念形成到上市的时间。

6. 快速反应的集成

这一步要求零售商和消费品制造商重新设计其整个组织、业绩评估系统、业务流程和信息系统，设计的中心围绕着消费者而不是传统的公司职能，要求有集成的信息技术。

## 二、有效客户反应

1. 有效客户反应产生的背景

20 世纪 80 年代末，美国食品杂货产业中出现了一些新型的零售业态，对原有的超市构成了巨大的威胁，成为食品零售市场中的主要竞争者。如何在最短的时间内，对客户的需求做出响应，从而实现快速、差异化的服务，同时借助于单品管理，提高零售企业的作业效率显得日益重要。在这种要求和发展目标的引导下，美国食品杂货行业开始了有效客户反应的实践和探索，不仅有效解决了上述问题，还能避免无效商品的生产、经营，提高产销双方的效率。因此，美国对有效客户反应的推行吸引了大量生产企业的加入。

随着产销合作或供应链构筑的呼声越来越高，特别是快速反应和战略联盟的日益发展，生产企业与零售商直接交易的现象越来越普遍。与此同时，批发业则日益萎缩，产销之间都开始在交易中排除批发商环节。但有效客户反应在美国的推行过程中，并不是盲目地排斥批发商，而是在重新认识批发商重要性的同时，通过批发商经营体系的改造和现代经营制度的建立，将其有机地纳入到供应链与供应链管理体系的构筑中。

2. 有效客户反应的含义

首先，有效客户反应是一种供应链管理系统，包括供应商、生产厂家、批发商和零售商等供应链节点，各方相互协调和合作，以更好、更快并以更低成本满足消费者需要为目的，共同合作，分享信息和诀窍。其次，有效客户反应是一种供应链管理过程，包括贯穿供应链各方的 4 个核心过程，主要集中在以下 4 个领域的高效率运行：新商品投入、促销活动、商品齐全、商品补充，如图 2.5 所示。

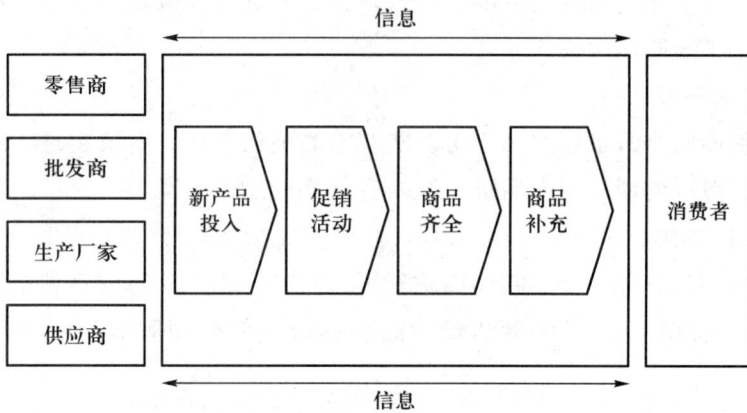

图 2.5　有效客户反应

## 三、协同规划、预测和连续补货

### （一）协同规划、预测和连续补货产生的背景

随着经济环境的变迁、信息技术的进一步发展，以及供应链管理逐渐为全球认同和推广，供应链管理开始更进一步地向无缝连接转化，促使供应链的整合程度进一步提高，出现了沃尔玛所推动的协同预测和连续补货（Collaborative Forecast And Replenishment，CFAR）。零售企业与生产企业通过互联网，进行合作，共同做出商品预测，并在此基础上实行连续补货。协同规划、预测和连续补货则是在该思想基础上，进一步推动共同计划的制定，即不仅合作企业实行共同预测和补货，同时将原来属于各企业内部事务的计划工作（如生产计划、库存计划、配送计划、销售规划等）也交由供应链各企业共同参与。

### （二）协同规划、预测和连续补货的含义

从协同规划、预测和连续补货产生的背景来看，其含义可以从协同、规划、预测和连续补货四个角度来理解。

1. 协同

该方法要求双方长期承诺公开沟通、信息分享，从而确立其协同性的经营战略。协同的第一步就是保密协议的签署、纠纷机制的建立、供应链计分卡的确立以及共同激励目标的形成。在确立协同性目标时，不仅要建立起双方的效益目标，更要确立协同的盈利驱动性目标，只有这样，才能使协同性能体现在流程控制和价值创造的基础之上。

2. 规划

该方法要求有合作规划（品类、品牌、分类、关键品种等）以及合作财务（销量、订单满足率、定价、库存、安全库存、毛利等）。此外，为了实现共同的目标，还需要双方协同制定促销计划、库存政策变化计划、产品导入和中止计划以及仓储分类计划。

3. 预测

该方法不仅强调买卖双方必须做出最终的协同预测，同时也强调双方都应参与预测反馈信息的处理和预测模型的制定和修正，特别是如何处理预测数据的波动等问题。其中，最终实现协同促销计划是实现预测精度提高的关键。

4. 连续补货

该方法中，连续补货必须利用时间序列预测和需求规划系统转化为订单预测，并满足供应方约束条件，如订单处理周期、前置时间、订单最小量、商品单元以及零售方长期形成的购买习惯等。此外，其中的协同运输计划也被认为是连续补货需要考虑的主要因素。

**（三） 协同规划、预测和连续补货的体系结构**

通常认为，协同规划、预测和连续补货的体系结构包括决策层、运作层、内部管理层和系统管理层四个方面。其中，决策层主要负责管理合作企业领导层，包括企业联盟的目标和战略制定、跨企业业务流程的建立、企业联盟的信息交换和共同决策。运作层主要负责合作业务的运作，包括制定联合业务计划、建立单一共享需求信息、共担风险和平衡合作企业能力。内部管理层主要负责企业内部的运作和管理，包括商品或分类管理、库存管理、商店运营、物流、客户服务、市场营销、制造、销售和分销等。系统管理层主要负责供应链运营的支撑系统和环境管理及维护。企业在现实中往往采用多种组织管理方法，支持多体系并存，体现不同框架的映射关系，表现为如图 2.6 所示的多层组织框架。

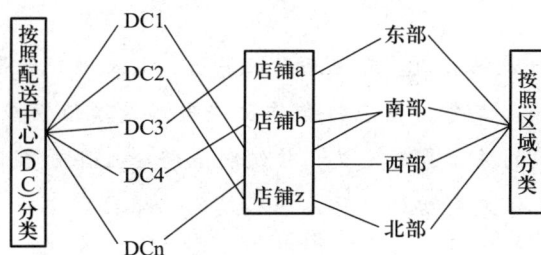

图 2.6 协同规划、预测和连续补货支持的多层组织框架

补充阅读

**供应链管理常见误解**

通常，供应链管理被定义为一种协同性战略，目标是整合上游和下游的操作，以消灭非增值成本、基础结构、时间和行为，以竞争性地为最终客户提供更好的服务。多数管理者或者学术研究者都同意这样的看法，他们同时认为，供应链管理是取得竞争优势的关键。然而，如果更细致地询问供应链管理的一致定义，甚至最著名的管理者和

学者也会绞尽脑汁。以下是几种关于供应链管理的最常见的误解。

1. 供应链管理都是骗局。即都是老概念新包装。由于 IT 技术的影响,供应链管理的实践开发在过去 10 年内快速增长。PC 计算速度的快速提高、沟通、数据管理软件的能力和可变性都提升了新的实践、策略、战略和应用。实际上,各行业,比如 VMI(供应商管理库存)的仓储部门和协同规划、预测和补连续补货战略,都与协同供应链管理的潜力同时发生作用。

2. 供应链管理是物流管理的同义词。供应链管理的本质是操作、策略和战略的整合规划。这样的规划需要所有活动和流程,比如客户订单实现、采购行为、整合制造资源最优规划和物流的企业范围、端到端整合。最终而言,供应链管理要整合关键业务操作和供应链上的操作关系。然而物流是供应链流程的一部分,是规划、实现和控制商品、服务和信息,按照客户需求从源到递送中的流动和存储。

3. 供应链管理是公司获得竞争力的唯一要求。为了真正具有竞争性,公司需要很强的业务愿景、清晰定义的使命、产品营销计划、规划良好的战略(比如供应链战略和"瀑布式"操作战略)。

4. 供应链管理是关于供应管理的。供应管理仅仅关于采购和供应商管理,而供应链管理是关于从原材料到最终消费的整个端到端流动,以及供应与需求的整合。

5. 供应链没有价值链管理(VCM)重要。价值链管理从价值增加的角度来审视供应链。显然这是一个非常重要的角度。然而,没有供应链管理对整合协同的关注,价值链分析可能缺少必要的结构,不能达到最终目标而失败。在效果上,供应链管理和 VCM 互为补充。

6. 供应链管理是一簇供应商。此观点只在某一点上正确。如果"一簇"是指一群企业向着共同的目标一起工作,供应链合作伙伴当然是增值供应商的水平簇。但是,供应链管理超过了传统的关于簇的定义,传统观点将企业限制在同样的行业或者物理地点。如果链中的每个供应商增加了总体网络簇的价值,则进一步开发供应链簇将导致最终客户获利更多。

7. 供应链管理等价于实现 ERP。供应链关注于端到端整合,而 ERP 关注整合所有的应用系统交易,属于企业范围系统。因此,ERP 关注内部渠道整合,以及提供企业范围决策支持所需的管理信息。实际上,很多 ERP 不能支持指向流程和整合的供应链,因为一开始就缺少定义良好的操作改善规划。

(资料来源:http://www.chinawuliu.com.cn)

## 第四节　供应链风险管理

### 一、风险及风险管理

#### （一）风险概述

早在 19 世纪 20 年代，风险这一术语就开始频繁出现在经济领域，Knight 在 1921 年提出了对风险的描述，"你不知道什么会发生，但是你知道概率，那就是风险，如果你连概率都不知道，那就是不确定性"。后来，风险的概念在管理、环境、保险和心理学研究中都得以进一步延伸，虽然每个研究领域关注重点不同，但都和决策有关。

在这些领域关于风险的研究中，共性都体现在对风险的定义上，基本上都包括了不可预测性、决策以及潜在的损失这几个方面。目前，关于风险的定义，较有代表性的是认为风险是损失发生的可测定的不确定性，包括两个要素，即"损失"与"不确定性"，其中的不确定性是可以测定的，表现为概率。

#### （二）风险管理概述

1. 风险管理的概念

美国学者格林和提斯切曼在《风险与保险》一书中，将风险管理定义为：风险管理为管理阶层处理企业可能面临的特定风险的一种方法与技术。他们还认为，风险管理的对象是纯粹风险而非投机性风险。我国学者李辉华在其《金融风险识别与对策》一书中认为，风险管理就是指经济单位识别、衡量和分析风险，并在此基础上有效控制风险，用最经济合理的方法来综合处置风险，以实现最大安全保障的科学管理方法。

相比之下，李辉华给出的定义更为全面，更能揭示风险管理的本质，但风险管理还应对风险分析处理后的结果进行评价，以便在以后的风险处理中借鉴。因此，综合来看，风险管理的基础是风险识别，在此基础上，通过衡量和分析风险，用最经济合理的方法来综合处置和有效控制风险，并对风险处置建立反馈机制的一整套系统而科学的管理方法。

2. 风险管理的基础

从风险管理的定义来看，风险识别是风险管理的基础，它是风险管理人员在进行实地调查研究之后，运用各种方法对潜在的及已显现的各种风险进行系统归类和全面识别。风险识别所要解决的主要问题是：影响风险的因素、性质及其后果、风险识别的方法及其效果。对风险识别的认识，可以从风险识别的步骤和基本原则两个方面来描述。

（1）风险识别的步骤主要包括认知风险和分析风险。认知风险是对企业所面临的风险，采取多种有效方法进行系统考察和了解，认识风险的性质、类型及可能带来的损失和后果，以使决策者增强对风险的识别感知能力。分析风险是在认知风险的基础上，分析考察各种风险事件存在和可能发生的原因，并同时考察潜在的风险状况。

（2）风险识别的基本原则包括全面系统的原则、量力而行的原则、科学计算的原则和系统化、制度化、经常化的原则。

首先，全面系统的原则。为了对风险进行识别，应该全面了解各种风险事件存在和可能发生的概率以及损失的严重程度。风险因素及因风险的出现而导致的其他问题，损失发生的概率及其后果的严重程度，最终决定风险政策措施的选择和管理效果的优劣。因此，必须全面了解各种风险的存在和发生及其将引起的损失后果的详细情况。

其次，量力而行的原则。风险识别的目的就在于为风险管理提供决策依据，以保证企业和个人以最小支出获得最大安全保障，减少风险损失。因此，在经费限制的条件下，企业或单位在风险识别的同时，应该将该项活动所引起的成本列入财务报表，根据实际情况与自身财务承受能力，选择效果最佳和节省经费最佳的识别方法，进行综合地考察分析。

再次，科学计算的原则。对风险进行识别的过程，同时就是对企业的生产经营状况及其所处环境进行量化和计算的具体过程。风险的识别要以严格的数学理论作为分析工具，在普遍估计的基础上进行统计和计算，以得出比较科学合理的分析结果。

最后，系统化、制度化、经常化的原则。风险识别是风险管理的基础，识别的准确与否在很大程度上决定风险管理的好坏。为了保证最初分析的准确程度，就应该进行全面系统的调查分析，将风险进行综合归类，揭示其性质、类型及其后果。如果没有科学系统的方法来识别衡量，就不可能对风险有总体的综合认识，就难以确定哪种风险是可能发生的，也不可能较合理地选择控制的方法，这就是风险的系统化原则。此外，由于风险随时存在于单位的生产经营活动之中，所以，风险的识别也必须是一个连续不断的、制度化的过程，这就是风险识别的制度化、经常化原则。

案例 2.4

### 沃尔玛的国际供应链风险管理

沃尔玛的供应链是典型的大型零售业主导型供应链，整个链条是以沃尔玛零售企业为核心，这种组织形式使沃尔玛在预防供应链固有风险方面具有得天独厚的优势，包括以下几个方面：

（1）在进入中国市场之初，沃尔玛的对外扩张一直保持少有的谨慎，除了实施"采购中国"发展战略，以促进与政府、商界的关系外，还向沃尔玛商店所在地的福利机构捐款，甚至还建立过一所学校。沃尔玛在中国市场的成功登陆，充分说明了在开拓市场时与政府部门建立良好的关系对于企业规避外部环境风险的重要性。

（2）沃尔玛霸主的地位使沃尔玛在与供应商的交往中占据明显的优势，他要求每个企业都必须以最低价格保证标准质量，必须使用新技术与沃尔玛保持信息的同步，必须及时更新自己的能力而不被淘汰等，通过要求各个供应商遵循自己制定的标准和要求，将自己的价值观等潜移默化地移植到供应商的企业中，增加了供应链上各企业的文化共性，逐步减少了因企业间文化差异而产生的摩擦和风险。

（3）供应链是一种动态的联盟形式，若没有足够的利润空间和合理的利润分配方案，很难使各企业紧密团结。沃尔玛针对此，一方面尽最大努力降低成本，获取较大的利润空间；另一方面，公平、透明、合理的分配各企业应得的供应链利润，化解了因利益分配问题导致供应链分崩离析的风险。

（4）零售业是距离最终顾客最近的流通环节，一方面几乎所有产品都必须流经这一环节，这使沃尔玛根本不存在供应商选择风险。另一方面，顾客需求信息的变化随时通过企业调查反馈到沃尔玛，其间没有任何环节的失真，因此，能够有效克服牛鞭效应的影响，使信息处理过程产生的风险减小到最低程度。

（5）对信息技术和信息系统建设的高度重视，既是成就沃尔玛零售王国的重要保障，也是控制沃尔玛供应链风险的有效手段。通过对信息管理系统的大力投资和对信息技术的广泛应用，沃尔玛的物流配送目前已经成为世界上最好的配送系统之一。

（6）沃尔玛一方面与供货企业保持和睦的关系，亲自参与帮助供货企业努力降低生产成本，通过采用先进的通信技术，与供应商共享信息，以及为关键供应商提供超市中自由布置的空间，为供应商提供信息管理系统的软件支持等方法，与供应商建立合作伙伴关系，另一方面通过制订严格的标准和要求，约束各供应商的行为，恩威并施、双管齐下的供应商管理措施大大降低了供应链面临的道德风险。

（案例来源：http://www.doc88.com）

**启发思考：** 从沃尔玛的案例看，你认为我国跨国经营企业应如何规避供应链风险？

## 二、供应链风险管理方法

### （一）供应链风险及风险管理的含义

供应链风险（Supply Chain Risk，SCR）是风险在供应链领域的应用，国内外学者从各种不同角度对其进行了定义。克兰菲尔德管理学院（Cranfield Management School）把供应链风险定义为供应链的脆弱性，认为供应链风险的发生通常会降低供应链的运行效率，增加成本，甚至导致供应链的断裂和失败。丁伟东等认为，供应链风险是供应链中一种潜在的威胁，会导致供应链系统的脆弱性，对供应链系统造成破坏，给上下游企业以及整个供应链带来损失和损害。并且，供应链上各环节环环相扣，彼此依赖，相互影响，任何一个环节出现问题，都可能波及其他环节，影响整个供应链的正常运作。

综合以上定义来看，供应链风险作为一种特定领域的风险，是指供应链企业在运营过程中，在一些不确定时间内，影响一个或多个供应链企业，并由此波及其他上下游企业，从而使上下游企业且乃至整个供应链的实际收益与预期收益发生偏差的风险，这些风险可能来自外部、内部和供应链网络，不仅包括企业本身，还包括链上的上下游企业，发生偏差的地点可能是整个供应链中的物流环节，也可能是信息流、资金流或服务流环节，还可能是其他环节。

根据风险管理的概念，供应链风险管理（Supply Chain Risk Management，SCRM）是在供应链风险识别的基础上，通过衡量和分析供应链中的各种风险，用最经济合理的方法，综合处置和有效控制风险，并对供应链中的各项风险处置建立反馈机制的一整套系统而科学的组织、计划、协调和控制的管理过程。

因此，供应链风险管理除包括供应链风险识别外，还包括供应链风险衡量、控制和风险管理实施，共四个步骤。首先，供应链风险识别是对企业供应链面临的各种潜在风险进行归类分析，从而加以认识和辨别；其次，供应链风险衡量是运用定量分析法对供应链中特定风险发生的可能性和损失范围及程度进行估计与度量；再次，供应链风险控制是根据供应链风险管理目标，选择恰当的方法，优化组合，规避、转移或降低供应链中的各项风险；最后，供应链风险管理的实施是协调配合使用各种风险管理方法，不断反馈、检查、调整、修正风险，使之更接近目标。

### （二）供应链风险管理方法

供应链风险管理中关于风险识别的方法较多，包括德尔菲法、事故树法、环境扫描法、风险问卷法、SWOT分析法、情景分析法、历史事件分析法、流程分析法等；供应链风险衡量包括风险评估图表法、风险评估矩阵法等；供应链风险控制则包括供应链风险回避、供应链风险自留、供应链风险转嫁等。

1. 德尔菲法

德尔菲法又称专家意见法，运用该方法进行供应链风险识别程序如下：供应链风险管理主体（机构）首先制定出风险调查方案，确定风险调查内容；聘请若干名专家，由供应链风险管理人员以发调查表的方式向他们提出问题，并提供供应链运营的有关资料；专家们根据调查表所列问题并参考有关资料相应地提出自己的意见；风险管理人员汇集整理专家们的意见，再将不同意见及其理由反馈给每位专家，让他们第二次提出意见；多次反复使意见逐步收敛，由风险管理人员根据实际需要决定在某点停止反复，得到基本上趋于一致的结果，最后汇总分析。在进行供应链风险识别特别是涉及原因比较复杂，影响比较重大而又无法用分析的方法加以识别时，德尔菲法是一种十分有效的风险识别方法。

2. 事故树法

事故树法又称故障树法，是分析问题时广泛使用的一种方法。它是利用图解的形式将大的故障分解成若干小的故障，或对各种引起故障的原因进行分解，分解后的图形呈树枝状，因而称故障树法。在供应链风险识别时，故障树法可以将整个供应链所面临的主要风险分解成若干细小的风险，也可以将产生风险的原因层层分解，排除无关因素，从而准确找到真正产生影响的风险及原因。图 2.7 是以供应链的销售风险为例运用故障树法进行识别分析。

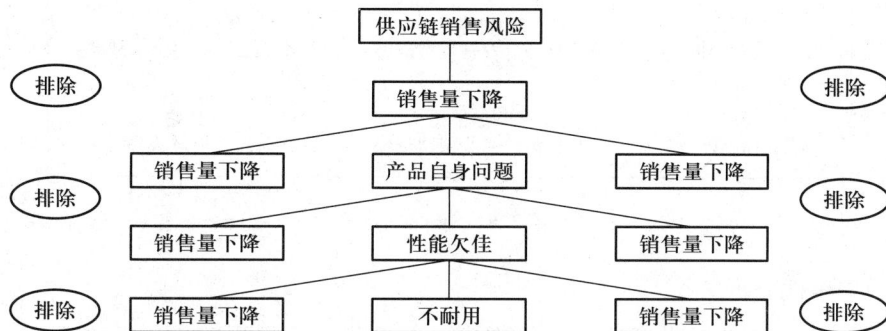

图 2.7　供应链销售风险分析图

3．环境扫描法

环境扫描法是通过信息系统搜集和整理供应链内部和外部各种事件、趋势的信息，了解和掌握供应链所处的内外环境变化，辨别所面临的风险和机遇。通过环境扫描，一旦供应链中的风险信号被捕捉到，必须马上进行分析并做出反应，并传递到后续阶段。

4．风险问卷法

风险问卷法又称为风险因素分析调查表，是以系统论的观点和方法来设计问卷，并发放给供应链各节点企业内部各类员工去填写，由他们回答本企业所面临的供应链风险和产生因素。一般说来，供应链各企业基层员工亲自参与到供应链运作的各环节，他们熟悉业务运作的细节情况，对供应链的影响因素和薄弱环节最为了解，因此可以为供应链风险管理者提供许多有价值的、细节的信息，帮助供应链风险管理者系统识别和准确分析其中的各类风险。

5．SWOT 分析法

SWOT 分析法是一种环境分析法。SWOT 是英文 Strength（优势）、Weakness（劣势）、Opportunity（机遇）、Threat（威胁）的简写。供应链风险识别中，SWOT 分析的基准点是对供应链上合作伙伴即节点企业的内部环境之优劣势的分析，在了解供应链企业自身特点的基础之上，供应链风险管理者通过分析供应链企业内外环境条件对供应链企业经营活动的作用和影响，识别风险及可能发生的损失，如图 2.8 所示。

6. 情景分析法

情景分析法常常以头脑风暴的形式，来发现一系列与经济、政治、技术、文化等相关的影响供应链风险的因素。从战略层次看，情景分析法对于识别由于供应链中新技术的出现、产业结构和动态以及经济状况的变化等这些宏观环境所导致的风险特别有效。

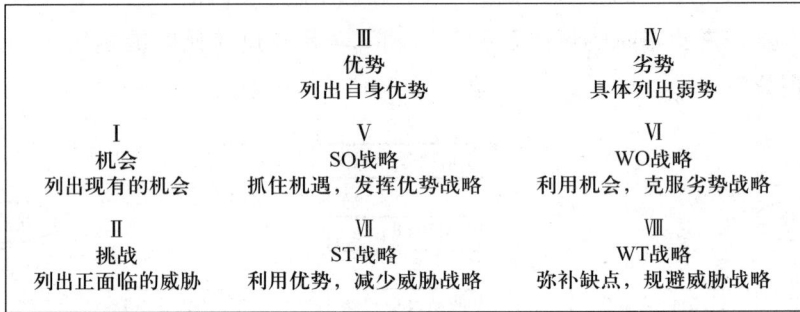

图 2.8　SWOT 分析

7. 历史事件分析法

历史事件分析法是指供应链企业先收集一些产生不良后果的历史事件案例，然后分析总结导致这些事件发生的风险因素。这个分析过程也包括对那些在实际中没导致损失但却潜藏着危机的事件的分析。例如，零部件出现短缺、客户需求突然发生变化、生产和产品质量发现问题等。

8. 流程分析法

供应链风险管理中，风险识别也可以通过分析供应链流程识别出。这种方法首先绘制出展现不同事业功能的供应链流程图，流程图必需足够详尽，每一步都代表一个独立的事业流程。供应链流程图完成后，可以被用来分析并发现控制缺陷、潜在失效环节以及其他薄弱环节。流程分析法可以在损失实际发生之前，就识别出那些潜在的风险，也可以帮助弄清这些潜在风险对整个供应链运行将会产生的影响的大小，对于识别那些与不良执行相关的风险因素特别有效。

9. 风险评估图表法

供应链风险管理中，风险衡量的首要问题是找出风险发生的概率，Hallikas 将此概率划分为 5 个等级（见表 2.1），并将风险的概率和结果以一张风险图的方式表示出来（见图 2.9），目的在于使最重要的风险获得最重要的关注，并说明降低风险的方式是降低概率和结果的组合，这种方法为供应链的风险衡量提供了较好的框架和思路。

表 2.1　风险概率等级

| 排序 | 主观估计 | 描述 |
| --- | --- | --- |
| 1 | 非常不可能 | 非常稀有的事件 |
| 2 | 不可能 | 有间接影响的事件 |
| 3 | 中等可能 | 有直接影响的事件 |
| 4 | 可能 | 直接影响强烈的事件 |
| 5 | 非常可能 | 事件重现频繁 |

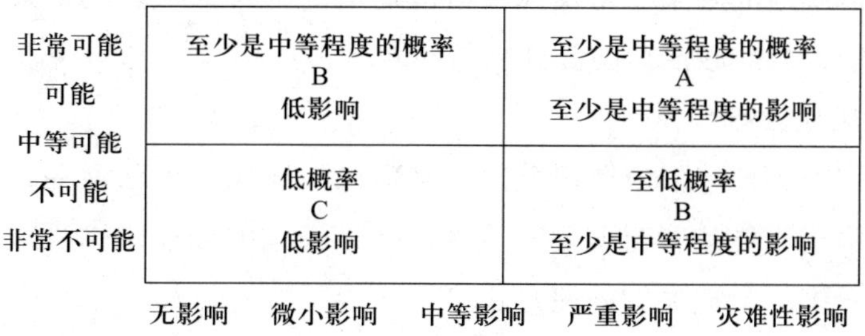

图 2.9　供应链风险衡量图

在图 2.9 中，右上角位置的风险属于供应链中的 A 类风险，是需要特别重视的重大风险；图中左上角位置的风险和右下角位置的风险，属于供应链中的 B 类风险，是需要正常关注的中等风险；左下角位置的风险属于供应链中的 C 类风险，几乎不需要关注。

如果按照计算预期期望值的方式计算各个供应链中的风险预期期望值，不难发现占风险总数 70% 左右的风险属于 C 类风险等级，占风险总数 10% 左右的风险属于 A 类风险等级，这符合帕累托原则或者 80/20 法则，应当对 20% 的风险给予 80% 的精力关注，而对于 80% 的风险给予 20% 的精力关注。

10. 风险评估矩阵法

基于前面对供应链中风险发生的可能性及影响进行等级划分，并赋值 1～5（见表 2.2），然后根据每个风险清单上的风险进行衡量，把相应风险可能性的赋值结果与该风险影响性赋值相乘，即可得到该风险的评估数值。根据评估数值进行大小排序，越大越需要重视。

表 2.2　概率影响矩阵

| 概率 | 影响 | | | | |
|---|---|---|---|---|---|
| | 无影响 | 影响 | 小影响 | 严重影响 | 灾难性影响 |
| | 1 | 2 | 3 | 4 | 5 |
| 1 | 1 | 2 | 3 | 4 | 5 |
| 极不可能 | | | | | |
| 不可能 2 | 2 | 4 | 6 | 8 | 10 |
| 有可能 3 | 3 | 6 | 9 | 12 | 15 |
| 可能 4 | 4 | 8 | 12 | 16 | 20 |
| 极有可能 5 | 5 | 10 | 15 | 20 | 25 |

11. 供应链风险回避

供应链风险回避是指考虑到供应链风险事件的存在与发生的可能性，主动放弃或拒绝实施某项可能导致供应链风险损失的方案。通过回避风险的方法，能够在供应链风险事件发生之前，彻底地消除某一特定风险可能造成的种种损失。比如某个地区政治形势紧张，供应链可能为规避政治风险而搬去其他地方。

12．供应链风险自留

供应链风险自留即自担供应链风险。当某项供应链风险无法避免，或避免会带来很大经济损失，或由于可能获利而需要冒险时，就必须承担和保留这种风险。这是一种由供应链企业自行承担风险损失的处理方式。

13．供应链风险转嫁

供应链风险转嫁是指供应链企业将其风险损失通过经济合同，有意识地转移给更有能力或愿意处理风险的另一方承担。只要风险转移的支出比自己管理预期支出低，供应链风险管理者都愿意把风险转移出去。

案例 2.5

### 从"乐视欠供应商货款"看供应链风险管理

从 2016 年到 2017 年上半年，乐视欠供应商货款事件持续发酵，波及众多 EMS 代工厂、元器件分销代理商，仁宝、大联大、文晔、韦尔半导体等，相关损失几千万至数亿元不等，另据国际电子商情的数据，有众多未公开的 IC 分销商遭遇乐视欠款。

"如果按照我们内部的风控体系显示的对乐视的高风险评估，我们完全可以不做这样的客户。但种种原因之下，我们成了他们的供应商。"一位乐视的供应商对国际电子商情记者说道。在乐视对其欠款后，该供应商随即停止了供货，力图将风险和损失减至最小。

乐视欠供应商货款事件引发了全行业的风险意识。乐视欠款反映出运营资金不足导致的财务危机。易库易 CEO 谈荣锡就此分析，通常有以下三种情况：一是企业规模扩张过快，以超过其财务资源允许的业务量进行经营，导致过度交易，从而形成营运资金不足；二是由于存货增加、收款延迟、付款提前等原因造成现金周转速度减缓，此时，若企业没有足够的现金储备或借款额度，就缺乏增量资金补充投入，而原有的存量资金却因周转缓慢无法满足企业日常生产经营活动的需要；三是营运资金被长期占用，企业因不能将营运资金在短期内形成收益而使现金流入存在长期滞后效应。

在业内人士看来，乐视手机销售现金流无法完全弥补其成本，对上游供应链出现欠款也就难以避免。乐视手机业务陷入资金窘境，不只是波及数十家供应商及代理商，也会在一定程度上影响整个手机产业链。手机产业链已相当成熟，乐视对供应商的货款逾期，造成不少供应商的现有业务现金流紧张，进而自身业务发生资金周转困窘。"华为向其供应商询问乐视欠款影响，亦是为了防范风险延伸。"有部分代工企业已开始减少供货，也有代工厂在额度内无条件供货，超过额度则需现金提货。

把拖欠供应商货款作为变相的资金来源，这类制造商并没有很好地珍视来自渠道和供应商提供服务的价值。在当今的产业链生态环境中，客户和供应商往往是一条船上的共同体，想要获得更多供应商的支持，应该有长远合作的眼光和价值的认同，只有在合理的利润分配基础上，合作才会共赢。

库存风险是供应链风险管理中一个非常重要的因素，需要靠智慧来平衡。今年大范围的缺货，其实是某类 IC 被动缺货，绝大多数不缺货。是备刚刚好的缺货料还是备没缺货的呢？这就反映了供应链的平衡点。找准这个点现金流充足，库存水平低，找不准则库存太多影响正常周转。

怎么能做到平衡点？首先要有强大的管理系统，用科学方法为管理库存提供依据。比如交期进度，库存数量的监控。其次，数据系统只是工具，真正利用这个工具还得依靠管理者的智慧。这个过程不是简单地设置界限，它涉及与原厂、客户的博弈。如果风险意识不强、博弈能力偏差都可能造成库存风险。

这时，分销商备货时对客户越了解，备货就越准确。首先，分销商备货的数量应结合客户其他元器件的采购量，将库存量维持在 10% 以下较合理。其次，尽量引导客户使用通用料号，这是减少库存的一个非常有效的办法。尽量避免单一客户，单一型号。IC 型号差别多，引导几家客户用同一个型号，进行战略备货。并且，多做设计，不同应用领域可使用同一种通用器件。另外，与原厂协商退货机制。最后，引导客户形成良好的进货习惯。这些方法都能够平衡库存风险。

随着分销信息的透明化，过去靠关系销售的模式逐渐走向靠服务，行业利润下滑是不争的事实，每个分销商应该从资金投入、人力成本、交易风险等因素多重考虑，从而将利润与风险形成动态平衡。

（案例来源：https://www.toutiao.com）

**启发思考**：请从供应链风险管理的角度，分析乐视因为哪些原因而导致其破产？

## 本章小结

本章首先介绍了供应链的概念、特征、类型和结构；其次，本章介绍了供应链管理的概念、特征、关系及与传统管理的区别，将两者的联系与区别呈现给读者；再次，本章介绍了供应链与供应链管理的三种主要方法，即快速反应、有效客户反应以及协同规划、预测和连续补货；最后对供应链风险管理进行了阐述，包括风险、风险管理、供应链风险管理的概念，并对如何管理和控制供应链风险进行了介绍。通过本章的学习，读者应当对供应链、供应链管理及两者的主要方法有一定了解，并能对供应链风险管理相关知识有一定程度了解和掌握，例如对其进行识别、度量和控制等。

# 练习题

一、概念识记

供应链 供应链管理 快速反应 有效客户反应 协同规划、预测和连续补货 供应链风险管理

二、简答

1. 供应链管理产生的原因是什么?

2. 企业如何设计供应链或加入到某供应链的依据是什么?

3. 供应链管理对企业的重要性体现在哪些方面?

## 即测即评

请扫描二维码进行在线测试。

## 延伸阅读

1. 英国皇家采购与供应学会. 供应链风险管理 [M]. 北京:机械工业出版社,2014.

2. 张以彬,龙静. 供应链中断风险控制与应急管理 [M]. 上海:上海财经大学出版社,2015.

3. 徐绪松,曾学工,郑小京. 供应链风险管理研究综述——风险识别 [J]. 技术经济,2013,32(5):78-86.

4. 郑小京,郑湛,徐绪松. 供应链风险管理研究综述——风险控制 [J]. 技术经济,2013,32(8):118-124.

# 第三章 物流管理与供应链管理的关系

知识逻辑图

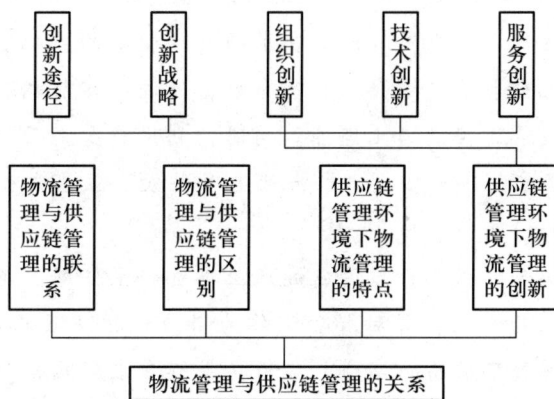

【学习目标】

熟悉物流管理与供应链管理的联系与区别；了解物流管理在供应链管理中的地位；掌握供应链管理环境下物流管理的特点；熟悉供应链管理环境下物流管理的创新途径与战略等。

案例 3.1

### 功夫鲜食汇供应链定义 "中国式 SYSCO"

所谓食品供应链，是指从食品的初级生产者到消费者各个环节的经济利益主体所组成的链状系统，其中包含前端原料供应商、中端食品加工商和零售商、后端消费者及监管部门。整个餐饮行业发展规模激发供应链升级，同时能带来新餐饮时代。同时，新型餐饮业态+互联网技术赋能+共享经济又催生了现代餐饮供应链的规模化、集中化、标准化、共享化需求。

《2016 年连锁快餐品类趋势报告》表明，目前快餐行业约占整个餐饮营业额的 20%，意味着近 7 000 亿元的巨大规模，且呈逐年上升的态势。但是，餐饮百强企业营业收入仅占全国餐饮收入的 6.1%，作为完全竞争程度较高的行业，餐饮产业集中度一向不高。与之相应的是，中国餐饮供应链也是高度分散。其现状是：供销两头小而散，交易环节多，品种复杂，交易效率低下，基础性原料多，基于商业模式全链条考量规划的半成品、准成品很少。

2017 年 6 月 27 日下午，真功夫孵化器孵化的功夫鲜食汇供应链战略发布会在广州举行，并正式对外开放平台供应链服务。本次发布会主题为：自信·开放·共赢，此举也意味着真功夫平台化战略的落地，供应链独立成型的开始。

此次发布会现场的一个重头戏是功夫鲜食汇与品牌餐饮企业遇见小面、国际物流及供应链投资财团普洛斯、千亿供应商企业益海嘉里、大弗兰、小家小点等分别签署了战略合作协议，这些知名企业同时出现在了功夫鲜食汇的首批客户名单上。此举标志着鲜食汇已经成功地充当了"连接者"的角色，通过连接前端原料供应商以及后端餐饮企业和消费者，打造优势能力生态圈。同时，利用自身全面的供给能力、高效的配送能力、完善的服务能力整合多方需求，让更多餐饮企业省却供应链的烦恼，更专注为消费者提供优质的门店餐饮服务。

会上，中国烹饪协会副秘书长、供应链产业委员会主任刘兰英女士也针对国内餐饮业的现状谈到了自己的看法，并对鲜食汇作为供应链排头兵推动行业的良性发展、为国内餐饮业做贡献寄予了很高的期望，认为功夫鲜食汇供应链平台有潜力成为中国式 SYSCO。

至此，历经 27 年卧薪尝胆，功夫供应链终于功成"功夫鲜食汇"。依托真功夫原有覆盖全国 53 个城市、600 余家门店集采购、加工、配送于一体的坚实基础，鲜食汇完全具备了媲美西方餐饮供应链巨头 SYSCO 的完美基因，致力为所有中式餐饮的同行们提供更强大更放心的供应链服务。

据功夫鲜食汇供应链平台 CEO 叶尚华介绍，功夫鲜食汇上线后将以"专注食材，专注服务，为客户创造价值"为发展使命。通过改善并提高现有模式，整合上下游食材供应服务体系，帮助餐厅企业进一步降低综合运营成本，打造基于开放共享思维的"中国式 SYSCO"，为中国新餐饮加速。

1. 覆盖全国的"三高"配送力

配送范围覆盖全国 53 个消费水平较高的核心城市，可做到最高日配的"高频"、准点率达 99% 的"高效"、三温配送的"高质"，同步实现一个电话马上到货的配送能力。

2. 成为中国最大的食材供需交易平台

开放式互联网集采平台，除功夫鲜食汇提供的食材供应外，大量规模化、优质的食材供应商经严格筛选后入驻平台，供需方进行多样化、自主式选择采购。

### 3. 食品安全的 360 度保障体系

供应链由一个基地发展到五大基地，服务真功夫门店 600 多家，27 年来从未发生重大食品安全事故。已经形成集采购、加工、运输全方位的监控保障体系，严格把守食品安全第一关。

### 4. 强大的遍及全国的定制能力

五大中央厨房具备强大的产品定制能力，遍及全国，为目前中国供应链之最。可根据客户需求制定定制化解决方案，中央厨房处理能力最终完成个性化采购需求，为餐饮企业量身定制各种产品。

### 5. 中式餐饮资深食材顾问

27 年中式餐饮经验，强大的行业基因，为客户提供从食材选择到菜品设计，从菜品定价到成本控制，从运营架构到门店管理，基于食材选择的一站式顾问服务。

在消费升级的背景下，功夫鲜食汇的上述五大优势揽下助力新餐饮发展的瓷器活，既保证食材高标准化和高使用率，同时满足企业及消费者个性化的挑剔口味，以及产品对餐饮品牌本身的深刻表达。

在行业和第三方合作伙伴的支持与肯定下，功夫鲜食汇坚持"安全·品质·快捷"的理念不动摇，打造新餐饮加速器，树立业界新标杆。未来已来，功夫鲜食汇将定义"中国式 SYSCO"!

（案例来源：http://bbs.tianya.cn）

**启发思考：**从本案例来看，功夫鲜食汇打造的供应链管理与物流管理有什么区别？

## 第一节　物流管理与供应链管理的联系

物流管理强调减少企业内部库存，供应链管理思想同时还强调应考虑减少企业间的库存。发展到现在，供应链管理包含了从源供应商提供产品、服务和信息以增加客户价值，到终端客户的所有流程的集成，它不再仅仅是物流的另一种称呼。

因此，供应链管理内容广泛，既与物流管理类似，包括客户关系管理、信息管理、运输管理、库存管理、配送管理、包装管理、装卸搬运、流通加工、金融管理这几方面，也涵盖了物流管理中没有包含的诸多要素，如计划与控制活动的协调等。因此，随着供应链管理思想越来越受到重视，其视角早已拓宽，不再仅着眼于降低库存，其管理触角已经延伸到了企业内外的各个环节和角落。

### 一、从物流管理角度分析

（1）物流管理是供应链管理的一个子系统。物流管理承担了为满足客户需求而对货物、服务从起源地到消费地的流动和储存进行计划与控制的过程，包含了内向、外向的内部、外部流动，物料回收以及原材料、产成品的流动等物流活动的管理。而供应链管理的对象涵盖了产品从产地到消费地传递过程中的所有活动，包括原材料和零部件供应、制造与装配、仓储与库存管理、订单录入与订货处理、分销管理、客户交付、客户关系管理、需求管理、产品设计、预测以及相关的信息系统等。它连接了所有的供应链上物品实体流动的计划、组织、协调与控制。也就是说，物流管理与供应链管理所涉及的管理范畴有很大的不同，物流管理是供应链管理的一个子系统，供应链管理将许多物流管理以外的功能跨越企业间的界限整合起来。

（2）物流管理是供应链管理的核心内容。物流贯穿整个供应链，是供应链的载体、具体形态或表现形式之一（供应链的载体还包括信息流、资金流）。它衔接供应链的各个企业，是企业间相互合作的纽带。没有物流，供应链中生产的产品的使用价值就无法实现，供应链也就失去了存在的价值。因此，物流管理很自然地成为供应链管理体系的重要组成部分，它在供应链管理中的地位与作用可以通过供应链上的价值分布看出，如表 3.1 所示。

表 3.1　供应链上的价值分布

| 产品 | 采购（%） | 制造（%） | 分销（%） |
| --- | --- | --- | --- |
| 易耗品（如肥皂、香精） | 30～50 | 5～10 | 30～50 |
| 耐用消耗品（如轿车、洗衣机） | 50～60 | 10～15 | 20～30 |
| 重工业（如工业设备、飞机） | 30～50 | 30～50 | 5～10 |

物流价值（这里指采购和分销之和）在各种类型的产品和行业中都占到了整个供应链价值的一半以上。所以，物流管理是供应链管理的核心，有效地管理好物流过程，对于提高供应链的价值增值水平有举足轻重的作用。

## 二、从供应链管理角度分析

（1）供应链管理是物流管理的扩展。供应链管理要求企业从仅仅关注物流管理的优化，转变到关注优化所有的企业职能，包括需求管理、市场营销和销售、制造、财务和物流，将这些活动紧密集成起来，以实现在产品设计、制造、分销、客户服务、成本管理以及增值服务等方面的重大突破。

（2）供应链管理是物流管理的延伸。供应链管理将公司外部存在的竞争优势和机会包含在内，关注外部集成和跨企业的业务职能，通过重塑它们与其代理商、客户和第三方联盟之间的关系，来提高生产率和扩大竞争空间。通过信息技术和通信技术的应用，供应链管理将整个供应链连接在一起，企业视自己和他们的贸易伙伴为一个企业，从而通过对物流管理的延伸，形成一种创造市场价值的全新方法。

（3）供应链管理是物流管理的新战略。供应链管理除了在运作方面关注传统物流运作，如加速供应链库存的流动，与贸易伙伴一起优化内部职能，并能提供一种在整个供应链上持续降低成本、提高生产率的机制外，其重要性还在于战略方面，例如帮助企业扩展外部定位和网络能力，将其中的各企业通过供应链塑造成变革性的渠道联盟，从而在战略上寻求企业在产品和服务方面的重大突破。

## 三、物流管理在供应链管理中的地位

物流连接供应链的各个企业，是企业间相互合作的纽带，贯穿于整个供应链。因此，物流管理是供应链管理的核心内容，物流管理就很自然地成为供应链管理体系的重要组成部分。因而，有效管理供应链的物流过程，使供应链将物流、信息流、资金流有效集成并保持高效运作，是供应链管理中的一个重要内容，这对于提高供应链的价值增值水平，有着举足轻重的作用。

从传统观点看，物流对企业而言仅仅是一个辅助部门，物流对制造企业的生产是一种支持作用。而在供应链管理环境下，企业的物流系统应该和制造系统具有同等重要的地位，甚至可以说更为重要。因为到目前为止，企业为了降低成本，提高竞争力，引入了全面质量管理（TQM）、制造资源计划（MRPⅡ）等多种科学管理方法，在企业内部大幅度降低了产品成本，但在生产制造的两头，即零部件供应和产成品配送环节，尚有很大潜力有待挖掘。而且，加强物流管理对提高企业的物流系统和制造系统的协调运作能力，从而提高整个供应链的敏捷性和适应性，以适应现代市场环境的变化都有着重要作用。

目前，供应链已经发展为有机的网络化组织，能在统一的战略指导下提高企业效率和增强企业整体竞争力。物流管理将供应链管理下的物流进行科学的组织计划，使物流活动在供应链各环节之间快速形成物流关系和确定物流方向，通过网络技术将物流关系的相关信息同时传递给供应链各个环节，并在物流实施过程中，对其进行适时协调与控制，为供应链各环节提供实时信息，实现物流运作的低成本、高效率的增值过程管理。其中，物流计划的科学性是物流成功的第一步，也是关键的一步；物流的实施过程管理是对物流运作的实时控制以及对物流计划的实时调整，是对物流活动进程的掌握，有利于供应链各环节了解物品物流动向，协调相应的各部门计划；适时的协调与控制是对已进行的物流进行分析总结，总结成功的经验和寻求存在问题的原因，为改进物流管理提供经验与借鉴，同时也是第三方物流企业进行经营核算管理的环节。

## 第二节　物流管理与供应链管理的区别

从上一节来看，物流管理与供应链管理在各环节存在不少联系，但两者也有区别。表 3.2 列举了一些主要区别。

表 3.2　物流管理与供应链管理的主要区别

| 区别点 | 具体内容 |
|---|---|
| 存在基础不同 | 任何单个或多个企业的管理，只要存在物的流动，就存在物流管理，因此物流管理的存在基础是物的流动；而供应链管理必须以供应链导向为前提，以信任和承诺为存在基础。 |
| 管理模式不同 | 物流管理主要以企业内部物流管理或企业间物流管理这两种形式出现，主要表现为一种职能化管理模式；供应链管理则以流程管理为表现形式，它不是对多个企业的简单集合管理，而是对多个企业所构成的流程进行管理，是一种流程化的价值链管理模式。 |
| 导向目标不同 | 物流管理的目标是以最低成本产出最优质的物流服务。因此，对于不存在供应链管理的环境，物流管理是在单个企业战略目标框架下实现物流管理目标；对于供应链管理环境，物流管理是以供应链目标为指导，实现企业内部物流和接口物流的同步优化。而供应链管理是以供应链为导向，目标是提升客户价值和客户满意度，获取供应链整体竞争优势。 |
| 风险与计划承担方不同 | 在供应链管理中，风险与计划都是通过供应链成员共同分担、共同沟通来实现的，而传统的物流管理却仅仅停留在公司内部。 |
| 管理层次不同 | 物流管理是对运输、仓储、配送、流通加工及相关信息等功能进行协调与管理，通过职能的计划与管理达到降低物流成本、优化物流服务的目的，属于运作层次的管理。而供应链管理聚焦于关键流程的战略，跨越了供应链上所有成员企业及其内部的传统业务功能，因此属于战略层次的管理。 |
| 管理手段不同 | 物流管理是以现代信息技术为支撑，主要通过行政指令或指导，运用战术决策和计划来协调和管理各物流功能。供应链管理则是以信任和承诺为基础，以资本运营为纽带，以合同与协议为手段，建立战略伙伴关系，运用现代化的信息技术，通过流程化管理，实现信息共享、风险共担和利益共存。 |

从上面的区别来看，实施供应链管理是因为供应链管理比物流管理更具活力，更能对供应链成员带来实质性好处。不过，要成功地实施供应链管理，首先要求各供应链成员之间必须有很好的信息共享。而要做到开诚布公的信息分享，对于追求不同目标的企业来说，实在不是一件容易的事情，尤其是当一家企业与其众多竞争对手均有合作的情况下，要实现信息共享更加困难。其次，成功的供应链管理需要各节点企业在如下一些方面达成一致：共同认识到最终客户的服务需求水平，共同确定在供应链中存货的位置及每个存货点的存货量，共同制订把供应链作为一个实体来管理的政策和程序等。

## 第三节 供应链管理环境下物流管理的特点

传统的物流管理是纵向一体化的系统，这种系统中，信息是逐级传递的，信息偏差会沿信息方向逐级放大，结果难免会发生信息扭曲现象，而且信息的利用率也很低。另外，传统的物流管理没有从整体的角度进行规划，其中的每个组织只管理自己的资源（如库存），相互之间没有沟通与合作，经常是一方面库存不断增加，另一方面当需求出现时又无法满足，使得企业因为物流管理不善而丧失市场机会，如图3.1所示。

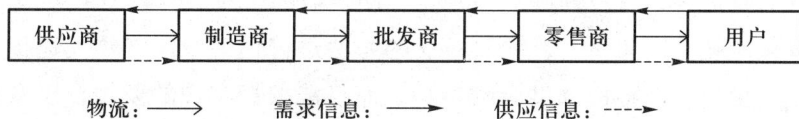

物流：——→　　需求信息：——→　　供应信息：----→

图 3.1　传统的物流管理

在供应链管理环境下，物流管理有了大大的改进，见图3.2。和传统的纵向一体化的物流管理相比，信息流量增加了，信息传递不是逐级的，而是网络式的。因此，在供应链管理环境下的物流管理有三种信息：需求信息、供应信息和共享信息。其中，共享信息的增加对供应链管理是非常重要的。因为通过信息共享，供应链上任何结点的企业都能及时掌握市场的需求信息和整个供应链的运行情况，每个环节的物流信息都能透明地与其他环节进行交流与共享，从而避免了需求信息的失真现象。

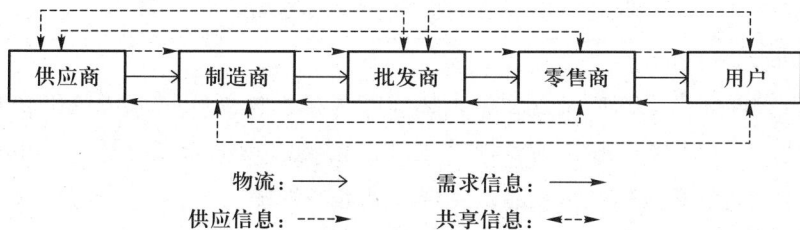

物流：——→　　需求信息：——→
供应信息：----→　　共享信息：◄--→

图 3.2　供应链管理环境下的物流管理

除此以外，供应链管理环境下物流管理的特点还有以下六个方面。

### 1. 有效减少库存总量

供应链管理环境下，各供应链成员企业通过信息共享，加强了相互之间的沟通与合作，有助于集成化管理，这样就可以减少供应链上每个成员企业的不确定性，减少了每个成员的安全库存量。

### 2. 提高了物流系统的快速反应能力及快捷性

供应链管理以互联网作为技术支撑，使其成员企业能及时获得并处理信息，加速作业流程重组，从而提高整个系统对客户需求快速有效的反应能力，并通过快捷的交通运输以及科学的物流事前管理和事中管理来实现快捷的物流。在供应链管理环境下，快捷的物流是供应链的基本要求，是保证高效供应链的基础。

### 3. 物流系统无缝连接

这是使供应链管理获得协调运作的前提条件，因为如果没有物流系统的无缝连接，运输的货物逾期未到，客户的需要不能得到及时满足，采购物资在途中受阻，这都会使供应链的合作性大打折扣。

### 4. 提高客户满意度

在供应链管理环境下，企业可以尽快地把握真实的客户需求、一般性产品和服务、个性化产品和特殊服务，以及准确的需求量，使企业的供应活动建立在真实的市场需求上。此外，在供应链管理环境下，采取科学的方法进行管理，保证物流通畅，企业能比竞争对手更快、更经济地将货物供应给客户，而且能根据客户的要求，以多样化产品、可靠的质量来实现对客户的亲和式服务，实时适应客户需求变化，从而提高客户满意度。

### 5. 信息共享

和传统的纵向一体化物流管理相比，供应链管理环境下的物流信息量大大增加，其中的需求信息和反馈信息也不是逐级传递，而是网络式传递，因为企业通过互联网可以很快掌握供应链上不同环节的供求信息和市场信息，达到信息共享和协调一致。因此，共享信息的增加和先进技术的应用，使供应链管理环境下的任何节点企业都能及时掌握市场的需求信息和整个供应链的运行情况，使每个环节的物流信息都能透明地与其他环节进行交流与共享，从而避免需求信息的失真，大大提高效率。

### 6. 物流形式多样性

在供应链管理环境下的物流管理中，物流的多样性体现在物流形式的多样性和物流物品的多样性。其中，物流形式的多样性主要是指物流运输方式、托盘等的多样性，物流物品的多样性则包括汽车、农产品、生鲜产品等多种样式。

# 第四节　供应链管理环境下物流管理的创新

案例 3.2

### 准时达制造业供应链管理创新与协同推动中国制造业智慧供应链新未来

2017 年 8 月 29 日，准时达在"中国制造 2025 智慧供应链创新峰会"上与中国制造业各领军企业及最具工业 4.0 智慧制造发展思路的行业同仁分享了准时达在制造业供应链管理中的创新与协同经验，与大家优势互补、合作共赢，共同推动中国制造业智慧供应链新未来。

众所周知，贸易全球化与工业 4.0 的时代浪潮在为制造业企业带来创新机遇的同时，更带来了巨大挑战，例如供需错配、创新实力不足、"互联网＋"的冲击以及同质化竞争等问题接踵而来，成为严重制约诸多制造业企业的发展瓶颈。

准时达企业物流运营总监马明在此次峰会上为与会嘉宾们带来了"制造业供应链管理中的创新与协同"主题演讲，凭借着准时达 17 年来在 3C 制造行业的供应链管理协同经验与服务众多国内外知名品牌客户的供应链管理解决方案设计与实操经验，针对制造型企业在中国制造智能升级过程中所面临的诸多痛点，给出了准时达的思考与解决方法。

制造业生产工艺复杂、零组件品类多、生产规模大、时效要求高、成本控制严格，而这些要求都并非独立存在的，提供给客户全程供应链的精益化管理解决方案才是核心和关键。准时达在为世界级一流制造业企业如富士康、苹果、惠普、戴尔、三星、夏普等客户的服务过程中历练出的精益供应链管理行业经验和专业服务能为更多的制造型企业所借鉴和运用，这也正是准时达将这些行业经验分享出来的意义所在。

精益供应链要求上下游企业共同合作，并非简单将诸如存货和成本推给供应商即可。实际上，这是所有供应链参与者协调一致的努力结果，因为只有通过网络间的协同合作才能建立精益供应链管理。

准时达在多年的精益供应链管理实践中，始终贯穿着为制造型企业提供端到端的全程供应链优化解决方案的理念：精简采购流程、优化配销渠道、削减流通环节、降低储配成本、减少资金积压、节省人力资源、缩短物流时效，以精简而更具柔性的供应链管理帮助制造型企业在客户需求变化愈来愈大、制造业竞争日趋激烈的环境中脱颖而出。

此外，准时达综合利用大数据分析、云平台建设、物联网信息系统集成应用为一体的综合信息网络服务，在为制造业客户提供精益供应链系统管理的基础上，将系统能力充分拓展到全产业链，为 B2B 企业从供应链到分销链打造全网化智慧供应链管理实时协同平台。这一平台能全面支持准时达自身和外部客户信息系统的供应链管理和运营服务，并能最大限度满足在开放式多渠道环境下高度复杂多变的客户需求。

在此次峰会上，唯智信息总裁陈梦槐女士还在"大国制造+高效供应链协同——企业发展的新动能"主题演讲中推出了以智能制造发展新动能为核心的物流4.0唯智混合云平台战略及相关产品。制造业的领军企业代表发那科、江淮汽车、阿里云、斑马技术、博世（中国）与菲尼克斯等也依次做了主题发言，大家汇集共同智慧，探讨了工业4.0智慧制造核心议题，并发起了"一站式智能制造云服务联盟"。

在中国制造2025行业背景下召开的此次峰会中，制造业专家们都对未来实现供应链的互联互通、促进信息化和工业自动化的两化融合有着高度认同。在随后举行的圆桌论坛上，嘉宾们对最热议的话题各抒己见，虽然制造业仍有短板，但联合各方优势，实现资源互补合作联盟，打通供应链上下游的关键环节，才能真正让企业获益。

未来，准时达将在推动核心产业布局、促进供应链协同管理、构建全球化布局与加速技术创新等多方面为客户提供更深入的专业供应链服务，在创新解决方案与系统的实时协同能力上持续发力，引领行业风向标，与众多优秀同行企业一道，共同见证物流供应链行业的智慧升级，助力更多企业在"中国制造2025"及"工业4.0"的时代背景下拥有更多元化的创新机遇！

准时达的核心竞争优势是其面向工业制造型企业及3C制造商的端到端精益供应链管理服务实力。准时达为富士康科技集团打造了高效的供应链管理服务平台，成了全球C2M2C（Component to Manufacture to Consumer）全程供应链整合服务先行者，通过这个高效而专业的供应链管理服务平台，准时达搭建起了创新协同网络，迎合B2B互联化趋势，为更多客户赋能，协助其完成供应链升级和转型。

（案例来源：http://www.chinawuliu.com.cn）

**启发思考**：准时达的经验说明了未来我国制造业供应链的发展方向是什么？

随着世界经济的飞速发展，物流企业呈现出国际化、社会化、市场化的明显特征，而且现代物流已经逐渐成为我国经济发展的重要组成部分，加快物流的创新发展对于我国资源配置的优化、经济结构的调整等都是极其重要的。因此，如何在供应链管理环境下对物流管理进行创新，提升物流企业的管理水平，已经成为企业迫切需要解决的问题。

## 一、创新途径

### （一）加强供应链管理环境下的企业内部管理创新

供应链管理环境下的创新模式很多，这要求企业在实施供应链管理时，从企业自身状况出发，精确分析企业创新能力，确定企业创新目标，同时要求企业领导转变旧的观念，将供应链管理环境下物流管理的创新目标与经济目标、环境目标、社会目标紧紧联系在一起，对旧环境下形成的管理模式和考核机制进行创新。例如通过创新的方式节约物流企业生产资源、减少物流企业库存、加强物流企业员工素质、加强物流企业人力资源管理等。

**（二） 加强供应链管理环境下的供应商管理创新**

供应商作为供应链管理环境下的一部分，在供应链管理过程中要求供应商根据制造商的资源能力和战略目标，在不改变制造商的战略意图的条件下通过创新，改善企业的各项评价指标。为了使供应链管理环境下的战略伙伴关系可持续，供应链成员必须具有可持续的竞争能力和创新能力。

## 二、创新战略

**（一） 供应链管理环境下物流管理的竞争创新战略**

随着信息技术的发展，企业在资源获取和社会效益等方面压力不断增加，企业面临的竞争是以全球企业为平台的市场竞争环境，客户在商品的个性化、及时化、平民化和便利化等方面的消费需求不断提高，这就要求供应链管理环境下的物流管理具有快速的反应能力。因此，供应链管理环境下物流管理的竞争创新战略主要表现为提高物流管理企业的创新能力和充分利用物流管理企业的外部资源。此外，市场经济本质是竞争，供应链管理环境下的物流管理企业想获得长久利益并在激烈的市场竞争中立于不败之地，就必须从设定目标、集中资源、提高和储备知识技能等方面做起，提高企业的创新能力。

**（二） 供应链管理环境下物流管理的协作创新战略**

由于供应链管理环境下的物流管理企业在需求预测、价格波动、订货批量、环境变异、短缺博弈、缺少协作等方面存在问题，不能有效地实现信息共享，因此会将需求放大，产生"牛鞭效应"，从而降低企业利润。因此，为了妥善解决这些问题，使供应链高效率地循环，企业需要采取协作创新战略。例如，在提高信息共享和预测精度等方面进行协作创新，保证信息在供应链上的准确传递，加强供应链上各节点间合作，提高企业利益。

## 三、组织创新

供应链管理环境下，物流管理应积极寻求组织创新，使组织由职能化转变为一体化，将客户、信息、运输、库存等物流功能放到一个组织中去，在统一领导下管理整个物流过程，进而提高企业间的合作关系，使供应链管理环境下的物流管理得到改善和提高。

供应链管理环境下，企业要想有效地跨越职能部门与不同企业组织物流活动，必须建立以客户为中心的流程导向型的创新型物流组织，最大可能地减少企业组织的管理层，从而将信息共享和沟通的渠道缩小，降低成本，提高竞争力。

供应链管理环境下，物流管理应建立物流战略联盟，参与市场竞争。目前，中国的制造企业和商业企业"大而多"，但还未达到"大而全"的经营领域。因此，中国物流企业就应该从这一经营误区中走出来，通过创新，抓住时机与更多的制造商、供应商等结成战略联盟，与核心企业结成长期稳定的合作关系，以供应链的整体优势参与市场竞争，进而提高企业在国内、国际上的市场竞争力和企业在市场上的份额。

## 四、技术创新

### （一）积极引进国外先进管理模式进行创新

目前，许多软件公司致力于企业供应链管理软件和物流管理软件的开发。供应链管理环境下，我国企业要想提高企业物流管理水平和效率，就应该抓住时机，积极引进国外的先进管理模式进行创新，例如自动化立体仓库、优化配送调度、综合物流中心、智能交通、专用车辆、先进装卸、仓储优化配置等，缩小我国物流企业与世界物流企业的差距。

### （二）积极引进国外先进信息技术实现创新

供应链管理环境下，我国企业物流管理创新应以网络和电子商务为支撑，利用计算机、互联网、信息技术等手段，完成物流全过程的协调、控制和管理。通过集约化、现代化管理，将各种先进信息技术如条形码、电子数据交换、电子自动订货系统、卫星定位系统、地理信息系统等和物流服务融合在一起进行创新，组成一个动态的、虚拟的、全球网络化的供应链网络，为我国企业提供强大的技术支撑，弥补我国物流企业的不足。

## 五、服务创新

### （一）物流服务理念创新

供应链管理环境下的物流管理，应树立客户至上的理念，在此基础上寻求创新，建立适合于客户需求多样化、个性化定制的新的物流服务。

### （二）物流服务内容创新

供应链管理环境下的物流管理，应通过与客户面谈、客户需求调查、第三方调查等途径，制定出能根据市场环境和竞争格局的变化及时加以调整的创新服务内容，以增强快速响应市场的能力。例如，通过与客户建立有效的沟通渠道，变传统的"一单一结"交易方式为与客户共同制定物流解决方案，实现对客户的一站式服务的创新物流服务内容。

## （三）物流服务组合创新

供应链管理环境下的物流管理，应在寻求供应链整体价值最大化的前提下，充分考虑不同客户群体对企业的贡献以及潜在能力，并结合对竞争企业服务水平的分析，在此基础上创新，制定出为客户提高经济效益、实现资源优化配置的物流服务组合。

## （四）物流服务体制创新

供应链管理环境下的物流管理，要从服务体制上创新，保证物流管理的各项职能始终贯穿于物流服务的计划、组织、协调和控制等各个方面，如成立专门的物流领导小组等。

## （五）物流人才服务创新

供应链管理环境下的物流管理，在人才服务方面要不断创新，例如举办高水平的物流培训班；建立物流操作示范区，培养高级物流管理和技术人才；建立人员竞争机制，实行优胜劣汰；加强对发达国家物流管理先进经验的学习和借鉴；开辟独立的科研课题，提高科研水平和培养科研人才，为物流发展提高理论支撑程度等。

总之，物流管理是推进物流发展的主要力量，而供应链管理环境下的物流管理，具有传统与新兴双重特性。因此，在新的市场环境下，企业必须以网络和电子商务为支撑，不断进行物流管理创新，提高物流管理水平，才能更加敏捷地应对市场环境和消费者需求的变化，做到柔性化经营，才能获得市场存在的依据和持续发展的动力，也才能使物流管理真正成为继自然资源和劳动力资源之后的"第三利润源泉"。

补充阅读

### 供应链管理发展方向：社区化、自动化、智能化、可视化

1. 社区化

供应链管理社区化是基于供应链管理中核心企业为主体，在上下游企业延伸的基础上构建的社区化供应链管理平台。目前以构建供应链管理上游采购平台和下游分销平台最为常见，当面对多个采购主体且采购内容相同时，供应链管理中的核心企业应对质量、价格等因素进行综合分析和评价，选择出优质供应商。供应链管理社区化适用于集团性企业或是垂直行业类企业。

2. 自动化

供应链管理自动化主要是对商品进行自动补货，由供应链管理平台自动发出操作指令完成。美国供应链管理协会曾提出连续补货模型，利用及时准确的销售时点信息确定已销售的商品数量，根据零售商或批发商的库存信息和预先规定的库存补充。但是人工操作压力较大，且易出错，由此产生了供应链管理自动化。

供应链管理自动化可以根据过往的销售情况，做出产品的销售预测。例如，以前在连锁店经营中，店长想要了解某一产品销售情况，只可以从现有店铺的销售数据进

行预测，现在供应链管理自动化则可以实现基于所有店铺的销售数据进行预测、补货。另外，供应链管理自动化还可以节约人力，例如现在日本的无人售货机和无人便利店，系统依据补货模型自动补货。未来供应链管理自动化的理想状态是不需要人力，达到商品供应全部自动化。

### 3. 智能化

供应链管理中的智能化分为软件智能化和硬件智能化。供应链管理中的软件智能化主要是在数据收集基础上进行分析和预测商品销售情况，为企业提供数据分析的基础。智能化硬件目前应用比较广泛的是执行设备和 RFID 标签，执行设备主要是指自动发货机、立体货架等。RFID 标签又称电子标签、无线射频识别，是一种通信技术，可通过无线电信号识别特定目标，并读写相关数据，而识别系统与特定目标之间无须建立机械或光学接触。目前，纽约的服装店已经使用这方面技术，例如通过试穿衣服的数据来预测衣服的售卖情况，还可以找到衣服试穿比较多却卖不出去的原因，从而找到相应问题点，对售卖衣服进行改进。

### 4. 可视化

供应链管理可视化就是利用信息技术采集、传递、存储、分析、处理供应链中的订单、物流以及库存等相关指标信息，并按照需求以图形化的方式展现出来。

供应链可视化的基本内容包括以下几个方面：

（1）流程处理可视化。包括订单处理、订单查收、订单实现、订单到账等。

（2）仓库可视化。包括对存储单元进行分类编码和属性定义（容量、可存放零件等），入库时自动分配存储单元，出库时提醒操作人员从指定的存储单元上取货。

（3）物流追踪管理可视化。产品物流过程涉及很多企业不同信息，企业需要掌握货物的具体地点等信息，从而做出及时反应。

（4）应用可视化。用户可以通过界面采集数据、提炼数据，进行分析、统计、制作报表，以做出管理决策，这也为企业提供了一个数据输入、导入、上载的平台。

（资料来源：https://www.toutiao.com）

**启发思考**：1. 除了以上四个方向外，你还能提出其他的供应链管理发展方向吗？

2. 供应链管理智能化中，可以利用 RFID 技术找到已发出的有问题的货物吗？

## 本章小结

本章首先从物流管理与供应链管理的角度出发，分析了物流管理与供应链管理的联系与区别，其次对物流管理在供应链管理中的地位进行了介绍，再次对供应链管理环境下物流管理的六大特点进行了阐述，最后从创新途径、创新战略、组织创新、技术创新以及服务创新五个方面对供应链管理环境下物流管理的创新进行了阐述。通过本章学习，读者应当明确物流管理与供应链管理的关系，并对物流管理在供应链管理中的地位和特点有所了解，熟悉供应链管理环境下物流管理创新的各项因素和条件。

## 练习题

一、概念识记

组织创新　物流服务创新

二、简答

1. 简述物流管理与供应链管理的联系和区别。

2. 物流活动的价值体现在哪些方面？

3. 现代物流有哪些特点？

## 即测即评

请扫描二维码进行在线测试。

## 延伸阅读

1. 孙国华. 物流与供应链管理［M］. 北京：清华大学出版社，2014：1-30.

2. 隋英琴. 供应链管理环境下的物流管理创新［J］. 科技创业月刊，2008（3）：52-53.

3. 吴群：物流与供应链管理［M］. 北京：北京大学出版社，2015：27-31.

# 第四章 物流与供应链的客户关系管理

## 知识逻辑图

【学习目标】

理解并掌握核心竞争力定义；熟悉客户关系管理基础理论；掌握物流与供应链的客户关系管理；了解京东物流与供应链 APP 和运筹客户关系管理系统两个典型系统。

案例 4.1

### 苏宁电器的物流与供应链的客户关系管理

2017 年中国民营企业 500 强名单公布，苏宁环球集团以 1 335.6 亿元的营业收入，位列 2017 中国民营企业 500 强前 20 名，在同时公布的 2017 中国民营企业服务业 100 强名单中，苏宁环球则位列第 11 名。

苏宁电器是中国 3C（家电、计算机、通信）家电连锁零售企业的领先者。苏宁电器的 B2B、B2C、银企直联构筑的行业供应链，实现了数据化营销。苏宁电器与索尼、三星等供应商建立了以消费者需求和市场竞争力为导向的协同工作关系。知识管理和数据库营销成为基本工作方式，标志着中国家电和消费电子类产品供应链管理从上游厂商制造环节，延伸到了零售渠道环节。苏宁与索尼、摩托罗拉率先实现 B2B 对接，与 LG、三星、海尔等上游企业 B2B 对接也已完成，贯通上下产业的价值链信息系统初具雏形。供销双方基于销售信息平台，决定采购供应和终端促销，实现供应商管理库存功能，加强产业链信息化合作，建立电子商务平台与现有的 SAP/ERP 系统完美结合，行业间 B2B 对接、订单、发货、入库和销售汇总等数据实时传递、交流，大幅度缩减业务沟通成本；建立完善的客户关系管理系统及信息数据采集、挖掘、分析、决策系统，分析消费数据和消费习惯，将研究结果反馈到上游生产和订单环节，以销定产。

苏宁在全国 300 多个城市客户服务中心，利用内部 VOIP 网络及呼叫中心系统，建成了集中式与分布式相结合的客户关系管理系统，建立了上亿个客户消费数据库。实现了全会员制销售和跨地区、跨平台的信息管理，统一库存、统一客户资料，实行一卡式销售。依托数字化平台，苏宁会员制服务全面升级，店面全面升级为会员制（CRM）销售模式，大大简化了消费者的购物环节，方便客户。

从上述详细的苏宁电器的物流与供应链的客户关系管理案例中可以看出，像苏宁这样的大企业都十分清楚客户关系管理系统在物流与供应链中的重要性，因此我国更多的处于物流与供应链的中小企业就更应该明确，现代企业想要在激烈竞争中处于不败之地，在产品同质化的今天，运用客户关系管理系统必不可少。

（案例来源：https://wenku.baidu.com）

**启发思考**：苏宁是如何通过物流与供应链的客户关系管理提升自己的核心竞争力的？

## 第一节 核心竞争力

### 一、核心竞争力概述

自从加里·哈梅尔（Gary Hamel）和 C. K. 普拉哈拉德（C. K. Prahalad）在《哈佛商业评论》发表了《企业核心竞争力》一书之后，核心竞争力便一直受到国际学术界和政策研究机构的关注。企业的核心竞争力就是通过某种有效手段建立自己的竞争优势，打败竞争对手的竞争壁垒，因而也是使其获得持续的经济发展和提高在市场竞争中地位的关键。

一般来说，核心竞争力必须满足"从客户的角度出发，具有价值并是超额的；从竞争者的角度出发，是独特不可模仿的"。首先，核心竞争力可以从客户角度和竞争者两个角度来理解；其次，从客户角度来看，核心竞争力不仅能为客户带来价值，而且带来的是一种超额的市场价值；最后，从竞争者角度来看，核心竞争力不仅是独特的，即同行业没有的，而且是不可模仿的，这一点进一步确定了其独特性。

因此，核心竞争力是一种企业特有的能力，这种能力扎根于企业组织内部，能使企业获得超额价值并处于竞争优势，它实际上是一种企业的巨大战略资源。如果把企业竞争优势比喻成树，核心竞争力就是根。由核心能力之根生长出核心产品，再由核心产品到各经营单位生产出各种最终产品。多种经营的企业就好比是一棵大树，树干和树枝是核心产品。较小的树枝是经营单位，而树叶、花、果实则是最终产品。树的根系提供了大树所需的营养，大树的稳定性就是核心能力。很多企业之所以突出，取得成功，并不是因为它所处的行业优势，而是取决于它拥有同行业没有的卓越的核心竞争力。

## 二、物流与供应链企业的核心竞争力

随着市场经济的不断完善和经济全球化进程的加速，物流与供应链企业面临的市场竞争越来越激烈，这些企业生存和发展的过程就是不断寻求并确立其竞争优势的过程。从以往看，物流与供应链企业一开始主要靠不断研发新产品和提供优质价格来占领市场，随后通过提供周到的售后服务去抢占市场，但严酷的现实使这些企业逐渐认识到，新技术的发展使新产品的生命周期越来越短，而售后服务因缺乏技术含量易于被模仿，因此仅靠这些在市场竞争中胜出只是暂时的，不能使自己长期立于不败之地。

物流与供应链企业以服务为主，服务对象即客户，有效处理好这类企业与客户之间的关系，是这类企业长盛不衰的动力源泉，因此物流与供应链管理的核心竞争力是有效的客户关系管理。从成功的物流与供应链企业的成长历程来看，这些企业之所以能在市场竞争中长盛不衰，最根本的原因在于拥有一批自始至终信任并支持他们的忠诚客户，这样的客户资源是任何其他企业无法轻易模仿的独有优势。因此，客户已不再仅仅是物流与供应链企业的服务对象，而是在逐渐成为能使这类企业在市场竞争中不断取胜的战略资源。

另外，研究资料表明，物流与供应链中，企业吸引新客户的成本是留住老客户的4~6倍，客户流失率每减少3%就相当于降低15%的成本，一位不满意的客户会将他的不满告诉7~10个人，忠诚客户每增加5%就可提升其利润的25%~95%，向新客户推销的成交机会只有15%，而向老客户推销的成功机会却有60%甚至更多。由此可见，管理良好的客户关系，对于物流与供应链企业的长久发展极其重要。

案例 4.2

**社交电商领先企业云集微店通过打造高品质服务提升核心竞争力**

2017年4月18日，云集微店与各大物流服务商在杭州新天地召开了首届物流服务商大会。中通快递、申通快递、邮政速递、EMS、韵达速递、百世汇通、圆通快递等知名物流企业派出代表参与了此次会议。

云集微店是中国领先的社交电商企业，月销售额已经超过5亿元。云集微店仓储物流总监骆其良表示：云集微店的快速发展不仅得益于为消费者提供了更加物美价廉、值得信赖的商品，更得益于云集微店提供了远高于行业平均的物流服务标准，有效提升了消费者体验。

相比传统电商，通过口碑传播又有正品保障的社交电商的商品显得更令人放心些，性价比也有其优势，然而社交电商的物流服务信息不够透明向来是个行业难题。骆其良在会上表示：物流信息不够透明将成为历史，在未来，消费者即便通过云集微店也能够看到商品已经发到哪儿了。"我们不仅要做得更靠谱，也要让消费者看到这一切，让他们心里更踏实！"

云集微店服务总监胡日新表示今后云集微店的退货退款流程也将更加透明，用户将可以看到个人退货的详细进程。此外，会议就云集微店物流战略规划达成一致。骆其良表示：云集微店将以打造客户体验最优的物流履约平台为使命，通过开放和智能战略举措促进消费方式转变和社会供应链效率提升，将物流、商流、资金流和信息流有机结合，实现与用户的互信共赢。未来还将通过布局全国自建仓配物流网络，为商家提供一体化物流解决方案，实现库存共享及订单集成处理，可提供仓配一体、快递、冷链、大件等多种服务。

相比传统电商而言，社交电商在近两年内取得了飞速的发展，对比已经发展了十余年的传统电商而言，社交电商在服务细节上似乎还显得有些稚嫩，然而这两年内，作为行业的社交电商的第一支正规军，云集微店正在推行全新的社交电商行业标准，短短两年，消费者的服务体验已经发生了巨大变化。

云集微店客服总监胡日新说："只有你的服务更加可靠了，你才对得起用户的信任。云集微店的快速发展受益于良好口碑的传播，如何服务好消费者，这是社交电商的核心竞争力所在。"

（案例来源：http://www.chinawuliu.com.cn）

**启发思考**：社交电商的核心竞争力是什么？云集微店为了实现这个目标做了哪些工作？

## 第二节　客户关系管理基础理论

### 一、客户关系管理内涵

客户关系管理（Customer Relationship Management，CRM）的核心思想是以客户为中

心，一切围绕客户服务。客户关系管理的内涵可以大致分为以下四个层次。

（1）客户关系管理是一种先进的管理理念和经营策略：培养以客户为中心的经营行为，实施以客户为中心的业务流程，从而提高企业的盈利能力、利润及客户满意度。

（2）客户关系管理是一种为了获取竞争优势而实施的有效管理方法。客户关系管理通过提供优质的产品和服务并提高客户支付价值来增强客户满意度，与客户建立起长期、稳定、相互信任的密切关系，从而维持老客户、开发新客户，以此来提高企业效益和竞争能力。

（3）客户关系管理是一种机制。企业通过实施客户关系管理，分析和了解不断变化的客户状况，搞清楚不同客户的利润贡献度，针对不同客户提供合适产品，以便在合适的时间和地点，通过合适的手段为客户提供合适的产品，进而顺利完成交易。

（4）客户关系管理是一种先进技术手段，是借助软件为客户提供信息和服务的平台。客户关系管理系统的核心是对客户数据的管理，客户数据库记录着企业在整个市场营销与销售的过程中和客户发生的各种交互行为，以及各类有关活动的状态，并提供各类数据的统计模型，为后期分析和决策提供支持。

## 二、客户满意度

### （一）客户满意及满意度

满意是一种感觉状态水平，客户满意是客户将对产品的可感知效果（或结果）与期望进行比较后，所形成的愉悦或者失望的水平。当客户感知没有达到最初期望时，客户就会产生不满和失望，表现为不满意；当感知与期望一致时，客户会感到高兴，表现为满意；当感知超出预期，客户就会觉得"物超所值"，非常高兴，表现为非常满意。客户满意度是影响客户态度的情感反应，是客户满意情况的反馈，是对产品或者服务本身的评价。

### （二）客户满意度的衡量

客户满意度是指客户满意程度的高低，一般通过美誉度、回头率、知名度、投诉率、购买额、对价格的敏感度这几个指标来衡量。

1. 美誉度

美誉度是客户对企业或品牌的褒扬程度，通过该褒扬程度可以获知客户对企业或者品牌的满意状况。一般来说，持褒扬态度，愿意将企业产品或服务提供给他人的客户，对企业的产品或者服务是非常满意的。

2. 回头率

回头率是客户消费了企业或品牌的产品或服务之后，愿意再次消费的次数。在一定时间内，客户对产品或服务的重复购买次数越多，说明客户满意度越高。回头率是衡量客户满意度的主要指标。

### 3. 知名度

知名度是客户指名消费或者购买某企业或品牌的产品或服务的程度。如果客户在消费或者购买过程中指名某企业或品牌，对于其他企业或品牌的产品或服务具有抵抗力，并且放弃选择，表明客户对这个企业或品牌的产品或服务是非常满意的。

### 4. 投诉率

客户的投诉是不满意的具体体现，投诉率是指客户在购买或者消费了某企业或品牌的产品或服务之后所产生投诉的比例，客户投诉率越高，表明客户越不满意。

### 5. 购买额

购买额是指客户购买某企业或品牌的产品或服务的金额多少。客户购买额越高，表明客户对该企业或品牌的产品或服务越满意。

### 6. 对价格的敏感度

当产品或服务价格上调时，客户如果能够表现出比较强的承受能力，则客户对价格的敏感度较低。当客户敏感度越低时，客户就对该企业或品牌的产品或服务越满意。

### （三）客户满意度的影响因素

基于客户满意的重要作用，企业要想创造或者提高客户对本企业或者产品的满意，首先必须要做的就是要了解影响客户满意的各项因素，以便有针对性地采取措施，提高客户对该消费经历的整体满意程度。

影响客户满意的因素有很多，主要包括客户期望和客户感知两方面。从客户期望来看，对于同一产品或者服务，有的客户感到满意，而有的感到不满意，就是因为客户对产品或者服务的期望不同。如若达到期望，客户满意，否则，客户会感到不满意。从客户感知来看，主要受到企业因素、产品因素、营销与服务体系、沟通因素、情感因素等的影响。

### 1. 企业因素

企业是产品和服务的提供者。企业规模、形象、效益、品牌等都会影响客户判断。一个规模大、效益好、形象佳、知名度广的企业会更加受到客户的欢迎。例如，"海底捞"以提供优质服务的企业形象而受到大众欢迎，因此在奔波劳累了一天之后，客户想要享受一顿美味的晚餐，就会想到"海底捞"人性化的服务，并且在消费之后，其优质服务达到了客户心中预期，也会使客户更加满意。

### 2. 产品因素

产品是企业提供给客户的最基本的东西。在当前激烈竞争的市场上，企业必须把产品做好，这有利于客户使用并体现其地位，从而使客户满意。产品因素包含两方面内容：一方面是核心产品的质量、功能和价格。如果核心产品质量好，功能齐全，价格优惠，具有明显的个性化优势，则容易得到客户满意。另一方面是产品服务。如果企业能够提供更多支持性和辅助性的服务，并通过这些服务逐渐将其竞争对手区别开来，并为客户增加价值，则客户更加满意。

### 3．营销与服务体系

客户任何时候都期望交易进展顺利并且快捷便利。企业的营销和服务体系是否有效、简洁，是否能为客户带来方便，投诉与咨询是否便利，售后服务的响应时间和态度等都会影响客户满意度。例如，海尔强大的售后服务系统能为海尔家电提供优质的售后服务，在客户报修后，海尔通过系统登记客户信息，为其分配维修网点，使客户可以得到及时有效的售后处理，因而提高了客户满意度，从而让海尔在家电市场上占有很高的市场份额。

### 4．沟通因素

企业与客户的良好沟通是提高客户满意度的重要因素。很多情况下，客户对产品性能的不了解造成使用不当，需要企业提供咨询服务，客户因为质量或服务等存在问题要向企业投诉，如果缺乏必要的沟通渠道或者渠道不畅，就很容易造成客户不满意。

### 5．情感因素

企业不仅要考虑与客户沟通中的基本因素，还要考虑有时候传递给客户的情感。比如说一位员工的不当行为或其他一些小事情没有做好，使客户产生了负面情绪，最后导致客户不满意而失去了这个客户，对企业来说就是重大损失。

---

案例 4.3

#### 注重小细节的客户满意带来意想不到的结果

日本有一家企业看中了一块土地，想要购买用作建立厂房，同时，其他几家企业也看中了这块地。但这块土地的所有者是一位老太太，她说什么也不同意卖。一个下雪天，老太太进城购物，顺便来到日本这家企业，准备告诉负责人死了这份心，此时，老太太的木屐已经沾满雪水，肮脏不堪。正当老太太欲进又退的时候，一位年轻的服务人员出现在老太太面前，说："欢迎光临！"这位小姐看到老人的窘态，马上回屋想给她找一双拖鞋，不巧拖鞋没了，小姐立马把自己的拖鞋脱下来，整齐地摆放在老人脚下，让老人穿上。等老人换好拖鞋，小姐才问："我能为你做点什么？"。老太太表示要找企业的负责人木村先生，于是小姐将老太太扶到负责人办公室，在老太太踏进办公室的那一刹那，老太太决定把土地卖给这家企业。

后来，老太太对木村先生说："我已经去了其他几家企业，唯有你们家的服务人员这么善良体贴，善解人意，很让我感动，这也让我改变了主意。"

（案例来源：http://www.boraid.cn/）

**启发思考**：请说说你身边这样类似的小细节的客户满意带来意想不到的结果的案例。

---

## 三、客户忠诚度

在前面的客户分类及管理中，已经对客户忠诚度的定义进行了介绍。由于忠诚客户所带来的收益是长期的，并且是积累效应的。因此，客户忠诚度越高、保持时间越长，给企业创造的利益就越多。高的客户忠诚度有利于销量的增加、营销成本的降低、新产品的推广和企业竞争地位的巩固。

### （一）客户忠诚分类

1. 垄断性忠诚

客户没有或者只有很少的选择权，这种忠诚不是自愿的，而是被迫的；从理论上讲，只要有可能，他们就会选择其他的供应商。

2. 高转移成本忠诚

由于更换供应商的高成本以及各种后遗因素，客户一般不会轻易更换供应商，但这是很勉强的。一旦转移成本达到他们的期望值，他们会毫不犹豫地转移。

3. 刺激性忠诚

这种忠诚是由于给予奖励或赠送而刺激客户持续消费，从而提高的忠诚度，比如商务飞行的里程奖励、信用卡的消费积分等，但如果给予的奖励或赠送对客户没有吸引力，甚至并非客户所需，忠诚就很容易转移。

4. 习惯性忠诚

习惯意味着节约时间，习惯性忠诚指的是当人们习惯了一件事情的时候，不去考虑它的合理性和成本，只进行潜意识的第一选择，不需要思考就去购买。比如每周末的一次超市集中性采购、每天上班途中的加油站等。这种忠诚度很低，当有价格更低的超市及更方便的加油站的时候，这种忠诚就会被转移。

5. 情感性忠诚

情感性忠诚来源于情感，是建立在与客户的情感基础之上，是一种牢固的忠诚。

从以上几种客户忠诚的类型来看，企业应重点关注情感性忠诚客户，通过营销策略吸引习惯性忠诚客户，在刺激性忠诚客户上有所保留，垄断性忠诚客户和高转移成本的忠诚客户比较特殊，需要根据其价值进行针对性的引导或者转化。总之，企业不要笼统地对待客户忠诚，而要根据不同类型的忠诚，制定针对不同忠诚客户的营销策略。

### （二）客户忠诚级别

关于客户忠诚级别，一般用金字塔形式进行形象划分，以区别不同级别的客户忠诚度，如图 4.1 所示。

（1）普通购买者：指所有客户，没有接触到企业的产品，也没有意向；

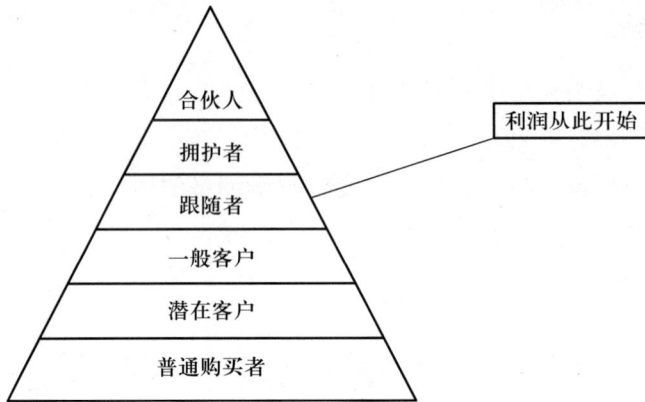

图 4.1　"金字塔"形客户忠诚级别

（2）潜在客户：指有意向但还未购买的客户；

（3）一般客户：指已经购买的，包括一次性和重复性购买；

（4）跟随者：指有归属感的重复购买客户；

（5）拥护者：指能推荐别的客户来购买的老客户；

（6）合伙人：指客户联盟，是互利而且能持续的伙伴关系。

## （三）客户忠诚影响因素

客户忠诚度或投入程度包括态度忠诚和行为忠诚。态度忠诚主要关注客户的信念、情感反馈以及长期形成的习惯性购买行为的意图等，其影响因素主要包括客户满意度、与客户的情感联系（影响）和通过信任降低风险。行为忠诚主要研究客户在重复购买同一产品或服务过程中的行为的一致性，其影响因素主要包括使客户养成习惯从而减少选择和与公司交易历史两个主要因素。图 4.2 对这些客户忠诚影响因素进行了描述。企业应把握这些影响因素，制定相应策略，最大程度地赢得客户忠诚，才能提高自身核心竞争力。

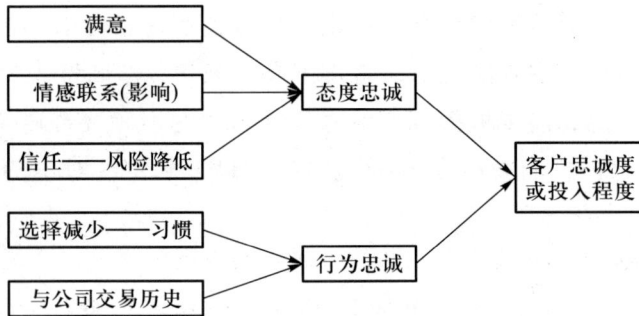

图 4.2　客户忠诚影响因素

补充阅读

## 客户终身价值的计算

某商务饭店每年客户流失率为20%，每个客户平均每年带来3 000元的利润，吸收一个新客户的成本是900元。企业现决定实施客户忠诚计划，将客户流失率从20%降到10%，该计划的实施成本是每个客户每年300元。现在来分析这家饭店客户终生价值的变化情况。

（1）每年流失20%的客户，意味着平均每个客户的保留时间大约是5年。

（2）每年流失10%的客户，意味着平均每个客户的保留时间大约是10年。

（3）忠诚计划实施前，每个客户的终生价值：5年×3 000元/年-900元=14 100元。

（4）忠诚计划实施后，每个客户的终生价值：10年×（3 000元/年-300元/年）-900元=26 100元。

可见，通过实施客户忠诚计划，平均每个客户的终生价值增加了12 000元。

（资料来源：苏朝辉. 客户关系管理：客户的建立与维护［M］. 3版. 北京：清华大学出版社，2014）

**启发思考：** 影响客户终身价值的因素有哪些？

补充阅读

## 我国物流行业的客户关系管理策略

随着现代社会经济的快速发展，我国物流行业也得到了迅猛发展，这同时对物流行业也提出了更多新的要求，如服务及时、响应迅速等。这要求客户关系管理在其中采取以下策略。

### 1. 准备充分、目的明确

客户关系管理系统本身具有复杂性的特点，而且客户关系管理与企业本身的管理及运营模式密切相关，因此每个实施阶段都要精心准备，避免盲目行动给企业带来风险。要做到必须重视员工的思想观念和素质转变；企业的组织和业务流程的变革；资金和资源配置是否到位，包括足够的项目预算、人力物力的保障及团队的成功组建；应对实施的范围、规模和层次进行有效的界定，不能贪大求全等。

### 2. 战略重视、全局考虑

物流企业的客户关系管理实践应从公司战略层面进行推动，规范管理营销与服务流程体系。公司在应用客户关系管理系统后最重要的首先是"以客户为中心的战略调整"，其次是"员工工作方式的变革"。在规划、实施客户关系管理时，应首先从战略的、全局的角度进行考虑，即在遵循公司总体战略的前提下，将客户关系管理作为经营战略进行规划、实施，不能仅仅将其视为一个点，而应将其作为一个面来考虑；不能单纯考虑其本身的最优化，还应注重与其他经营战略的联系，达到价值链的整体最优化；不能仅仅在某个或某些部门实施，而应全面实施，从战略层面推动客户关系管理系统。

3. 循序渐进、持续发展

客户关系管理的实际操作层面是一个不断识别、建立、维护有价值客户关系的流程，因此在具体实施和应用过程中要采取循序渐进的策略。要以"满足企业目标需求"为基本要求。在实施过程中，需要战略的支持、营销的指导以及技术的辅助。企业要持续不断地实施客户关系管理，才能始终做到以客户为中心，在竞争中保持优势。企业应该把客户关系管理放在关系技术的背景中，同时认真检视客户关系管理诞生的理论之源与商业变革之本。客户关系管理系统供应商要立足于行业，开发专业化的客户管理系统，使客户关系管理在物流行业取得更大的成功。

4. 利用客户关系管理实施价值链整合

以提升价值链为手段，并以此与客户关系管理整合实施，才能达到整个价值链增值的目标。由于这一对策涉及内容较多，包括业务流程整合、组织整合、人力资源整合、品牌整合、文化整合等，因此，实施难度比较大，但根本的一点就是依据客户关系管理来进行。因此，重要的一点就是充分利用客户关系管理信息，结合自身的资源、能力状况，抓住重点和关键环节进行价值链整合。

5. 做好数据挖掘工作

重视对潜在客户的挖掘和客户群的拓展，动态评估客户价值是客户关系管理的精髓。物流公司可以利用企业级客户数据仓库和相应的数据仓库技术，建立分析型客户关系管理系统，将所有客户进行归类和整理，根据这些信息细分客户，对特定客户提供差异化、个性化服务，从而获得真正的客户满意度，提高企业的核心竞争力。

（资料来源：http://www.ceconlinebbs.com）

**启发思考：**请归纳和总结出我国物流行业的其他客户关系管理策略。

## 第三节 物流与供应链的客户关系管理

### 一、物流与供应链的客户关系管理概述

物流与供应链以为客户提供运输、库存、仓储、配送、包装、装卸搬运、流通加工、金融等服务为主，客户主要包括供应链链条上的各级供应商、销售商和用户，以及处于这条供应链上的与这些服务相关的其他组织成员，例如上海别克汽车公司为给客户

提供多种付款模式而成立的提供相应金融贷款服务的子公司等。作为服务型企业，通过采用各种先进的管理或技术，有效降低成本，大大提高效率，实现客户满意和忠诚以及客户保持，维护良好的客户关系管理，在物流与供应链的整个管理系统中都极其关键。

**（一）　物流与供应链的客户关系管理的定义**

物流与供应链的客户关系管理是物流与供应链企业以提高企业竞争力为直接目的，确立以客户为导向的发展战略。它意味着物流与供应链企业在经营中，以客户关系为重点，通过开展全面的客户研究，例如评估、选择、开发、发展和保持客户关系等，优化物流与供应链企业组织体系与业务流程，提高客户满意度和忠诚度，最终实现物流与供应链企业效率和效益的双重提高。在物流与供应链企业实施客户关系管理的过程中，需要借助先进的信息技术、设备以及优化的管理方法，因此从一定角度来说，物流与供应链的客户关系管理也指这些设备、技术和方法的总和。

**（二）　客户关系管理在物流与供应链管理中的作用**

市场竞争加剧，使物流与供应链企业不断审视自身经营缺陷，当内部运营潜力几近挖掘殆尽之后，改善客户关系管理，提高市场营销能力，就成为企业决胜市场的新关键所在。客户关系管理作为一种新经济背景下的管理理念，已得到物流与供应链企业的认同和实践。具体来说，客户关系管理在物流与供应链管理中的作用主要表现在以下几个方面。

1.　有利于提升企业核心竞争力

物流与供应链企业以服务为主，客户显得尤为重要。重视客户关系管理，可以将这些企业原来主要集中在业务增长方面的注意力转移到关注外部客户资源，并使企业的管理全面走向信息化，从而有利于提升企业核心竞争力。

2.　有利于降低成本和提高利润率

从一定角度来说，客户关系管理是一种基于互联网的应用系统，它通过对物流与供应链企业业务流程的重组来整合客户信息资源，用更有效的方法来管理其中的客户关系，在这些企业内部实现信息和资源共享，从而降低这些企业的运营成本，为客户提供经济、快捷、周到的物流服务，保持和吸引更多的客户，使这些企业利润达到最大化。

3.　有利于提高服务水平和客户满意度

物流与供应链的目的在于向客户提供及时准确的产品运输和递送等服务，接受服务的客户始终是形成这些物流与供应链需求的核心和动力。如果客户期望得不到充分满足，这些工作也就毫无意义。客户关系管理认为，客户的好恶决定着企业的未来，因此物流与供应链企业必须为客户提供高品质的服务，让客户满意，而客户关系管理的出现，正是为帮助这种可能更好地转化为现实提供相应条件。

4.　有利于改进和完善企业内部文化

客户关系管理作为一种新型管理思想和理念的代表，要求物流与供应链企业切实贯彻以客户为中心的企业战略，强调以人为本的理念，使全体员工围绕着客户这一中心进行协调与合作，并强调集成的团队精神，从而使这些企业的管理流程和机制发生重大变化，突出管理者和员工的能动性、积极性和创造性，有利于树立追求卓越、不断前进的企业精神，这种着眼于满足客户需求、尊重客户、精益求精的企业文化重塑将带动物流与供应链企业长期、稳定、快速地发展。

## 二、物流与供应链企业客户关系管理的问题及对策

实现高效便捷的客户关系管理能提高物流与供应链企业的核心竞争力，但我国目前物流与供应链企业的客户关系管理还存在一定问题，需要采取相应对策。

### （一）存在的问题

1. 经营理念滞后和服务意识不足

物流与供应链企业要想在激烈的市场竞争中立于不败之地，能够长远发展，就必须明确"以客户为中心"的经营理念。客户关系管理的思想最早由国外引入，受我国物流与供应链企业传统思想的影响，"以客户为中心"的经营理念在我国大多数物流与供应链企业都存在认识不到位等问题，很多企业上至高层领导下到一线工作人员，均存在对客户关系管理意识不强、认识不当的问题，中小型本土物流与供应链企业情况更为严重。

现阶段我国大多数物流与供应链企业虽然已经开始逐渐重视客户资源，购买了客户关系管理软件或相关模块，在不同程度上意识到并且实施了客户关系管理，但其本质上仍是以利益为中心，一旦客户和企业的根本利益相冲突时，他们会毫不犹豫地选择牺牲客户的利益，导致实际工作无法真正达到客户需求，更无法满足客户的个性化需求，从而更无法实现客户满意和忠诚，以及相应的客户保持，这些都是服务意识不足的表现。

2. 缺少规范的评价标准和评价体系

国内很多物流与供应链企业只是把客户关系管理水平的高低看做是销售竞争的一种手段，对客户关系管理是物流与供应链企业核心竞争力这一点并没有足够重视。很多物流与供应链企业仅仅从自己的业务范围内看待本企业的服务，对客户企业的上下游等物流与供应链的诸多相关环节了解不够，对他们的目标需求也了解不够，因此与客户的沟通、对客户的关怀等全都难以达到客户要求。

目前国内除了少数第三方物流与供应链企业及外资企业外，大部分物流与供应链企业都没有建立起科学合理的评价标准，这些都造成了服务目标不明确、服务过后没有反馈信息等诸多问题。此外，我国物流与供应链企业还缺乏相应的评价体系，以致各企业的客户关系管理发展参差不齐，也没有统一的服务评价指标，导致对这些企业的客户关系管理的监督与控制更加困难。

3. 方案的设计和实施个性化不强

物流与供应链企业的个性化方案，就是根据客户需求，结合企业相关制度及所拥有

的资源,为客户量身定制一个独一无二的物流与供应链解决方案。很多客户在选择物流与供应链企业的时候,都想找一家能最大限度满足自己需求、提供贴心服务的企业,但目前我国大多数物流与供应链企业面对不同类型、不同层次的客户,采用的却是统一的服务标准和流程。所以,不同客户在合作期间以及合作结束后对企业的满意度和忠诚度也必然不同。正是由于这种毫无针对性、缺乏个性化的物流与供应链服务,导致整个行业服务水平和质量都难以提高。对此,我国物流与供应链企业必须将客户视为重要的战略性资源,为客户提供他们所需要的个性化方案及服务,才能提高客户满意度,最终实现客户忠诚,并进行客户保持。只有这样,才能创造客户价值,提升物流与供应链企业利润。

**(二) 采取的对策**

1. 树立并落实"以客户为中心"的理念

客户关系管理的本质就是"以客户为中心",针对我国目前物流与供应链企业的行业发展现状,要在物流与供应链企业尤其是中小物流与供应链企业中成功推动客户关系管理,要做到以下几点。

首先,必须使企业各级领导认识到这一工作的重要性,要将经营理念从"以产品为中心"转变成"以客户为中心",所有的经营管理活动和政策方针的制定都得从客户需求出发,以最大限度满足不同客户的差异性需求为目标,分析企业自身优势及资源配备情况,选择跟竞争对手相比具有优势的服务方向来满足客户不断增长变化的需求。

其次,要将"以客户为中心"这一理念深深植入企业每位员工的日常工作中。企业可以通过培训、示范、奖励评选等工作使员工明白,他们日常工作中所处理的所有事务都和这个理念息息相关,比如礼貌、耐心地对待客户咨询、及时处理客户投诉和抱怨、站在客户的角度考虑客户的要求等。只有这样,领导与员工上下一心,树立正确的理念,制定有效的战略规划,才能最终提高物流与供应链企业的核心竞争力。

2. 建立科学合理的评价标准和评价体系

物流与供应链企业可以根据本企业实际状况,制订科学合理的企业内部评价标准和评价体系,只有这样,才能更好实现本企业与客户之间的互动,使企业的客户服务流程更加完善和更加规范。

结合各企业自身状况,这些评价标准和评价体系中涉及的指标体系主要包括企业形象、服务水平、运行效率、运行质量、客户投诉率、成本评价等。只有通过不断评价与反馈,物流与供应链企业才能更清楚地看到自身的优势与不足,针对出现的一些问题及时做出调整,建立快速响应机制,以求能为客户提供更加优质、高效的服务。

3. 通过客户细分为客户提供个性化服务

传统企业的客户细分依据是客户的统计数据或购买行为特征,这不能使企业精确针对不同客户制定企业的资源投入和保持策略。按照目前的形势,应该将客户价值设为客户细分最重要的依据。不同层次类型的物流与供应链企业,要想维持对客户的较高服务水平，就必须根据客户价值来分配有限的企业资源，例如将客户分为成熟客户和潜在客户、优质客户和劣质客户等，然后在资源有限的情况下对成熟、优质的客户投入更多资源。

在客户细分的基础上，为了进一步提高客户满意度及忠诚度，关键因素就是为客户提供个性化的服务。因为不同客户的产品策略、市场策略、采购策略等都不相同，所以物流与供应链企业要根据不同价值的客户，为其量身定制，提供相应的仓储、包装、运输、配送信息处理等一系列物流与供应链服务。只有这样，才能在提高客户满意度的基础上，进一步提升客户忠诚度，在实现客户保持的同时充分挖掘客户价值，增加企业利润。

案例 4.4

## 德邦公司精准物流客户服务理念

我们不是那些只懂得运送货物的搬运工，德邦是帮助客户生意成功的伙伴。

——德邦物流董事长崔维星

秉承着"承载信任，助力成功"的服务理念，重品牌、讲诚信，以客户为中心，德邦物流自成立以来，以每年增长 60% 的发展速度在中国物流行业迅速崛起。德邦致力于搭建优选线路，优化运力成本，为客户提供快速高效、便捷及时、安全可靠的服务。截至 2017 年 6 月，德邦已经开设了 10 000 多家标准化的门店，服务网络覆盖全国 34 个省级行政区，并已经切入跨境市场，与麦肯锡合作，提供跨境一体化解决方案。

作为一家国内规模最大的民营公路零担运输企业，德邦始终努力打造更好的运输网络和标准化体系，努力将德邦打造成为中国人首选的国内物流运营商，实现"为中国提速"的使命。

尽管德邦物流已经走过了 21 年，在我国的第三方物流企业中表现优秀，但是企业中存在的一些客户服务方面的问题仍阻碍着它的快速发展。

主要问题如表 4.1 所示。

表 4.1 德邦物流存在的客户问题表现

| 存在问题 | 具体表现 |
|---|---|
| 客户关系管理不够完善 | • 客户资料不完整<br>• 没有对客户价值进行评估<br>• 对公司潜在客户的挖掘不够<br>• 缺乏对客户的回访和有效沟通 |
| 客户服务内容不够丰富 | • 服务品种少<br>• 增值服务薄弱<br>• 综合性物流服务缺乏 |

要在激烈的市场竞争中占有一席之地，德邦要加强客户服务理念，致力做客户的优秀物流服务商，并在精准物流服务的推行过程中积极探索改善客户服务的措施。

（1）完善客户数据库。通过物流信息系统建立起完善的客户档案，包括客户服务偏好、购买时间、购买频率等一系列内容。

（2）个性化定制服务。根据每位客户的个性化需求提供相应服务，通过为其提供一对一的定制服务，来培养客户对公司的信任与信赖。

（3）开展客户接触计划。通过与客户的良好沟通与交流，能够及时发现客户的潜在需求，从而提高客户满意度，建立长期稳定的合作关系。

（4）增加增值服务内容。精准卡航除了为客户提供包括代收货款、保价运输、安全包装等增值服务外，还可以免费提供快递包装、免费打印运单、免费提供全天候收货和发货窗口等服务。

精准物流的推行要求德邦物流公司不断增强员工的服务意识，做到想顾客所想，予顾客所需。未来，德邦物流公司将继续秉承"承载信任，助力成功"的服务理念，不断为客户提供优质、高效的物流服务，实现企业更快、更好地发展。

（案例来源：http://www.doc88.com）

**启发思考：** 1. 德邦物流公司是怎样提升客户服务水平的？

2. 德邦物流公司的客户服务理念给同行企业什么启示？

## 第四节　典型系统

### 一、京东物流与供应链 APP

#### （一）京东物流与供应链 APP 简介

京东物流隶属于京东集团，以打造客户体验最优的物流与供应链平台为使命，通过开放、智能的战略举措促进消费方式转变和社会物流与供应链效率提升，将物流、商流、资金流和信息流有机结合，实现与客户的互信共赢。

京东物流通过布局全国的自建仓配物流与供应链网络，为商家提供一体化的物流解决方案，实现库存共享及订单集成处理，可提供仓配一体、快递、冷链、大件、物流云等多种服务。基于此思想，京东推出了自己的物流与供应链 APP，如图 4.5 所示，主要包括大件配送、安维、运输、预约、京仓宝、承运商—驾驶员、京东帮管理这几个模块。

大件配送：服务于大件配送的第三方承运商，支持对其承运商的客户订单跨区域间配送、交接、收发信息查询，以及逆向取件任务等。

安维：服务于大件安维工程师，支持实时预约客户、反馈服务结果等。

运输：服务于供应商，支持对 TC（转运中心）订单、退货订单、平台外单的在途跟踪、入库异常查询、退货待自提提醒等。

预约：服务于所有供应商、采销，支持向京东仓库预约入库、退货预约提货等。

京仓宝：服务于京东 ECLP（E-Commerce Logistics Platform）商家，支持商家入库单信息、库存信息和销量信息查询等。

承运商—驾驶员：服务于京东自营车队司机，支持任务查询、车辆异常信息反馈等。

京东帮管理：服务于京东帮门店管理人员，支持巡店签到、照片上传、业绩查询、报表查询、在线培训等。

**（二）京东物流与供应链 APP 应用实例**

自 2014 年 11 月 22 日，京东宣布第一家大家电"京东帮服务店"在河北省赵县正式开业以来，作为京东渠道下沉的重要方式，2018 年京东帮服务店将在西南地区开设 2 000 家。广大农村地区以及四六线城市的客户在家也可以轻松下单购买京东大家电，享受到京东"送货上门、安装维修"的全流程优质购物体验。实现这种"跨区域配送"，将大家电跨越省市运送到最终客户手中，背后的技术支撑正是京东物流与供应链的重要一环——APP。

1. 打通农村电商最后一公里

统计显示，农村实体店的大家电价格比电商平台普遍高 10%～20%。由于农村客户居住地远离城市中心，很多物流与供应链公司都无法触及，使得农村客户难以享受到与城市客户同样便捷的送货上门和售后服务，这些客户往往只能在网上看低价，却依然在线下实体店高价购买大家电。依托厂家授权的安装网络及社会化维修站资源本地化优势，"京东帮服务店"实现了为农村客户提供配送、安装、维修、保养、置换等全套家电一站式服务解决方案，打通了农村电子商务"最后一公里"服务。而支撑这种跨区域配送，打通最后一公里服务的，就是由京东研发体系研发的京东物流 APP。

据了解，京东物流 APP 包含多级配送、安维、京东帮管理、TC 运输等多个功能模块，这些模块涵盖了京东物流与供应链系统各个流程的业务，打通了多级配送的各个环节，使得跨区域大件订单轨迹以及安维工程师上门服务轨迹可循，方便用户实时查询，再次提升了用户体验。其中，多级配送模块连结了城市到农村的支干线配送服务，承载着上千家承运商每日上万件订单的收发货交接工作，是大家电抵达农村客户手中的重要中间环节；安维模块覆盖了大家电的到货安装和维修服务，为大家电安装维修环节注入了新鲜血液，改变了原有合作网点与工程师间线下沟通不顺畅的状况，工程师可直接通过安维模块进行服务单的在线预约和反馈，不仅提高了效率，还提升了服务单响应的及时性。

2. 京东帮管理模块助力 APP 实现渠道下沉战略

作为京东渠道下沉的重要举措，京东除开设主要服务大家电的京东帮门店外，2015 年京东县级服务中心也在全国区县正式铺开，招募数万名农村推广员，为农村客户提供代下单、配送、展示等服务，同时还挖掘农村特色产品，反向将农产品送到城里人的餐桌上，通过减少中间环节，让农民多挣钱，城里的居民也可更便宜地买到新鲜产品。

在京东物流与供应链 APP 中，京东帮管理模块的使用，有效挖掘了农村一线信息，管理好了铺设在全国各地的数千家京东帮门店，起到了极其重要的作用。为实现这些功能，京东充分利用了移动端的优势，开发了基于 LBS 和 GIS 技术的考勤应用，通过定位京东帮门店运营人员当前位置坐标，对比门店坐标信息，判断其是否到达巡店地点，以此来管理分布在全国各地运营人员的线下巡店情况。

除此之外，京东帮管理模块还囊括了调研、照片管理、在线培训考试等功能。京东帮门店运营人员可能同时身兼农村推广员，他们在巡店或在农村推广时，可随时随地上传一手资料，如某门店促销活动时的照片，或是把当地有特色的农产品信息以及当地居民需求度高的商品信息第一时间反馈汇总。这样利用京东帮管理模块，就可搜集到大量有价值的数据，通过分析，可以更好地指导京东帮门店或服务中心的运营，从而为当地农村客户提供更加符合他们需求的服务与产品。

3. TC 运输模块为升级物流与供应链服务添能加油

在客户至上，提升物流与供应链客户体验的道路上，除了渠道下沉外，京东还立足物流与供应链的整合与优化，在成本控制、库存优化、效率提升、信息共享等方面发力，向供应商提供更加专业的物流与供应链服务。

在入库方面，京东为广大供应商提供了快速中转的 TC 运输服务。TC 运输模块支持供应商随时随地查询自己的京东入库单和逆向退货单在途状态，点开详情后，订单的每个时间节点全部体现出来，在途情况一目了然。同时，还可以进行运输费用测算、运输时效预估、TC 仓库地址和联系方式查询等功能，供应商可一键联系各地 TC 库房。

目前已经有 5 000 多家供应商签约京东 TC 服务，在与供应商实现物流信息共享、提升操作便捷性方面，京东物流 APP 的 TC 运输模块功不可没。而且，随着研发的持续进行，TC 运输模块功能还将不断拓展，陆续开发如手机端预约入库、物流与供应链资源供需平台、无纸化握手交接等功能，以更开放的心态使供应商操作更加便捷。

京东物流与供应链 APP 从物流配送到上门安装、售后服务，再到门店管理、供应商物流管理，打通了农村电商中正逆向物流与供应链系统的重要环节，也正在从业务和产品细节上，更全面、更立体地打造京东物流与供应链移动开放平台，致力于更好地提升各个环节的运营效率，让用户享受到非同一般的物流与供应链服务体验。

京东运营研发负责人表示，京东物流与供应链 APP 项目推动公司渠道下沉战略业务快速前行，从技术创新角度连接了物流与供应链的各个环节，不仅为客户创造了价值，也为物流与供应链各环节的服务提供者创造了价值，实现了价值共赢。随着京东物流与供应链 APP 开放平台的发展，未来还将为物流与供应链各环节服务者——承运商、工程师、供应商等提供更多更便捷的服务，做到开心服务客户，让客户买得开心，用得安心，让人们的生活变得更加美好。[1]

## 二、运筹客户关系管理系统

运筹软件有限公司以通用业务核心平台（BPM）为基础，将运筹学管理理论应用到企业管理实践，通过多年的管理运筹学研究、产品研发和销售服务，专业从事 CRM、OA、ERP、BPM、APP 等管理软件研发、销售和服务，该公司研发的客户关系管理系统在各行业尤其是企业中积累了丰富的经验。

运筹物流与供应链客户关系管理系统以客户为中心，基于完整客户生命周期的发生、发展过程的信息整合，采用"一对一营销"和"精细营销"的模式，帮助企业量化管理市场、销售及服务过程，建立科学的知识管理、价值管理及决策支持体系，通过章法有度的信息化过程管控手段，帮助企业更好地获取客户、发展客户及提升客户价值，全面"开源""节流"，提升企业核心竞争力和盈利能力，具有如下优势。

1. 依托帕累托"二八法则"专注优质客户

运筹物流与供应链客户关系管理系统从海量潜在客户中搜寻销售机会，挖掘客户需求，评估购买力，分析合作前景，制定跟进策略，以帕累托"二八法则"为指导方针，始终把握优质客户，提高客户转化率，如图 4.3 所示。

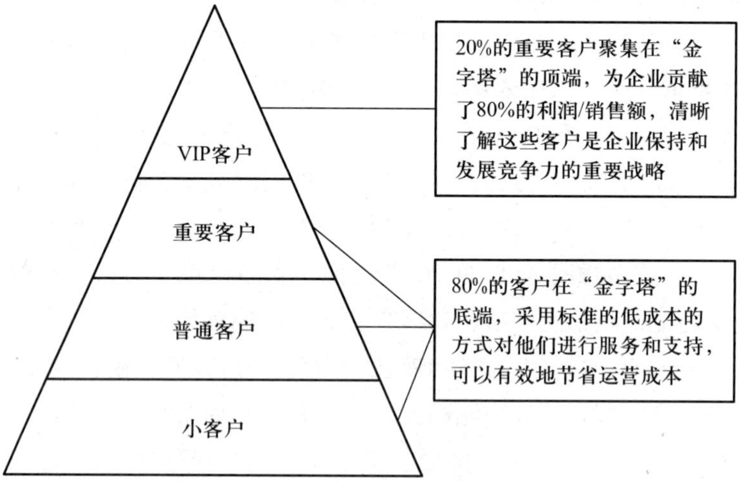

图 4.3 运筹物流与供应链客户关系管理系统的客户级别层次图

2. 集中管理客户信息

运筹物流与供应链客户关系管理系统将分散在各销售人员手中的客户通过软件统一

---

① 资料来源：http://www.ce.cn.

建档集中管理，在防止他们撞单的同时，长期积累的"沉寂客户"也能重复开发利用，同时防止员工流动引起的客户流失，将客户命脉始终掌握在公司手中。

3. 科学分析客户来源

运筹物流与供应链客户关系管理系统不仅包含客户名称、联系方式、客户简介等信息，还可按区域、客户类型、价值等级、信息来源划分客户，对客户的基本信息、交往历史、价值评估、业务信息等全面管控，以此进行广告投放、区域开拓等市场活动效果分析及销售团队业绩考核等。

4. 明确采购流程和决策体系

运筹物流与供应链客户关系管理系统能协助业务人员理清客户的采购流程和决策体系，明确不同人员担当的角色及隶属关系，从而得知其决策权重，分析关键人物喜好，做出针对性的公关活动，争取对企业的支持，融洽客户关系，促成合作。

5. 杜绝员工流动造成的客户流失

通过使用运筹物流与供应链客户关系管理系统，销售人员离职交接时不再是简单客户名单，新人接手不再重复"搜名录、绕前台、找对人、说对话"的耗时过程，而是直接接力，跑赢销售签单过程。这既大量节省了客户开发成本，又防止了竞争对手趁机挖墙脚。

6. 销售漏斗促进销售目标的达成

通过使用运筹物流与供应链客户关系管理系统，管理者一方面能对销售机会进行立项评估和策略分析，有效缩短了销售周期，并能协助销售人员快速签单；另一方面还可通过销售漏斗宏观预测各项目额度、销售阶段及销售情况，促进销售计划指标完成，如图4.4所示。

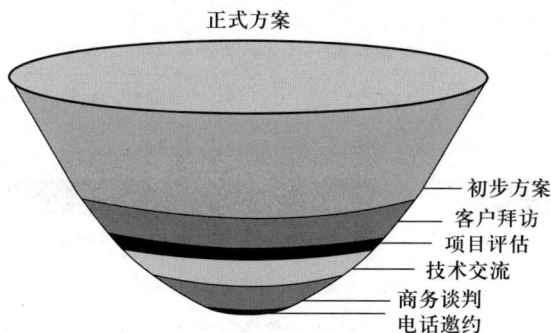

图 4.4　运筹物流与供应链客户关系管理系统的销售漏斗分析图

7. 项目里程碑式推进

运筹物流与供应链客户关系管理系统通过明确项目阶段目标及成功标准，紧抓工作要点，主动推动项目，科学把控销售流程，量化过程考核机制，消除结果考核的弊端，根据企业实际情况建立章法有度的销售管控体系，系统性地提升团队的销售战斗力。

8. 对洽谈进展过程进行考核和费用管控

运筹物流与供应链客户关系管理系统能真实再现面对面的历次洽谈情况，不会遗忘重点细节，通过技术手段实现"一对一"营销，让客户倍感尊崇，如图4.5所示。

图 4.5　运筹物流与供应链客户关系管理系统的客户洽谈情况记录

通过使用该系统，相关领导可从中知晓各客户最新进展程度，统筹安排工作计划及投入精力。发现问题及时予以指导解决，协助新人快速成长，全力提升团队销售技能。

另外，采用该系统，费用控制清晰明确，费用发票与发生事件紧密关联，方便出差返厂时集中报销审查，如图4.6所示。

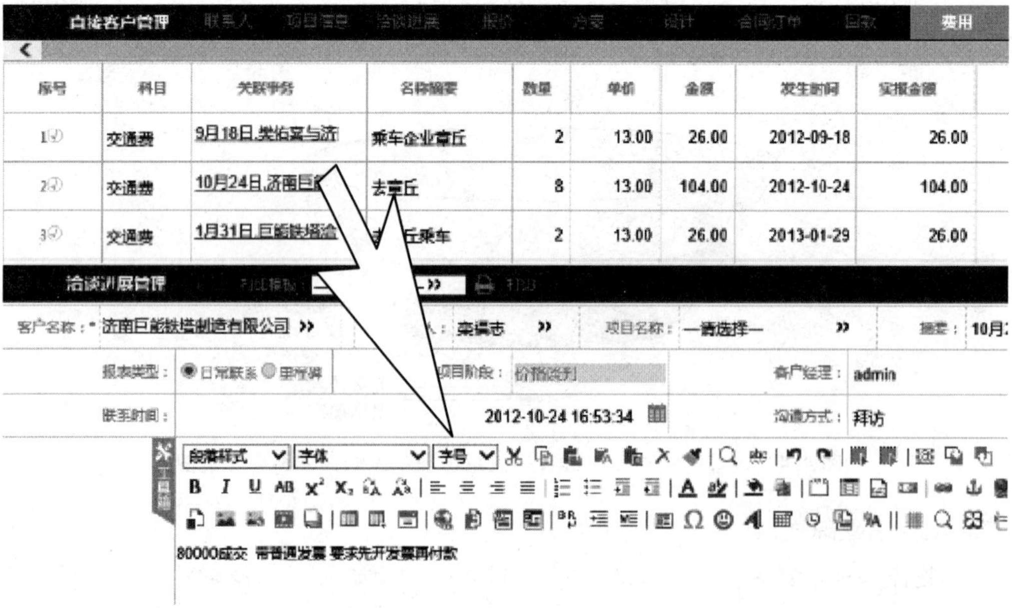

图 4.6　运筹物流与供应链客户关系管理系统费用明细记录

9. 科学报价和综合判断竞争对手

通过使用该系统，销售人员能分析每次投标的成败得失，面对大量客户询价时不再混乱，不因报高流失客户，也不因报低错失利润，同时能针对不同竞争对手采取相应策略。

10. 精算化管理及执行情况全面管控

该系统中，除包含合同的基本概要信息外，还可自动计算关联费用、成本、每单利润情况，并体现当前执行状态、回款计划、欠款情况、发票情况。

11. 客户反馈生成派工单

通过使用该系统，派工接收人员现场服务后根据派工单自动生成反馈单，自动判断维修类型（质保内，质保外），支持多任务和多人员反馈，并详细记录费用花费情况及维修费用收取情况。客户回访后填写客户评价情况，最后对该次任务进行工作评定。针对故障问题及解决方案，可直接添加至客服知识库，方便他人学习和参考，如图 4.7 所示。

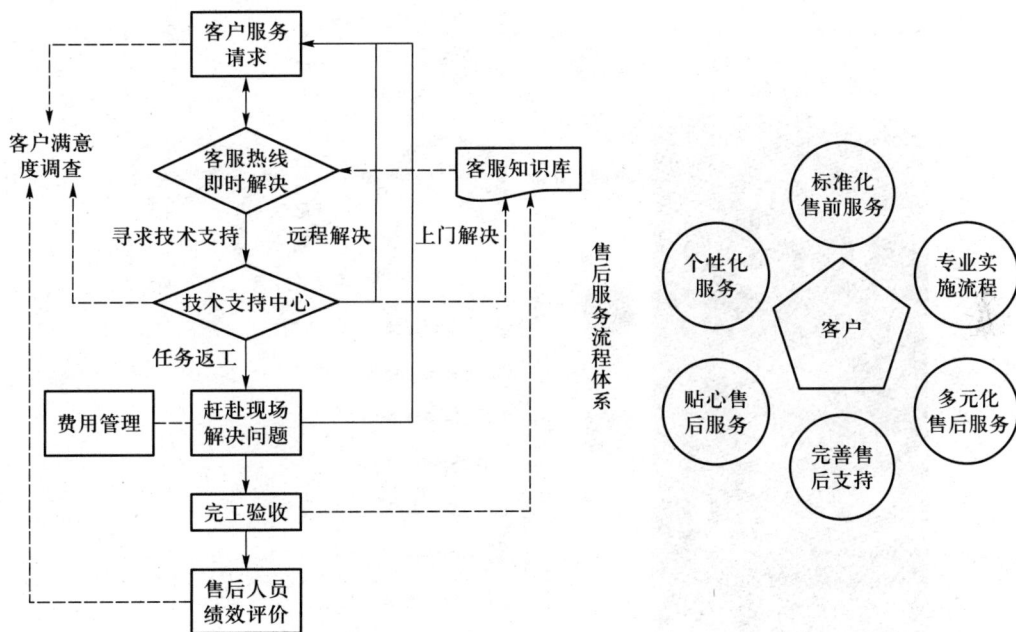

图 4.7 运筹物流与供应链客户关系管理系统售后服务流程体系

12. 日程计划总结管理

运筹物流与供应链客户关系管理系统能自动生成每日客户拜访跟进计划，加强业务人员的工作主动性。每天工作流水自动生成日志，省却大量汇报时间。通过客户信息、洽谈进展等数据的无缝关联，保证日志内容的原始性、真实性、可靠性，如图 4.8 所示。

图 4.8　运筹物流与供应链客户关系管理系统日程进度记录

此外，该系统手机 APP 功能全面及使用方便，如图 4.9 和图 4.10 所示。

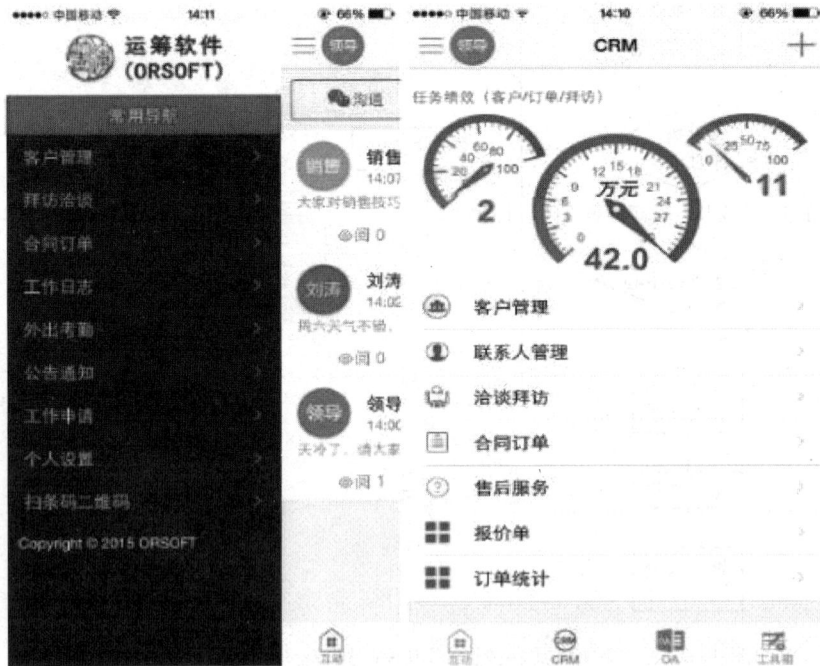

图 4.9　运筹物流与供应链客户关系管理手机 APP 功能全面

图 4.10 运筹物流与供应链客户关系管理手机 APP 使用方便

（资料来源：http://www.orsoft.org）

案例 4.5

**物流与供应链中的快递企业启用"隐形面单"保护客户隐私**

多年来，有关快递行业客户信息的泄露问题一直是社会舆论关注的热点。为了提升快递客户信息的私密度，近日多家快递企业开始采用"隐形面单"。

2017 年 11 月 8 日，顺丰速运的"丰密面单"已经正式上线。在古镇一家顺丰的营业网点中，快递单上的寄件人信息已全部覆盖，收件人只有地址和姓名信息，电话信息已隐藏。记者通过手机扫描顺丰速运二维码，在微信客户端上填写寄件人、收件人的信息并提交后，工作人员随即打印了一张回执。该面单确实将收寄件人姓名、手机、地址的全面隐藏或加密化，让个人信息不再随着快递包裹暴露出来。在寄件人拿到快递单回执的同时，收件人也会收到快递单的电子存根，以便其及时查询。

经站点的工作人员介绍，"隐形面单"意在保护客户信息，能避免客户个人信息从收件到中转、派件过程中的"裸奔"。一则能避免不良从业者，在包裹流通中搜集贩卖客户个人信息；二则能避免因客户对带有个人信息的快递包装物处理不慎造成的信息泄露。此前有媒体报道，除了顺丰外，近期 EMS、百世快递、中通、申通等主要快递公司都已经上线了新的"隐形面单"，不过，大部分都处在区域试点或企业客户使用阶段，全面普及仍需时间。而且，目前到付邮寄还不能实现该功能。

对于快递企业的新规，曾在中山某大型快递公司工作了三年的前业内人士介绍，这种做法确实一定程度上减少了快递包装在被丢弃后造成的信息泄露。不过该人士直言，快递运单上更大面积的泄露其实在于快递公司内部。对快递公司内部来说，如何防止内部把快递信息库的资料数据外泄，是更为重要的环节。

（案例来源：http://www.zsnews.cn）

启发思考：1. 物流与供应链企业是怎样通过隐形面单为客户保护隐私的？
2. 物流供应链企业开始建立保护客户隐私对自身发展有什么好处？

# 本章小结

本章主要介绍了核心竞争力的相关概念、客户关系管理基础理论、物流与供应链的客户关系管理以及典型系统。内容主要包括核心竞争力的概念和意义、物流与供应链企业的核心竞争力；客户关系管理的内涵、客户满意度、客户忠诚度；物流与供应链的客户关系管理概述、物流与供应链企业的客户关系管理；典型系统包括京东物流与供应链APP 和运筹客户关系管理系统。通过本章的学习，读者能理解并掌握核心竞争力定义，熟悉客户关系管理基础理论，掌握物流与供应链的客户关系管理理论，了解京东物流与供应链APP 和运筹客户关系管理系统两个典型系统。

# 练习题

一、概念识记

核心竞争力 客户满意度 客户忠诚度 物流与供应链的客户关系管理

二、简答

1. 物流与供应链企业拥有核心竞争力的意义是什么？

2. 物流与供应链企业应该如何提高客户满意度？

3. 物流与供应链企业如何划分客户忠诚度的级别？

4. 现代物流与供应链企业进行客户关系管理存在的问题有哪些？可采取哪些对策？

## 即测即评

请扫描二维码进行在线测试。

## 延伸阅读

1．王淑娟，白佳，李大午. 现代物流客户关系管理实务［M］. 2版. 北京：清华大学出版社，2016.

2．崔盈. 大数据下第三方物流客户管理研究［J］. 物流工程与管理，2017，39（08）：46-47，50.

3．朱国俊. 第三方物流在供应链信息管理平台的作用分析——基于客户关系管理［J］. 价值工程，2016，35（36）：78-79.

4．徐驰，刘克亮，邢晓霞. 基于物流公司大客户管理优化创新［J］. 现代经济信息，2017，（05）：134.

5．王洋. 铁路物流客户关系管理系统［J］. 铁路采购与物流，2017，12（04）：43-44.

6．黄音. 物流服务企业客户服务创新感知［J］. 企业经济，2017，36（05）：142-148.

# 第五章　物流与供应链管理的信息管理

知识逻辑图

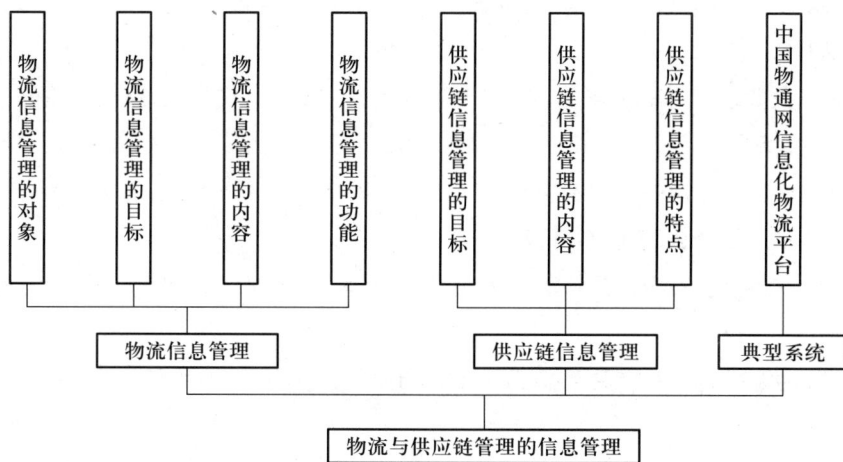

【学习目标】

　　理解并掌握物流信息管理的对象、目标、内容和功能；理解并掌握供应链信息管理的目标、内容和特点；了解相关的典型系统。

案例 5.1

**国务院关于供应链创新与应用的指导意见对物流与供应链信息管理进行深度解读**

　　国办发〔2017〕84 号，国务院办公厅关于积极推进供应链创新与应用的指导意见中指出，重点任务之一是推进农村一二三产业融合发展，提高农业生产科学化水平。内容是推动建设农业供应链信息平台，集成农业生产经营各环节的大数据，共享政策、市场、科技、金融、保险等信息服务，提高农业生产科技化和精准化水平。加强产销衔接，优化种养结构，促进农业生产向消费导向型转变，增加绿色优质农产品供给。鼓励发展农业生产性服务业，开拓农业供应链金融服务，支持订单农户参加农业保险。

重点任务之二是促进协同化、服务化、智能化，促进制造供应链可视化和智能化。内容是推动感知技术在制造供应链关键节点的应用，促进全链条信息共享，实现供应链可视化。推进机械、航空、船舶、汽车、轻工、纺织、食品、电子等行业供应链体系的智能化，加快人机智能交互、工业机器人、智能工厂、智慧物流等技术和装备的应用，提高敏捷制造能力。

重点任务之三是提高流通现代化水平，推进流通与生产深度融合。内容是鼓励流通企业与生产企业合作，建设供应链协同平台，准确及时传导需求信息，实现需求、库存和物流信息的实时共享，引导生产端优化配置生产资源，加速技术和产品创新，按需组织生产，合理安排库存。实施内外销产品"同线同标同质"等一批示范工程，提高供给质量。

重点任务之四是积极稳妥发展供应链金融，推动供应链金融服务实体经济。内容是推动全国和地方信用信息共享平台、商业银行、供应链核心企业等开放共享信息。鼓励商业银行、供应链核心企业等建立供应链金融服务平台，为供应链上下游中小微企业提供高效便捷的融资渠道。鼓励供应链核心企业、金融机构与中国人民银行征信中心建设的应收账款融资服务平台对接，发展线上应收账款融资等供应链金融模式。

保障措施之加强供应链信用和监管服务体系建设，内容是完善全国信用信息共享平台、国家企业信用信息公示系统和"信用中国"网站，健全政府部门信用信息共享机制，促进商务、海关、质检、工商、银行等部门和机构之间公共数据资源的互联互通。研究利用区块链、人工智能等新兴技术，建立基于供应链的信用评价机制。推进各类供应链平台有机对接，加强对信用评级、信用记录、风险预警、违法失信行为等信息的披露和共享。创新供应链监管机制，整合供应链各环节涉及的市场准入、海关、质检等政策，加强供应链风险管控，促进供应链健康稳定发展。

（案例来源：http://www.gov.cn）

启发思考：该指导意见将会对我国物流与供应链管理的信息管理产生什么样的影响？

# 第一节　物流信息管理

信息管理（Information Management，IM）是人类为了有效地开发和利用信息资源，以现代信息技术为手段，对信息资源进行计划、组织、领导和控制的社会活动，是人对信息资源和信息活动的管理。总的来说，信息管理是指在整个管理过程中，人们收集、加工和输入、输出的信息的总称，因此，信息管理的过程包括信息收集、信息传输、信息加工和信息储存。

物流信息管理是随着物流及其理论的出现，对物流信息资源进行统一规划和组织，并对物流信息的收集、加工、存储、检索、传递和应用的全过程进行合理控制，从而使各环节协调一致，实现信息共享和互动，减少信息冗余和错误，辅助决策支持，改善客户关系，最终实现信息流、资金流、商流、物流的高度统一，达到提高物流竞争力的目的。

## 一、物流信息管理的对象

根据以上定义，可以从狭义与广义两个角度来理解物流信息管理。狭义的物流信息管理是指对物流信息本身的管理，即采用各种技术方法和手段对物流中的信息进行组织、控制、存储、检索和规划等，并将其引向预定的目标。广义的物流信息管理则是对物流信息资源及其相关资源（如物流信息设备、信息设施、信息技术和信息人员等）进行规划、组织、领导和控制的过程。因此，物流信息管理就是从事物流管理工作的人员对物流信息资源和信息活动的管理，这两者构成了物流信息管理的对象。

### （一）对物流信息资源的管理

物流信息管理的根本目的是控制物流中信息的流向，实现物流中信息的效用和价值。一般来说，对物流中信息资源的管理都应该按照"采集—加工—存储—传播—利用—反馈"程序进行。

### （二）对物流信息活动的管理

物流信息从产生、传播到收集、加工，再到吸收、利用的过程，是一个完整的生命周期。从过程上看，对物流信息活动的管理可以分为两个阶段：一是物流信息资源形成阶段的管理，即以对物流信息的产生、记录、传播、收集、加工、处理、存储为过程进行的管理，目的在于形成可利用的物流信息资源；二是物流信息资源的开发利用阶段的管理，即以对物流信息资源的检索、传递、吸收、分析、选择、评价、利用等为特征，实现物流信息资源的价值，实现物流信息管理的目标。

## 二、物流信息管理的目标

物流信息管理是为了提高物流活动参与者的各项能力和效率而进行的活动，通过这些活动维持整个物流系统的生存和发展。因此，物流信息管理的目标就是在采集、序化、开发物流信息资源的基础上，提高物流系统各个环节的效率，从而提高整个物流系统的效率，这需要充分利用物流系统拥有的物流信息资源，实现物流信息资源的有效管理。

从物流信息管理的目标来看，最重要的就是实现已有物流信息的价值及其增值。物流信息的价值在于它的集约程度（量）、序化程度与开发程度（质）。对于物流信息服务机构来说，它的目标在于把物流信息资源输送给客户，以增加客户采用这些信息资源的质和量，从而满足客户在物流方面的信息需求。实现物流信息价值的关键是建设物流信息资源体系和物流信息系统网络，开展物流信息活动，实现物流系统中信息流从生产者到使用者的有序流动和有效利用。物流信息的价值增值主要是指物流信息内容的增值，实现物流信息增值主要通过对零散物流信息的识别、采集以及长期积累而成，并且通过对物流信息资源的筛选、组织与开发来实现，具体表现在以下几个方面：

（1）物流信息的筛选与过滤。在大量的、零散的、低价的物流信息中发现特定信息的相关性和内在联系，通过提炼、分析与综合，发现事物的本质，减少行为的不确定性。

（2）对无序的物流信息进行加工与处理，使之有序化和结构化。

（3）在物流信息资源和客户之间建立联系，形成客户和物流信息之间的有效匹配，为客户提供高效的物流信息服务，以提高客户行为效率和决策水平。

（4）开发和知识挖掘物流信息资源，形成高质量的决策知识或可用的决策物流信息源。

## 三、物流信息管理的内容

根据物流信息管理的定义，物流信息管理的内容应当包含物流信息政策制订、物流信息规划、物流信息收集、物流信息处理、物流信息传递、物流信息服务与应用等。

### （一）物流信息政策制订

为了实现不同区域、不同国度、不同企业、不同部门间物流信息的相互识别和利用，实现物流信息的传递与共享，必须确定一系列共同遵守和认同的物流信息规则或规范，这就是物流信息政策的制订，如物流信息的格式与精度、物流信息传递的协议、物流信息共享的规则、物流信息安全的标准、物流信息存储的要求等，这是物流信息管理的基础。

### （二）物流信息规划

物流信息规划是指从物流企业或物流行业的战略高度出发，对物流信息资源的管理、开发、利用进行长远发展的规划，确定物流信息管理工作的目标与方向，制订不同阶段的物流任务，例如指导物流数据库系统的建立和信息系统的开发等，保证物流信息管理工作顺利进行。

### （三）物流信息收集

物流信息收集是指物流企业应用各种管理或技术手段采集物流信息，反映物流系统及其所处环境情况，为物流信息管理提供材料。因为物流信息贯穿物流整个过程，因此，物流信息收集是整个物流信息管理中工作量最大、最费时间、最占人力的环节。

（1）物流信息收集前要对物流信息进行需求分析。明确了解物流企业各级管理人员在进行管理决策和开展日常物流管理活动过程中何时、何处以及需要哪些物流信息，确定物流信息需求的层次、目的、范围、精度、深度等要求，实现按需收集，避免收集的物流信息量过大，造成人、财、物的浪费，或收集的物流信息过于狭窄，影响使用效果等。

（2）物流信息收集要有系统性和连续性。收集到的物流信息要能客观和系统地反映物流活动情况，并能随时间变化而变化，为预测未来物流发展提供依据。

（3）要合理选择物流信息源。物流信息源的选择与物流信息内容及收集目的有关，为实现既定目标，必须选择能提供所需物流信息的最有效信息源，这些信息源较多，应进行比较，选择能提供物流信息数量大、种类多、质量可靠的，建立固定物流信息源和渠道。

（4）物流信息收集过程的整个物流信息管理工作要有计划，使物流信息收集过程成为有组织、有目的的活动。

## （四）物流信息处理

物流信息处理是指根据客户的物流信息需求，对收集到的物流信息进行筛选、分类、加工及储存等活动，加工出对客户有用的物流信息。

（1）物流信息分类及汇总。按照一定的分类标准或规定，将物流信息分成不同类别进行汇总，以便物流信息的存储和提取。

（2）物流信息编目（或编码）。所谓编目（或编码）指的是用一定的代号来代表不同的物流信息项目。用普通方式（如资料室、档案室、图书室）保存物流信息需进行编目，用电子计算机保存物流信息则需确定编码。因为物流信息贯穿整个物流过程始终，所以项目和数量较大，但是通过编目及编码，可以将物流信息系统化和条理化，便于处理。

（3）物流信息储存。应用电子计算机及外部设备的储存介质，建立有关数据库进行信息的存储，或通过传统的纸质介质如卡片、报表、档案等对信息进行抄录存储。

（4）物流信息更新。物流信息具有有效使用期限，失效的物流信息需要及时淘汰、变更、补充等，才能满足物流客户的需求。

（5）数据挖掘。物流信息可区分为显性物流信息和隐性物流信息，显性物流信息是可用语言明确表达出来的、可编码化的物流信息，隐性物流信息则是存在于人头脑中的个人行为、世界观、价值观和情感之中，往往很难以某种方式直接表达出来或直接发现，也难以传递与交流。但隐性物流信息具有可直接转化为有效行动的重要作用，其价值高于和广于显性物流信息。因此，为了充分发挥物流信息的作用，需要对显性物流信息进行分析、加工和提取等，挖掘出隐藏在后面的隐性物流信息，这就是物流信息处理中的数据挖掘。

#### （五）物流信息传递

物流信息传递是指物流信息从信息源发出，经过适当的媒介和物流信息通道，传输给接收者的过程。物流信息传递方式有多种，可从不同传递角度来划分，具体如下：

（1）从物流信息传递方向看，可分为单向物流信息传递和双向物流信息传递。单向物流信息传递是指信息源只向物流信息接收源传递物流信息，而不双向沟通交流物流信息；双向物流信息传递是指物流信息发出者与物流信息接收者共同参与物流信息传递，双方相互交流传递物流信息，其中的信息流呈双向交流传递。

（2）从物流信息传递层次看，可分为直接传递和间接传递。两种传递方式的区别是物流信息源与接收者之间，是直接传递物流信息，还是经其他人员或组织传递。

（3）从物流信息传递时空来看，可分为时间传递和空间传递。物流信息的时间传递方式指物流信息的纵向传递，即通过对物流信息的存贮方式，实现信息流在时间上连续的传递。空间传递方式指物流信息在空间范围的广泛传递，由于现代通信技术的发展，电视传真、激光通信、卫星通信等手段，都为物流信息的空间传递创造了条件。

（4）从物流信息传递媒介看，有人工传递和非人工的其他媒体传递方式。

#### （六）物流信息服务与应用

物流信息服务与应用是物流信息管理中的重要工作，目的就是将物流信息提供给与物流企业有关的企业或个人使用，例如客户在淘宝或天猫等网站上购买东西后，与商家合作的快递公司会及时准确地将快递信息传递给客户。物流信息服务与应用包括如下几方面：

（1）物流信息发布和传播服务。按一定要求将物流信息的内容通过新闻、出版、广播、电视、报纸杂志、音像影视、会议、文件、报告、年鉴等形式予以发表或公布，便于物流使用者搜集和使用。

（2）物流信息交换服务。通过资料借阅、文献交流、成果转让、产权转移、数据共享等多种形式进行物流信息的交换，以起到交流、宣传、使用物流信息的作用。

（3）物流信息技术服务。包括数据处理、计算机、复印机等设备的操作和维修及技术培训、软件提供、物流信息系统开发服务等活动。

（4）物流信息咨询服务。包括公共物流信息提供、行业物流信息提供、物流政策咨询等，实现按客户要求收集物流信息、查找和提供物流信息，或就用户的物流经营管理问题进行针对性研究，研发相应的信息系统等，帮助客户提高管理决策水平，实现物流信息的增值和放大，以物流信息化水平的提高带动用户物流管理水平的提高。

### 四、物流信息管理的功能

物流信息管理把贯穿于各项具体物流活动的信息与整个物流活动整合在一起，其功能主要分布在信息系统、管理控制、决策分析和战略规划四个层次上。其中，信息系统是基础，管理控制、决策分析以及战略规划制定都建立在这个基础上。

## （一）信息系统

物流信息管理功能中，信息系统是用于启动和记录各项物流活动的基础层次，包括记录订货内容、安排存货任务、作业程序选择、装货、定价、开发票以及消费查询等。例如，当收到客户订单并进入相应的信息系统时，就开始了物流活动；随着按订单安排存货，记录订货内容意味着开始了第二项物流活动；之后产生的第三项物流活动是指导物流管理人员选择作业程序；再之后产生的第四项物流活动是指挥搬运、装货，以及按订单交货；最后一项物流活动是打印和传送付款发票。通常，信息系统应具有格式规则化、通信交互化、信息批量化、作业逐日化等特征。

## （二）管理控制

物流信息管理功能中，管理控制属于第二层次，这一层次的精力主要集中在物流功能评估和物流报告及分析上。物流功能评估对于提供有关物流服务水平和物流资源利用等的管理反馈来说是必要的，以可估计的、策略上的、中期的焦点问题为特征，它涉及评价过去的物流功能和鉴别各种物流可选方案。普通物流功能的评估包括物流中的财务、客户服务、生产率、质量指标等。特殊物流功能的评估包括物流过程中单位重量的运输和仓储成本、存货周转、供应比率、每工时生产量以及客户满意度和忠诚度评价等。

## （三）决策分析

物流信息管理功能中，决策分析属于第三层次，这一层次的精力主要集中在各项物流活动的决策应用上，协助物流管理人员鉴别、评估和比较物流战略和策略上的可选方案。其中较为典型的物流决策分析有车辆日常工作和计划、存货管理、设施选址、收益分析等。与管理控制层次相同的是，决策分析也以策略上的和可评估的焦点问题为特征。与管理控制不同的是，决策分析的主要精力集中在评估未来策略上的物流可选方案，并且它需要相对松散的结构和灵活性，以便在较广的范围内做选择。因此，这一层次功能要求物流信息管理人员有更多的专业知识及能力。

## （四）战略规划

物流信息管理功能中，战略规划是最后一个层次，这一层次的精力主要集中在对各项物流信息的提炼上，由此制定良好的物流战略规划，这是对决策分析层次的延伸，但是通常更加抽象和松散，并且注重于长期性。通过制定良好的战略规划，可以结成广泛的物流联盟，使各项物流协作成为可能，并使企业物流能力和物流市场机会得到开发和提炼，以及使客户对改进的物流服务做出反应。此外，物流信息系统的战略规划层次，要注意把较低层次的物流数据结合进范围很广的物流战略规划中，以及结合进有助于评估各种物流战略的概率和损益的物流决策模型中去。

案例 5.2

### 国家物流平台推广跟踪数据和信用数据服务共建物流诚信联盟

2017 年 9 月 13 日，国家交通运输物流公共信息平台（简称国家物流平台）数据资源目录推介会在浙江杭州召开，会议发布推广了跟踪、信用两类数据服务，并倡议共建物流诚信联盟。

跟踪数据包括全球 18 万艘货运船舶的实时位置及历史轨迹数据，东北亚地区 16 个港口的集装箱状态数据，全国 400 余万辆载重量 12 吨以上货运车辆的实时位置及历史轨迹数据，浙江省内三大空港的作业数据以及口岸货物的通关状态数据等。信用数据则包括道路运输管理部门注册登记的从业人员、车辆、企业资质信息，全国 830 万家物流企业的工商信息，全国道路运输行业驾驶员的身份证信息真实性核验等。

跟踪数据和信用数据，既包括国家物流平台自身整合的政务类公共信息、重要物流节点信息等物流公共基础数据，也包括来自中交兴路、宝船网、船讯网、数据宝等数据服务商的数据，用户可以通过国家物流平台的统一入口，实现上述两类数据的一站式查询。

会上，国家物流平台和中国物流与采购联合会发出倡议，共建物流诚信联盟，推进物流交易过程中合作对象信用记录的互联共享，避免物流企业遭遇二次伤害；通过"黑名单"的形式，联合抵制、惩戒失信者，使失信者"一处失信，处处受限"。

（案例来源：http://www.gov.cn）

**启发思考**：还可以通过哪些途径和措施来建立物流诚信联盟？

## 第二节　供应链信息管理

供应链信息管理是针对供应链上各环节涉及的所有信息，开发和使用相应的供应链信息系统，实现对供应链上各环节信息涉及的数据、信息和知识进行处理的过程。通过供应链信息管理，使供应链上各环节涉及的数据向信息转化，再从信息向知识转化，最后形成供应链上各企业的价值，从而最终实现供应链的整体效益。

### 一、供应链信息管理的目标

供应链管理要将整个供应链上各环节的市场、分销、制造和采购活动联系起来，实现供应链与客户之间的高水平服务和低成本管理，以赢得竞争优势。所以，信息是供应链中的关键要素，原材料获取、生产安排、产品销售、客户购买等各个阶段，信息都是决策的关键因素。但是，信息流在供应链管理中流动最频繁、最快、变动最大，而管理好信息流才能为其他物流、资金流等提供正确决策依据。供应链信息管理不好，将导致供应链各环节衔接不上，或无法协调和配合，因此，供应链信息管理是供应链管理的一个重要组成部分，能否进行有效的信息管理是决定供应链管理能否成功的关键。

综合以上分析来看，供应链信息管理的目标是通过有效管理和控制供应链管理中信息流及信息流程的各个环节，为供应链各环节业务的开展提供信息支持，及深入开发供应链信息资源的价值，以保证供应链目标的实现和获得相应的信息资源效益。

## 二、供应链信息管理的内容

供应链管理中，各企业之间是协议合作关系，而不是所属或相互持股关系，企业出于自身利益和风险防范考虑，不可能共享所有或大部分信息，而这些信息都属于信息管理的范畴。因此，供应链信息管理内容广泛，包括如下几方面。

（1）原材料采购信息。 这主要包括供应商基本情况、供应商供货及产品类型、价格情况、供应链中的物料需求计划、供应链中的物料订购与订单信息等。

（2）生产信息。 生产信息包括生产的产品类型和数量、在哪里生产、怎样生产、生产进度安排、生产工艺技术、生产成本、供应链中的物料需求清单等信息。

（3）分销和配送信息。 分销和配送信息包括分销商的销售计划、库存状况、物流运送的途径和成本、配送的网络规划等信息。

（4）客户需求与订购信息。 客户需求信息可以从客户的主动表达如客户直接当面表述、客户打电话到营销中心、客户通过网络递交等来获得，企业也可以通过市场调查和购买等方式获取客户需求信息。

## 三、供应链信息管理的特点

供应链中的大量分散信息能促使其他供应链要素共同努力，以建立一条整合的、协调的供应链，因此是供应链的关键驱动和决定要素。首先，信息对供应链绩效相当重要，因为它提供了供应链流程完成交易及供应链管理者制定决策的基础。没有信息，供应链管理者不知道客户想要什么、有多少库存、什么时候应该生产或发出更多产品。其次，信息对供应链决策相当重要，因为信息能使管理者能够在更广阔的视野中制定跨部门和跨公司的决策。成功的供应链战略来自将整条供应链看作一个整体，而不是只看到单独的阶段。因此，管理者在制定决策时要能考虑影响供应链的所有因素，而不是影响供应链中某个特定阶段或功能的一些因素。

供应链信息管理主要围绕其中的大量信息展开，因此供应链信息管理的特点也应当围绕其中的信息特点展开。具体来说，供应链信息管理要具有以下特点，才能对供应链各项管理和决策产生好的作用。

首先，供应链信息管理的信息必须准确。供应链信息管理中，如果没有描述供应链真实状态的信息，就很难制定科学的决策。

其次，供应链信息管理必须能够及时获取相关信息进行管理。准确信息常常存在，但当它可用时，可能已过时或者形式不可用。因此，为了制定科学的决策，管理者需要最新的容易获取的信息。

最后，供应链信息管理的信息必须合适。供应链决策者需要他们可以使用的合适的信息，但供应链中的企业经常有大量与决策无关的信息，因此公司必须考虑清楚应该采用什么样的信息。

---

案例 5.3

**"寄递物流业治安管理系统"智能手机 APP 保障西安市公安局减少快递行业犯罪率**

近年来，随着快递行业的迅猛发展，收件寄件已成为很多人生活中不可缺少的一部分，然而一些犯罪分子也在利用快递从事违法犯罪活动。2015 年 12 月，国家对寄递行业提出落实"实名收寄、开箱验视、过机安检"三项制度的要求，目前西安市的品牌快递企业均配备有 X 光机，对重点区域、重点节点的货物可以达到"过机安检"的要求。但"实名收寄、开箱验视"主要发生在一线快递员揽收环节，对实名、验视的监管存在一定的难度。

针对这些问题，2016 年 12 月 5 日，西安市公安局物流寄递犯罪侦查支队在全市快递企业启用"寄递物流业治安管理系统"智能手机 APP，通过技术手段实现对快递网点及快递人员的动态管理，进一步推进"实名收寄、开箱验视"。各快递网点装有网点管理端，如实录入各企业网点及快递员信息。快递员使用手机 APP 端，对寄件人的身份证、物品拍照上传至公安物流寄递治安管理系统备案存储，上传后快递员的手机上不会留存寄件人的任何信息。

西安市公安局物流寄递犯罪侦查支队支队长王晓锋介绍，市民寄件时须出示身份证等有效证件，主动开箱允许验视，配合快递员将相关信息通过手机 APP 软件进行录入，寄件人有权查看快递人员工牌工号，有权全程监督信息录入过程。"我们郑重承诺，坚决保护寄件人个人信息不泄露，同时，也将加大对该系统运用情况的检查和监管，凡发现有违法行为，将予以坚决打击，希望企业将这项要求落到实处，广大人民群众予以充分的理解和配合。"王晓锋说。

目前，该系统已录入全市 8 500 多名一线快递员，540 多个网点，物侦支队在录入信息的同时，对快递员如何使用该 APP 也进行了系统的培训，取得了良好效果。

（案例来源：http://www.gov.cn）

**启发思考：**该智能手机 APP 还能增加什么功能，进一步帮助西安市公安局减少犯罪率？

## 第三节　典型系统：中国物通网信息化物流平台

北京物通时空网络科技开发有限公司成立于 2008 年 9 月，是一家致力于物流企业信息化服务的国家高新技术企业，国家发改委专项资金支持企业。企业以打造世界一流的物流信息交易服务平台为己任，为物流企业量身制作所需的 WTMS 信息化管理系统、WTBDS 车辆智能管控系统、微信公众号、电子商务网站等系列 IT 服务产品。

中国物通网（www.chinawutong.com）是北京物通时空网络科技开发有限公司旗下的综合性物流信息化服务网站，目前拥有物流专线 1 000 多万条，各类物流行业注册会员 310 多万。中国物通网以企业多元化物品流通需求为中心，系统整合物流企业、运输车辆，通过互联网平台、车联网平台与移动互联网终端为广大发货企业提供一站式、全方位透明化门到门优质物流服务。发货企业通过中国物通网平台在线轻松查找需要的各类运输车辆与物流企业，在线下订单，轻松解决物流问题；物流企业与运输车辆通过物通网平台可获得全国的发货企业与货源，让“车找货难、货找车难”成为历史。中国物通网为物流企业提供通过互联网“对接发货企业与运力资源”“高效管车控车”“物流企业内部管理信息化”的整体信息化解决方案，帮助物流企业低成本实现信息化转型升级。

### 一、项目背景

长期以来，“物流信息不对称”（物品流通时间长、物流效率低、车辆空载率高）是影响中国物流行业发展的重要原因。近十年来，国家交通运输部、商务部、发改委等部门持续联合出台多项政策，大力加强物流行业的信息化平台建设，促进物流行业信息的交流和共享。中国物通网致力于为企业提供一个全方位物品流通的物流信息平台，旨在形成物流行业的“信息流”，解决中国“物流信息不对称”的历史瓶颈问题。

随着国家“互联网+流通”战略的进一步推进，现代信息技术（物联网、大数据、移动互联网）被物流领域广泛应用，拉开了智慧物流时代的序幕。物流信息化作为智慧物流发展的先决条件，其重要性进一步凸显，对于解决物流业整体成本居高不下、效率低下、整体信息化水平不高等影响我国物流行业发展的诸多瓶颈问题，加速“智慧物流”发展的进程有着巨大的推动作用。

我国物流信息化建设是发展现代物流业的重要支撑，信息化是物流企业转型升级的重要方向。但在实际应用中，物流信息化建设还面临较多问题，主要是物流信息化需求层次不高，企业信息技术应用水平还有较大差距，中小物流企业对信息化转型升级的成本敏感等。目前市场上大部分物流信息化应用系统费用比较高昂，而广大中小物流企业的信息化起点比较低，如何帮助物流企业尤其是广大中小物流企业低成本实现信息化转型升级，需要一套切实可行的执行方案。

## 二、痛点问题

随着城市规模的不断扩大，物流园越搬越远，许多物流企业在不断搬迁中逐渐失去老客户，大多中小物流企业缺乏有效的互联网宣传推广手段开发新的货源渠道，不断上涨的各项成本使物流企业的利润空间越来越小，物流企业开新网点、提升服务质量的费用越来越高，物流企业的生存压力越来越大，提升服务质量有心无力。

车辆运输过程中的"运输过程盲人化"现象。在传统货运过程中，发货人和车辆所有人无法实时看到车辆运输途中的位置、路线、速度、路程轨迹、车内货物情况照片、油耗等状态，无法对运输过程进行有效管控，只能通过司机来了解。传统物流企业、运输企业在运营中普遍面临无法对司机进行有效管控的问题，司机行为无法得到有效制约，虚报过路费、维修费、油费等没有很好的解决方案，使企业成本难以管控，制约了企业发展。

中小物流企业由于信息化水平较低，存在对网点管控弱、开票价格混乱、服务标准不统一、监管不到位、沟通不及时、资金管控风险大等多方面管控不足，使企业效率不高，管理水平难以有效提升。

## 三、解决方案

互联网在中国的迅速普及应用与中国社会迫切需要的物流信息化，是中国物通网物流信息化整体解决方案提出的主要理由。中国物通网是国内唯一的物流网、车联网、物流管理系统全面融合，并以总站、省级分站、地级分站交叉覆盖全国的综合性物流信息服务平台。中国物通网致力于解决中国物流行业的信息不对称现象，为中国物流企业提供一整套信息化转型升级的实施方案，促进中国物流行业的信息化发展进程。

中国物通网深入了解物流企业需求痛点以及在信息化转型升级落地实施中遇到的主要问题，提出物流企业低成本实施信息化转型升级的三个核心点：物流企业的业务信息化、车辆运输过程的信息化、物流企业的管理信息化。中国物通网自主研发的"中国物通网—物流信息平台""物通车联网—WTBDS 车辆智能管控平台""中国物通网—WTMS物流管理平台"涵盖物流信息化解决方案的核心内容，可以有效帮助物流企业实现"开源节流、降本增效"的目标。

1. 中国物通网"物流企业业务信息化"解决方案

中国物通网—物流信息平台帮助物流企业把网点和线路搬上互联网，实现网点线路的信息化，使物流企业更容易被发货企业找到。同时免费帮助物流企业制作电子商务网站，全面展示企业形象和服务，使物流企业的推广更方便、更省钱。

（1）把物流企业各地收发货网点形成物流线路，通过出发地和到达地检索，让全国发货企业可以轻松查找符合条件的物流信息。

（2）帮助物流企业建立自己的网站宣传企业形象和业务，使物流企业的推广更方便。

中国物通网为发货企业提供在线下单、上门接送货的一站式发货服务，物流企业一方面可以通过互联网在线接单、抢单，获取更多的货源；另一方面，无须在"最先一公里"和"最后一公里"的客户服务体验主要环节投入费用，只需专注运输环节。通过中国物通网—物流信息平台，物流企业可以实现通过互联网宣传推广企业、通过计算机或手机 APP 在线接单，无需增加成本就能提升服务质量，全方位实现业务的信息化升级。

（1）物流企业成为中国物通网的推荐承运商后，即可通过计算机或者 APP 在线接单，承接发货企业业务，获取更多货源。

（2）中国物通网提供标准、高效的上门接送货服务，打通连接发货企业和物流企业的服务环节，降低物流企业成本，提升服务质量。

中国物通网—物流信息平台建立了完善可靠的"物信通"诚信保障体系，为平台上的物流企业和运输车辆提供第三方权威机构认证服务，提升平台运力资源的真实性和可靠性，让发货企业更信任，让物流企业通过网络开展业务更容易。

中国物通网—物流信息平台为发货企业提供方便可靠的线上发货服务，帮助物流企业通过互联网进行高效的业务开展和宣传推广，提升服务质量，实现物流企业业务信息化。

2. 中国物通网"车辆运输过程信息化"解决方案

物通车联网—WTBDS 车联网智能管控平台包括硬件设备和管控软件系统。

物通车联网—WTBDS 车联网智能管控平台可以帮助物流企业实现"实时在线通话、位置监控、可视化监控、超速报警、越界报警、轨迹回放"等功能，还可以实施"停车点统计、行驶里程统计、加油统计、运输货量统计、油耗统计"等智能绩效考核功能。物流企业不仅可以实现对车辆的实时监控，还可以打印或导出绩效考核统计报表，对车辆驾驶人员进行业务绩效智能考核与运营业绩比对，有效加强对车辆运输过程的管理，提升物流企业车辆的运行效率与降低运输车辆的成本。

（1）对物流企业：实施定位管控，实时统计对司机智能考核，有效控制效率和成本。

（2）对配货企业：在线找车、在线定位跟踪、实时跟踪货物运输情况与货物位置。

（3）对车队：通过平台对车辆定位跟踪、调度、监管，对司机考核、管理与评价。

（4）对发货企业：实时在线查找车辆，在线跟踪货物运输位置与状况，透明发货。

（5）对社会：实现在线管控车辆、实现车辆在线配货，提高运输效率，减少车辆空载率，降低运输成本，减缓交通拥堵，降低燃油消耗，改善环境污染。

对于有特殊需求的客户，还可以预留数据接口对接或开发物流企业自己的管理平台，全面帮助物流企业实现车辆运输过程的信息化。

3. 中国物通网"物流企业管理信息化"解决方案

中国物通网——WTMS 物流管理平台是中国物通网针对国内中小物流企业专业开发的物流企业信息管理平台，全面实现物流企业统一对各运营线路进行定价管控、统一开票价格管控、统一账号代收款管控、各地网点运营状况实时在线管控、统一公司服务标准与实时信息共享管控，可以实现在线接单、在线一票到底的货物实时查询服务以及与车联网车辆管控的无缝对接管控服务，主要功能模块有：（1）统一线路运价管理；（2）统一自动开票管理；（3）统一收款资金管理；（4）统一网点运营管理；（5）统一在线运营调拨；（6）统一车辆在线管控；（7）统一在线查询服务；（8）实时在线经营统计；（9）支持全网在线业务推广；（10）支持移动在线接单开票。

中国物通网——WTMS 物流管理平台可以帮助物流企业实现实时信息化内部管控，有效提升物流企业的运营效率和信息化管理水平，促进物流企业的规范化、现代化发展。

图 5.1、图 5.2 是发货企业智能云物流管理系统（简称：发货企业软件）的运行截图。

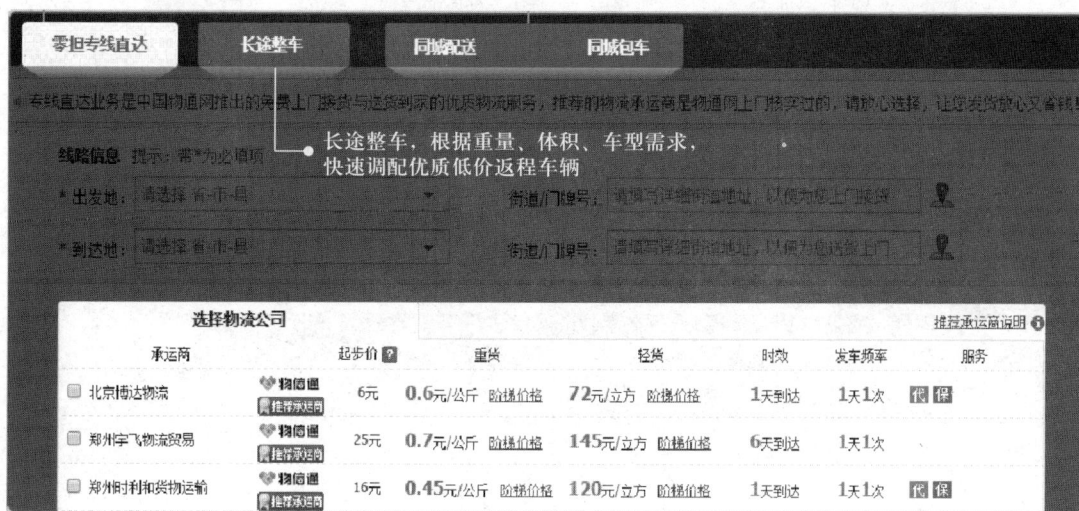

图 5.1　发货企业智能云物流管理系统（一）

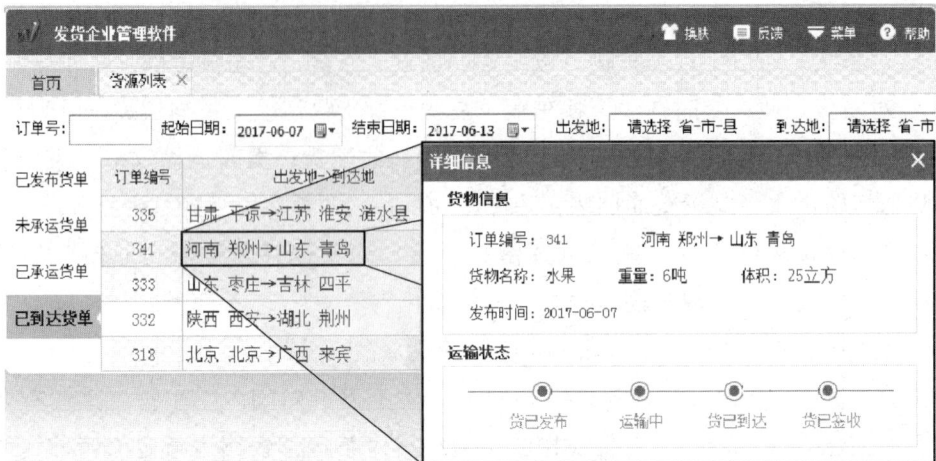

图 5.2　发货企业智能云物流管理系统（二）

图 5.3-图 5.5 是物流云信息数据智能交互终端（简称：物通配货软件）的运行截图。

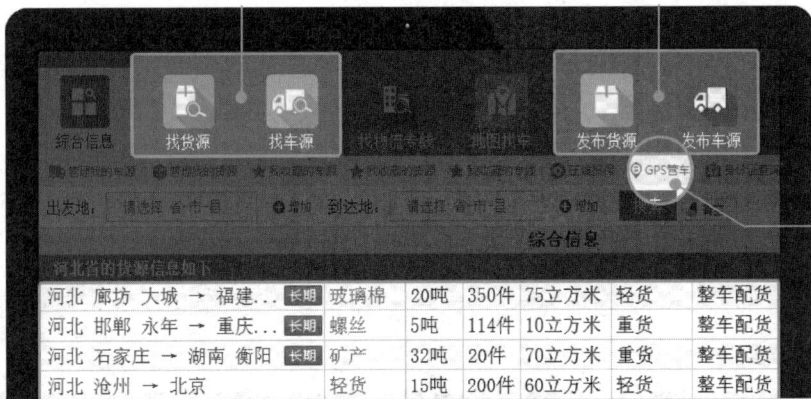

图 5.3　物流云信息数据智能交互终端（一）

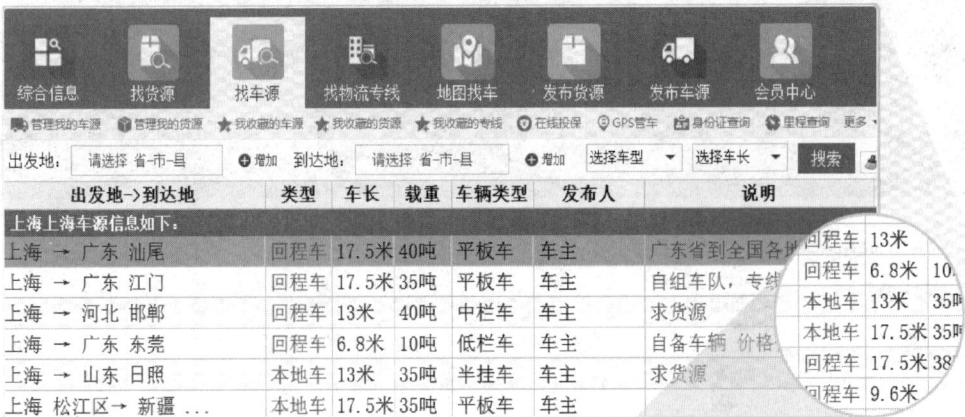

图 5.4　物流云信息数据智能交互终端（二）

图 5.5 物流云信息数据智能交互终端（三）

## 四、中国物通网物流信息化服务平台效益分析

### 1. 用户规模

中国物通网目前拥有各类注册会员 310 多万，物流专线 1 200 多万条；一站式发货平台入驻合作车辆 28 万多台，战略合作专线物流公司 2 000 多家；物通车联网——WTBDS 车联网智能管控平台入驻车辆 72 万多台。

### 2. 平台服务费

中国物通网为物流企业和运输车辆定制的物信通高级会员费及增值服务费、物通车联网——WTBDS 车联网智能管控平台的服务费、中国物通网——WTMS 物流管理平台服务费。

### 3. 服务费与佣金

中国物通网一站式发货服务的接送货服务费与交易佣金。

### 4. 硬件销售

物通车联网——WTBDS 车联网智能管控平台配套硬件产品的销售收入。

## 五、改进建议

在中国公路物流 3 万亿元的市场上，80%～90% 的货物运输都是由中小物流企业承担。经营模式多为传统的单车货物运输，货源组织能力差，管理手段简单。据不完全统计，我国已经实施或者部分实施信息化的物流企业仅占 39%，全面实施信息化的仅占10%。物流企业整体信息化水平不高，加快物流企业的信息化转型升级任重道远。

物流行业诚信体系的建立对于推动信息化进程至关重要。"中国物通网专线物流企业联盟"全面考核物通网平台上物流企业的信誉度，邀请优质物流专线企业加入联盟，深度对接物通网平台上的发货企业客户，帮助物流企业更有效地实现业务信息化转型升级。中国物通网专线物流企业联盟是中国物通网建立物流诚信体系的重要举措，是中国物通网物流信息化解决方案的有力支撑。

随着中国物通网一站式发货服务的深入和物通网 WTMS 物流管理系统功能的进一步完善，中国物通网物流信息化解决方案将进一步深入到"运费在线支付、代收货款、代垫运费、供应链金融"等物流金融服务领域，探索困扰物流企业健康发展问题的解决方案，为中小物流企业的信息化转型升级提供更丰富的优秀解决方案。

目前行业内物流信息化服务商的解决方案基本是各自为战，有必要建立行业内的统一标准，以利于以后的统一管理；物流行业目前监管力度不够和行业信息化程度低也有很大关系，对于推进物流企业的信息化升级需要更多制度层面的推行力度和鼓励措施。

（案例来源：http：//www. chinawutong. com）

## 本章小结

本章首先介绍了物流信息管理的对象、目标、内容和功能，其次介绍了供应链信息管理的目标、内容和特点，最后对典型的物流与供应链系统进行了举例介绍和分析。 通过本章的学习，读者应该熟悉物流信息管理的概念及其对象、目标、内容和功能，供应链信息管理的概念及其目标、内容、特点，并通过中国物通网信息化物流平台进一步掌握物流与供应链的信息管理在现代物流企业中的实际应用。

## 练习题

一、概念识记

信息管理　物流信息管理　供应链信息管理

二、简答

1. 请简述物流信息管理的概念及内容。

2. 物流信息管理的功能是什么？请简述其功能的四个层次。

3. 简述供应链信息管理的主要内容。

4. 供应链信息管理应具备哪些特点才能对供应链各项管理和决策产生好的作用？

## 即测即评

请扫描二维码进行在线测试。

## 延伸阅读

1. 何明珂. 重新认识物流及其供应链［J］. 中国物资流通，2000.

2. 马士华，林勇. 供应链管理［M］.4 版. 北京：高等教育出版社，2014.

3. 顾穗珊. 信息技术在企业供应链中的应用 ［J］. 情报科学，2001.

# 第六章　物流与供应链管理的运输管理

知识逻辑图

物流运输概述｜物流运输功能｜物流运输方式｜物流运输管理 → 物流运输管理

供应链运输管理概述｜供应链中的运输规划 → 供应链运输管理

奥软科技可视化运输管理系统｜中外运化工物流全国零担危化品运输网络平台 → 典型系统

物流运输管理・供应链运输管理・典型系统 → 物流与供应链管理的运输管理

【学习目标】

　　理解并掌握物流运输管理的定义，熟悉物流运输管理的功能和方式；理解并掌握供应链运输管理的定义，熟悉供应链运输管理和供应链中的运输规划；通过典型系统了解物流与供应链管理的运输管理在企业中的实际应用。

案例 6.1

## 全球首款大型货运无人机首飞成功

　　2017 年 10 月 26 日，由中国科学院工程热物理研究所和朗星无人机公司作为总体单位，联合航空工业 618 所、中电 54 所、航天 773 所、西工大等单位研发的大型货运无人机 AT200 在陕西蒲城内府机场完成首飞，标志着全球首款吨位级货运无人机诞生。

　　当日中午 12 时，AT200 飞机驱散重雾，一飞冲天。飞机经过滑跑、起飞、爬升至预定高度后，进入巡航段并盘旋两周，随后进入着陆航线平稳着陆，整个飞行过程持续 26 分钟，全程飞行状态稳定，航迹跟踪精确，达到设计要求。

AT200 无人机配备了先进的飞控系统和指挥系统，彻底摆脱了对飞行员的依赖，在指控中心即可实现飞机"一键自主起降"，还可同时控制多架无人机。期间只需监控无人机的状态，必要时由无人机飞控手进行简单的操作即可改变飞行状态，极大地降低了货运成本和无人机操作难度。

该款无人机以 P750XL 为原型机进行无人化研发设计，搭载加拿大普惠公司生产的最大 750 轴马力的 PT6A 涡桨发动机，突破了有人机改无人机总体设计、飞机-发动机-控制系统匹配、飞机气动参数辨识、全机质量特性测试和系统综合测试等关键技术，具有货运载荷大、续航时间长、起降能力惊人等独特的性能优势，市场前景和商业价值潜力巨大。

AT200 无人机全长 11.84 米，翼展 12.80 米，高 4.04 米，最大起飞重量 3.4 吨，可谓国内外民用无人机领域个头最大的家伙，其货仓容积 10 立方米，有效载荷达 1.5 吨，货运商载能力国内外首屈一指；其巡航速度为 313 公里/时，续航时间长达 8 小时、航程 2 183 公里，实用升限可达 6 098 米，即使在陆运交通不发达及多山的西部、高海拔地区，也可高效完成点对点的货运支线运输。此外，该型无人机在同级别的飞机中具有惊人的起降能力，满载货物时 200 米内即可完成起飞和着陆，能够在未铺筑的简易跑道甚至是土坡、草地上起降运行，解决了高海拔、山区等难以抵达地区的起降问题。

由于其强大的性能，该款无人机不仅可在野战机场条件下执行运输任务，为海岛物资运输保障特别是南海岛礁军事物资补给发挥重要作用，同时在"一带一路"沿线的东南亚多海岛国家也具有广阔的应用前景：短距离起降能力解决了海岛大吨位无人机的起降难题，对于无起降条件的海岛，研发团队在后续改型设计中将加设定点投放能力，投放精度可达半径 5 米内。

随着无人机环境适应能力的日益增强，已发展成为人工智能时代的急先锋，迅速渗透到不同行业。中科院工程热物理所遵循新时期办院方针，围绕如何打造寓军于民、惠及全国的物流配送体系，率先将目光聚焦到大吨位固定翼物流无人机的研制上。研发团队以支线客机为载体，利用一年多的时间，联合国内优秀团队，快速建立起了智能物流无人机的设计、制造、测试规范和研制流程，首次验证了大型固定翼有人驾驶飞机改型为智能无人机的可行性。

（案例来源：http://www.gov.cn）

**启发思考：**从物流与供应链运输的角度谈谈这款大型货运无人机还能增加什么功能。

# 第一节　物流运输管理

## 一、物流运输概述

　　物流运输就是物品借助于运输工具，在空间上所发生的物理位置移动。具体地讲，是通过各种运输手段使货物在物流节点之间流动，以改变物的空间位置为目的的活动，其中包括集货、分配、搬运、中转、装入、卸下、分散等一系列操作。

　　随着电子商务的出现和快速发展，商品的生产和消费越来越不在同一个地方进行，更多的是集中生产后分散消费。因此，为了实现这些商品的价值和使用价值，使商品的交易过程能够顺利完成，需要通过物流运输这一环节，把商品从生产地运输到消费地，以满足社会消费的需要和商品的再生产。

　　所以，物流运输在商品流通中发挥着举足轻重的作用，如果没有高效低价的物流运输能力，企业就难以适应现代社会经济的快速发展。可以说，物流运输事业的出现和不断发展，推动了现代社会的生产和消费不断发展，从而推动现代社会经济进一步快速发展。

　　案例 6.2

### 云南首票货物类快件从昆明机场进境

　　2016 年 11 月 15 日，昆明机场海关为首票运抵长水国际机场快件监管中心的货物类（C 类）快件办理通关手续。该批快件是来自韩国的服装附件等货物。

　　昆明机场海关快件监管科负责人介绍，货物类（C 类）快件是昆明国际快件监管中心新增快件业务类型，对于从事低值货物（涉及许可证件管制的，需要办理出口退税、出口收汇或出口付汇的除外）的进出口企业而言，不失为一种更加快速便捷的通关模式。为做好监管和服务，昆明机场海关关员从强化商品知识学习和增强判图、识图能力入手，以执法程序、涉案物品管理、后续核查为重点，统筹"审、征、查、放"管理，形成货物类快件监管新理念，进一步提升通关效率。

　　据了解，昆明长水国际机场快件监管中心自 2015 年正式运营以来，打通了昆明进出境快件运输渠道，既能满足昆明市乃至云南省企业收发快件的迫切需求，有效降低企业物流成本，也可吸引国内外的商户落户本地。此举对于完善昆明长水国际机场快件监管中心的功能建设具有重要意义，能有效促进空港物流仓储、配送的发展。

　　据悉，进出境邮运快件是指通过邮运渠道进出境的快件，分为文件类（A 类）、个人物品类（B 类）、货物类（C 类）三类。根据海关规定，货物类（C 类）快件是指价值在 5 000 元人民币（不包括运、保、杂费等）及以下的货物（涉及许可证件管制的，需要办理出口退税、出口收汇或出口付汇的除外）。

（案例来源：http://www.gov.cn）

**启发思考：**昆明机场海关在昆明进出境快件运输渠道上做了什么工作？取得了什么成果？

## 二、物流运输功能

物流运输是物流作业中最直观的要素之一。为实现物品的空间物理位置移动，物流运输应提供物流产品转移和物流产品存储两大功能。

### （一）物流产品转移

无论物流产品处于哪种形式，是材料、零部件、装配件、在制品，还是制成品，也不管在制造过程中将被转移到下一阶段，还是实际上更接近最终客户，物流运输都必不可少。物流运输的主要功能就是物流产品在供应链中的来回移动，具体来说，要以最少的时间、财务和环境资源等成本，将物流产品从原产地转移到规定地点，并且物流产品由于转移而产生的损坏丢失的费用也必须是最低的，所采用的方式也必须能满足客户各项要求。

### （二）物流产品存储

物流运输过程中，产品可能因为某些特殊情况需要存储，例如仓库空间有限、运输的产品特殊、收货人因时间原因无法按时接受货物等。这时，一般要将运输的物流产品存储在运输工具上，以减少时间等各项成本，对于要运输的特殊产品，要采取特殊的保护装置，避免损失。例如，如果运输的产品是生鲜农产品或药品，就要在运输这些产品的工具如车辆上安装适当的冷冻装置，以保证这些产品不会变质损坏，这就是现在常见的生鲜冷链物流运输。

## 三、物流运输方式

物流运输中，基本方式有铁路运输、公路运输、水路运输、航空运输以及管道运输。每一种运输方式所能提供的服务内容和服务质量各不相同，每一种运输方式成本也各不相同。

### （一）铁路运输

铁路运输是我国物流运输的主要方式之一，它与水路干线运输、各种短途运输相衔接，形成以铁路运输为主要方式的物流运输网络。我国铁路设施大多数由国家投资和管理，向社会各界提供运输服务。铁路运输所使用的设施包括铁路、火车机车、车站及其他辅助设施。铁路运输的优点有运输速度快、运载能力强、运输成本低、运输能耗低、通用性能好以及安全可靠等。但铁路同样也有灵活性差、运输时间长、货损率较高以及投资较大的缺点。

铁路适合内陆地区大宗低值货物的中、长距离物流运输，大批量、时间性强、可靠性要求高的一般货物和特种货物的物流运输，以及散装货物（如煤炭、金属、矿石、谷物等）和罐装货物（如化工产品、石油产品等）的物流运输。

## （二）公路运输

公路运输一般指汽车运输，是主要使用汽车或其他公路运输工具在公路上载运货物的一种方式，也是现代物流运输中的重要方式之一。随着广大农村村村通公路的实现，使汽车深入到农村和工矿企业成为可能。所以，公路运输不仅承担着为铁路、水路和航空运输进行集散的任务，而且在一些缺乏铁路和水路航线的地区承担着干线运输的任务。

实践证明，公路运输是近距离物流运输的最佳方式。公路运输的主要优点包括灵活性强、可以进行"门到门"运输、装卸方便、运输速度快、物品损耗少等。公路运输与铁路运输和水路运输相比，其运输能力较低，容易受道路气候影响，能耗和运输成本较高，劳动生产率低，不适宜于大宗物品和长距离的物流运输。

## （三）水路运输

水路运输是指使用船舶等航运工具，在江河、沿海、远洋上载运货物的一种方式，也是最古老和最普遍的物流运输方式。随着社会的进步，水路运输仍有强大的生命力。水路运输可以分为远洋运输、沿海运输和江河运输三种形式。从技术层面上看，水路运输的运输能力最大，拖船船队的载运量可达万吨以上，远远超过了铁路货车的载运量，海船货舱大，可载运体积庞大的物品；远洋货轮载重量更大，最多一次可载运几十万吨物品。由于水路运输的航道主要是利用天然的河、湖、海洋，除建设港口和投资船舶外，海上航道几乎不需要其他过多的投入。因此，水路运输成本相对最低。

我国河流较多，海岸线水路运输易受天气条件的影响，河流航道和一些港口受季节影响较大，如冬季结冰，枯水期水位变低，难以保证全年通航。水路运输一般速度较慢，港口的装卸费用也较高，运输的正确性和安全性相对较弱。因此，水路运输最适合于承担运量大、运距长，对时间要求不太紧，运输负担能力相对较弱的物流运输任务。

## （四）航空运输

航空运输是指利用飞机或其他航空器进行物流运输的一种方式，是目前物流运输中速度最快的一种方式。另外，由于飞机几乎可以飞越各种天然障碍，航线管理有比较完善的制度和先进的技术手段，所以航空运输的安全性和准确性相对最高，但是航空设施投资较大，能耗也高，所以在物流运输中成本相对较高。

以往受技术条件所限，航空运输能力有限，只有小批量的贵重物品、邮件和鲜活品以及急需物资适于采用航空运输方式。现在随着各项航空技术的发展，无人机作为一种新型的航空物流运输工具，得到了飞速发展，例如案例 6.1 中提到，我国已经研制成功全球首款大型货运无人机 AT200，并且首飞成功，其货仓容积 10 立方米，有效载荷达 1.5 吨，在国内外均处于领先地位，标志着我国以及世界航空运输能力在该领域得到了重大突破。

## （五）管道运输

管道运输是指利用管道进行输送的物流运输方式，是随着石油和天然气的生产而发展起来的一种特殊的物流运输方式。其设施仅包括管道线路和管道两端的泵站，产品直接在管道内进行传输，而不需汽车、火车一类的交通工具。目前，它已成为陆上油气运输的主要方式，如输出固体物料的管道，用来运输煤炭、运输矿石等。

管道运输的主要优点是能够不间断和均匀的进行运输，而且具有效率高、运输能力大、运输成本低、物资耗损小、建设投资少、占用耕地少、不受自然条件影响、管理使用比较方便等优点，但主要适用于运送特定的液体、气体和浆状物品。

近年来，超级高铁作为管道运输的一种高级形式，得到了快速发展，这是一种以"真空钢管运输"为理论核心的交通工具，具有超高速、高安全、低能耗、噪声小、污染小等特点。目前，世界上共有美国、瑞士、中国 3 个国家正在研究真空管道磁悬浮技术，中国已开始着手试验，并已经启动时速 1 000 公里"高速飞行列车"的研发项目。

在经济全球化的今天，物品的运输方式的选择不再局限于某一种方式。在实际物流运输过程中，越来越多的物流开始采用联合运输方式，以发挥各种方式的优势，获得最佳效益。例如，国际多式联运就是在集装箱运输的基础上产生发展起来的现代物流运输方式，包括海—空联运、海—铁联运、航空—公路联运、公路—内河联运等，这些多式联运在国际贸易运输中正发挥着举足轻重的作用。

---

案例 6.3

### 我国将大力发展多式联运，畅通转运衔接

2017 年 1 月，交通运输部等 18 个部门发出了《关于进一步鼓励开展多式联运工作的通知》（以下简称《通知》）。发展多式联运将成为降低物流成本的有力抓手。

近年来，我国物流业获得较快发展，但社会物流总费用居高不下。这其中除了经济结构、产业布局、发展阶段等客观因素外，各种运输方式缺乏合理分工、物流路径有待优化、货物多次装卸搬运也使得物流环节过多，从而推高了物流成本。

通过畅通各种交通方式间的衔接以实现物流成本降低，正是发展多式联运的本义所在。根据交通运输部调研结果，大多数的多式联运线路运输费用低于公路直达运输费用，成本平均降低约 30%。

然而，目前我国多式联运发展水平仍然较低：运量规模仅占全社会货运量的2.9%。运行效率不高，货物中转转运所耗费的成本约占全程物流成本的30%。

根据《通知》，我国将力争实现2020年多式联运货运量比2015年增长1.5倍。届时，多式联运运量比重将达到7.25%，比现在提高4.35个百分点。以此推算，可降低社会物流总费用约3.9个百分点，节约成本4 350亿元左右。到2020年，如果公路中长距离运输向铁路转移10%，交通运输行业能源消耗将下降约1 000万吨标准煤，节能减排效益十分显著。

"市场环境不完善、协同衔接不顺畅、法规标准不适应、先进技术应用滞后等突出问题，成为制约多式联运发展的短板"。交通运输部运输服务司巡视员王水平表示，多式联运是项复杂艰巨的系统性工程，既涉及物流通道间联网、枢纽节点布局、运输装备改造、先进技术应用等方面的硬件建设，也涉及体制机制完善、法规标准建设、信息互联共享、市场环境营造等方面的软件建设。

众多任务中，最紧迫的无疑是把不同运输方式的标准和规则统一起来。

交通运输部规划研究院综合运输所副所长谭小平表示，由于长期体制分割，目前我国不同运输方式在票据单证格式、运价计费规则、货类品名代码、危险货物划分、包装与装载要求、安全管理制度、货物交接服务规范、保价保险理赔标准、责任识别等方面均有各自不同的要求或标准，难以实现一次委托、一单到底、一票结算。

"各种运输方式的业务单证多而繁杂，铁路单证与海运单证不一致；铁路运输与海运的装载要求不统一。"中国铁路经济规划研究院副研究员姜松英认为，这些问题的存在，就造成一些集装箱货物在转换节点被迫拆箱，导致多式联运通而不畅。

针对这一问题，《通知》提出了"强化服务规则衔接，健全法规标准体系"，制定有利于"门到门"一体化运输组织的服务规则。

"规则的衔接应该是以产业实践和业务合作为基础，是多式联运服务协同的各环节、各利益方共同谈判、共同博弈的最终结果。而由规则到标准，需要通过立法去实现"。展望未来，中国交通运输协会联运分会常务副会长李牧原坦言，目前多式联运领域尚存在许多规则和标准的空白，"一段时间内，建立适合中国国情的新规则和标准体系是多式联运发展的重要任务。"

（案例来源：http://www.gov.cn）

**启发思考**：我国多式联运存在的问题有哪些？ 应如何改善？

## 四、物流运输管理

物流运输管理是社会生产经营活动的重要组成部分，是物流运输理论与物流运输技术发展的基础和重要载体。物流运输管理水平直接影响着企业的经济效益，并且间接影响到社会物流的运作水平。先进的物流运输管理理念，合理、适时、有效的物流运输战略与规划，与经济、适用的先进运输技术手段的有效结合，对于提高物流运输管理水平、达到最优运输效果、取得最佳社会效益和经济效益有十分重要的作用。

## （一）合理的物流运输

影响物流运输合理化的因素很多，起决定性作用的有以下五个方面的因素，称为合理的物流运输的"五要素"。

### 1．运输距离

在物流运输时，运输时间、运输货损、运费、车辆或船舶周转等若干技术经济指标都与运输距离有一定的比例关系，因此，运输距离长短是物流运输是否合理的基本因素之一。

### 2．运输环节

每增加一次运输，不但会增加起运的运费和总运费，而且会导致增加物流运输的许多附属活动，如装卸、包装等，各项技术经济指标也会因此下降。

### 3．运输工具

各种物流运输工具都有其使用的优势领域，应对物流运输工具进行优化选择，按物流运输工具的特点进行装卸运输作业，最大限度地发挥所用物流运输工具的作用。

### 4．运输时间

运输是物流过程中需要花费较多时间的环节，尤其是远程物流运输。在全部物流时间中，运输时间占绝大部分，所以缩短运输时间对缩短整个流通时间有决定性作用。

### 5．运输费用

物流运输中，运费占全部费用的比例很大，运费高低在很大程度上决定了整个物流系统竞争力的强弱。

## （二）不合理的物流运输

物流运输的不合理是指因忽视了物流运输工具的充分利用和合理分工，导致出现转载量低和流转环节多等问题，从而浪费物流运输中的运力和增加物流运输费用的现象。因此，克服运输过程中的不合理现象，对减少各项物流运输成本，提高物流运输管理水平具有重要意义。不合理的物流运输主要有以下几种类型。

### 1．返程或起程空驶

空车无载货行驶，是不合理的物流运输的最严重形式。在实际物流运输中，有时候必须调运空车，不能将其看成不合理的物流运输。但是，因调运不当、货源计划不周、不采用合理的物流运输工具或方式组合而造成的空驶，就是不合理的物流运输的表现。

### 2．对流运输

对流运输又称为相向运输、交错运输。它是指同一货物或彼此间可以相互代用而又不影响管理、技术及效益的货物，在同一路线上或平行线路上作相对方向的运送，同时与对方运送的全部或一部分发生重叠交错的不合理的物流运输现象。对流运输分为两种：一种是明显对流运输，即在同一路线上的对流运输；另一种是隐蔽对流运输，即同一种货物在违反近产近销的情况下，沿着两条平行线路朝相对的方向运输，这种对流运输不易被发现。

### 3. 迂回运输

迂回运输是舍近取远的一种不合理的物流运输，具体说来，就是可以选取短距离进行物流运输，却选择路程较长的路线进行物流运输的一种不合理形式。迂回运输有一定的复杂性，不能简单处之，只有因计划不周、地理不熟、组织不当而引起的迂回，才属于不合理的物流运输。而因为最短距离有交通阻塞、道路情况不好或有对噪声、排气等特殊限制而不能使用时发生的迂回，不能称作不合理运输。

### 4. 重复运输

重复运输主要有两种形式：一种形式是本来可以直接将货物运到目的地，但是在未达目的地之前，或目的地之外的其他场所将货卸下，再重复装运送达目的地；另一种形式是同品种货物在同一地点向内运进，同时又向外运出。重复运输增加了非必要的物流运输的中间环节，因此延缓了流通速度，增加了费用，增大了货损。

### 5. 倒流运输

倒流运输是指货物从销地或中转地向产地或起运地回流的一种不合理的物流运输现象。其不合理程度要甚于对流运输，因为往返两程的物流运输都没有必要，从而形成了双程的浪费。倒流运输也可以看成是隐蔽对流的一种特殊形式。

### 6. 过远运输

过远运输是指调运物资舍近求远，近处有资源不调而从远处调，这就造成可采取近程物流运输而未采取，拉长了货物运距的浪费现象。过远运输占用运力时间长、运输工具周转慢、物资占压资金时间长。此外，远距离自然条件相差大，易出现货损，从而增加费用支出。

### 7. 运力选择不当

运力选择不当指未利用各种物流运输工具的优势或不正确地利用物流运输工具所造成的不合理现象。例如弃水走路、物流运输工具承载能力选择不当、托运方式选择不当、不考虑铁路及大型船舶的经济运行里程而进行运输等。

实际运作中，要根据物流运输的实际发生情况和各种前提条件进行综合判断，否则容易出现判断失误，将合理的物流运输看成不合理的，或将不合理的看成合理的。

### （三）物流运输合理化

物流运输所发生的成本在整个物流成本中所占比例最大。因此，为了降低物流的总成本，必须对物流运输系统进行合理化的配置，以使其合理化，可以从以下几个方面进行。

（1）通过物流运输网络的合理化配置，合理配置各物流中心的区域位置，使其能够实现货物的直接配送。另外，应该有效区分储存性仓库和流通性仓库，对其进行合理利用。

（2）针对不同的物流运输条件和环境，选择最为合适的物流运输工具，并且要通过运用科学化的分析工具，做出使用自有车辆还是租赁车辆进行物流运输的决策。

（3）要努力提高物流运输效率。首先，要提高车辆的物流运输效率和车辆的装载效率，减少空车行驶现象的发生；其次，还要通过科学分工和现代化工具的应用，提高装卸作业的效率，从而减少车辆的等待时间，实现系统整体最优化。

（4）从社会的总体观点出发，积极推进多种物流运输方式配合，努力实现社会化物流。应当通过社会各界、各个企业间的相互合作，共同建立一个社会化的物流体系，这样，才能在社会范围内实现社会整体物流运输效率的最大化，提高整个社会的物流运输效率。

## 第二节　供应链运输管理

### 一、供应链运输管理概述

供应链中的运输，是为了使产品由供应链源头转移至客户手中而发生的产品的空间位移。因为产品极少在同一地点生产和消费，运输则能使产品在供应链不同环节之间移动。所以运输是供应链顺利运转的一个重要驱动因素，对供应链各环节的响应性和效率都有很大影响。供应链运输管理就是对这些位移涉及的运输方式、运输工具、运输人员等进行综合地组织、计划、领导和控制的管理工作。

在全球绝大多数供应链中，运输成本是供应链成本的重要组成部分，这使得运输在这些供应链管理中的作用更为显著。例如，戴尔公司和沃尔玛目前仅拥有少数工厂，但在世界各地都有供应商，并且产品也销往全球各地，这得益于他们强大的全球供应链运输管理，使该公司产品能够在戴尔和沃尔玛的全球供应链网络中顺畅流动，带来巨大效益。

任何供应链的成功都与合理的运输管理密不可分。建立完善的供应链运输管理，重要的是从事供应链运输管理的工作人员的一切工作都要围绕这个中心展开。例如，在做出涉及供应链运输工具（如火车、汽车、飞机等）和一些供应链基础设施（如铁路等）的投资决策时，要充分考虑建立这条供应链的合理性、经济性、快捷性、便利性等指标，围绕这些制定相应的供应链运输管理各项措施，才能最终从这些投资中获得最大受益。

## 二、供应链中的运输规划

供应链中的运输规划主要包括运输网络的设计和运输方式的选择两方面。

### （一）运输网络的设计

运输网络是指供应链中产品运输的方式、地点及线路的选择。公司必须决定运输是从供应源直接运到需求地，还是会经过中间集散地。设计决策还包括在单程运输中是否纳入多个供应链源或需求地。最后，公司还必须确定将采用的供应链运输方式组合。

### （二）运输方式的选择

运输方式是产品在供应链网络中从一个位置移向另一个位置的方式，包括航空、汽车、铁路、海洋、管道等。目前，信息商品也可以通过互联网的方式发送。但是，无论何种运输方式，都有不同的特点，包括速度、装运规模（单个包裹、托盘、满车、整船）、运输成本和灵活性等，企业应根据这些特点选择合适的运输方式。

为保证供应链运输规划的运行效率和效果，制定规划的管理者应该从影响性与效率两个指标考虑，进行总体权衡，并坚持以下原则。

（1）使供应链运输战略与企业总体竞争战略保持一致。供应链运输中，管理者必须保证企业的供应链运输战略有利于其竞争战略的实施，设计出针对运输职能的激励方案以实现战略目标。以往供应链企业的运输职能评估仅限于能否降低运输成本，而没有或较少考虑客户关系管理，这种片面决策导致虽然最终降低了运输成本，但却损害了客户关系，因此总体来说还是增加了企业成本。例如，供应链运输中，如果配送中心的调度人员只计算卡车装载量，为了实现更大装货批量而延迟送货，就会降低企业的客户响应性水平。因此，供应链企业应综合运输成本和客户响应性水平等来评估运输职能，制定合适的运输战略。

（2）考虑自营运输和外包运输。供应链运输中，管理者应该将自营运输和外包运输相结合，以满足自身需要。实际运作中，这种决策的制定应该建立在对供应链企业的运输能力以及运输对企业成功的战略重要性的综合评价基础上。一般情况下，对于供应链中送货批量大且响应性至关重要的情况，企业应采取自营运输的策略；而当供应链中送货批量较小时，企业应采取外包运输的策略。

（3）利用先进技术提高供应链运输绩效。供应链运输中，管理者必须利用先进技术以降低成本，提高运输网络响应性。例如，计算机软件能帮助供应链管理者制定运输计划，选择运输方式，确定送货路径以及日程安排；信息技术能够帮助企业确定每辆卡车的准确位置以及卡车装运的货物；卫星通信系统能使企业与车队中的每辆卡车进行信息交换。因此，这些先进技术都能帮助企业降低运输成本，并使其对环境变化具有更强的响应能力。

（4）设计灵活的供应链运输网络。在设计供应链运输网络时，管理者应当考虑需求的不确定性以及运输的可行性。忽视不确定性会导致企业更大程度地使用廉价、灵活性差的运输方式，这些运输方式在一切顺利时可能运行良好，但是一旦计划改变，在供应链中的绩效表现就非常差。重视不确定性，供应链中的管理者就可能会在运输网络中设置一些灵活但费用较高的运输方式，尽管对单独一次运输而言，这种模式可能费用较高，但包含这些模式的运输方案将使企业总成本降低，并能使企业获得高水平的供应链响应能力。

---

案例 6.4

### 交通运输部提速冷链物流发展解决运输"锻炼问题"

2017 年 8 月 31 日，交通运输部在新闻发布会上宣布，到 2020 年，我国初步形成全程温控、标准规范、运行高效、安全绿色的冷链物流服务体系，"断链"问题基本解决，全面提升冷链物流服务品质，有效保障食品流通安全。

交通部运输服务司副司长王绣春在发布会上表示，交通运输部已于 24 日印发了《关于加快发展冷链物流保障食品安全促进消费升级的实施意见》（以下简称《意见》），重点围绕设施设备、运输组织、信息化、行业监管、配套政策等核心要素，明确了交通运输促进冷链物流发展的主要任务。

《意见》指出，促进冷链物流规范健康发展，对于提高人民群众生活品质，保障食品药品流通安全具有重要意义。随着我国经济社会发展，城乡居民对高品质生鲜农产品和食品的消费需求日趋旺盛，对食品质量及安全越来越关注。"目前，我国冷链物流运输环节'断链'现象较为普遍，运输装备技术水平低、行业监管不足、标准规范执行不到位，影响了冷链物流整体服务品质和安全保障能力。"王绣春表示。

《意见》明确，交通运输是冷链物流的基础环节和重要载体，在支撑冷链物流发展中发挥着主体作用。要贯彻落实国务院关于加快发展冷链物流的总体部署和要求，以满足全社会冷链物流需求、提升冷链物流服务品质、保障食品流通安全为目标导向，坚持市场主导、问题导向、创新驱动、协同发展，深入推进物流供给侧结构性改革，加快促进冷链物流健康规范发展，保障鲜活农产品和食品流通安全，支撑产业转型发展和居民消费升级。

王绣春表示，为有效解决冷链物流"断链"问题，提升冷链物流服务品质，《意见》要求，严格冷藏保温车辆的市场准入和退出，将冷藏保温车辆温控设备的性能要求作为进入运输市场的基本条件，并把温控制冷设备检验纳入营运车辆综合性能检验，对于不符合相关标准要求的，不允许投入冷链物流市场。

《意见》明确，鼓励多温层冷藏车、冷藏集装箱、冷藏厢式半挂车、低温保温容器等标准化运载单元以及轻量化、新能源等节能环保冷藏保温车型在冷链物流中推广使用，建立跨运输方式的冷藏集装箱循环共享共用系统。加快建设具有仓储、集配、运输等功能于一体的公共服务型冷链物流园区，加快面向农产品生产基地，特别是中西部农产品规模较大地区的冷链物流园区建设。

依托多式联运示范工程，《意见》鼓励不同类型的企业以资本、产品、信息为纽带，建立冷链物流联盟，加强合作，实现资源整合，促进集约化、规模化发展，提升市场集中度，扭转市场主体过散、过弱的局面，提高企业竞争力和市场抗风险能力。鼓励冷链物流企业发展"海运+冷藏班列"海铁联运、"中欧冷藏班列"公铁联运、公水联运、空陆联运等多式联运新模式。支持冷链物流企业依托移动互联网等信息技术从事无车、无船承运业务，创新运营组织模式。

王绣春介绍，《意见》中强调了全程的温度控制，鼓励冷链物流企业自建或委托第三方机构建设冷链物流设施设备的远程监控系统，对冷藏保温库、冷藏保温车辆、冷藏集装箱内的温度进行实时监测记录，及时处置温度异常等情况，确保冷链物流运输环节温度控制"不断链"。将建立对冷链物流企业温度监控记录的抽检抽查制度，对温控记录、运单数据进行核查比对，作为政府行业监管和企业信用评价的依据。

根据《意见》，将开展冷链物流企业服务和信用评价，引导企业建立完善以温度控制为核心的冷链物流操作规程，建立健全冷链物流服务质量和信用评价体系。开展冷链物流企业信用信息共享，建立与相关部门的企业信用信息联动共享机制，对冷链物流企业信用评价结果进行公示和联合惩戒。

（案例来源：http://www.gov.cn）

**启发思考**：从我国现状来看，现代冷链物流有什么特征？ 该如何进一步规划和发展？

## 第三节　典型系统

### 一、奥软科技可视化运输管理系统

杭州奥软科技有限公司（以下简称"奥软科技"）成立于 2010 年，总部位于杭州，是国家交通运输物流公共信息平台的典型软件服务商。公司拥有一支经验丰富的管理咨询和技术研发团队，是浙江省内最大的物流行业管理软件及政府国有资产管理软件的提供商。

奥软科技先后在物流行业开发了物流运输管理软件、物流供应链协同管理软件、上下游互联管理软件（商贸制造业与物流行业）、物流园区信息平台管理软件等，同时为政府在新形势下针对国有企业的管理，开发了一套完整的国有资产管理软件。

浙江省舟山市 7412 工厂（以下简称"7412 工厂"）是奥软科技的物流企业信息化应

用企业之一。7412 工厂成立于 1986 年 6 月，系国有企业。工厂以生产制造汽车紧固件和同轴电缆为两大主营业务，年销售 7 亿元。工厂占地面积 10 万平方米，固定资产 1.5 亿元。现有职工 650 人，其中大专以上文化程度的员工 400 多人，拥有中、高级技术职称的职工 50 多人。目前，7412 工厂为北京奔驰、上海通用、一汽大众、上海大众、沃尔沃等全国 20 多家知名汽车厂、主机厂配套生产高强度紧固件、非标紧固件和异形件，供应商遍布全国各地，产品品种达 5 000 余种，年开发新产品 500 余种。经过 30 多年的发展，已成为国内主要汽车生产企业供应链的骨干供应商和品质高端的同轴电缆企业，具有以下优势：

（1）高效的员工队伍。7412 工厂实行军事化管理，弘扬团结一心的拼搏精神，强调管理先管人、管人管思想的思想作风建设的管理方法，注重以客户为中心的抢抓市场能力，以纪律为基础的执行力。

（2）精致化制造工程

7412 工厂实现"三化零缺陷"：内部管理精致化、制造过程可控化、制造技术标准化、制造质量零缺陷。

（3）独特的企业文化

7412 工厂将毛泽东思想作为企业管理的理论基础，坚持贯彻带有部队烙印的执行文化和奉献文化，与员工共享企业发展成果。

随着业务不断增加，运输量也逐年增大，7412 工厂对物流的重视程度也在加强，对物流车辆安排、运输在途跟踪等环节的管控要求通过信息化手段加强。同时，为进一步提升客户满意度，7412 工厂决定用信息化的方式来管理物流业务。奥软科技通过对 7412 工厂物流业务的现状进行分析，得出该工厂主要面临以下几个问题：

（1）物流信息缺乏及时共享机制。物流缺乏信息及时共享机制，主要表现在工厂与下游承运商缺乏有效及时的信息互通，车辆调度信息、货物在途信息、货物签收情况、回单返还情况等不能及时反馈；工厂与承运商签订了运输时效保证合同，但由于在途节点信息反馈不及时，出现异常问题时无法第一时间处理，导致难以确定责任方，最终损害工厂利益。

（2）数据难以统计分析和决策。7412 工厂订单量大，物流业务数据（如每日在途报表、运费核对等）都是和承运商用电子邮件表格往来。如出现异常数据，业务员将手工备注到承运商月底考核登记表中，不仅工作量大，且汇总得出的数据容易出现遗漏和错误，物流异常状况反馈不及时，统计数据不准确，不利于工厂决策分析。

（3）承运商管理缺乏考核依据。目前 7412 工厂的承运商考核指标体系还在完善中，工厂主要关注的指标有交付及时率、破损率、回单周期等，这些数据的采集都需要信息化系统的支持。

（4）信息化基础薄弱。7412 紧固件工厂的信息化系统只有 ERP 系统和 WMS 管理系统，在物流环节上缺乏专业管理软件，无法及时跟踪管控，管理效率低下。

（5）运输流程不规范。7412工厂与承运商之间的业务主要通过电话通知来提货，流程不规范。下游承运商均未使用物流管理软件，承运商整体信息化水平较低。

因此，奥软科技基于对7412工厂面临的以上问题的分析，提出了相应的信息化解决方案，由以下三部分组成：

（1）为工厂搭建物流平台。奥软科技为7412工厂物控部新建了一套以物流订单接收、货物发运、供应商管控为核心的OMS系统，搭建起了上下游物流业务管控平台，实现了7412工厂物流业务全程可视化管理，系统数据实时获取，不仅为承运商考核提供依据，也为工厂决策提供精准分析。

（2）构建承运商物流平台。奥软科技为7412工厂承运商打造了一个以物流业务运营管理、内部车辆管理、费用结算管理为核心的个性化定制的TMS管理系统，规避了操作风险，从而提高了工厂承运商的信息化水平，增强了工厂及承运商的核心竞争力。

（3）上下游系统对接。根据奥软科技的信息化解决方案，7412工厂将ERP系统与物流平台通过内部接口对接，由销售出库单生成物流发货单；同时，7412工厂物流平台与下游承运商及司机APP之间，能通过国家物流信息平台标准交换通道实现信息无缝对接，实现在线派单、货物在途信息、货物签收信息、回单信息通过系统传输实现实时反馈等功能。

7412工厂通过奥软科技提供的该项物流信息化解决方案的项目实施，借助国家交通运输物流公共信息平台安全标准交换通道，实现了7412工厂物流平台与承运商TMS系统之间的数据交换，满足了企业对物流过程中信息及时共享的需要，取得了以下效果：

（1）提高发货效率，实时跟踪订单状态。通过该物流信息化解决方案，7412工厂实现了物流信息共享，提高了查找物流信息的效率，减少了因物流信息传递失真造成的损失，各方面人员能通过系统实时了解物流中的运量、运力及运输情况，预计可提升发货效率20%以上。

（2）承运商服务质量提高，客户满意度上升。通过该物流信息化解决方案，7412工厂实现了供应链物流的主动服务，客户能随时查询货物情况。同时对运输过程进行有效跟踪和监控，减少了货物运输的差错率，提升了承运商的服务品质，实现了客户满意度上升，有利于互联双方的友好合作。

（3）实现物流供应商关键绩效指标考核，加强物流管控能力。通过该物流信息化解决方案，7412工厂实现了对物流信息的无缝对接，能实时获取和记录物流供应商承运业务数据和作业质量信息，月末系统也能快速完成对承运商关键绩效考核指标项的数据分析和信息汇总，这些都为与供应商的费用结算、供应商奖惩机制的落地、供应商采购选择提供翔实的依据。表6.1是该方案的具体效益分析。

表 6.1 7412 工厂实施奥软科技物流信息化解决方案的效益分析

| 效益类别 | 7412 工厂 | | 物流承运商 | |
|---|---|---|---|---|
| | 使用前 | 使用后 | 使用前 | 使用后 |
| 人力成本 | 6×5 000 | 2×5 000 | 5×3 500 | 2×3 500 |
| 通信费用 | 1 000/月 | 400/月 | 600/月 | 400/月 |
| 客户沟通差错率 | 8% | 1% | 10% | 3% |
| 信息查询方式 | 人工 | 系统 | 人工 | 系统 |
| 信息查询时效性 | 延后 | 实时 | 延后 | 实时 |
| 客服工作量 | — | — | 3 人 | 1 人 |
| 客户满意度 | 较低 | 较高 | 较低 | 较高 |

从该系统来看，信息化是企业物流与供应链运输管理发展到一定阶段转型升级的必由之路。尤其是国有企业，更需率先突破传统的运营模式，利用互联网时代的信息化工具武装自己，不断创新，寻求新思路，提高自己的物流运输能力，助力企业进一步发展。

新事物从产生到应用都需要一定的适应时间，尤其是军事化管理型的国有企业，传统的模式根深蒂固，物流与供应链运输管理的改革创新面临更大的压力与困难，因此需要有排除万难的决心，坚持将企业在物流与供应链运输管理方面的信息化这一新事物贯彻落实到底，形成企业实际效益，构建企业可持续发展的基础保障。

（案例来源：http://www.chinawuliu.com.cn）

## 二、中外运化工物流全国零担危化品运输网络平台

中外运化工国际物流有限公司（简称中外运化工物流），所属生产性服务业的货物运输、仓储服务种类，是中国外运长航旗下为化工行业客户提供综合化工供应链物流服务的专业子公司，属于国有制企业，拥有专业的化工物流团队、完备的资质和资源、完善的运营网络、先进的信息系统、严格的 HSEQ 管理体系以及完善的应急反应机制，秉承可持续发展理念，为化工行业客户提供绿色供应链解决方案。2015 年年底，公司拥有从业员工 1 004 名，总资产达 7 亿元人民币，并在持续投资中。

中外运化工物流的网络覆盖全国及部分海外地区，形成了集国际国内海运、危化品道路班线运输、液体物流服务、国内仓储与样品管理、水路及铁路多式联运、罐装线及危废运输等增值服务于一体的较为齐备的化工物流服务体系，积累了丰富的专业经验，为客户提供全程供应链解决方案。公司作为一家肩负重大社会责任的国有企业，建立了严格和完善的 HSEQ 管理体系，通过了 ISO9001、ISO14001、OHSAS18001 和 RSQAS 体

系，并率先在国内建立全国救援网络，为客户提供安全高效的危化品物流与供应链运输服务。

随着我国石油和化工行业的高速发展，危化品（危险化学品）的使用企业在不断增多，危化品的生产、存储和使用都变成了危化品生命周期中的重要部分。据资料显示，中外运化工物流每年危化品运输量约 2 亿吨，95% 为异地运输、80% 通过道路运输。公路运输由于其良好地域适应性、快速及时性，已经成了危化品运输过程中的主要转运工具。然而，近年来，我国危化品领域的安全要求与物流行业的整体发展水平却不同步，危化品运输车辆的交通事故屡见不鲜，危化品运输车辆成了"流动化学炸弹"。危化品运输事故不同于一般运输事故，往往会出燃烧、爆炸、泄漏等更严重的后果，造成经济财产损失、环境污染、生态破坏、人员伤亡等一系列问题。因此实现对运输全过程中车辆、人员、环境及危化品状态等情况的实时动态监控、预警报警、安全管理与分析和辅助应急救援，最大程度的减少危化品运输事故及其危害就显得非常重要。

中外运化工物流在创建之初就将社会责任关怀作为企业的发展目标，针对国内危化品物流安全现状不佳的情况，2013 年开始推出全国零担危化品运输网络平台——"外运新快线"，为提升危化品运输车辆的安全管理提供相应的物流和供应链运输服务。中外运化工物流以危化品运输车辆为对象，通过实时采集和传输各类危化品安全状态及运输车辆的运行信息、状态信息和实时定位数据，建立以数据分析处理为基础的，满足危化品运输安全监管各类应用需求为目标的支撑平台；并通过建立长效营运机制，建立一个跨区域、面向危化品运营和管理的大型综合性远程监测、预警与应急系统。在推出外运新快线之前，中外运化工物流对危化品物流与供应链运输面临的问题进行了分析，总结归纳如下：

（1）传统模式下，车辆的 GPS 功能比较单一，GPS 跟踪人员仅仅关注车辆的具体位置，但是对于危化品物流与供应链运输人员来说，关注的是订单本身的信息，车辆位置和订单信息需要人工匹配之后才能获知，无法将货物及车辆信息进行智能关联，而且无法得知货物温度、箱门开关状态、气体泄漏报警等。

（2）仓库作业缺少电子标签扫描，通过系统和现场点数方式确认数量，条码扫描率低。由于公司前期主要是项目客户，本身具有对应的标签系统，而危化品的大宗散货标签本身缺少条码信息，无法通过物联设备自动读取，因此导致缺货漏货现象时有发生。

（3）货物跟踪信息被动且信息不准，司机主体性发挥作用有限。以往货物信息跟踪主要通过与客户进行电话和邮件的方式进行跟踪，司机反馈信息的行为被动，往往无法第一时间获知货物异常及节点信息，作为业务第一线的司机在信息反馈中间过程的参与度不高。

（4）司机疲劳驾驶状态多，无法及时有效提醒司机。现有的司机驾驶行为监控仅能通过制度监管与 GPS 监控实现，通过人工 24 小时的监控，GPS 管理人员以电话对 GPS 平台本身反馈的疲劳驾驶进行预警和提醒，但电话提醒本身需要电话至正在行驶中的司机，司机听到电话铃声容易分散驾驶时的注意力，因此这种提醒方式不恰当。

针对这些问题，中外运化工物流在推出外运新快线之前，还对其推进过程中可能遇到的困难和问题进行了分析，包括以下几点：

（1）业务流程重新梳理及标准化过程是中外运化工物流在推出外运新快线过程中可能遭遇到的最主要困难。因此，了解自身需求和扭转业务人员对外运新快线的认知是在实行外运新快线之前必须要解决的难题之一。

（2）缺少足够数量既懂 IT 又懂物流的专职管理人员，对业务人员开展外运新快线过程中的反馈效率慢，挫伤业务人员信心。原有的管理人员仅能够反馈解决日常的电脑硬件、办公软件、邮件系统等基础问题，但是无法对外运新快线进行维护。

（3）业务部门忙于业务，停留在原有的业务处理习惯中，缺少对外运新快线重要性的认识。在零担危险品物流与供应链运输管理的实施过程中，业务流程、调度模式、信息接收模式包括组织架构等都有所改变，但业务部门多忙于业务本身，停留在原有的手工化的业务处理习惯中，缺少增加对该平台的操作意识，加上在外运新快线推出初期，对该平台不熟练，以及为使用该平台而改变使用习惯的缺陷，使得业务部门本身对外运新快线推出有所抵触。

（4）缺少对司机使用 APP 的经济支持。在零担危险品物流与供应链运输管理初期，需要在司机使用的现有智能手机系统上增加司机端反馈的 APP 安装，但 APP 本身仅有安卓版本，缺少 ios 版本，加上安卓 APP 本身的碎片化特征，APP 本身的适配度不够，以及司机操作 APP 本身增加了司机的工作量，司机对此有抵触心理。

（5）认识不到外运新快线推行过程中的工作增加量大小，抵触该平台推行，很难体会到该平台的效果，从而造成恶性循环。虽然成立了相关的推广部门，但在初期，个别分公司对业务部门的宣传不够到位，增加了业务部门本身的工作量，而业务部门在增加工作量的同时，又在短期内看不到效果，从而产生部分抵触情绪，使得该平台使用度不够，造成恶性循环。

针对以上困难和问题，在中外运化工物流相关领导的重视下，公司建立了自上而下的专门组织来应对外运新快线的推进，大力进行了以下工作：

（1）建立外运新快线推进工作小组。成立推进工作小组，各主要系统使用部门的主要领导为其主要成员，增加各单位成员的参与感，并且主要业务部门指定该平台推进过程中的专门指定对口人员，保证及时有效的推进。定期召开常务工作会议，要求将相关精神和主要内容宣贯到人，定期回顾该平台推进过程中的问题，及时解决相关问题，全力推进该平台的使用。

（2）根据业务定制相应的平台系统。确保新平台中业务系统的设计和规划能解决业务过程中的实际问题，提升业务过程效率，减少对应业务工作量，让业务人员明白使用该平台的终极目的是提升业务效率，并能强化业务部门的参与感。

（3）模块化和简约化的设计产品，以及傻瓜式的操作流程，降低了外运新快线的操作难度，减少了外运新快线推广期间的复杂性。

（4）采用经济手段对在外运新快线推进过程中的优秀人物进行表彰，同时通过经济手段大力鼓励司机使用手机 APP 进行信息节点的反馈。

外运新快线实施后，为危化品物流与供应链运输管理企业提供了行之有效的监控手段，同时加强了危化品运输车辆的调度管理，具体如下：

（1）提供了行之有效的监控手段。外运新快线的实施，配合了政府和企业制定的危化品物流与供应链运输管理安全规则，能够对整个危化品物流与供应链运输管理进行实时监控，有效减少了安全管理方面的漏洞，减少了人员伤亡和财产损失，一方面能够事先预警，比如超速报警，使管理者能够及时责令司机改正；另一方面，一旦发生意外可以立即报警。在紧急状态下，实时地、快速地获取和传递信息至关重要，它不仅可以节省大量的时间和费用，更重要的是可以挽救更多生命。

（2）加强了危化品运输车辆的调度管理。其一，当车辆发生故障或恶性事故等突发事件时，可以迅速、准确、及时了解事故车辆的准确位置和当前状况，货物和车辆本身可以在系统中可视化，从而可以第一时间发现车辆所装货物，第一时间及时进行合理有效的施救和对客户的通知。

其二，具有主动式的查询和报警功能，能迅速准确了解车辆位置信息和当前状况，并对司机本身的疲劳驾驶行为进行警示音提醒，包括司机本身注意力转移、车道偏离等行为的有效监控，从而保障了司机的生命安全和所承运物品的安全，并使运输管理更具人性化。

其三，真正实现对运输车辆的动态管理，使各个管理层次都可以更直观和真实地了解运输车辆的运行状况，提高监管效率。

外运新快线实施后，取得了一定的经济效益和社会效益，具体如下：

（1）经济效益。通过外运新快线的实施，一方面，建立了重大危险源、移动危险源监测与预警系统，可避免和减少安全隐患，从而减少企业财产损失。另一方面，企业可以通过对运输车辆的实时运行里程监控和数据统计分析，估算出合理的车辆燃油耗量数据，从而避免或减少司机违规行为，控制和降低运营成本。同时能更科学地安排运输任务，最大限度减少远程运输和交叉运输，提高车辆使用效率和员工工作效率，进一步提高运输车辆的边际收益率，从而增加了企业效益。

① 比传统运输方式减少了装卸货等待时间，缩短了单车任务总完成时间，见表 6.2。

表 6.2 单车任务完成时间对比分析 ( 以沪粤干线为例 )

| 运输方式 | 装货等待时间（小时） | 往返行驶时间（小时） | 卸货等待时间（小时） | 接、网络对流车时间（小时） | 总时间（小时） |
|---|---|---|---|---|---|
| 传统模式 | 2 | 30 | 1.5 | 0 | 7 |
| 网络运输模式 | 0.5 | 30.5 | 0 | 0.5 | 5 |
| 对比分析 | −1.5 | +0.5 | −1.5 | +0.5 | −2 |

② 提高了牵引车利用率，重车行驶里程增加，周转量提高了 40%，见表 6.3。

表 6.3 运输效率对比分析 ( 2015 年 )

| 运输方式 | 车辆平均吨位 | 单车年总行程（车公里） | 单车年载重行驶里（重车公里） | 单车完成周转（吨公里） | 完成单位周转量所需时间（小时） |
|---|---|---|---|---|---|
| 传统模式 | 25 吨 | 111 875 | 55 937.5 | 1 398 438 | 0.02 |
| 网络运输模式 | 25 吨 | 111 875 | 78 312.5 | 1 957 813 | 0.002 |
| 对比分析 | 0 | 0 | +22 375 | +559 375 | −0.018 |

③ 节约了燃油费、车辆折旧费、通行费、人工费等各项运输成本，见表 6.4。

表 6.4 单位运输成本分析

| 运输方式 | 单位运输成本（元/吨公里） | 燃油费 | 车辆折旧 | 通行费 | 人工费 | 各项规费 | 车辆维护费用 | 管理费用 | 其他费用 |
|---|---|---|---|---|---|---|---|---|---|
| 传统模式 | 0.45 | 0.17 | 0.04 | 0.01 | 0.04 | 0.02 | 0.02 | 0.05 | 0.1 |
| 网络运输模式 | 0.38 | 0.144 5 | 0.034 | 0.008 5 | 0.034 | 0.017 | 0.017 | 0.04 | 0.085 |
| 成本节约 | −0.07 | −0.025 5 | −0.006 | −0.001 5 | −0.006 | −0.003 | −0.003 | −0.007 5 | −0.015 |

（2） 社会效益分析。

危化品物流与供应链运输管理的社会效益主要体现在节能减排的成绩上，而节能减排的实现方式是通过减少空车行驶和返程行驶中对挂车重量的无效行驶造成的燃油消耗（0#柴油）。从表6.5可以看出，外运新快线实施后，与传统模式相比，在完成同样的货运任务时，油耗对比可达到：（1 548 350-2 161 425）/2 161 425 ×100% = -28.4%，即在该平台的帮助下，从事危化品物流与供应链运输管理的企业能比传统运输节油28.4%，每年可节油0#柴油613 075 L，合计768.3吨标准煤。

表6.5　油耗分析（2015年）

| 运输方式 | 月运输车次 | 年运输里程 | 年运输量 | 百公里油耗（年均） | 吨公里油耗（年均） | 年总耗油量 | |
|---|---|---|---|---|---|---|---|
| | 车次/月 | 公里/年 | 吨公里/年 | 升/百公里 | 升/吨公里 | 升/年 | 吨标准煤 |
| 传统模式 | 600 | 6 265 000 | 78 312 500 | 34.5 | 2.5 | 2 161 425 | 2 708.5 |
| 网络运输模式 | 600 | 4 475 000 | 78 312 500 | 34.6 | 1.8 | 1 548 350 | 1 940.2 |
| 分析对比 | 0 | -1 790 000 | 0 | 0.1 | -0.7 | -613 075 | -768.3 |

外运新快线实施后，取得了以上经济效益和社会效益，同时也揭示了现代物流与供应链管理的运输管理发展趋势，具体如下：

（1）物流与供应链运输管理的基础市场将加快资源整合，表现在网络信息化是竞争的主要领域。网络信息化的基础是对于物流与供应链资源的管控能力，加之对于网络合理布局和动态均衡的调控能力，最终落实为其中各项资源的身份识别、属性的时空跟踪等能力。

（2）专业的物流与供应链运输管理仍然取决于背景产业的发展需求，但流程透明化始终是专业物流与供应链运输管理的基础，这个透明化是无止境的，因为流程中的资源会展现出越来越多的相关属性，这些属性成为物流与供应链运输管理价值创新的源泉。而透明化技术是将这些属性信息按时间、空间记录下来，以便在物流与供应链运输管理流程中加以利用。

（3）物流与供应链运输管理在物联网时代将走向智能时代，包括网络智能化和流程智能化。网络智能化本质上是对于物流与供应链运输管理中的资源管理的智能化，是在复杂多变的情况下也能减少资源浪费，不断提高利用率。流程智能化是价值创新的智能化，是在复杂情况下一直保持能选择最优方案，实现服务价值最大化的能力。

（4）物流与供应链运输管理发展的技术基础包括身份识别、定位服务和移动通讯。在智能化的趋势推动下，可以预见物流与供应链运输管理中的智能终端设备将得到大发展，不管其形式如何多变，其基本特征就是集成身份识别、定位技术和移动通讯功能，如果再根据特殊需求加上某种特有的信息采集功能（传感器），就可以将物流与供应链运输管理的资源的特定属性以及相关的时间、空间记录下来，从而把相应的管控水平提高到"智能化"水平。

中外运化工物流总结对外运新快线实施后的经验，提出了对于危化品物流与供应链管理的运输管理的政策建议，具体如下：

（1）政策支持。近些年，危化品物流与供应链管理的运输管理虽然受到国家高度重视，并得到了迅速发展，但仍存在较多问题，如存在多头管理、系统归口管理不清、对企业自建技术手段缺乏有力的标准法规支持、仍缺乏具备可执行性的立法层面的支持等，这些需要国家相关主管单位进一步理清和完善。

（2）资金压力。作为服务性行业的危化品物流与供应链管理的运输管理企业，存在着利润率较低、技术手段不够先进及反复修改等情况，这些都需要企业投入资金进行改善，因此，企业存在较大的资金压力，需要主管部门、行业协会等给予一定的支持和鼓励。

（3）人才缺口。危化品物流与供应链管理的运输管理是一个基于安全管理为目标，以物联网技术为核心的集成系统，并且由于没有成熟的标准和产品，从事该工作的人员需对运输设备、安全管理、驾驶员管理、信息技术等各方面有综合了解，因此对这类复合型的管理人员提出更高要求。目前来看，这类管理人员的培养和储备周期较长，且无相关院校成熟人才可用，因此建议国家有关部门和相关院校尽快对这类专业人才进行研发和投入，培养相应的管理人才。

（案例来源：http://www.chinawuliu.com.cn）

## 本章小结

本章首先对物流运输管理进行了概述，并介绍了物流运输管理的功能和运输方式；其次对供应链运输管理进行了概述，并介绍了供应链中的运输方式和设计等；最后列举了两个相应的典型系统。通过本章的学习，读者应能掌握物流运输管理和供应链运输管理的概念，掌握物流运输的基本方式及其特点、合理的物流运输的"五要素"、不合理的物流运输类型以及物流运输如何合理化，熟悉供应链中的运输规划，了解相应的典型系统。

## 练习题

简答题

1. 合理的物流运输的"五要素"是哪些？为什么？

2. 什么是不合理的物流运输？主要有哪几种类型？

3. 如何使物流运输合理化？

4. 为保证供应链运输规划的运行效率和效果良好，制定规划的管理者应该坚持哪些原则？

## 即测即评

请扫描二维码进行在线测试。

## 延伸阅读

1. ［美］约翰·J. 科伊尔，等. 供应链管理：物流视角［M］. 9 版，宋华，等，译. 北京：电子工业出版社，2016.

2. 刘宝红. 供应链管理：实践者的专家之路［M］. 北京：机械工业出版社，2017.

3. ［美］苏尼尔·乔普拉. 供应链管理［M］. 6 版. 陈荣秋，等，译. 北京：中国人民大学出版社，2017.

# 第七章  物流与供应链管理的库存管理

知识逻辑图

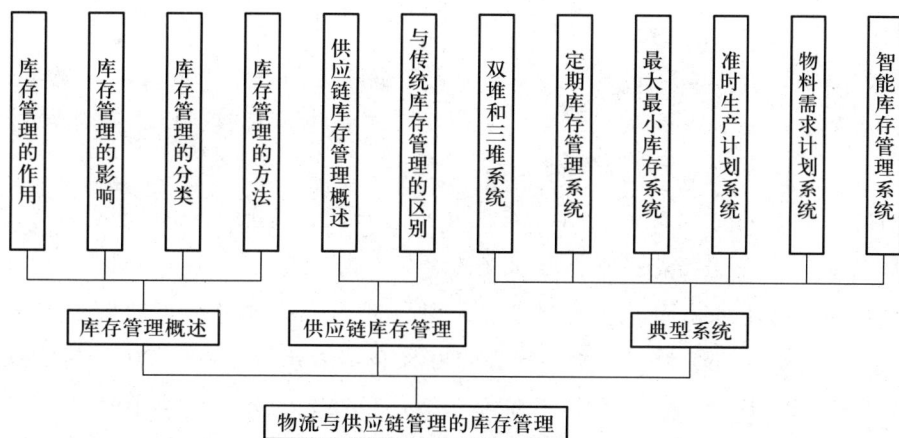

## 【学习目标】

理解库存管理的作用和影响，了解库存管理的分类和方法；了解供应链库存管理，掌握供应链库存管理与传统库存管理的区别；了解供应链库存管理的一些典型系统。

案例 7.1

### 强大的物流与供应链管理的库存管理帮助苹果获利

随着苹果 iPhone 的销量的日益放缓和智能手机市场的日渐饱和，苹果公司巩固自身利益变得越来越难，但凭借强大的物流与供应链管理的库存管理，苹果公司仍能从中获利。

打进苹果公司物流与供应链管理的库存管理，宛如贴上获利认证，台湾就有 41 家上市公司打入苹果公司的供应链库存管理。但苹果公司对物流与供应链管理的库存管理的汰换也相当现实，有人进、有人出，这些进出数据只要稍有变动，便立刻反映在营运数字上。

　　苹果 2016 年年报里的这些数字，不得不让人为苹果物流与供应链管理的库存管理能力感到惊叹。这一年，苹果卖掉了价值 1 913 亿美元的 iPhone、iPad 和 iMac，占总营收的 84%，苹果账上的库存只有 2.17 亿美元，几乎等于所有产品全部卖光，可见，苹果的获利完全不受库存变化的影响。

　　据外媒报道，过去几年，苹果唯一的直营工厂在爱尔兰，原本员工只有 80 人，负责生产 iMac。而据苹果公开的供货商资料，2016 年，苹果是靠分布在全世界的 188 家供货商，创造出占营收 97% 的关键商品。

　　苹果执行官库克痛恨库存，他曾说，"库存本身就彻底是一种罪恶"，他还认为，经营电子业就像卖鲜奶，一定是卖最新鲜的产品给客户，保留大量库存，不是无能，就是懒惰。

　　到鸿海位于郑州的工厂走一趟，你就会更了解库克的意思。鸿海在这里集合各种零部件，组装 iPhone，其中部分零件，是由模块厂先下单付钱，向零部件厂商购买，这时候，这些零部件都还不是苹果的库存。

　　直到鸿海把 iPhone 组装好之后，苹果在郑州付款，这批 iPhone 才变成苹果的库存，这批 iPhone 不是坐船花一个月时间慢慢漂到美国，而是由快递公司直接用专机运到美国肯塔基州的物流中心。从郑州工厂出货，到送达美国旧金山的苹果销售据点，只要 72 小时。拿苹果的主要代工厂鸿海的财报和苹果比对，鸿海 2015 年年报显示，鸿海营收达 9 829.52 亿元，但同期库存约为 921.52 亿元，比例约为 10∶1。苹果另一家代工厂广达，15 年做了 2 128.27 亿元的生意，但库存也达到 93 亿元，比同期账上现金还多。

　　从供货商的月营收变化，也能看出苹果物流与供应链管理的库存管理的动态。再以鸿海为例，苹果 iPhone 6 大卖那一年，苹果 9 月开始卖手机，鸿海同年的月营收是从 8 月开始上升，在 iPhone 6 开卖后，鸿海月营收每月都大幅增加，同年 11 月，鸿海一个月就做了 1 119 亿元的生意。零部件厂略有不同，以玉晶光为例，2016 年，玉晶光的月营收从 6 月开始涨，比鸿海早 2 个月，到 10 月达到高峰，销售到台湾也受到苹果物流与供应链管理的库存管理的影响，12 个月中有 8 个月进出口贸易额较前一年增长。

　　（案例来源：http://www.eepw.com.cn）

　　**启发思考**：苹果是如何通过物流与供应链管理的库存管理实现利润增值的？

## 第一节　库存管理概述

　　关于库存（Inventory），从狭义的角度来看，就是在仓库里存放东西；广义的理解则认为，库存是具有经济价值的任何物品的停滞与储藏，是供将来使用的所有闲置资源。

确切来说，库存指的是以支持生产、维护、操作和客户服务为目的而存储的各种物料，包括原材料和在制品、维修件和生产消耗品、成品和备件等。

物流与供应链管理的库存管理，指的是物流与供应链管理中，与库存物料的计划、组织、领导和控制过程有关的各项管理工作，目的是支持物流与供应链管理运作。一般的仓库管理主要针对仓库或库房的布置、物料运输和搬运以及存储自动化等进行管理，物流与供应链管理的库存管理对象则是各库存项目，即物流与供应链管理中的所有物料，包括原材料、零部件、在制品、半成品及成品，及其辅助物料等。

一般来说，物流与供应链管理的库存管理，其主要功能是在供需之间建立缓冲区，达到缓和客户需求与企业生产能力之间、最终装配需求与零配件之间，零件加工工序之间、生产厂家需求与原材料供应商之间的矛盾。

---

案例 7.2

### 库存管理成为国务院关于物流与供应链创新
### 与应用的指导意见中的增值服务方向

国办发〔2017〕84 号，国务院办公厅关于积极推进供应链创新与应用的指导意见中指出，重点任务之一是促进制造协同化、服务化、智能化，发展服务型制造。内容是建设一批服务型制造公共服务平台，发展基于供应链的生产性服务业。

指导意见中，明确鼓励相关企业向供应链上游拓展协同研发、众包设计、解决方案等专业服务，向供应链下游延伸远程诊断、维护检修、仓储物流、技术培训、融资租赁、消费信贷等增值服务，推动制造供应链向产业服务供应链转型，提升制造产业价值链。

指导意见中，进一步明确重点任务之一是提高流通现代化水平，推动流通创新转型。内容是应用供应链理念和技术，大力发展智慧商店、智慧商圈、智慧物流，提升流通供应链智能化水平。鼓励批发、零售、物流企业整合供应链资源，构建采购、分销、库存、配送供应链协同平台。鼓励住宿、餐饮、养老、文化、体育、旅游等行业建设供应链综合服务和交易平台，完善供应链体系，提升服务供给质量和效率。

（案例来源：http://www.gov.cn）

**启发思考**：库存管理为什么会成为该指导意见中的增值服务方向？

---

## 一、库存管理的作用

20 世纪 90 年代，美国经济快速发展并同时控制通胀，反映了信息技术对库存管理的影响。随着信息技术在 21 世纪初期不断进步，企业仍在不断实施各种管理手段和现代信息技术，以降低企业的库存，提高企业的库存管理水平。

从库存管理的定义、功能和方法来看，在库存管理上投入越多，就越能建立和实施合理有效的库存管理，从而帮助企业建立更好的客户关系管理水平，这是库存管理在企业发展中的最主要作用。

因此，长期以来，库存管理作为企业管理中的重要物资保障服务环节，在企业经营中占有重要地位。企业持有一定的库存，并对其进行规范、合理和有效的管理，能有助于保证生产正常、连续、稳定进行，也有助于保质、保量地满足客户各项需求，从而能更好维护企业声誉，巩固市场占有率。基于此思想，以日本丰田为代表的企业提出了所谓"零库存"的库存管理观点，主要代表是准时生产计划系统（JIT），认为库存即是浪费，零库存就是其中的一项高效库存管理的改进措施。该思想目前已经得到了企业的广泛认同和应用，本章第三节会对此系统进行详细介绍。

案例 7.3

### 京东建成全球首个全流程无人仓

2017 年 10 月 10 日，京东物流首个全流程无人仓正式亮相，这是全球首个正式落成并规模化投入使用的全流程无人的物流中心。这也是全球首个大型绿色无人仓库。房顶全部是太阳能电池板，白天充电，晚上供库房工作。

这次亮相的全流程无人仓实现了从入库、存储、包装、分拣的全流程、全系统的智能化和无人化，对整个物流领域而言都具有里程碑意义。物流中心主体由收货、存储、订单拣选、包装四个作业系统组成，存储系统由 8 组穿梭车立库系统组成，可同时存储商品 6 万箱。

在货物入库、打包等环节，京东无人仓配备了 3 种不同型号的六轴机械臂，应用在入库装箱、拣货、混合码垛、分拣机器人供包 4 个场景下。

另外，在分拣场内，京东引进了 3 种不同型号的智能搬运机器人执行任务。在 5 个场景内，京东分别使用了 2D 视觉识别、3D 视觉识别，以及由视觉技术与红外测距组成的 2.5D 视觉技术，为这些智能机器人安装了"眼睛"，实现了机器与环境的主动交互。

未来，京东无人仓正式运营后，其日处理订单的能力将超过 20 万单，智能设备覆盖率 100%，化解"双 11"潮汐性订单。

此前，京东于 2014 年建成投产的上海亚洲一号代表了国内智慧物流领域最高水平，其库存管理、控制、分拣和配送信息系统等均由京东开发并拥有自主知识产权，整个系统由京东总集成，90% 以上操作已实现自动化。经过三年的实践与应用，上海亚洲一号已经成为京东物流在华东区的中流砥柱，有效缓解了"618"、"双 11"订单量暴涨带来的压力。

此次落成的京东无人仓，引入了目前业内最先进的大型设备，京东物流 X 事业部基于在智慧物流领域强大的技术实力，对这些设备进行了软件系统集成，天衣无缝地实现了不同硬件系统的对接，确保这些设备能够适应京东极其复杂的业务场景和潮汐式的订单波动。

除了引入目前业内最先进的大型设备之外，京东无人仓的最大特点是对于机器人的大规模、多场景的应用。在京东无人仓的整个流程中，从货到人到码垛、供包、分拣，再到集包转运，应用了多种不同功能和特性的机器人，而这些机器人不仅能够依据系统指令处理订单，还可以完成自动避让、路径优化等工作。

上海智慧物流项目负责人表示，京东无人仓集成了视觉验收、自动码垛、自动分拣、耗材智能算法推荐等领先技术，这在电商物流行业是一次突破性的创新。

京东物流在无人仓的规划中融入了低碳节能的理念，其在系统中应用了包装材料的算法推荐，可以实现全自动体积适应性包装。简单来说，京东物流的仓内打包环节中，需要使用不同尺寸的纸箱，有了系统的推荐和全自动打包系统，包装过度和纸箱破损的问题就大大缓解了。

数据显示，中国快递行业一年消耗纸箱超过 100 亿个。而智能耗材算法推荐可以保证纸箱、包装袋等包装物的精确使用，让每一厘米纸箱都能发挥它的价值。

未来，零售的基础设施将变得极其可塑化、智能化和协同化，京东无人仓的亮相，体现了这一趋势，通过将无人化带入到库存中心的全流程操作场景，带动了物流效率的提升。

（案例来源：http://tech.sina.com.cn）

**启发思考：** 京东无人仓在库存方面有哪些先进功能？你还能补充哪些？

## 二、库存管理的影响

随着竞争的加剧，为提高企业竞争水平，企业不断尝试各种新方法，以改善资产管理和提高资本运作效率。首先，作为资产负债表上的一项资产和损益表中的变动成本，库存管理水平在企业发展中对销售商品的成本、订单处理、客户服务水平等都会产生重要影响。其次，通常情况下，短期内减少库存，既减少了资产，同时也增加了企业的营运资本，而这些都可以提高企业的投资回报率。所以，库存管理的好坏，也会影响企业的投资回报率。最后，库存管理与公司其他职能领域是存在交互关系的，尤其是对市场营销、生产制造和财务管理这三个方面的影响更为显著。

### （一）库存对市场营销的影响

市场营销的主要任务是帮助客户识别和创造自身需求，并在整个过程中帮助客户随时满足这些需求。因此，市场营销倾向于企业保持充足的甚至是多余的库存，并对其进行有效管理，以保证客户需要的产品随时获得，从而能很好地满足客户的需求。现如今，在产品导向的环境中，这项任务还受到新产品的上市和市场目标持续增长的驱动，因此库存管理的种类、状态和管理水平对完成这一任务的影响就显得非常重要。

### （二）库存对生产制造的影响

制造单位产品或产出效率是衡量企业生产制造效率的重要标准，因此企业倾向于长时间生产同一种产品，并尽可能减少转换次数，从而优化其生产制造过程，但这种长时间的流水线生产会导致库存水平较高、单位产品上分摊的人工与机器成本较低等。另外，企业常常会面临生产的季节性问题，因此生产制造的优化方式是在即使没有需求的时候也一直保持生产。以上这些都会使企业通过安排大量库存来降低生产成本，这就体现了库存管理对生产制造的重要影响。

### （三）库存对财务管理的影响

财务管理中，库存既被看成是资产负债表上的资产与负债，同时也被认为会对现金流量表中的现金流产生影响。因此，企业通常希望通过良好的库存管理水平，保持较低的库存，以提升存货周转率，减少负债和资产，提升现金流。从这个角度来说，库存管理对财务管理尤其是其中的现金流量表和资产负债表都能产生重要影响。

## 三、库存管理的分类

### （一）一般性库存管理

这种库存管理主要来自于企业的采购、运输和生产三个方面。由于企业对这三方面的规划、协调和实施的不同，会造成一部分甚至更多库存不能马上使用或出售，从而导致企业对这些库存进行管理，形成一般性库存管理。

首先，从采购方面来说，采购量越大，单位价格就会越低，反之亦然。因此，当企业大量购买原材料和供应品时，会得到数量上的价格折扣，在市场的竞争环境中对企业较为有利。这个时候，企业就需要对比大量购买所得到的价格及其折扣，以及相应增加的库存成本。其次，运输也与价格折扣相关，因为运输公司通常也会为大量运输提供运费折扣，由此获得的折扣与大量采购获得的折扣效果类似，都会产生一般性库存，但也需要对由此节约的成本与由此增加的库存的抵销程度进行综合考虑。最后，长时间生产同一种产品，企业生产这种产品的单位成本就会显著下降，但也会增加一般性库存及相应的管理。

### （二）安全性库存管理

处于市场竞争中的企业都要面对各种不确定性。对企业来说，社会经济环境发展变化日新月异，各种不确定因素更多，因此有多少客户会购买何种产品，以及何时购买这种产品，都具有很强的不确定性。而这些企业从供应商处获得这种产品，以及需要花费多长时间来处理相应的客户订单，不确定性更强。此外，提供运输服务的企业是否能提供可靠的物流服务，也是这些不确定性产生的主要原因之一。为了应对这些不确定性，企业必须进行额外的库存管理即安全性库存管理，以使企业保持安全库存，防止企业断货。

---

案例 7.4

### 可口可乐"1.5 倍安全库存"案例

可口可乐给终端送货，不是终端要多少就给多少，而是告诉终端应该进多少货，这就是可口可乐的标准作业流程：1.5 倍安全库存。可口可乐认为，决定进货量的因素有四个：一是送货周期，二是送货周期的正常销量，三是销量波动概率（可口可乐定为正常销量的 1.5 倍），四是陈货数量。于是，正常进货量应该为：1.5×一个送货周期正常销量－陈货数量。不要小看这个简单的"1.5 倍安全库存"，多少企业由于没有这种标准化的作业流程而导致下列问题：第一，不能有规律地送货，或送货的效率低；第二，要么占压客户资金，要么缺货，客户满意率低；第三，配送费用居高不下。

（案例来源：https://www.douban.com）

**启发思考：** 决定可口可乐进货量的因素还有什么？

---

## （三）季节性库存管理

物流与供应链管理中，有的产品例如农产品等，原材料的供应和产成品的需求等都会遇到季节性问题，由此而产生相应的库存管理，称为季节性库存管理。季节性库存管理中，原材料只在一年中某个时候才有，但全年需求稳定，因此生产出来的产品需要长时间存储才能被售出。当有原材料时，需要立刻将其转换为产成品，但是这通常会带来高存储和过期成本；或者存储原材料或预处理过的原材料，当有需求时再将其转换为产成品。

---

补充阅读

### 季节性波动规律

由于商品的供需层面存在着某些季节性变化特点，即随着季节的转换，商品供给或需求的增减趋势相对固定，这些商品的价格也因此带有季节性波动特性，我们将这种波动特性称为季节性波动规律。就农产品而言，通常在一年中特定的季节播种，经过生长成熟之后，又在另一个季节收获，这种生长周期的循环使得农产品相比基础金属或者化工品具有更加明显的季节性波动规律。投资者在研判农产品价格走势时，经常会参照其季节性波动规律。但是，大宗商品市场近年来金融属性不断增强，农产品价格的季节性波动规律稳定性在减弱，投资者以及相关品种的研究人员在适当参考农产品历史价格规律的基础上，需要更加灵活细致地分析当前供需情况，以适应越发复杂多变的市场环境。

例如，关于玉米价格季节性波动规律，有数据表明，2016 年 11 月至 2017 年 1 月，玉米期价基本处于上涨行情，4 至 7 月期价处于下跌行情，主要原因是饲料需求处于淡季。随着我国玉米基本面逐渐偏紧，2009 年至今市场走势发生明显变化，从 2016 年 10 月至 2017 年 2 月，玉米期价基本处于涨势，时间跨度明显放宽，4 至 6 月向下调整，7 月份一改往年的弱势行情，期价开始上扬，说明玉米需求大增，青黄不接的基本面下，7 至 9 月玉米整体维持较强的态势。一般美国玉米的海湾港口现货价格在每年的 9 至 10 月达到最低点，然后逐月上涨，到每年的 5 月达到最高价，接着又开始回落。伊利诺伊州中部地区的现货价格与海湾现货价格基本相同，于每年的 9 至 10 月触底后开始上涨，于 5 月左右达到最高价，之后又开始回落。因此，综合以上数据和分析，与玉米的生长期相结合来看，在玉米的收割期间，玉米现货价格处于最低位，而每年玉米播种的季节，玉米价格处于最高位。

（资料来源：https://zhidao.baidu.com）

**启发思考：**还有什么有季节性波动规律的产品？如何对这些产品进行季节性库存管理？

## （四）预备性库存管理

预备性库存管理是指企业为了应对异常的、会对企业产品供应来源造成负面影响的事件时，在库存管理方面做的准备工作，以保证相应库存的及时供给。例如罢工、原材料或产成品价格显著上涨、政治动乱或气候造成的供应短缺等。在这种情况下，公司必须保持相应的库存管理，从而"对冲"掉这些异常事件带来的风险，从而保证客户的满意和忠诚。

案例 7.5

### 糟糕天气制约美国烟叶生产

美国的烟草带——北卡罗来纳州山麓地带，其烤烟销售得一直非常好，直至气候变冷。2015 年 10 月初，位于北卡罗来纳州温斯顿-塞勒姆附近的老烟草拍卖行卖出了 400 万磅（1 磅约合 0.45 公斤）的烟草，这是一个非常好的销量。但是，去年 10 月中旬出现的致命性霜冻（在一些地区，可以达到结冰程度），对烟叶造成了严重打击。"当时，烟田里应该还有 500 万磅的烟叶没有采收。一些受到损害的烟叶被直接拔掉了。"当地一位烟农丹尼斯·怀特说，"这里的烟叶每磅卖到了 90 美分到 1 美元。"而在北卡罗来纳州威尔逊地区，烤烟的拍卖价格会更好一些。

"一些售价高达每磅 1.97 美元，而一些售价则仅为 20 美分。"在威尔逊，一个名为曼·马伦的烟叶经销商通过自己的仓库经营烟叶。他说："我曾不止一次听到烟农要将烟叶扔掉的消息。但我相信，最终没有扔掉烟叶的烟农对之后的拍卖会感到高兴。同时，寒冷的天气让我们以较低的价格获得了较高品质的烤烟。"

### 长时间降雨影响巴西烟叶产量

实现全球烟叶供需平衡是一项复杂的工作——尽管近两年全球整体烟叶产量超过需求，然而一些特殊地区和一些特殊等级烟叶却存在供应不足的情况。

巴西是一个重要的调香烟叶生产国。总部位于新加坡的纽科烟草贸易公司总经理雷纳·布施说，在 2015—2016 年烟草种植季，受厄尔尼诺事件影响，巴西遭受了长时间的降雨，而津巴布韦却遭遇了严重干旱，结果导致调香烟叶库存下降。他说："在烟叶收获季，如果这种气候状况仍然持续，那么烟草制造商会遇到很大麻烦。"

2015 年，巴西继续保持烟叶出口第一大国的地位，烟叶出口总额达 30 亿美元，是美国烟叶出口额的 3 倍。在很少或者直接不接受美国出口烟叶的国家，巴西烟叶占绝对主导地位，有些国家甚至只从巴西进口烟叶。

巴西烟叶质量一直很好，但今年的厄尔尼诺事件对该国的烟叶产量和质量造成了巨大影响。据悉，巴西烤烟产量会从 2015 年的 6.5 亿公斤减少到 2016 年的 5 亿公斤。受厄尔尼诺事件影响，今年巴西白肋烟产量会是有史以来最低的，仅为往年正常出口量的一半。

在巴西，近几年，烟叶每年种植面积约为 37.6 万公顷，烟农约 18.6 万户，烟叶年产量约 70 万吨，其中烤烟产量 60 万吨左右，其他为白肋烟和晾晒烟。大约有 20 万人从事烟草种植，主要分布在巴拉那、南里奥格兰德等四个地区，烟叶每公斤价格低于美国烟叶的价格。

由于近期该国货币贬值，巴西烟叶价格出现了下跌。巴西货币贬值对烟草发展有积极的一面，其出口产品在全球市场上会更具有竞争力，特别是相对于美国产品。但与此同时，进口产品会变得更加昂贵。巴西需要进口大量肥料，这样一来会造成烟叶生产成本的增加。

即使如此，巴西更具竞争力的价格还是促使全球烟叶经销商提高了对该国烟叶的采购量。

从历史角度看，汇率变化对烟叶生产国具有很大影响。在不利天气导致减产造成一些供应短缺的情况下，汇率变化将会影响美国烟叶销量，这样一来，烟叶制造商将转向巴西。

对巴西来说，欧盟是比美国更大的一个客户。2015年，欧盟成员国进口巴西烟叶的数量超过30万吨，但今年数量会有所下降。

（案例来源：http://www.weather.com.cn）

**启发思考**：该如何应对以上突发的天气原因造成的烟叶库存管理问题？

### （五）半成品库存管理

在物流物品的制造过程中，从原材料到半成品再到成品的过程中会产生相应库存，由此而产生的库存管理称为半成品库存管理。例如从原材料到半成品再到生产厂家的运输过程中或在制造组装汽车这类复杂产品的过程中，都会产生这种类型的库存管理，以降低相应的库存成本。不同情况下，半成品库存管理的优劣势不同，例如，航空运输通常是最快和最可靠的，但价格比汽车、铁路和海运运输更高，由此而产生的半成品库存也较小。

## 四、库存管理的方法

### （一）ABC库存管理分类法

ABC分类法又称帕累托分类法，也叫主次因素分析法，是项目管理中常用的一种方法。它是根据事物在技术或经济方面的主要特征，进行分类排队，分清重点和一般，从而有区别地确定管理方式的一种分类方法。由于它把被分析的对象分成A、B、C三类，所以又称为ABC分类法。

在18世纪，意大利经济学家威利弗雷德·帕累托通过长期观察发现，美国80%的人只掌握了20%的财产，而另外20%的人却掌握了全国80%的财产，而且很多事情都符合该规律。他的主要观点是，通过合理分配时间和力量到A类（总数中的少数部分），你将会得到更好的结果。当然忽视B类和C类也是危险的。他将以上思想用图表的方式表示出来，就是著名的帕累托定理。

帕累托定理的核心思想是管理者应当在决定一个事物的众多因素中分清主次，识别出少数的但对事物起决定作用的关键因素和多数但对事物影响较少的次要因素，分别制定相应策略，区别对待，以最大化企业效益。

后来，帕累托定理被不断应用于管理的各个方面进行研究，取得了丰富的研究成果。例如，1951年，管理学家戴克（H. F. Dickie）将其应用于库存管理，命名为ABC库存管理分类法。1951—1956年，约瑟夫·朱兰将其引入质量管理，用于质量问题分析，被称为排列图。1963年，彼得·德鲁克（P. F. Drucker）将这一方法推广到全部社会现象分析，使ABC法成为企业提高效益的普遍应用的管理方法。

戴克提出的ABC库存管理分类法，是将帕累托理论在物流与供应链管理的库存领域中的应用。该方法认为，库存管理中，ABC分类法是将物流物品按重要程度分为特别重要库存（A 类库存）、一般重要库存（B 类库存）和不重要库存（C 类库存）三个等级，根据不同类型的库存对相应的物流物品进行分类管理和控制的方法。

ABC 库存管理分类法的分类图中，有两个纵坐标，一个横坐标，几个长方形，一条曲线，左边纵坐标表示频数，右边纵坐标表示频率，以百分数表示。横坐标表示影响质量的各项因素，按影响大小从左向右排列，曲线表示各种影响因素大小的累计百分数。一般将曲线的累计频率分为三级，与之相对应的因素分为三类：

A 类因素，发生累计频率为 0~75%，是主要影响因素，要进行重点管理和控制。

B 类因素，发生累计频率为 76%~90%，是次要影响因素，要进行次要管理和控制。

C 类因素，发生累计频率为 91%~100%，是一般影响因素，要进行普通管理和控制。

目前，ABC 库存管理分类法已经成为了企业库存管理中常用的基础管理方法和分析方法，也是企业经济工作中的一项基本工作。一般来说，ABC 库存管理分类法的步骤主要包括收集数据、处理数据、制作 ABC 分类表、根据 ABC 分类表确定分类、绘制 ABC 分析图等。通过采用该方法，企业在库存管理中能取得多项收益，例如压缩总库存量、解放被占压资金、使库存管理结构合理化、节约库存管理成本等。

**（二）经济订货批量法**

企业每次订货的数量多少直接关系到库存管理水平和库存管理中总成本的大小，因此，企业希望找到一个合适的订货数量使它的库存管理总成本最小。经济订货批量模型就能满足这一要求，它通过平衡采购进货成本和保管仓储成本，确定一个最佳的订货数量，以此来实现最低总库存管理成本。该方法认为，经济订购批量是采购费用和保管费用之和，即总费用最少时的批量。其计算公式如下：

$$Q = \sqrt{\frac{2DS}{H}} \qquad\qquad (7-1)$$

补充阅读

**经济订购批量模型在某医药配送企业库存管理中的应用**

库存管理类似于生活中自来水水塔现象：水塔是个蓄水池，不停地漏水，快漏完的时候，就要迅速加水至满，保持平衡。某医药配送企业仓库管理，将其看成是集中大量采购，然后慢慢销售，快完的时候，再集中大量采购，如此循环。为了便于采用经济订购批量模型建模，把上面问题看得再理想化些：水塔的水是均匀漏的，加水时是瞬间加满的，该医药配送企业的某种药品的销售也是均匀地以一个固定的速度出库，采购的动作也是瞬间完成的。对于要解决的问题描述（水塔现象的对照）如下：

（1）水塔负责的小区居民，一年有1 000吨的用水量，每吨水的价格1元，每吨水的保管费用平均为一年0.1元，每次水泵抽水至水塔需要费用2元；根据这些数据，想到的结论是什么呢？那就是这个水塔要建立多大，每隔多长时间送一次水？一年的总费用是多少？

（2）该医药配送企业某种药品一年销售10 000箱，每箱进价100元，每箱货的保管费用平均为一年5元，每次供应商送货的手续费170元。根据这个数据，我们想知道：每次采购多少箱？多长时间采购一次？一年的总费用是多少？

根据经济订购批量模型，该医药配送企业一年的总费用＝商品的总进价＋全年的保管费＋全年订货手续费＝每箱进价×销售总箱数＋（每箱年保管费/2×销售总箱数）/订货次数＋每次订货手续费×订货次数。这里容易对全年的保管费的计算产生误解，认为全年的保管费＝每箱年保管费×销售总箱数，但实际不正确。举例来说，仓库月初进了30箱货，每箱每天的保管费用为1元，到月底的时候保管总费用是不是（1元/箱·天）×30箱×30天＝900元呢？实际上你要考虑到箱子在均匀出库这个事实，例如一天卖一箱，月底的时候刚好卖完，那么1号时候保管费用为30元，2号因为仓库只有29箱，所以保管费用为29元，以此类推，保管费用为30+29+28+⋯+1=450元。所以实际上全年的保管费＝每箱年保管费×∫（0，1）（每次订货量－销售总箱数×t）＝（每箱年保管费/2）×（销售总箱数/订货次数）。

（资料来源：https://zhidao.baidu.com）

**启发思考**：经济订购批量模型主要适用于什么类型的企业的库存管理？

### （三）多地点存货——平方根法则

企业在积极消除物流与供应链成本的过程中，需要寻求新的减少库存的库存管理方法，但该方法又不能对客户造成不利影响。目前能满足此要求，且较为流行的一种方法是多地点存货法，又称为平方根法则（Square Root Law，SRL）。该方法假定客户总体需求保持不变，通过评估当企业增加或减少库存地点时总体库存发生改变的程度来提高客户服务水平，为客户提供良好的客户关系管理。

平方根法则的基本原理是，现有设施数量除以将来设施数量的平方根，再乘以现有设施中的库存总量，就能得到将来设施中的库存总量：

$$X_2 = (X_1)(\sqrt{n_1/n_2})$$

式中，$n_1$——现有设施的数量；

$n_2$——将来设施的数量；

$X_1$——现有设施中的库存总量；

$X_2$——将来设施中的库存总量。

## （四） 象限模型

象限模型是另一种库存管理方法，其思想是将两种或两种以上的评价指标结合起来用以项目分组，并根据不同分组特征，制定相应策略，实现有效库存管理。一般来说，象限模型多以价值和风险作为评价标准，用于制造业企业的原材料、配件、零部件库存分类，也可用于成品库存分类。其中的价值是针对利润的，而风险是指缺货的负面影响。

象限模型的分类不仅影响库存政策，也会影响生产政策。如图 7.1 所示，高风险、高价值的库存项目（关键性项目）应重点管理，提前生产并存库，以确保充足供应；低风险、低价值的库存项目（一般性库存）则不需要过多关注，来单生产即可；日常性项目具有低风险、高价值的特点，可采用提前生产或来单生产的库存管理方式；特殊性项目则一般提前生产并存库，以保障及时供应。

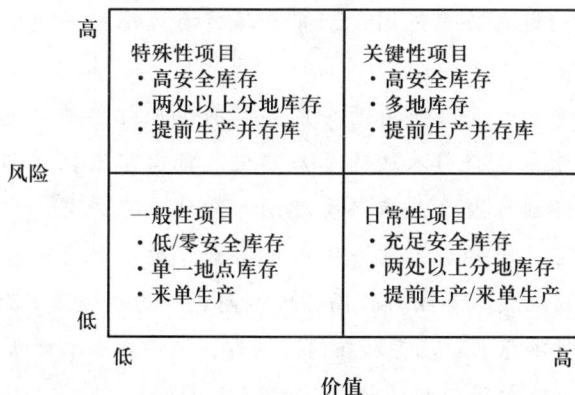

图 7.1 象限模型

案例 7.6

### 京东沃尔玛正式打通库存提速物流与供应链管理的库存管理

2017 年 8 月 8 日，京东与沃尔玛正式打通库存，在北京、上海、广州、深圳、成都、武汉六个城市展开试点合作，当时一个城市仅挑选一家试点门店，2017 年 12 月 7 日，合作范围进一步扩大至 80 家门店。

京东商城消费品事业部干货食品采销部总经理李昌明表示，与沃尔玛数月来的物流与供应链管理方面的合作令人满意。"未来的合作门店数将随着业务进度逐渐扩展。沃尔玛在全国范围内拥有 400 多家门店，随着业务推进，这些门店迟早将全面向京东放开。"

长久以来，京东拥有高效的供应链、优质的自营商品，但全球购、线下布局是痛点。沃尔玛则拥有庞大的线下实体店、丰富的国际商品供应链和强大的国际市场份额，但线上布局吃力。此项举措不仅使京东为沃尔玛提供了更大范围、更多数量的线上消费人群、更优质的购物物流体验以及更高效率的库存周转，同时沃尔玛可为京东解决城市中心线下门店、仓储、全球购问题，二者合作是多赢局面。

过去消费者在京东超市上购买商品，需要经历相对漫长的配送过程。如今，部分商品在出库后30分钟至1小时内就可以配送到家。这样的变化，源于沃尔玛及京东供应链库存打通后，京东商城内部分商品所经历的不一样的配送路径。

京东快递传统的配送流程是，消费者在京东下单商品后，京东系统确认订单、将订单提交至京东对应大仓。经过分拣、打包等一系列流程之后，商品从京东大仓内配送至消费者附近的配送站点，再由京东快递员配送到家。

京东在与沃尔玛进行供应链库存打通后，消费者在京东平台上下单，如果系统判定从消费者附近的沃尔玛门店配送是最优路径，后台就会发送指令给相应门店，由门店工作人员进行商品出库打包。如果沃尔玛门店内没有消费者所需的产品，或配送目的地相距沃尔玛门店超过3公里范围，京东仓库将无缝隙接手消费者下单产品，从初始路径进行配送。

打通库存的后台系统，每天将有两个固定时间生产订单并打包出库，京东配送员定时定点取件配送，未来也将引入达达参与配送。目前京沃合作品类集中在米面油等快消重物上，但后期不排除整个超市品类都纳入合作。京东与沃尔玛扩大供应链库存的合作，其实原因就在于节约成本及增强用户体验。对于电商平台而言，无论是仓储还是配送，快消品的物流成本都相对较高，可能高达平均物流成本的1.5倍至2倍。然而对于沃尔玛而言，货物原本就已存放在门店内部，不存在成本增加的问题。与此同时，这样的合作又能够提升沃尔玛门店的销售。无论对消费者、京东还是沃尔玛，这是一个三赢的举措。沃尔玛方面与京东合作的同时，自身仍会持续发展实体门店，以2017年为例，沃尔玛就开设了30~40家实体店，其中包括沃尔玛购物广场及山姆会员商店。

从项目发起到正式落地，京东与沃尔玛供应链库存打通全过程的时间并不长。该库存打通项目于2017年6月28日启动，在随后一个月的时间内，双方完成了选品、选试点门店、合同谈判与签署、系统设计与开发、运营标准制定、配送终端改造等模块，在8月4日开始在部分门店测试。如今在落地短短3个月后，双方便进一步扩大合作门店范围。

尽管过去数月之内的合作看上去十分高效，但零售业新贵与传统巨头之间的融合，也难免会遭遇一系列挑战。京东与沃尔玛合作的一个难点在于系统结算。京东引流沃尔玛的商品究竟是按照广告佣金来结算，还是按照京东采购沃尔玛库存的商品来结算？如果按照引流来计算，销售沃尔玛快消产品就势必影响京东自有的快消品业绩。如果按照采购来计算，如何确定采购价格、是否会影响京东的固有利润率则有待商榷。

京东与沃尔玛合作的重要挑战在于解决京东自营商品与沃尔玛商品的品类竞争问题，包括京东超市、京东生鲜的部分自营商品可能都会面临这样的问题，如何互补，在竞合关系中寻找共赢成为二者合作关键。

京东与沃尔玛在零售库存打通方面的探索，并非行业首例。阿里巴巴旗下盒马鲜生的库存已经与阿里巴巴生态内的后台进行打通，盒马鲜生门店周边3公里范围内的用户可享受最快30分钟免费配送服务。

此外，2017年8月，天猫超市推出"闪店"业务，称可实现3公里范围内1小时送达，首批36个"闪店仓"已覆盖北京五环内大部分区域。

（案例来源：http://tech.sina.com.cn）

**启发思考：**京东与沃尔玛的合作是如何彰显物流与供应链管理的库存管理"魔力"的？

## 第二节　供应链库存管理

### 一、供应链库存管理概述

#### （一）供应链库存管理的意义

1. 有效的库存管理是供应链管理成功实施的有力保障

库存管理作为供应链管理中的重要组成部分，广泛影响了供应链的其他环节，库存管理的有效实施对整个供应链低成本高效率运作起着重要作用，有利于在整个供应链上实现资源的优化配置以及达到供应链的整体最优。

2. 有效的库存管理是规避供应链管理风险的关键所在

供应链中，链条的运行使得供应链上下游企业之间的合作存在一定的不确定性。例如由于供应链各企业内部缺乏有效的控制机制造成供应链运行不稳定、各企业对需求预测水平具有一定的差异性、信息在供应链中的传递存在"牛鞭效应"等，这使得供应链中各企业必须承担由于这些原因而产生的缺货损失等一系列风险。

3. 有效的库存管理是衔接供应链上下游企业的重要手段

库存管理往往处于供应链上不同节点之间的衔接位置，因此，有效的库存管理有利于供应链上下游企业之间的有效衔接与配合。一方面，有效的库存管理可以防止供应链上一部分不确定因素导致供应链中出现库存过多和成本过高等现象，另一方面还可以通过对供应链各环节的良好衔接和配合保持供应链的稳定性。

4. 有效的库存管理是进行供应链客户关系管理的必然要求

供应链的库存管理中，产品以原材料、在制品、半成品、产成品等形式存在于供应链的各个环节，其库存费用占库存物品价格的20%~40%。因此，做好库存管理，对维持较低的库存和达到高效率运作都十分重要。并且，有效的库存管理还可以有效避免货损货差等现象发生，保证对客户交货的及时性，这对做好供应链客户关系管理将起到关键作用。

5. 有效的库存管理对供应链管理思想的发展推动作用巨大

供应链管理思想的发展需要供应链管理中各个因素的支持和推动，库存管理的有效实施，必将产生新的理论和方法，从而促进供应链库存管理的经验积累和理论思想发展，进而对供应链管理思想的发展将会起到进一步的推动作用。

补充阅读

## 牛 鞭 效 应

"牛鞭效应"又称为"长鞭效应"，是市场营销中普遍存在的高风险现象，指的是供应链上的一种需求变异放大现象，是信息流从最终客户端向原始供应商端传递时，无法有效地实现信息的共享，使得信息扭曲而逐级放大，导致需求信息出现越来越大的波动，此信息扭曲的放大作用在图形上很像一根甩起的牛鞭，因此被形象地称为牛鞭效应。

牛鞭效应是销售商与供应商在需求预测修正、订货批量决策、价格波动、短缺博弈、库存责任失衡和应付环境变异等方面博弈的结果，增大了供应商的生产、供应、库存管理和市场营销的不确定性。企业可以从6个方面规避或化解由于牛鞭效应而导致的需求放大变异的影响，即：订货分级管理；加强入库管理，合理分担库存责任；缩短提前期，实行外包服务；规避短缺情况下的博弈行为；参考历史资料，适当减量修正，分批发送；缩短回款期限。

（资料来源：http://www.baike.com）

**启发思考**：牛鞭效应在供应链哪个环节效应最明显？

### （二）供应链库存管理的分类

1. 按库存物资存在的状态分类

按库存物资存在的状态，可以分为原材料库存、在制品库存、产成品库存和备件库存管理。

原材料库存管理是指企业通过采购和其他方式取得的用于制造产品并构成产品实体的物品，以及供生产耗用但不构成产品实体的辅助材料、修理用备件、燃料及外购半成品等的库存管理，是用于支持企业内制造或装配过程的库存管理，这部分库存管理是符合生产者自己标准的特殊商品，它存在于企业供应链的供应阶段。

在制品库存管理是指已经过一定生产过程，但尚未全部完工，在销售以前还要进一步加工的中间产品和正在加工中的产品的库存管理，包括不同产品生产阶段的半成品库存管理，它存在于企业供应链的生产物流阶段。

产成品库存管理是指准备运送给消费者的完整的或最终产品的库存管理，这种管理库存通常由不同于原材料库存管理的供应链的其他职能管理部门来控制，如销售部门或物流部门，它存在于企业供应链的销售物流阶段。

备件库存管理是供应链中为了满足备件要求而设立的库存管理。

2．按库存用途分类

按库存用途，可划分为经常性库存管理、安全库存管理和季节性库存管理。

经常性库存管理指在正常经营环境下，企业为满足日常需要而进行的库存管理。

安全库存管理指为了防止不确定因素而准备的缓冲库存管理。

季节性库存管理指为满足特定季节出现的特定需要而进行的库存管理，或指为应对季节性出产材料而在出产季节大量收购而进行的库存管理。

3．按客户对库存的需求特性分类

按客户对库存的需求特性，可划分为独立需求库存管理和相关需求库存管理。

（1）独立需求库存管理是指客户对某种库存物品的需求与其他种类的库存管理无关，表现出对这种库存需求的独立性。从库存管理的角度来说，独立需求是指那些随机的、企业自身不能控制，由市场所决定的需求，这种需求与企业对其他库存产品所做的生产决策没有关系，如客户对最终完成品、维修备件等的需求。独立需求库存管理无论在数量上还是时间上都有很大的不确定性，但可以通过预测方法估算。

（2）相关需求库存管理是指与其他需求有内在相关性的需求。根据这种相关性，企业可以精确计算出它的需求量和需求时间，因此是一种确定性需求。例如客户对供应链企业产成品的需求一旦确定，与该产品有关的零部件、原材料的其他供应链环节需求就随之确定，对这些零部件、原材料的需求进行的库存管理就是相关需求库存管理。

### （三）供应链库存管理的特点

供应链库存管理不再是维持生产和销售的措施，而是一种供应链的平衡机制。企业通过供应链库存管理，能消除库存管理中的薄弱环节，实现供应链在库存上的总体平衡。概括地说，供应链库存管理具有以下特点。

1．供应链库存管理的目标是追求整体最优

供应链库存管理的目标是追求供应链全局库存的最优化。由供应链的整体性和系统性可知，供应链管理追求的是整个供应链的整体利益。因此，供应链库存管理不应只追求各节点企业单个库存点的成本最低，而是应该协调各个节点企业的库存活动，使整个供应链的库存成本最小化。

2．供应链库存管理需要先进的信息技术手段

信息共享为供应链库存管理提供了强有力的支持手段，先进信息技术的发展则使供应链库存管理更为有效。要使供应链的库存管理取得整体上的效果，需要增加供应链上库存管理的信息共享程度，使供应链的各个部门都共享统一的市场信息。现如今，建立

在 Internet 和电子数据交换（EDI）技术基础上的全球供应链库存信息管理系统，可以为供应链企业间库存管理信息的快速传递提供保证。

---

补充阅读

## EDI 电子数据交换技术

EDI 是英文 Electronic Data Interchange 的缩写，中文可译为"电子数据交换"。简单地说，EDI 就是按照商定的协议，将商业文件标准化和格式化，并通过计算机网络，在贸易伙伴的计算机网络系统之间进行数据交换和自动处理，俗称"无纸化贸易"。

EDI 的定义至今没有一个统一的标准，但是有 3 个方面是相同的：资料用统一的标准；利用电信号传递信息；计算机系统之间的连接。

EDI 将贸易、运输、保险、银行和海关等行业的信息，用一种国际公认的标准格式，通过计算机通信网络，使各有关部门、公司与企业之间进行数据交换与处理，并完成以贸易为中心的全部业务过程。

EDI 不是用户之间简单的数据交换，它需要用户按照国际通用的消息格式发送信息，接收方也需要按国际统一规定的语法规则，对消息进行处理，并引起其他相关系统的 EDI 综合处理。整个过程都是自动完成，无需人工干预，减少了差错，提高了效率。

EDI 系统由通信模块、格式转换模块、联系模块、消息生成和处理模块 4 个基本功能模块组成。联合国标准化组织将其描述成"将商业或行政事务处理按照一个公认的标准，形成结构化的事务处理或报文数据格式，从计算机到计算机的电子传输方法"。

（资料来源：https://baike.baidu.com）

**启发思考**：EDI 还可以应用到供应链其他哪些领域里？

---

3. 供应链库存管理策略和模型将更加复杂化

传统的库存管理策略和库存模型只考虑单一的库存点即单个企业的效益，而不是从供应链的整体角度分析，因此无法体现供应链的中心化、系统化控制的思想。此外，传统库存管理策略和模型的有关参数的确定和供应链库存管理的策略和模型的参数确定不同，导致后者将更加复杂化。

4. 供应链库存管理使各成员间关系更加复杂化

供应链上各节点企业间不仅仅是供应关系，而是一种战略协作关系，供应链各成员之间要高度信任，更要用具有法律效力的合同来保证这种协作关系。因此，供应链库存管理中的合同模型研究也十分重要。

### （四）供应链库存管理的要求

根据供应链库存管理的特点，从供应链整体效益最优角度考虑，供应链库存管理应满足以下要求。

**1. 要有高效的信息系统支撑**

供应链库存管理不仅涉及企业内部的库存信息传递，更多的是企业与企业之间的库存信息传递与交流，要确保供应链各个库存节点之间的有效沟通，必须保持库存信息通畅，低效率的信息传递往往导致上游企业获得的库存信息延迟或不准确，这势必会促使上游企业增加库存来应对库存信息的不确定，而这会违背供应链管理的思想。因此，供应链库存管理必须要有高效的信息系统，通过实现库存信息系统的网络化来确保库存信息在供应链中快速、及时、有效地传递，只有这样，才能避免因库存信息传递的不及时和不准确导致整个供应链的库存管理瘫痪或失效。

**2. 要有供应链管理的整体观念**

虽然处在供应链各个节点的库存企业具有相对独立性，有各自的经营战略和目标，但作为供应链中的一部分，它们又是相互联系和影响的，有着共同的目标和利益，是一个不可分割的有机体。供应链的整体库存绩效有赖于各个供应链节点的库存绩效。因此，进行供应链库存管理也必须树立供应链管理的整体观念。

**3. 上下游企业之间要有良好的沟通与协作**

供应链库存管理中，各节点企业为应付不确定性，都持有一定的安全库存，这是企业采取的一种应急措施，但是要维持较高的安全库存，企业需在人力、物力、财力等方面付出较高代价。要确保供应链库存管理真正有效实施，就必须要求涉及供应链库存管理的上下游企业之间保持良好的沟通与协作，这样才能实现供应链整体效益的最优。

**4. 库存管理策略要更加复杂化**

在供应链库存管理中，各节点企业库存管理目的都是为了保证供应链运行的连续性和应付不确定性需求，而随着客户需求不断变化，这些连续性和不确定性都日益复杂。因此，供应链库存管理要不断吸收先进理念，采取更加复杂化的策略。

**5. 更加需要应用供应链库存管理技术**

由于现代社会经济等发展迅速，使供应链库存管理也发展到了一定程度，因此具有一定的复杂性。为了确保供应链库存管理各成员之间商流、物流和信息流的有效运作，就必须有先进信息技术的支持，比如电子数据交换、无线射频（RFID）技术等。

### （五）供应链库存管理的作用

从供应链库存管理的特点和要求来看，供应链库存管理作用主要有下面几个方面。

**1. 减少重复库存**

供应链上的零售商需要建立安全库存，进行安全库存管理来防止分销商出现货物脱销情况，而分销商也需要建立安全库存，以防止生产商出现供货不足的情况，由于供应链的各个节点都存在不确定因素，而且没有相互间的沟通与合作，所以就出现重复库存。合理规划安排供应链库存管理中的库存点和控制系统就可以减少重复库存。

2. 减少安全库存量

供应链中的全部库存管理可通过集中库存，进行集成管理，将所有库存管理成员间的信息沟通、责任分配和相互合作理顺，使之协调运作，这样就可以减少供应链上每个成员的不确定性，减少每个成员的安全库存量。

3. 降低供应链成本

较少的库存会减少资金占用量、仓库固定费用支出，实施有效的供应链库存管理，能降低库存管理费用，从而降低供应链物流总成本。

4. 减少牛鞭效应影响

通过供应链库存管理中的信息共享，下游库存点可以和上游库存点共享客户或客户的需求信息，从而更好地满足各级客户需求，降低牛鞭效应的影响。一般来说，供应链库存管理信息共享程度越深，存在牛鞭效应的危险性就越小。

**（六） 供应链库存管理的技术**

供应链库存管理涉及供应商、制造商、分销商以及零售商等多个供应链环节组成的商流、物流和信息流运作，这些都需要先进的信息技术作为强有力的支持和保障。目前，供应链库存管理中的先进信息技术主要有：电子数据交换（EDI）技术、无线射频技术（RFID）、条形码技术、Internet/Intranet 技术、电子订货系统（EOS）、电子资金传输（EFT）、电子商务（EC）、全球定位系统（GPS）等。这些先进的信息技术不仅提高了供应链库存管理的可靠性和准确性，而且降低了作业费用，提高了作业效率。

**（七） 供应链库存管理的方法**

目前比较先进的供应链库存管理方法主要有以下几种。

1. 供应商管理库存

供应商管理库存（Vendor Managed Inventory，VMI）是一种新的供应链库存管理模式，是指供应商等上游企业基于其下游客户的生产经营、库存信息，对下游客户的库存进行管理所涉及的计划、组织、领导和控制等工作。

VMI 是一种供应链集成化运作的决策代理模式，将客户的库存决策权代理给供应商，即由供应商代理分销商、批发商行使库存决策权。VMI 是一种供应链库存集成管理策略和方案，是以一定的信息技术手段掌控销售资料和库存量，借由销售资料得到消费需求信息，作为市场需求预测和库存补货的解决方法。供货商利用 VMI 系统可以更有效地制订计划、更快速地反应市场变化和满足客户需求。因此，VMI 系统可以用来降低库存量、改善库存周转率，进而维持库存量最佳，而且制造商、供货商与批发商、零售商以及分享重要信息的双方或多方都可以改善需求预测、补货计划、促销管理和运输配送计划等作业。

VMI 由传统的商流、物流通路产生订单进行补货，变成供应链中以实际或预测的客户需求进行补货。该系统可应用于供货商与批发商之间、供货商与物流/配送中心之间等，目前应用最广泛的是前者，供货商以批发商的出货资料作为补货的参考。就供应链库存管理的长期发展而言，VMI 系统会进一步应用于零售端点，以实际销售资料作为补货依据。

实施 VMI 策略是建立供需双方或多方信息共享基础上的 VMI 系统。图 7.2 是 VMI 的基本模式，主体主要包括制造商、供应商与批发商，并考虑到零售商的作业流程的基本关系。

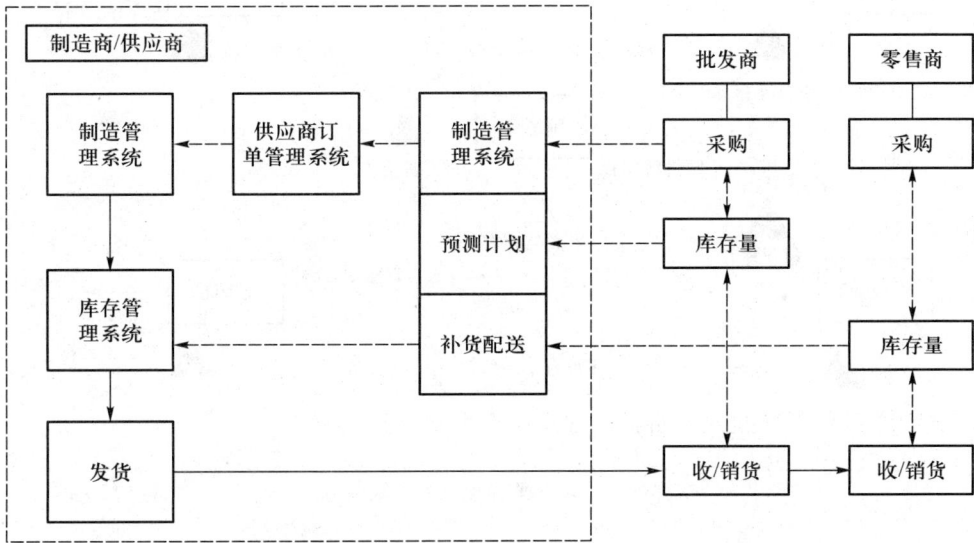

图 7.2　供应商管理库存基本模式

从图 7.2 来看，供应商管理库存策略的实施可以分为以下几个步骤：

（1）建立客户需求信息系统，掌握客户需求变化情况。

（2）建立与库存相关的销售网络管理系统，保证库存信息和物流畅通。其内容包括条形码的可读性和唯一性；产品分类、编码的标准化；物品在库存过程中的准确识别等。

（3）建立供应商与销售商/批发商及零售商的合作框架协议，确定订单业务流程、库存控制参数以及库存信息传递方式等。库存控制参数有再订货点、最低库存水平等，库存信息传递方式有 EDI 或 Internet/Extranet 等。

（4）调整组织机构及运行机制，形成协调运作的体系。VMI 策略改变了供应商的组织模式，在订货部门产生新职能，开始负责客户的库存控制、库存补给和物流服务水平。

综合以上分析得知，VMI 可以提供更好的客户服务，增加公司竞争力，提供更精确的预测，降低营运成本，准确计划生产时间与批量，降低库存量与库存成本，进行有效的配送等，可应用于从上游的原料供货商到下游的零售商等构成的供应链库存管理的通路中。

2. 联合管理库存

联合管理库存（Jointly Managed Inventory，JMI）是一种在 VMI 的基础上发展的供应链上游企业和下游企业权利责任平衡和风险共担的库存管理模式。其具体表现形式是，供应链上两个或多个成员组织共同参与库存计划、控制等库存管理过程。图 7.3 介绍了联合管理库存的一般模式。

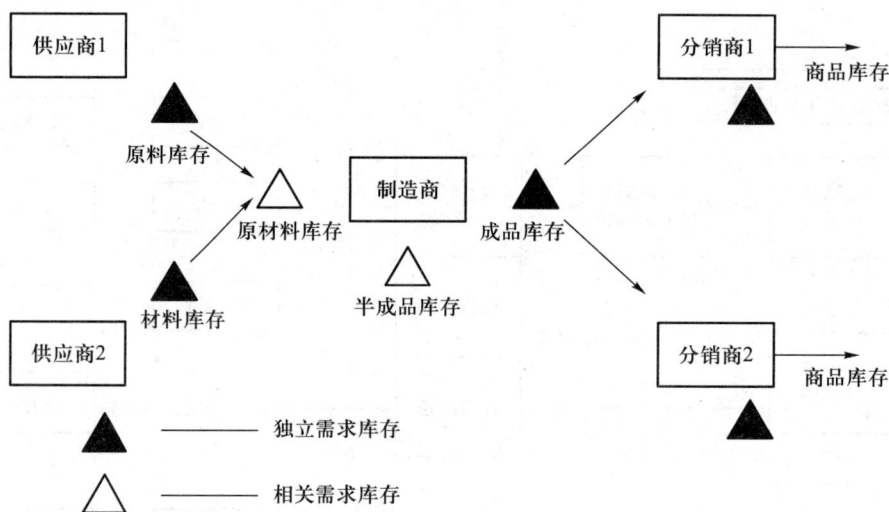

图 7.3 联合管理库存的一般模式

联合管理库存是通过供应链库存管理成员间的联合、协调机制，提高供应链的同步化程度，以解决因供应链各个成员企业相互独立的库存运作模式而导致需求变异或加速放大、库存增高等现象的一种有效方法。

在联合管理库存的一般模式中，各个成员企业都存在独立需求库存和相关需求库存。供应链库存管理成员采用联合管理库存的基本思想，是通过需求信息共享机制，减少或消除需求失真，在尽可能降低长鞭效应影响的基础上，将部分独立需求库存转存为联合库存，以降低供应链安全库存、平均库存水平。

显然，供应链环节使各方相互衔接，共同参与库存计划和管理，其联合库存是从相互之间协调、取得协同效应考虑，使供应链相邻成员之间的库存管理对需求预期保持一致，从而消除了需求变异或放大的现象。在这种模式下，供应链库存管理相邻成员的节点需求的确定都是供需双方协调的结果，这样库存管理不再是各自为政的独立运作过程，而是供需的连接枢纽和协调中心。因此，这种模式具有以下优点：

（1）库存管理成为供需双方信息交流、业务运作和利益协调的枢纽，可以暴露库存管理中的缺陷，为改善供应链管理水平提供依据。

（2）减少了供应链需求扭曲现象，降低了库存的不确定性，提高了供应链库存管理的合理性和稳定性。

（3）为实现供应链同步化运作提供了条件，也为实现准时采购、零库存管理、精益供应链管理奠定了基础。

（4）体现了供应链管理的信息共享、资源共享和风险分担的原则。

（5）为促进供应链成员企业外包库存外的其他非核心业务提供了条件和保障。

案例 7.7

**武汉中百物流配送有限公司应用第三方物流策略实施联合管理库存**

武汉中百物流配送有限公司是武汉中百集团股份有限公司下属子公司，拥有自己的大型商品配送中心和农产品加工配送基地；有自己大型的库存基地和现代化的机械设备；运用了先进的管理信息系统和智能化仓库技术，从而优化了企业的供应链，形成了较为完善的物流配送体系。

（1）使物流公司成为第三方，并通过自我完善，成为合格的业务外包商。对于中百物流公司来说，可采取股权多元化或兼并重组的形式——具体可采取和其他同类型企业合并，引进其他社会资本入股等，改变利润分配方式。中百物流公司的利润分配要从原有中百集团的核算模式中独立出来，自我经营，自负盈亏，无论服务对象是中百集团还是集团外企业，一律按市场规则进行交易，从而分摊固定资产成本。开发更大的市场及新的客户。利用武汉作为湖北省会城市及九省通衢的区位优势，辐射湖北省乃至中南六省。对于新的供应链，进行流程再造和组织结构重组。引进新的信息技术完成对新供应链的固化。

（2）协调中心的组成及其功能。人员应该由供方和需求方派出高层管理人员和相关专业人员组成，可采取委员会的形式，由核心企业派出人员担任主席。委员会成员平时可采用传真、电子邮件、电话等形式加强联系。有条件的话，每半月可以进行一次视频会议或委员会成员聚在一起讨论存在的问题并提出解决方案。委员会主席负责召集委员会成员定期对供应链的绩效进行评价，提出会议讨论的主题，形成会议决议，并要监督控制决议的执行。

（3）协调库存中心的职能：负责供应链协调管理机制的建立包括建立供应链共同愿景；会同第三方物流公司确定联合库存的协调控制方法包括库存如何在多个需求商之间调解与分配，库存最大量和最低库存水平，安全库存的确定，需求预测等；对参与协调库存管理中心的各企业和各级供应部门进行有效激励，防止机会主义行为，增强协作性和协调性，倡导并监督供应链信息技术实施，要将条码技术、扫描技术、POS 系统和 EDI 集成起来，并且要充分利用 Internet 的优势，在供应链中建立畅通的信息沟通桥梁和联系纽带；负责供需双方信息反馈；依据供应链绩效平衡记分卡评价整个供应链的业绩，并提出改进措施及监督执行；负责同第三方物流公司确定交易规则及对第三方物流企业联合库存管理的业务进行考核，并要求其持续改进。

（4）第三方物流企业的职能：负责从供方到需方的物流管理，尤其是联合仓库的管理；在第三物流公司和供方，第三方物流公司和需求方交流信息；就交易规则同协调库存中心进行谈判，并定期和协调库存中心之间进行行为的协调一致。

（5）交易规则的建立：交易规则的内容由协调库存中心负责拟定；内容应包括第三方物流公司提供物流管理及仓库管理的资格审查，对第三方物流公司的业绩考核体系，费用的支付方式、支付时间，对第三方物流公司履行随供应链的发展持续改进承诺的评估等。

（6）供方和需方提供的职能：互相配合，进行拉式供应；取消或只保留少量库存；不断利用信息技术固化供应链新的流程。

该解决思路把供应链中联合管理库存的工作交给第三方物流公司，能够极大地提高整个供应链的效率和服务水平。以第三方物流公司作为联合管理库存思想的实施载体的观念，将被越来越多的本土企业所采用，从而达到供应链优化，实现整个价值网络快速增值的目标。

（案例来源：http://blog.sina.com.cn）

**启发思考**：武汉中百物流实施联合管理库存的优缺点是什么？

## 二、与传统库存管理的区别

从上述对供应链库存管理的概述来看，供应链库存管理把供应链中所有节点企业看作一个整体，涵盖了整个供应链中从供应商到最终客户的采购、制造、分销、零售等职能领域和过程。因此，供应链库存管理与传统库存管理有一定区别，具体包括以下几点。

（1）管理范围不同。传统库存管理是只对本企业的库存进行管理，企业往往各自为政，采用自己的库存控制策略，且库存信息与上下游企业相互封闭；供应链库存管理是为了整个链条上的库存结构及所占资本最优，要求对供应链中所有节点企业库存进行统一管理。

（2）管理目标不同。传统库存管理是为了保证本企业的生产、销售等环节顺利进行；供应链库存管理不再将库存当作维持生产、销售等的措施，而是作为一种平衡供应链的机制，并通过库存控制获得客户服务与利润的优化。

（3）管理方式不同。传统库存管理只是基于单纯的交易层次，由订单驱动，静态、单级管理库存，忽略了上下游企业间的协同；供应链库存管理不再单独属于链条中某一企业，库存的管理权由供应链整体协同计划决定，以保证链条中各存在主体有系统协作的观念，从而使供应链整体库存成本削减，最终使供应链总成本减少。

# 第三节　典型系统

## 一、双堆和三堆系统

双堆库存系统也称双箱系统，属于固定订货量系统。当库存管理系统使用连续监测的方法来进行补充订货时，跟踪库存管理水平的变化是非常重要的。因此，找出一种简单且直观的方法，在库存管理水平达到再订货点时提醒库存管理人员是非常必要的。尤其是在需要管理的库存种类非常多的时候，双堆和三堆系统能较好实现此目标，简化库存管理。

双堆系统比较简单，它要求将再订货点库存和安全库存放在第二个箱子里，平时使用的库存放在第一个箱子里，如果第一个箱子空了，就相当于一个信号，提醒库存管理人员应该进行补充订货了。两个箱子可放在一块儿，二者之间只要有东西隔开就行。双堆系统操作的关键是将库存分为两部分，在一部分没有用完之前另一部分保持不动。

双堆系统采用的是定量订货模型（Q模型），最主要的优点是不用保持连续的库存管理水平，订货点由肉眼来判定。双堆系统也可仅用堆来实现，例如在一个库存容器内做出物理标记，当库存水平降至该物理标记时，就发出订货。双堆系统适用于廉价和前置时间短的物品的库存管理，如办公用品、螺母、螺栓等。

有时安全库存会被单独放在第三个箱子里，这时就成为三箱系统，这样库存管理人员就可以更加准确地判断出需求是否超过了预期水平。

## 二、定期库存管理系统

定期库存管理系统是每隔固定时间就检查库存，确定库存余额，并发出订货量，该订货量等于最高库存管理水平与库存余额的差。这种库存管理系统的检查期是固定的，订货量、需求率和订货点（检查时的库存余额）是可变更的。用这种系统进行库存管理，可以对多种物品规定同一长度的检查期，但要对每一物品规定最高库存管理水平，具有的优点很多，例如能一次办理多种物品的订货，订货费用低；一次订货金额大，易于获得供应商按一次订货总金额提供的价格折扣；订货量大，使运输工具得到有效和经济的利用，从而降低运输成本。

## 三、最大最小库存系统

最大最小库存系统又称为非强制补充供货系统，是连续库存管理系统和定期库存管理系统的混合物。该系统是每隔固定的时间就检查库存并确定库存余额，当库存余额小于等于订货点时就发出订货，订货量等于最高库存水平和库存余额的差。该系统由检查期 T、最高库存水准 E 和订货点 ROL 三个变量确定。该库存管理系统由于不一定在每次检查时都订货，故订货次数较少，从而可节省订货费，但是对安全库存要求较高。

## 四、准时生产计划系统

准时生产计划系统也称 JIT 系统，来自美国的看板系统，是由丰田汽车公司开发的。该系统是指在所需要的时刻，按所需要的数量生产所需要的产品（或零部件）的生产模式，其目的是加速半成品的流转，将库存积压减少到最低限度，从而提高企业生产效益。准时生产计划系统的实质是保持物质流和信息流在生产中的同步，实现以恰当数量的物料，在恰当的时候进入恰当的地方，生产出恰当质量的产品。

> 案例 7.8
>
> ### 三洋科龙的 JIT 系统
>
> 广东三洋科龙冷柜有限公司由日本三洋株式会社和国内制冷龙头企业科龙集团合资组建，日资控股。由于在生产过程中，遭遇生产周期长、交货周期长、生产现场产品囤积、库存过高等问题，造成理论成本的积压和浪费。因此三洋科龙决定进一步引入准时生产计划系统来改善生产作业。在导入准时生产计划系统初期，三洋科龙大幅改变其企业文化和业务流程。
>
> 在充分获得最高领导的支持下，三洋科龙坚定地实施准时生产计划系统。企业首先评估了准时生产计划系统可能带来的利益和可能产生的问题，接着选择一条生产线做试验，在取得成功经验后进行了全面实施，从而保证了企业稳妥运作。三洋科龙公司在导入准时生产计划系统后，由于资源有效拉平，达到了每日生产平稳的目的，并且通过自动化设备辅助，提高了生产率和产品质量。
>
> （案例来源：http://www.docin.com）
>
> **启发思考：**三洋科龙的 JIT 系统有哪些优点？

可见，准时生产计划系统是通过生产的计划和控制及库存管理，追求一种无库存，或库存达到最小的生产计划系统。为此，准时制生产开发了包括"看板"在内的一系列具体方法，并逐渐形成了一套独具特色的生产经营体系。看板指的是安装在日本工厂内运送少量所需部件与其他物料的手推车上的信息指示牌，每块指示牌精确地记录着必须的补货数量和再供应活动发生的确切时间。

一般来说，准时生产计划系统包含四个主要要素：零库存、短的提前期、小而频繁地补货批量、高质量或零缺陷。准时生产计划系统这种现代的配送、生产、库存和进度管理方法，是一种基于在企业需要物料的精确时间内配送精确数量物料的操作性概念，做到库存成本最小化。准时生产计划系统能够提高质量和减少浪费，也能完全改变企业实施供应链库存管理的方式。现在，准时生产计划系统在日本除库存管理外，还在其他领域得到了广泛应用，例如已经被应用到全面质量管理、销售合作伙伴关系和员工团队文化等方面。

通过贯彻执行极小的批量和非常短的提前期，准时生产计划系统能够显著地缩减提前期。例如，丰田公司通过采用准时生产计划系统，当制造叉车时，包括最终装配、局部装配、制造和购买的物料积累提前期缩短到了一个月，而美国叉车制造商的提前期一般是 6~9 个月。而且，有效实施准时生产计划系统，还能显著降低零件和物料存货、在产品和产成品，从而能做到合格和精确的管理物料和实体配送。

案例 7.9

### 海尔的 JIT 系统

由于物流技术和计算机信息管理技术的支持，海尔物流通过国际物流中心的 3 个 JIT，即 JIT 采购、JIT 配送和 JIT 分拨物流来实现同步流程。目前通过海尔的 BBP 采购平台，所有的供应商均在网上接收订单，并通过网上查询计划和库存，及时补货，实现 JIT 采购；货物入库后，物流部门可根据次日的生产计划并利用 ERP 信息系统进行配料，同样根据看板管理 4 小时送料到位，实现 JIT 配送；生产部门按照 B2B、B2C 订单的需求完成订单后，满足客户个性化需求的定制产品就会通过海尔全球配送网络送达到用户手中。

目前海尔在国内建立了 42 个配送中心，每天可将 500 000 多台定制产品配送到 1 550 个海尔专卖店和 9 000 多个营销点，实现分拨物流的 JIT，在中心城市实现 8 小时配送到位，区域内 24 小时配送到位，全国 4 天内到位。

在企业外部，海尔 CRM 和 BBP 电子商务平台的应用架起了与全球用户资源网、全球供应链资源网沟通的桥梁，实现了与用户的零距离。在企业内部，计算机自动控制的各种先进物流设备不但降低了人工成本、提高了劳动效率，还直接提升了物流过程的精细化水平，达到了质量零缺陷的目的。

（案例来源：http://www.sohu.com）

**启发思考**：海尔的 JIT 系统有哪些优点？

## 五、物料需求计划系统

物料需求计划系统也称为 MRP 系统，包括逻辑相关程序、决策规则以及把主生产作业计划转化为各个时间段的净库存需求的记录，该类计划系统包括所有实施这种进度安排所需要的部件信息。由于主生产作业计划、需求、库存状况的变化，或者产品构造的变化，该类系统重新计划了净需求和系统包括的范围，以符合目标要求。

物料需求计划系统的目标有三个：一是确保满足计划生产和客户配送要求的物料、

部件和产品的可获得性；二是尽可能保持最低的库存水平；三是要为制造、配送和采购制定计划。图 7.4 是物料需求计划系统的基本流程。

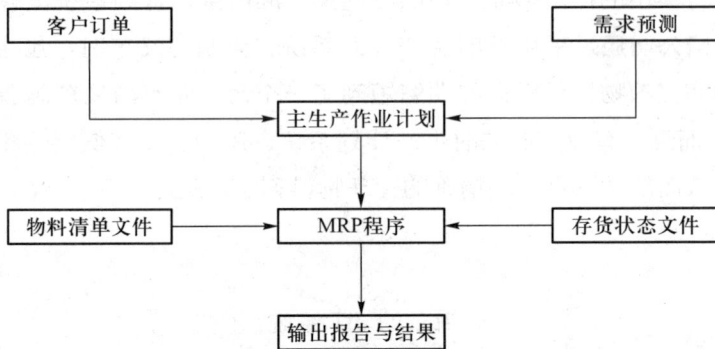

图 7.4  物料需求计划系统基本流程

案例 7.10

### 胜利油田物料需求计划系统

胜利油田物料需求计划采购流程图如图 7.5 所示。计划制定流程可表述为：首先明确物资采购中各部门职能，各部门分工明确后，客户对所需物料量进行计划提报，物料供应处收到物料需求计划书后，进行审批并制定具体的采购方案，采购方案报上级领导审批后，开始对系统内的供应商采取招投标等方式进行筛选，确定供应商后，开始确定物料采购的价格，并与供应商签订采购合同，采购合同经上级领导审批后生效，合同生效后通知供应商发货，货物送达后对货物进行现场检验，合格后做入库处理并分类登记。

在物料需求计划管理方面，胜利油田根据所需物料编制并审核物料需求计划，准确描述所需物料名、规格、数量、技术质量标准与要求、交货时间等要素。同时生产、技术等部门对提报的物料需求计划的及时性、准确性选行监督考核。审批后的物料需求计划立即提报供应处，保证合理采购周期。

物料供应处计划人员依据已经审批的物料需求计划和物料储备定额平衡库存后，及时编制物料采购计划，提出采购数量、质量要求、交货期、采购方式及供应商选择方案。物料供应部门负责人审批物料采购计划。采购计划必须符合一般物料采购范围、权限划分和股份公司总部集中采购实施办法。物料供应处编制完采购计划后，在胜利油田内网中根据需求计划选择 3~5 家供应商，制作采购方案提交分管副总审核。

在供应商选择原则方面，由胜利油田对供应商考核、评估、优选，中石化总公司建立公司一级供应商网络，胜利油田供应部门负责对一级供应商网络，没有包括的物料品种建立二级供应商网络。一、二级供应商网络实行动态考核和优胜劣汰的机制，构成保证生产建设所需物料的胜利油田供应商网络体系。

物料供应处采购人员采取询比价采购、招标采购、网上采购等公平竞争的方式，属于总部集中采购物资，必须在公司物料装备部确定后的总部直接集中采购供应商和总部组织集中采购供应商名单内选择供应商，在其他物料一级供应商网络内选择产品质量过硬、价格有竞争力、业绩良好的供应商，由物料供应处部门负责人或总公司分管领导审核后确定供应商。

采购合同经上级领导审批生效后开始通知供应商发货，供应商依照合同内容将物料送至质监部门，经相关质检人员检验后出具质量检验报告。不合格产品由供应部门办理退货索赔事宜。物料供应部门仓储人员及负责人进行外观和数量检验，办理验收入库，无质量检验合格报告或外观检验不符合合同要求不得办理入库。入库单事先连续编号。验收合格后，按合同条款规定通知财务部门付款给物料供应处，物料供应处扣除保证金后付款给供应商，采购完成。

（案例来源：王振龙. 胜利油田物料需求计划管理研究，中国石油大学，2012.）

**启发思考**：胜利油田的物料需求计划管理是否能够进一步改进？

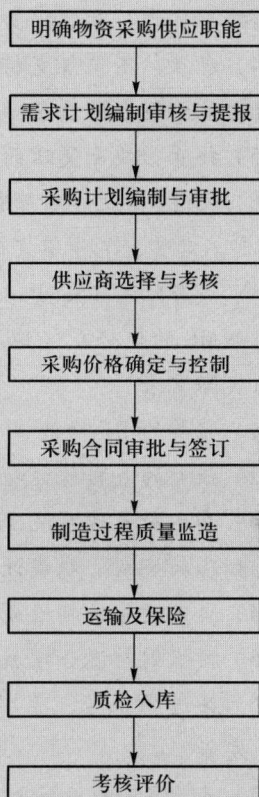

图 7.5 胜利油田物资采购业务流程

## 六、智能库存管理系统

智能库存管理系统是实时的计算机软件系统，能够按照物流与供应链运作的业务规则和运算法则，对信息、资源、行为、库存和分销运作进行更好的管理，使其最大化满足有效产出和精确性的要求。

---

补充阅读

### 正取代 ERP 库存管理的智能库存管理系统 WMS

ERP 的库存管理存在以下不足：

（1）收货：无法对有包装与无包装的货物进行区别处理，缺乏收货时的不同流程的规则指引。如建议哪个库位、走哪个运送线路等。

（2）上架：缺乏灵活的上架策略和规则定义，无法实现最大程度缩短输送距离，提高储存空间利用率，以及储位优化。

（3）拣货：缺乏灵活的拣货方式，如不仅仅是按单个订单或合并订单，还需批量拣货、按车拣货、散装拣货、按灯拣货等。

（4）盘点：不仅仅支持冻结库存打印盘点清单，还需要同时支持 RF 的盘点。缺乏灵活的基于规则的盘点触发定义。缺乏对于实时盘点和循环盘点的支持。

（5）补货：缺乏灵活的补货触发机制，不能实时分析补货需求。

（6）配送：缺乏多种领料、发料的规则。缺乏配送的灵活定义，如取货看板、定时定量、定时不定量、定量不定时、按灯叫料、工序、工位节拍配送。模块化供货（Modular Supply）、成套配送（Set Parts Supply）、混流顺序计划 JIS（Just In Sequence）等。

而 WMS 的优势在这些方面表现得淋漓尽致，更加细致，更加全面，适合中国制造企业的实际需求。

（1）完善的 RF 功能，可以完成所有事务。

（2）强大的直接转运功能。

（3）和运输管理系统 TMS 集成，包括整车运输、零担运输、包裹运输、最短路径优化，如路径规划、积载计划、按区腾货等。

（4）自定义货物抽检或全检方案。

（5）按规则对混合摆放货物的托盘进行入库分拣上架。

（6）先进的批号、系列号管理，完成通过批号、系列号进行分配、分拣、盘点、配送、发货。

（7）基于灵活的规则波次计划管理，极大提高工作效率。（波次计划管理是提高拣货作业效率的一种方法，它将不同的订单按照某种标准合并为一个波次，指导一次拣货。）

（8）与人员管理优化、储位优化集成，提供整体优化。

（9）提供客户驱动的入库、出库的增值服务，支持客户的特殊需求，如特殊包装等。

（10）可以预先定义货物间的替代关系，并定义级别。发生缺货时，可以自动寻找可替代的货品，提高客户服务水平和库存利用率。

（11）可以预测人员、安排人员需求，并监控分析实时完成情况，避免加班与工作瓶颈出现。

（12）可以进行多种跟踪活动，如追溯工作由谁完成、开始与结束时间等。支持更加复杂的人员管理。

（13）支持多种库存分配算法，如先进先出（FIFO）、先结束先出（FEFO）、后进先出（LIFO）等。

（14）包括车辆管理、月台管理、车辆预约排程计划管理等。

（15）支持立体仓智能管理、自动装卸、AGV 小车管理等智慧仓储。

（资料来源：https://www.zhihu.com）

**启发思考：** 还有什么先进系统能取代 ERP 库存管理系统？

智能库存管理系统包括一套系统的软件、硬件和管理经验。

（1）智能库存管理系统中的软件指的是支持整个系统运作的软件部分，包括收货处理、上架管理、拣货作业、月台管理、补货管理、库内作业、越库操作、循环盘点、RF操作、加工管理、矩阵式收费等。

（2）智能库存管理系统中的硬件指的是用于打破传统数据采集和上传的瓶颈问题，利用自动识别技术和无线传输提高数据的精度和传输的速度。

（3）智能库存管理系统中的管理经验指的是开发商根据其开发经验中客户的管理方式和理念整合的一套管理理念和流程。

案例 7.11

### 屈臣氏通过采用先进智能库存管理系统提高竞争力

广州屈臣氏个人用品商店有限公司（以下简称屈臣氏）在全国各地有多家分店，但传统的物流与供应链模式已经开始显露其弊端，主要表现为各个环节相互割裂，没有整合。

（1）传统模式是按屈臣氏销售部门的要求进行库存。

（2）传统模式只是由原材料供应商到制造商再到屈臣氏的库存。

（3）传统模式受到传统体制的影响，原材料供应商、制造商、物流企业各自为政，库存信息采集不全，各自只是单一环节的管理。

由于屈臣氏早期的库存管理系统不够智能化和高效率，反应不够快速，为此屈臣氏采用了全球第三大企业管理软件供应商的智能库存管理系统，在同类软件中处于领先地位，主要功能包括：库存管理——多单位测量、批次控制和弹性重量，改进库存准确性和可视性；货位优化——能够在一定范围拣选面/位中合理地安排SKU，适应多变需求；场地管理——协调场地移动与收货和订单履行，改进可视性、生产力和安全性。

屈臣氏库存管理系统通过运用条形码自动识别技术和无线网络进行数据传输，记录并跟踪物料在企业内部物流库存管理系统中的各个环节，帮助企业的物流管理人员对库存物品的入库、出库、移动、盘点、配料等操作进行全面的控制和管理，有效地利用库存空间，提高仓库的库存能力，使物料在使用上实现先进先出，最终提高企业仓库管理系统存储空间的利用率和企业物料管理的质量和效率，降低企业成本，提高企业市场竞争力。

1. 入库管理

入库管理建立与ERP采购计划和到货计划的接口，从物料入库到入库检验和上架进行严格的流程控制。并可根据既定的规定对物料的存放地点（库位）进行指定，做到物料的有序存放，并实现准确的批次处理。

**2. 出库处理**

根据出库计划指定出库物品的具体位置及数量，采用扫描方式提高出库速度和准确度，避免人工操作的失误。针对制造企业和物流企业库存管理系统，出库操作分别设定了不同的出库类型和模式。

**3. 动态盘点**

库存管理系统盘点使用手持终端进行实时扫描录入操作，盘点速度快，准确度高。支持动态盘点，盘点过程不影响正常的出入库操作，为连续运行的库存提供准确的动态盘点管理。

**4. 质量管理**

无论对生产型企业还是物流型企业，库存管理进货的检验工作都是必要的，WMS系统支持快速的检验录入，并提供对物品来源（如原材料供应商）的质量分析。

**5. 包装管理**

提供产品内外包装管理功能，通过系统直接生成内外包装条形码，员工可使用扫描设备直接扫描入库。

**6. 发货管理**

库存管理系统可以从 ERP 接收（或直接输入）发货计划，自动根据发货设置来生成发货位置和数量列表，为员工进行发货指导，配合发货扫描提示，保证所发货物的正确性。

**7. 统计分析**

库存管理系统可以提供库存周转分析、库存管理系统利用分析等功能，并可对滞留货品进行报警提示。系统采用集中式部署方式，屈臣氏在国内不同区域的六个仓库部署在一个中央机房。系统至今已成功运转多年，据运营初期评估，屈臣氏库存准确率提高至 99.9% 以上，准时配送率提高了 20%，利用率提高了 7%。

屈臣氏在智能库存管理系统的建设和优化上树立了一个好榜样，建设了一套功能强大的智能库存管理系统，有力支撑了企业的快速扩张，大幅度提升了屈臣氏的物流与供应链的管理水平和运营效率。

（案例来源：http://www.ceconlinebbs.com）

**启发思考**：屈臣氏的智能仓储系统在其物流与供应链管理中发挥了怎样的作用？

# 本章小结

本章首先对库存管理进行了概述，介绍了库存管理的作用、影响、分类和方法；其次，对供应链库存管理进行了概述，阐述了其与传统库存管理的区别；再次，介绍了双堆和三堆系统、定期库存管理系统、最大最小库存系统、准时生产计划系统、物料需求计划管理和智能库存管理系统这几类典型新系统。通过本章学习，读者应当了解和掌握库存管理的分类和方法，理解供应链库存管理与传统库存管理的区别，掌握典型的库存系统。

## 练习题

一、概念识记

库存　准时性生产计划系统　物料需求计划系统　智能库存管理系统

二、简答

1. 简述供应链库存管理的作用。

2. 简述供应链库存管理与传统库存管理的区别。

## 即测即评

请扫描二维码进行在线测试。

## 延伸阅读

1. 约翰·J. 科伊尔（John J. Coyle），C. 小约翰·兰利（C. John. Langley, Jr.）. 供应链管理物流视角［M］. 9 版. 北京：电子工业出版社，2010.

2. 戴维·伯特. 供应管理［M］. 8 版. 北京：中国人民大学出版社，2012.

3. 董千里. 供应链管理［M］. 大连：东北财经大学出版社，2009.

# 第八章　物流与供应链管理的配送管理

知识逻辑图

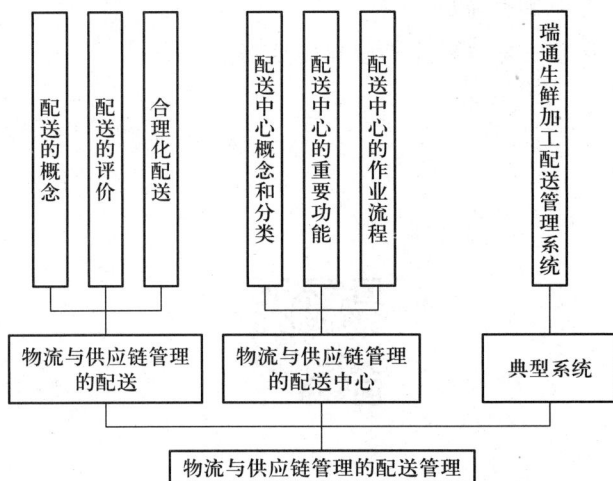

【学习目标】

了解物流与供应链管理的配送的概念、配送评价和合理化配送的含义；了解物流与供应链管理中配送中心的概念、分类、重要功能及其作业流程；了解典型的配送管理系统。

案例 8.1

### 京东高调入局医药物流配送管理，构建一体化医药物流生态

2017 年 9 月，继顺丰之后，医药物流又将加入一员大将——京东。"京东物流医药云仓战略签约仪式暨医药物流行业解决方案分享会"在京东集团总部召开。分享会上，京东物流与国药集团、红运堂、华潍药业、福康药业、广林药业、苏州恒鼎、健桥药业、怡康医药集团 8 家知名医药流通企业签署了《京东医药云仓战略合作协议》，根据合作协议，双方针对医药流通领域开展全面合作。

当前，新一轮医改已进入攻坚期。其中，改革完善药品流通体制是深化医药卫生体制改革的重要内容，是医疗、医保、医药联动改革的重要一环。"两票制"政策的实施，将大幅压缩药品流通环节，快速提升行业集中程度，加速药品零售、物流、电商行业的集约化、信息化、标准化进程，促进全行业服务创新、升级转型。在此背景之下，京东欲凭借其仓配一体供应链整合服务能力，结合医药流通企业各方优势资源，着力搭建医药物流生态体系，提升医药物流行业整体效率、降低成本。

京东物流将以本次签约为切入点，提出的医药物流供应链解决方案将聚合具有GSP（《药品经营质量管理规范》）认证资质的仓库资源作为京东医药云仓，同时加入体系化的运输和配送能力，生态链各方将发挥各自优势，既能提供符合GSP认证要求的商品验收、入库、存储、养护、出库等服务，又能构建强大的、符合资质的医药物流配送网络，覆盖运输车辆、运输司机、干线配送、终端配送等各服务环节，贯穿医药产业链上下游，各环节强化联动并深化融合，共建一个一体化的医药物流生态。

此前，国务院在发布的《国务院办公厅关于促进医药产业健康发展的指导意见》中明确提出：要充分发挥邮政企业、快递企业的寄递网络优势，提高基层和边远地区药品供应保障能力。

中国医药企业管理协会副会长牛正乾在会上表示：目前无论是已发布的和未发布的，医药流通政策为社会物流进入医药物流做贡献创造了机会，分销和流通分离已经成为行业发展的必然趋势。而长期以来，分销、物流一体化是我国医药物流行业的一个很传统的特点。

在现阶段，大部分的医药流通企业包括国药、九州通等行业巨头也依然是按照"分销、物流一体化"的模式在走，即同时提供着两种服务：一方面，通过分销赚取差价；另一方面，通过物流、仓储、配送收取服务费。而随着市场经济进一步发展，医药行业发展进入高级阶段，行业分工会走向细化，分工细化最终将使得医药分销、物流逐步分离。

京东物流在仓配一体化的供应链管理和基础设施领域具有先天优势，京东物流的医药物流解决方案将致力于搭建一个优质资源池，形成源源活水，不断推动行业生态良性循环发展。根据规划，京东物流能为不同的客户提供不同的解决方案。

（1）生产企业：供应链一体化一站式服务。包括全国药品仓储服务，全国零担、干线运输服务，到门店、医院端的终端配送，从电商平台、连锁平台、医院到消费者的配送。

（2）药品批发企业：省内偏远区域的支线配送。主要解决配送中距离远、货物零散、过程无法监控问题。

（3）连锁药店：连锁总仓同城串店配送。如门店多，配送频次高（每日一配），门店间调拨货物，门店对消费者的药上门服务。

（4）医药/卫生站：院外物流服务的延伸。包括DTP药房药品配送、社区医院/卫生站血液样本配送、医院检查结果输出、中药煎药服务。

（5）电商平台：京东作为仅次于天猫的电商平台，拥有其他物流提供商所不具备的平台优势，即使在同类电商平台之中，京东的三线以下城市、乡镇等零售终端配送能力，全国物流网络都处于领先地位。

京东医药物流生态链的建设，将不只是资源的集成，还将发挥京东物流集团的基础设施优势，协助医药行业的合作伙伴进行服务能力提升，拉升合作资源商的综合物流水平，为全国的客户提供低成本、高效率的医药履约保障，让医药交付更加便捷。

（案例来源：http://med.sina.com）

**启发思考：** 还有哪些知名企业进入了医药物流配送领域？取得了什么成果？

# 第一节　物流与供应链管理的配送

## 一、配送的概念

配送是短距离的运输，是配与送的有机结合。在现代物流与供应链管理中，配送一直被看成运输活动的一个组成部分或者末端运输，如今配送已经发展成为同运输功能并列的一个独立功能。配送与运输和送货的区别见表8.1。

表 8.1　配送与运输、送货的区别

| 项目 | 主要业务 | 一般特点 |
| --- | --- | --- |
| 配送 | 分货、配货、送货、运输方式和工具选择、路线和行程确定、车辆调度 | 支线、市场末端、短距离、多品种、小批量、多批次、短周期的货物移动 |
| 运输 | 集货、送货、运输方式和工具选择、路线和行程确定、车辆调度 | 干线、中长距离、少品种、大批量、少批量、长周期的货物移动 |
| 送货 | 由生产企业承担，中转仓库的送货只是一项附带业务 | 简单的货物运输活动，技术装备简单 |

案例 8.2

**京东无人机配送成为世界范围内里程碑**

随着商用无人机技术的进步和应用场景的不断拓展，无论是政府还是企业，对无人机领域的关注均达到了前所未有的高度。为响应国家对无人机的发展需求，进一步推动我国物流无人机的技术与应用进步，京东率先尝试，通过开展对"无人机+通航"

的物流运输模式探索，取得了一系列领先成果。

2016 年 11 月，京东无人机完成了在西安的首单配送并启动试运营，仅半年后的 2017 年"618"，京东无人机正式拉开在陕西西安、韩城和江苏宿迁等地的常态化运营序幕，进入物流无人机实际应用的快车道。

2017 年 8 月，京东在陕西获得全国首张覆盖省域范围的无人机空域批文。2018 年 2 月 5 日，京东获得由民航西北地区管理局授牌的"陕西省物流配送多式联运创新试点"企业。这一覆盖省域范围的试点由中国民航局、民航西北地区管理局批复，不但在国内，在世界范围内也属首例，堪称中国无人机发展史上的里程碑。

（案例来源：https://baijiahao.baidu.com）

**启发思考：** 配送未来有哪些新的可能？

## 二、配送的评价

配送关键绩效指标（Key Performance Indicator，KPI）是配送中有形并且能被评价的指标，包括订单完成的准确度、完成度、及时性，以及资产利用率等。通过对这些指标的测量和分析，就可以实现对配送的评价。物流与供应链管理中，工作人员和客户都可以利用这些配送关键绩效指标有目的地评价配送的服务质量和水平，为进一步改善提出建议，从而更好提升物流与供应链管理的运作效率和客户服务水平。实际运作中，物流与供应链管理企业应根据实际情况选择其中适合自身的关键绩效指标进行评价。

补充阅读

### 关键绩效指标（KPI）

关键绩效指标（KPI）是通过对组织内部流程的输入端、输出端的关键参数进行设置、取样、计算、分析以衡量流程绩效的一种目标式量化管理指标，是把企业的战略目标分解为可操作的工作目标的工具，是企业绩效管理的基础。关键绩效指标可以使部门主管明确部门的主要责任，并以此为基础，明确部门人员的业绩衡量指标。建立明确的切实可行的关键绩效指标体系，是做好绩效管理的关键。关键绩效指标是用于衡量工作人员工作绩效表现的量化指标，是绩效计划的重要组成部分。

关键绩效指标法符合一个重要的管理原理——"二八原理"。在一个企业的价值创造过程中，存在着"80/20"的规律，即 20% 的骨干人员创造企业 80% 的价值；而且在每一位员工身上"二八原理"同样适用，即 80% 的工作任务是由 20% 的关键行为完成的。因此，必须抓住 20% 的关键行为，对之进行分析和衡量，这样就能抓住业绩评价的重心。

（资料来源：https://baike.baidu.com）

**启发思考：** 物流与供应链管理的配送管理中，还有哪些关键绩效指标？

配送关键绩效指标被用于评价物流与供应链管理企业的内部运营或第三方物流运营的当前绩效。

配送关键绩效指标的难点在于如何降低评价难度，既能使其便于管理，又能较好反映物流与供应链管理的配送需求。评价标准一般将评价指标分为两类，即面向客户的评价和内部评价，分别从这两个角度来评价配送管理最后是否操作成功及其影响力大小等。

**（一）面向客户的评价**

物流与供应链管理的配送管理中，客户下单的目的就是希望供应商在期望的时间内按自己所下订单的数量，提供正确的产品。因此，面向客户的配送关键绩效指标主要包括订单完成的准确度、完成度和及时性。

1. 订单完成的准确度和完成度

配送关键绩效指标对客户和企业都很重要。很显然，客户都希望能按所下订单的数量收到确切的产品，而不是数量不正确或收到替代物品。因此，对这一类关键绩效指标的评价一方面应包括正确收货的订单数与总订单数的比率，即订单准确度，另一方面还应包括收货数量与订单数量的比率，即订单完成度。

2. 订单完成的及时性

配送关键绩效指标中，及时性是客户服务的关键部分。物流与供应链管理中，虽然运输及时性也比较重要，但其中的配送也在按计划运送物品给客户的过程中起着关键作用。例如，配送中对订单的分拣、准备和装运等都影响到最终的订单配送时间。因此，如果这些过程没有及时完成，对于客户来说，都将导致最终配送失败。

---

补充阅读

## 完美订单指数

在全球领先的物流与供应链企业中，目前普遍采用完美订单指数（Perfect Order Index，POI）作为配送关键绩效指标的评价指标体系。一般来说，要完成一个完美订单配送，必须符合如下四项要求：

（1）配送到正确的地点；

（2）在正确的配送时间内完成；

（3）配送没有任何缺陷；

（4）有正确的配送文件、价格和发票。

以上任何一项出现服务问题，都意味着订单不能算作完美配送，同时也能表明配送需要在哪些方面提升。可见，完美订单指数对于促进客户订单的成功配送发挥着重要作用。

**启发思考**：物流与供应链管理中，配送管理还可以有哪些关键绩效指标？

## （二）内部评价

虽然客户服务质量是客户对物流与供应链管理过程满意的基础，但内部评价也同样重要。配送管理中，企业需要平衡客户期望和处理订单的成本。例如，如果配送成本与货物价值相比不能保持较低，配送管理也是失败的。低配送成本是通过对资产的有效利用和配送过程的有效执行等获得的，因此，这部分关键绩效指标包括资产利用率、配送成本效率比、资源生产力和资源效率等，其中最重要的是资产利用率。

资产利用率是私有配送设施的重要方面。物流与供应链管理中，企业投入大量资金构建配送设施，配备相应的物料处理设备和技术。如果设施处于闲置或半空置的状态，就会导致企业把时间和金钱浪费在利用不充分的资产上。国际上一般按配送中对配送使用空间与可占用空间的百分比作为对资产利用率的计算，配送中良好的资产利用率的目标是保持 80%～85% 的空间利用，剩余的可以为高峰季节配送提供空间。

此外，影响资产利用率的还有叉车和传输机等相关配送设备。实际配送中，经过对设备可运行时间（设备可用小时数对需要的总小时数）和设备利用（已用的小时数对设备可用的小时数）的对比分析和评价，证明确实需要，才值得继续投入，购置相应的新配送设备。否则不应盲目投入，增加企业在配送方面的不必要成本。

---

案例 8.3

### 京东三级无人机物流配送体系极大提高配送关键绩效指标

2018 年 2 月 5 日，获得中国民用航空局批准、由京东集团开展的我国首个以省域为范围进行无人机物流配送的国家级试点，正式于陕西启动。2 月 6 日，中央电视台《新闻联播》《新闻直播间》及《中国新闻》等多个频道栏目连续进行报道，称试点将"通过打造多式联运的无人机物流配送网络，积累海量飞行数据和物流配送样本，为国家探索适合无人机物流配送安全运营的技术手段、管理模式、规范标准"。

作为这一试点的推动者和参与者，京东通过央视《新闻联播》等报道展示出自身在物流无人机领域的强大领先地位——为世界无人机产业探索"中国标准"，打造"中国标杆"。本次试点，京东通过构建三级物流体系，为建立无人机"中国标准"提供支撑。

在 2018 年 2 月 6 日《新闻联播》播出的画面中，展示了京东末端无人机进行物流配送的场景，在陕西西安郊区的农村，长达 20 多公里的路程，京东无人机仅耗时10 余分钟就完成了整个配送。由于其便捷、灵活、高效、直达等独特优势，可以着重解决"最后一公里"的难题，特别适用于偏远农村、海岛、边防哨所、应急救助等特殊场景。

不过，京东的无人机应用场景已经不限于末端配送环节，还要打造干线、支线、末端三级"无人机+通航"智慧物流配送体系。在本次试点前，京东的三级无人机物流配送体系已于 2017 年 2 月落地到陕西，该体系以大数据为核心、云计算为手段、无人机为渠道，以航空方式构建空中物流网络，将区域范围内物流运转的精准度和速度提到极致，致力于打造"无人机+通航"物流配送体系的全球标准。

京东集团副总裁、X 事业部总裁肖军接受央视采访时，也针对"三级物流航空体系"作了进一步的阐述：此次试点的获得，可以说为上述体系的充分运行提供了政策支持。在此基础上，京东无人机将积累海量的飞行数据、丰富的配送样本和充分的应用场景，为促进无人机技术迭代与运营升级提供基础，为我国探索建立无人机监管的"中国标准"提供技术和实践支撑。

通过央视《新闻联播》等栏目在千家万户刷屏，更多观众得以了解京东无人机，了解作为国家级试点，在陕西全域正式开启无人机物流配送大规模化商业应用的重要意义。无人机的充分发展，对于普通消费者的物流提速，让下单收货来得更快，对于全行业的技术变革，让应用场景拓得更宽，打通了商品上行和下行的便捷通道；对于监管层，现实试点则让管理规范形成更早。

国家已经从战略层面展示出对无人机的高度重视，作为这个领域的先行者，京东正在用自己的行动积极响应和参与到这个过程中，以自身全面落地实践为基础，形成一套可复制、可推广的试点经验向全国推广，在推动无人机实际应用场景无限拓展的同时，为"无界零售"时代的加速到来提供助力。

（案例来源：http://business.china.com.cn）

**启发思考**：京东三级无人机物流配送体系是否还能进一步拓展？

## 三、合理化配送

物流与供应链管理中，判断配送是否合理的指标体系是合理化配送的重点研究内容。该指标体系主要包括以下几个指标。

### （一）库存指标

库存是判断配送合理与否的重要指标，包括库存总量和库存周转两个方面。

1. 库存总量

从合理化角度来说，配送中心库存数量加上实行配送后的库存总量应低于之前的库存总量。此外，如果针对某客户的库存总量上升而配送中心的库存总量下降，也不合理。

2. 库存周转

库存周转能反映企业在配送方面的速度和能力。一般来说，能以低库存保持高配送能力的企业，在物流与供应链管理中都具有较强竞争力。

### （二）资金指标

资金也是判断配送合理化的重要指标，包括资金总量和资金周转两个方面。

**1. 资金总量**

配送管理中，用于配送中各项资源（如设备和人员等）获取的资金总量，都会随库存总量的下降及配送方式的改进，有一定程度的降低。

**2. 资金周转**

从资金运用来讲，由于整个配送管理的节奏加快，资金能充分发挥作用。例如，同样数量资金，在没有实行配送之前，需要较长时期才能满足一定的供应要求，而在实行配送后较短时期内就能实现这个目的。因此，资金周转是否加快，是衡量配送是否合理化的标志。

**（三）　成本和效益指标**

在成本和效益指标中，总效益、宏观效益、微观效益、资源筹措成本都是判断配送合理化的重要标志。对于不同的配送方式，需要考虑实际情况，对这些指标进行综合分析和判断。如果配送企业和客户都是各自独立的以利润为中心的企业，则不但要看配送的总效益，而且要看社会的宏观效益及两个企业的微观效益，不顾及任何一方，都必然出现不合理。又例如，如果配送是由客户自己组织的，配送主要强调保证能力和服务性，那么效益主要从总效益、宏观效益和客户的微观效益来判断，这样才能实现合理化配送。

**（四）　供应保证指标**

配送管理中，客户最担心的是供应保证程度降低。因此，必须通过合理化配送提高对客户的供应保证能力指标。供应保证能力指标主要包括缺货次数和即时配送能力两个方面。

**1. 缺货次数**

配送管理中，在客户规定的时间内未到货，将会严重影响客户的企业运转如生产经营等。因此，缺货次数必须不断降低，直至为零，配送才算合理。

**2. 即时配送能力**

配送管理中，对客户来讲，能否立即收到自己所订购的物品，以及收到这些物品的速度等，就是配送企业的即时配送能力，也是合理化配送指标之一。

配送企业的供应保证能力的实现和提高，需要企业付出其他成本，因此要处于科学合理的范畴，单纯追求供应保证能力而忽视企业其他方面，也是不合理的。

**（五）　社会运力节约指标**

配送管理属于物流与供应链管理的末端运输领域，而这也正是目前社会运力使用不合理和浪费较大的领域，人们寄希望于通过合理化配送来解决这个问题，因此社会运力节约指标就也成了合理化配送的重要指标，它包括以下三个方面内容：

（1）社会车辆总数减少而承运量增加为配送合理；

（2）社会车辆空驶减少为配送合理；

（3） 一家一户自提自运减少，社会化运输增加为配送合理。

### （六） 物流合理化指标

配送管理是否合理，很大程度上在于是否有利于物流合理。因此，物流合理化的问题是配送要解决的大问题，这也是衡量配送本身是否合理的重要指标，包括以下几个方面：

（1） 是否降低了物流费用；

（2） 是否减少了物流损失；

（3） 是否加快了物流速度；

（4） 是否发挥了各种物流方式的最优效果；

（5） 是否有效衔接了干线运输和末端运输；

（6） 是否不增加实际的物流中转次数；

（7） 是否采用了先进的技术手段。

---

案例 8.4

**移联网信"共享仓"和电商产业园打造物流与供应链管理的配送新模式**

物流配送成本太高，成为制约农村电商进一步发展的最大瓶颈。中国农村电商龙头企业——移联网信集团，另辟蹊径，通过"共享仓"这种仓配新模式，建立共享新生态，有效降低物流配送成本，打通农村物流配送"最后一公里"。

"现在是共享经济时代，我们的物流配送模式也要有这种共享思维。"移联网信集团总裁徐宝军说。

移联网信集团在每个县域下设一个集团化商贸公司，集团化商贸公司再下设一些事业部商贸公司，再往下就是村级零售实体门店。在"共享仓"体系中，县级运营商"变身"为集团化商贸公司，县城"小二批"，根据自己经销的商品品类，变身为事业部商贸公司。

"共享仓"项目链接了多个村级实体门店，统一由县级事业部商贸公司配送，这样订货量大了，可以减少配送成本。而且县级事业部商贸公司的物流车由集团统一提供，这样可以吸引越来越多的村级门店来订货，配送成本自然就降低了。

在 2017 年 8 月 15 日移联网信集团成立 7 周年庆典上，徐宝军宣布，集团首批采购 2 000 辆东风新能源电动物流车，今后将再投入 2 万辆物流车到市场，免费供各级运营商使用，而且每个乡镇要建充电桩，打通农村物流，免费配送到村级门店。

徐宝军表示，他们的目标是，有移联网信的县域就有农村物流配送车，包括零散行业的配送，配送每个村每天都需要的馒头、蔬菜、肉、鸡蛋等，每天定时、定点、定路线配送，而且不加价。据初步推算，实行"共享仓"配送新模式后，生产厂家的渠道比原来扩大 10 倍，销售额提高 5 倍，利润预期增长两倍。

移联网信电商产业园位于邢台县龙冈经济开发区，体量庞大，一期占地100亩，总占地6 000亩。2016年签约，当年投产，项目一期完成改扩建。目前，智能仓储项目即将投入使用，电商孵化园、标准化生产基地等也加紧推进，发展势头强劲。

在邢台县移联网信电商产业园内的标准化生产基地，能容纳60～100家生产企业入驻，并建立了高标准的产品追溯体系。通过自建生产基地模式，移联网信可在全国范围内包销这些产品，让这些产品快速进入遍布全国22个省市区700多个县的20万家农村实体门店。

"电商行业现在存在一定的泡沫，必须居安思危，落地到实体商业上。"基于这样的判断，徐宝军未雨绸缪建立标准化生产基地，"依托移联网信电商产业园标准化生产基地，各种新产品将陆续上市。"

在徐宝军的规划中，以移联网信"线上+线下"的电商平台为基础，以产业基地为依托，构建生产、销售、物流高速公路。计划3年内，每个省市区都建有一个类似邢台县的电商产业园，基本上覆盖300～500公里的生产、销售、物流半径。

"依托电商产业园，通过自建生产基地，可以解决厂家生产淡旺季问题、下游货源短缺问题，而且能将农村好产品带到城市。"徐宝军透露，移联网信正在启动"健康中国"项目，将绿色生态的鱼、虾、牛羊肉配送到农村门店。日前，航天专用肉品——中觅生态猪肉，已与移联网信集团签约。此外，他们与天津日佳电动车厂、天津中英保健食品有限公司、河南好彩头食品有限公司、河北华统食品有限公司等11家企业签订了入驻移联网信电商产业园意向书。

"有许多生产厂家愿意与我们合作，我们也有意向产业链上游延伸，以放大我们的市场话语权。"徐宝军告诉记者，今年，王老吉、圣牧、两面针等国内一线品牌将入驻移联网信电商产业园。

（案例来源：http://news.sina.com.cn）

**启发思考：**结合案例，思考农村物流与供应链管理的配送管理还存在哪些问题，其解决方案是什么？

## 第二节　物流与供应链管理的配送中心

## 一、配送中心概念和分类

### （一）配送中心概念

配送中心是配送管理中，基于市场需要而出现的，以从事货物配备（集货、加工、分货、拣选、配货）和组织对客户送货，实现销售和供应服务，执行实物配送为主要功能的现代流通地点（包括设施和设备等）。配送中心能较好解决客户需求多样化和厂商大批量专业化生产之间的矛盾及较大程度降低流通成本，因此成了物流与供应链管理的重要成分。

**（二）配送中心分类**

物流与供应链管理中，由于建设主体背景不同，相应的配送中心的功能、构成和运营方式有很大区别，因此在规划时应充分注意配送中心的类别及其特点，据此建设适合企业的配送中心，以使企业利益最大化。目前关于配送中心的分类方式较多，有代表性的有如下几种。

1. 按建设主体分类

（1）制造商型配送中心。这种配送中心以制造商为主体，里面的物品100%由制造商自己生产制造，用以降低流通费用、提高售后服务质量和及时将预先配齐的成组元器件运送到规定的加工和装配工位。现在，物品从制造到生产出来后条码和包装的配合等多方面都较易控制，所以按照现代化、自动化的配送中心设计比较容易，但这种配送中心不具备社会化的要求。

（2）批发商型配送中心。这是由批发商或代理商建设，以批发商为主体的配送中心。批发是物品从制造者到消费者手中之间的传统流通环节之一，一般是按部门或物品类别的不同，把每个制造厂的物品集中起来，然后以单一品种或搭配向消费地的零售商进行配送。这种配送中心的物品来自各个制造商，它所进行的一项重要的活动是对物品进行汇总和再销售，而它的全部进货和出货都是社会配送的，社会化程度高。

（3）零售商型配送中心。这是由零售商向上整合所成立的，以零售业为主体的配送中心。零售商发展到一定规模后，就可以考虑建立自己的配送中心，为专业物品零售店、超级市场、百货商店、建材商场、粮油食品商店、宾馆饭店等服务，其社会化程度介于前两者之间。

（4）专业物流配送中心。这种配送中心有很强的运输配送能力，地理位置优越，可迅速将到达的货物配送给用户。它为制造商或供应商提供物流服务，而配送中心的货物仍属于制造商或供应商所有，配送中心只是提供仓储管理和运输配送服务。这种配送中心的现代化程度往往较高。

案例 8.5

**京东自建专业物流配送中心提供多种物流配送服务**

早在 2007 年，京东就开始建设自有的物流专业配送体系。2009 年年初，京东斥资成立物流公司，开始全面布局全国的物流专业配送体系。如今，京东分布在华北、华东、华南、西南、华中、东北、西北的七大专业物流配送中心覆盖了中国各大城市，并在杭州等城市设立了二级库房，仓储面积在 2012 年年底已经超过 100 万平方米。京东的七大专业物流配送中心如下所示：

华北（北京）专业物流配送中心：北京市、天津市、河北省、山东省、山西省、内蒙古自治区；

华东（上海）专业物流配送中心：上海市、江苏省、浙江省、安徽省；

华南（广州）专业物流配送中心：广东省、海南省、福建省、广西壮族自治区；

西南（成都）专业物流配送中心：重庆市、四川省、贵州省、云南省、西藏自治区；

华中（武汉）专业物流配送中心：河南省、湖北省、湖南省、江西省；

东北（沈阳）专业物流配送中心：辽宁省、吉林省、黑龙江省；

西北（西安）专业物流配送中心：陕西省、甘肃省、青海省、宁夏回族自治区、新疆维吾尔自治区。

除此之外，京东还斥巨资建设了亚洲一号现代化仓库设施。上海的亚洲一号一期工程面积近 10 万平方米，后续工程全部建完后，总体仓库面积达 20 多万平方米，2017 年年底，京东的亚洲一号已经从当年的上海 1 座城市扩展到上海、广州、武汉等八大城市的 9 座，覆盖全国，并在当年的 618 全面投入应用，见证了京东 618 首次突破千亿大关。

通过这些专业物流配送中心，京东快递的物流配送服务主要分为四种模式：一是 FBP 模式：由京东全权负责采购和销售；二是 LBP 模式：商品无需入库，用户下单后，由第三方卖家发货到京东分拣中心，京东开发票；三是 SOPL：商品无须入库，用户下单后，第三方卖家发货到京东分拣中心，但由商家开发票；四是 SOP：商家直接向消费者发货并开发票。

2014 年 3 月 17 日，京东在北京召开 O2O 战略发布会，宣布与快客、好邻居、良友等多家知名连锁便利店品牌的上万家便利店达成合作，正式进军 O2O 领域。客户在网上下单后，将由距离家最近的便利店负责进行配送，在最短的时间内把采购的商品送到客户手中。京东方面表示，将联合中国上万家便利店，试点 O2O 战略，用户在网上下单后，最快可在 15 分钟内送达用户，打造中国电商行业最快物流，希望通过这种方式实现从线上到线下的全覆盖。

（案例来源：https://baike.baidu.com）

**启发思考：**京东还有哪些高效便捷的物流配送服务？

2．按服务范围分类

（1）城市配送中心。这种配送中心是以城市为配送范围的配送中心。由于城市范围一般处于汽车运输的经济里程，因此这种配送中心可直接配送到最终用户，且可采用汽车进行配送。所以，这种配送中心往往和零售经营相结合，但由于运距短，反应能力强，因而这种配送中心对从事多品种、少批量、多客户的配送较有优势。

（2）区域配送中心。这种配送中心是以较强的辐射能力和库存准备，向省（州）际、全国乃至国际范围的客户配送的配送中心。这种配送中心配送规模较大，一般而言，客户也较大，配送批量也较大，而且往往是配送给下一级的城市配送中心，虽然也配送给营业所、商店、批发商和企业客户，但都是零星的配送，因此不是主要形式。

3．按配送中心的功能分类

（1）储存型配送中心。这种配送中心有很强的储存功能。例如，美国赫马克配送中心的储存区可储存16.3万托盘。我国目前建设的配送中心多为储存型配送中心，库存量较大。

（2）流通型配送中心。这种配送中心包括通过型或转运型配送中心，基本上没有长期储存的功能，仅以暂存或随进随出的方式进行配货和送货的配送中心，其典型方式为大量货物整批进入，按一定批量零出。这种配送中心一般采用大型分货机，其进货直接进入分货机传送带，分送到各客户货位或直接分送到配送汽车上。

（3）加工型配送中心。以流通加工为主要业务的配送中心。

4．按配送货物的属性分类

根据配送货物的属性，配送中心可以分为食品配送中心、日用品配送中心、医药品配送中心、化妆品配送中心、家电品配送中心、电子（3C）产品配送中心、书籍产品配送中心、服饰产品配送中心、汽车零件配送中心以及生鲜处理中心等。

由于所配送的产品不同，配送中心的规划方向不同。例如生鲜品配送中心主要处理的物品为蔬菜、水果与鱼肉等生鲜产品，属于低温型的配送中心，由冷冻库、冷藏库、鱼虾包装处理场、肉品包装处理场、蔬菜包装处理场及进出货暂存区等组成，冷冻库为零下-25℃，而冷藏库为0℃~5℃；书籍产品配送中心由于书籍有新出版、再版及补书等特性，尤其是新出版的书籍或杂志的80％不上架，而是直接理货配送到各书店去，剩下的20％左右库存在配送中心，等待客户的再订货；另外，书籍或杂志的退货率非常高，约有3~4成。因此，在书籍产品的配送中心规划时，就不能与食品与日用品的配送中心一样；服饰产品的配送中心也有淡旺季及流行性等的特性，而且，较高级的服饰必须使用衣架悬挂，其配送中心的规划也有其特殊性。

案例8.6

**沃尔玛的"新鲜计"：生鲜物流配送中心冷库建造**

据库华制冷了解到，沃尔玛全国400多家门店所售蔬菜在2017年7月底前将全部由生鲜配送中心进行全程冷链配送。为更好地从源头把控蔬菜品质，保障鲜食商品的新鲜安全与快速供应，沃尔玛已在全国开设11个生鲜配送中心。目前，全国门店正搭建起蔬菜冷链配送体系，搭建完成后将不再由农产品供应商直接送货到店，而是由供应商送到沃尔玛的生鲜物流配送中心，经该配送中心统一抽检合格后再收货，然后送达全国400余家门店。

已为多家生鲜物流配送中心设计冷库建造方案的库华制冷在与生鲜物流配送中心负责深入沟通时，都对低温冷链设施带来的生鲜商品价值保障和生鲜经济价值提高持肯定态度。这是因为，采后的生鲜食品若任由常温下堆垛仓储、运输流转，则因自身呼吸作用等代谢和外界微生物影响下而加速腐败变质的过程，难以实现优销、远销和外销等，生鲜产品的经济收益就得不到保障了。相对于普通物流配送中心等对蔬菜的仓储、运输、配送等，带有物流冷库等物流低温冷链设施的生鲜配送中心的运营成本也会更高，那为何沃尔玛敢率先实现蔬菜的全程冷链配送？

业内人士认为，作为全球顶级企业之一的沃尔玛，在整个供应链管理体系上有着非常丰富的经验，例如在采购价格、线路优化、车型匹配、运距计算、车辆装载率上都会根据不同商品的销售量设定不同的参数、不同的配送频率等，从而可以最大限度地降低整体冷链物流的运营成本等。

同时，为保障鲜食商品的新鲜安全与快速供应，沃尔玛中国在全国各地开设的 11 个生鲜物流配送中心正搭建体系中，届时将拥有完善的管理和领先的物流系统，如所有冷链配送车辆都配备实时恒温监测系统，实现可视化的冷链配送温度控制。

沃尔玛中国从供应商源头、物流运输到门店运营的食品安全全链条的严格管控，也是库华制冷在协助企业设计建造物流冷库始终遵循的指引，以优良环保的制冷设备配置，实现蔬菜等生鲜食品的新鲜流通。

（案例来源：http://bao.hvacr.cn）

**启发思考：**沃尔玛的生鲜物流配送中心还能增加哪些先进的配送功能？

## 二、配送中心的重要功能

配送中心的功能与一般的运输和仓库不一样。一般的运输只提供物品的运输，仓库只重视物品的储存保管，而配送中心重视物品流通的全方位功能，同时具有物品储存保管、流通行销、分拣配送、流通加工及信息提供的功能。

1. 储存保管功能

物品交易达成之后，除了采用直配直送的批发商外，均将物品经实际入库、保管、流通加工包装而后出库，因此配送中心具有储存保管的功能。配送中心一般都有库存保管的储放区，或多或少都有一定的安全库存物品，数量也不相同。例如国内制造的物品一般库存较少，而国外制造的物品因船期的原因库存较多，约为 2~3 个月；生鲜产品的保存期限较短，因此保管的库存量较少；冷冻食品因其保存期限较长，因此保管的库存量比较多。

2. 流通行销功能

流通行销是配送中心的一个重要功能，尤其是现代化的工业时代，各项信息媒体的发达，再加上物品品质的稳定及信用，因此有许多的直销业者利用配送中心，通过有线电视或互联网等配合进行商品行销。这种物品行销方式可以大大降低购买成本，因此受客户喜爱。例如国外许多物流公司的名称就是以行销公司命名；而批发商型的配送中心、制造商型的配送中心与进口商型的配送中心也都拥有行销功能。

3．分拣配送功能

在配送中心里，另一个重点就是分拣配的功能，因为配送中心就是为了满足多品种小批量的客户需求而发展起来的，因此配送中心必须根据客户的要求进行分拣配货作业，并以最快的速度送达客户手中或者是在指定时间内配送到客户。因此，配送中心的分拣配送效率是物流质量的集中体现，是配送中心最重要的功能。

4．流通加工功能

配送中心的流通加工作业包含分类、磅秤、大包装拆箱改包装、产品组合包装、商标、标签粘贴作业等。这些作业是提升配送中心服务品质的重要手段。

5．信息提供功能

配送中心除了具有以上功能外，更能为配送中心本身及上下游企业提供各式各样的信息情报，以供配送中心营运管理政策制定、产品路线开发、销售推广政策制定的参考。例如哪一个客户订多少商品？　哪一种商品畅销？　从电脑的 EIQ 分析资料中非常清楚，甚至可以将这些宝贵资料提供给上游的制造商及下游的零售商当作经营管理参考。

## 三、配送中心的作业流程

根据配送中心的特性或规模不同，作业流程也不完全相同，但基本的作业流程大致可归纳为，由供应货车到达码头开始，经进货作业确认进货品后，便依次将货品储存入库。为确保在库物品受到良好的保护管理，需进行定期或不定期的盘点检查。当接到客户订单后，先将订单依其性质作订单处理，之后即可按处理后的订单信息将客户订购物品从仓库中取出的拣货作业。拣货完成后，一旦发觉拣货区所剩余的存量过低，则必须由储区来补货。当然，若整个储区的存量低于标准，便应向上游采购进货。而从仓库拣出的物品经整理后即可准备出货，等到一切出货作业完成后，司机便可将出货品装上配送车，将这些物品配送到各个客户，完成交货。

具体来说，配送中心的作业过程包括如下流程。

1．进货

进货作业包括把物品做实体上的接收，从货车上将物品卸下，并核对该物品的数量及状态（数量检查、品质检查、开箱等），然后记录必要信息或录入计算机。

2．搬运

搬运是将不同形态之散装、包装或整体之原料、半成品或成品，在平面或垂直方向加以提起、放下或移动，可能是要运送，也可能是要重新摆置物料，而使物品能适时、适量移至适当的位置或场所存放。在配送中心的每个作业环节都包含着搬运作业。

3．储存

储存作业的主要任务是把将来要使用或者要出货的物料做保存，且经常要做库存品的检核控制，储存时要注意充分利用空间，还要注意存货的管理。

4．盘点

物品因不断的进出库，在长期的累积下库存资料容易与实际数量产生不符，或者有些物品因存放过久、不恰当，致使品质功能受影响，难以满足客户需求。为了有效控制物品数量，需要对各储存场所进行盘点作业。

5．订单处理

由接到客户订货开始至准备着手拣货之间的作业阶段，称为订单处理，包括有关客户、订单的资料确认、存货查询、单据处理以及出货配发等。

6．拣货

每张客户的订单中都至少包含一项以上的物品，将这些不同种类数量的物品由配送中心中取出集中在一起，就是所谓的拣货作业。拣货作业的目的也就在于正确且迅速地集合客户所订购的物品。

7．补货

补货作业包括从保管区域将物品移到拣货区域，并作相应的信息处理。

8．出货

将拣取分类完成之物品作好出货检查，装入合适的容器，做好标示，根据车辆趟次别或厂商别等指示将物品运至出货准备区，最后装车配送。

9．配送

配送是指将被订购的物品，使用卡车从配送中心送至客户手中。

案例 8.7

**云鸟科技凭借"鸟眼"系统跻身一流同城配送供应商**

供应链配送服务商云鸟科技 2017 年 2 月 13 日宣布，已完成华平领投的 1 亿美元 D 轮融资，经纬中国、金沙江等投资方跟投。云鸟科技 CEO 韩毅表示，此轮融资将主要用于科技投入、开发以及城市拓展，预计 2018 年将开至 30 个城市。

据了解，云鸟成立于 2014 年 11 月，主要为 B2B、O2O、连锁商业、分销商、品牌商、制造商、B2C、快递快运等企业客户提供附近区域及同城配送业务。通过在互联网平台上竞价招标的方式，帮助货主企业匹配社会运力车辆，目前已进入 13 个城市、服务 3 000 多家企业客户，日运费逾 700 万元。

当前中国物流行业规模和增长空间巨大，而同城配送仍是一个高度分散、资源未得到充分整合和利用的细分领域。公开资料显示，2016 年 11 月，云鸟对外发布新产品"鸟眼"系统。云鸟方面认为，该系统可打通物流与信息流，将同城配送可视化，通过标准化的产品使服务标准化、管控标准化，满足同城配送企业规模化运营的需求。

资料显示，2016 年 1 月，云鸟曾对外宣布完成 C 轮融资，其领投方即为华平投资集团，红杉资本中国、经纬中国、金沙江等跟投，易凯资本继续担任独家财务顾问。此前，云鸟科技于 2015 年 1 月完成额度为 1 000 万美元的 A 轮融资，投资方为经纬中国、金沙江、盛大资本；同年 7 月，完成 B 轮数千万美金级融资，由红杉中国领投、A 轮三家投资方跟投。

（案例来源：http://finance.eastmoney.com）

**启发思考：**云鸟科技的"鸟眼"系统在同城配送方面有什么新功能？

## 第三节　典型系统

### （一）应用企业

利群集团是一家综合性大型商业集团（股票代码：601366），业务涉及百货零售连锁、物流配送、酒店连锁、药品物流和药店连锁、房地产开发、高新科技、电子商务、旅游、金融等多个领域。目前，利群集团拥有分公司 100 余个，已开业万米以上的商厦近 50 座，大型物流园区 3 处，星级酒店 15 家，连锁药店 60 余家，便利店 300 余家，总经营面积 150 余万平方米。年销售额超过 230 亿元。集团现已拥有青岛、胶州、文登三处大型物流园基地，完成了物流基地的山东半岛布局，拥有仓储面积近 30 万平方米，自主运输车辆近 260 辆（其中冷链配送车辆 30 辆），配送能力已辐射整个山东省。利群物流是山东省乃至国内投入运营规模最大、现代化程度最高的第三方商业物流企业。

### （二）系统背景

随着食品安全问题日益受到关注，为消费者提供更具有特色的生鲜产品，保证生鲜商品的品质、卫生标准的一致性，2010 年利群集团斥巨资建造农产品冷链及生鲜物流加工配送中心正式投入运营。该物流中心具备生产、加工、验收、仓储、分拣、配送、信息处理等功能，设计符合 HACCP 要求，可满足 50 家左右万米以上门店及 1 000 家便利店的生鲜配送需求。该中心借助青岛瑞通科技的生鲜加工配送管理系统，在全国首家实现了针对生鲜物流各环节的科学管理，包括采购、销售、库存、生产加工、包装、贴标、出库、分拣直至配送等；搭建了数据实时高效精确处理大集中平台，实现对加工车间的产能、绩效及产品的工艺、配方、原料、损耗、毛利等进行充分的量化与管理。

### （三） 生鲜加工配送存在的困难

#### 1. 配送途中耗损大

生鲜属于变质食品，要想生鲜质量达到最佳，就必须在配送过程中有专业的配送装备及技术，而在配送过程中，一般由供应商与超市本身来完成这个环节，不够专业，因此在生鲜配送途中不能很好地控制生鲜产品的质量。

#### 2. 配送管理成本高

造成生鲜配送管理成本高的原因较多，例如由于生鲜自身特点以及物流技术薄弱、冷链系统缺乏；多种运输方式之间缺少良好衔接；超市尤其是连锁经营超市的规模效应不明显，自建生鲜配送中心投入产出比小，主要依靠供应商自送等。

#### 3. 配送管理模式差

除了以上困难外，还有许多其他因素决定了目前已有的配送管理模式都不能很好地保证在配送途中生鲜的质量，例如生鲜易损耗决定了物流配送的时间上线，因此如果没有专门的生鲜配送模式，配送时间无法保证，成本也无法控制。

### （四） 系统介绍

瑞通生鲜加工配送管理系统主要遵循 J2EE 标准，中间件使用 WAS/Weblogic，数据库使用 IBM DB2/Oracle 等，系统架构保证了系统的规范性、可扩展性、健壮性；系统引入 SOA 的思想，全面支持流程定制等功能，提高了系统质量与业务灵活扩展性。

#### 1. 支持复杂的配送业态

瑞通科技物流供应链平台除支持对客户订单的分析、下达生产计划、采购计划、库内作业指令外，还支持越库配送（TC）、流通存货（DC）、生产加工（PC）等复杂的配送形态。特别是平台支持多货主管理，全面支撑企业发展标准化的第三方物流；同时，平台支持多仓库运作、仓库间调拨、仓库内移动等。

#### 2. 全面支持生鲜生产加工 ERP

为解决生鲜加工过程中库存的转移、成本的转换，系统中提供了分解型配方（由一到多的分解类加工，如畜、禽等）及组合型配方（由多到一的组合类加工，如主食、熟食、面包、水饺等）加工任务。例如：在加工中选择好要加工的配方后，操作人员根据系统指示的地点、货品及数量取加工原料；实际加工完成后，操作人员根据实际用掉的原料数量、实际生产的成品数量录入系统；系统根据以上信息自动计算该产品的进价、成品批价、成品的售价等，以提供参考。系统提供对阶段数据的汇总分析，将生鲜加工中的损耗管理得更趋于明晰，并为商品核算提供数据参考。

#### 3. 系统与自动化设备实现兼容对接

信息平台自动采集客户订单及价格信息，生成计量包装贴标指令，发送至包装机，下达包装计量贴标任务，在物流中心中完成了生鲜精包装类产品的生产，门店直接陈列销售。应用无线网络、条形码、RF 等数据采集技术，使得现场数据获取准确、及时，能适应物流大量化和高速化生产要求，提升了加工配送中心的自动化程度，提高运营效率，减少了门店的工作量。

4．系统记录，透析损耗黑洞

生鲜品的损耗是不可避免的，在管理过程中，只能尽可能通过规范操作降低损耗率。但是，这部分依然是个黑洞，知道损耗多少，但是不知道在哪个环节损耗了多少。为了能够对采购、库存、加工过程中的损耗进行统计和分析，系统对损耗进行记录。比如，对入库的生鲜品记录数量后，加工过程记损耗，分拣货时损耗（如对新鲜青菜整捆进货，分捆包扎时产生的损耗）等。通过以上数据，就可以知道这一批生鲜品各个环节损耗量是多少，而且各批次的对比，也可以分析出本次采购的生鲜品的质量如何。

5．看板管理的支持——可视化的现场作业状态

6．运输调度管理

高效使用车辆，是配送中心的重要管理内容之一。车辆管理包括合理规划行车路线、提高装车容积率、提高排车与调度效率、对车辆运营过程进行全面监控、控制车辆运营成本、科学考核驾驶员及搬运绩效等。通过一系列科学管理方法，使管理人员及配送中心详细掌握车辆运营各环节，并最终提高车辆运营效率。 特别是，瑞通科技供应链平台可以对运输过程严格的控制。比如在冷链运输中，车门的每次打开都会传输到信息中心，由于生鲜对温度的要求很高，中间停车次数、开门次数，都会对产品造成影响，需要严格地对流程进行记录，以便追溯。系统实时读取并记录在途车厢内温度变化，客户可以将该数据作为优良履约度依据，实现车辆制冷设备故障的及时发现与调度（见图8.1）。

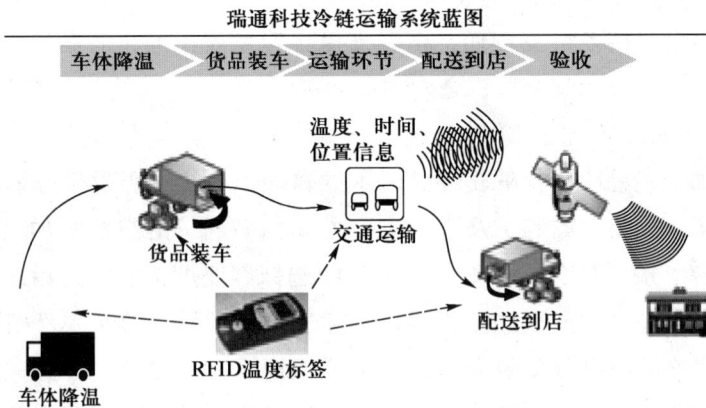

图 8.1　系统中的运输

7．容器及月台管理

系统管理生鲜配货过程中使用的容器，做到物流与客户进行有效衔接。送货车辆进入园区进行登记，然后系统自动分析月台与车型的匹配度，包括月台繁忙程度、车型、

月台尺寸、温度要求等，根据月台使用情况及系统信息，送货司机根据到指定月台送货或在指定月台排队，然后开始卸货，卸货完毕月台释放，送货车离开园区。

**（五）系统评估**

1. 系统实施前后的效益指标对比分析

（1）实现冷库管理精细化。系统提供配送运作各业务环节的预警机制，如安全库存预警、超储预警、短缺预警、近效期预警、保质期预警等。依据系统设计的管理区域、库别、库区、库位，类别和编码，实现了对货物的出库、入库、调拨、移库等的数据统计，监督控制管理商品的盘点、分拣、包装和加工生产过程（见图8.2）。

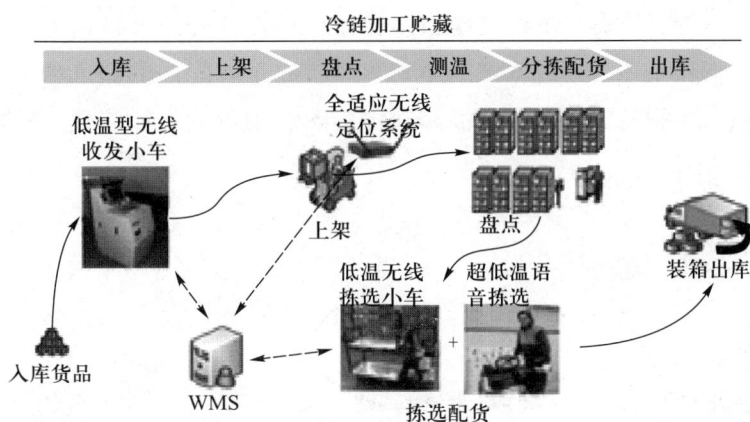

图 8.2 系统中的链接加工贮藏

（2）应用先进物联网技术。系统利用先进物联网技术对冷库的温湿度进行智能监控与传输，在全国率先将物联网技术在生鲜配送成功落地，使公司科学智慧的管理模式走在了全国同行业的前列。

（3）客户满意度得到提高。通过应用该系统，提高了利群台账的准确性，异常得到了及时跟踪和处理，不仅让储运与加工之间的衔接更科学和有序，也通过按计划节点完成采购订单及时补充备件库存，为销售订单能高效完成提供基础保障，客户满意度不断得到提高。

2. 系统实施前后的企业竞争对比分析

（1）实现了与其他系统的高效衔接。生鲜的鲜度管理要求非常高，借助瑞通科技平台，利群生鲜加工配送系统实现了与总部管理、客户关系管理等系统的一体化应用，构筑了数据实时大集中平台，实现信息传输、汇总、反馈、分析、指令等信息处理高效准确，提高了企业竞争力。

（2）越库类商品作业效率大幅提升。对蔬菜、水果、日配低温奶、糕点等越库类商品，采用终端出入库配合后台自动生成单据的模式，实现了无纸化作业，在提高配送工作效率的同时，降低了差错率，减少了手工单据差异和相关环节的费用支出，提高了企业竞争力。

　　综上来看，利群集团通过实施生鲜加工配送系统，实现生鲜产品储存、领料、加工全过程可视化跟踪管理等，提升了管理精度。同时通过该系统，将各作业节点实绩与计划对比，大大提高了异常追溯效率，缩短了异常处理时间，为生鲜原料及时按计划送达加工库，满足采购实际需求提供了高效保障，提升了公司整体服务水准，赢得了客户长久信赖。

　　（案例来源：http：//www.chinawuliu.com.cn）

## 本章小结

　　本章首先对配送的概念进行了介绍，并对配送的评价和合理化配送进行了介绍；其次对配送中心的概念、分类、重要功能和作业流程进行了介绍；最后通过案例对配送典型系统进行了分析和阐述。通过本章的学习，读者应了解配送的概念和评价，熟悉合理化配送指标体系，掌握配送中心的分类和功能，熟悉相应的作业流程，并熟悉典型的配送系统。

## 练习题

一、概念识记

配送　配送中心　配送中心的作业流程

二、简答

1. 简述配送与旧时的"送货"不同。

2. 简述现代配送在物流中的地位与作用。

3. 简述配送中心的作业流程。

## 即测即评

请扫描二维码进行在线测试。

## 延伸阅读

1. 汝宜红，宋伯慧. 配送管理［M］. 北京：机械工业出版社，2010.

2. 夏春玉. 物流与供应链管理［M］. 大连：东北财经大学出版社，2015.

# 第九章 物流与供应链管理的包装管理

知识逻辑图

## 【学习目标】

了解包装的影响和分类，理解包装的方法以及如何实现包装合理化；掌握供应链包装管理技术；了解典型的物流与供应链管理包装系统。

---

案例 9.1

### 共享快递盒开启物流与供应链包装管理绿色发展新模式

2017 年 10 月 31 日，江苏南京苏宁云仓物流基地工作人员展示"共享快递盒"。一款可回收循环利用的"共享快递盒"走入大众视野。据首家使用和推广"共享快递盒"的苏宁易购介绍，电商物流将智能包装和末端服务相结合，采用可循环的特制快递包装盒代替传统常用纸箱，每个特制快递盒成本 25 元，可循环使用 1 000 余次。

2016 年内地快递业务量首度突破 312 亿件，背后所用的瓦楞纸箱原纸多达 4 600 万吨，占全球消费总量的 1/3。为备战今年"双 11"，苏宁物流推出更加轻便、容易携带的"共享快递盒"，预计 2018 年投入 20 万个，主要用于 3C、母婴、快消易碎商品的自提、送货上门服务。苏宁易购总裁侯恩龙说，"如果电商行业都加入苏宁易购共享快递盒计划，集众人之力，一年可省下近 46.3 个小兴安岭的树木。"

共享快递盒使用时是一个方形的塑胶箱，签收后，快递员就会将它折叠起来，变成一块塑胶板，带回仓库重复使用。共享快递盒单个制作成本是25元，平均每周可循环6次，预计单个快递盒使用寿命可达1 000次以上，单次使用成本仅需0.025元。

除了快递盒，还有电商推出循环包装袋。这种包装袋以抽拉绳密封，包装袋由配送员回收，返回库存再次打包使用。此外，还有电商启用绿色仓库，使用的都是免胶带的快递箱和100%可生物分解的快递袋，一些电商还在"双11"期间在重点城市的提货点启动纸箱回收。

从长远来看，绿色、环保、智慧是大势所趋，原纸价格上涨、舆论压力等都在逼迫快递企业采用更为绿色可循环的物流与供应链方式。

（案例来源：http://www.gov.cn）

**启发思考**：结合案例，思考物流与供应链管理中包装新形式的推广可能存在的困难。

# 第一节　包装管理概述

## 一、包装的影响

包装是物流与供应链管理中的物品在运输、保管、交易、使用时，为保持物品的价值、形状而使用适当地材料容器进行保管的技术和被保护的状态。包装是生产的终点，同时是物流的起点，有保护性、单位集中性和便利性三大特性，以及具有保护物品、方便物流、促进销售、方便消费四大功能。

包装以许多不同但重要的方式与物流供应链管理系统形成互动，从而产生相应的物流与供应链管理系统的各项成本。例如，包装的规格及提供的保护对所使用的物料搬运设备类型和产品可能被损坏的程度都有一定影响；包装对仓库中产品堆积高度的影响会影响到仓库的利用率和成本。因此，包装对物流与供应链管理的成本影响较大。

案例9.2

**发达国家采用托盘共用系统显著降低物流与供应链包装成本**

降低包装成本可以采取多种措施，其中使包装能多次复用是最为有效的措施之一。最典型的实例是作为与物流与供应链管理的包装关系最密切的单元包装工具的托盘，它是在物流与供应链管理过程中采用的一种有效器具，用以实现集装单元化作业，达到提高效率、降低成本的目的。

目前，我国绝大多数企业的托盘是在企业内部周转的，在整个流通过程中要经过多次倒换托盘，增加了无效的搬运、装卸作业，不能充分发挥托盘系统的优越性。发达国家已经普遍采用托盘租赁的方式建立托盘共用系统，由若干托盘公司运作，在各地开展托盘的租赁、回收业务，使用托盘的企业只要支付必要的租金就可以就近借用和交还托盘。

这些托盘公司的托盘共用系统采用可复用的高质量托盘，虽然一次投资较大，但摊到每次托盘使用上的费用是较低的，而且节约了大量宝贵的木材资源。由于这样的系统往往投资大，回收期长，社会效益显著，因此初期需要国家在资金、政策等方面给予一定的支持。

表9.1是对不同类型托盘的成本比较。

表 9.1　不同类型托盘的成本比较

|  | 一次性木托盘 | 可复用木托盘 | 可复用塑料托盘 |
| --- | --- | --- | --- |
| 托盘成本（元） | 50 | 150 | 500 |
| 使用寿命（可循环次数） | 1 | 50 | 100 |
| 每次循环的成本（元） | 50 | 3 | 5 |
| 与一次性木托盘的使用比 | 100% | 6% | 10% |

表9.1中可复用木托盘的成本，是按照图9.1所示的无锡前程木业包装有限公司生产的欧标托盘的当前实际价格计算的。在托盘上使用欧标托盘标志"EUR"和"EPAL"，需要经国际铁路联盟（International Union of Railways，IUR）的铁路事业部（Railway Undertakings，RU）或欧洲托盘协会（European Pallet Association，EPA）审核批准后授权有偿使用。欧洲一直在大力推行欧标托盘，国内一些出口欧盟的企业，已经开始认识到选用欧标托盘不仅对企业本身有利，也非常受欧盟客户欢迎，因为这不仅节约了托盘采购成本，还可以降低物流与供应链管理成本，更省去了使用一次性托盘需要而向当地有关部门缴纳的包装废弃物处理成本。

图 9.1　欧标托盘

（案例来源：http://www.sohu.com）

**启发思考**：除了托盘租赁，还有哪些新方式能降低物流与供应链管理的包装管理成本？

## 二、包装的分类

物流与供应链管理中，包装的分类方式有很多种，较为常见的是根据包装材料进行的分类。一般来说，按照包装材料的不同，可将物流与供应链管理中物品的包装分为纸质品包装、塑料制品包装、木制容器包装、金属容器包装、玻璃陶瓷容器包装、纤维容器包装、复合材料包装和其他材料包装。

1. 纸制品包装

这是指用纸袋、瓦楞纸箱、硬质纤维板作为包装容器对商品进行包装。这一类包装占整个包装材料使用量的 40%。纸制品包装的成本低廉、透气性好，而且印刷装饰性较好。

2. 塑料制品包装

这是指利用塑料薄膜、塑料袋以及塑料容器进行的产品包装，主要的塑料包装材料有聚乙烯、聚氯乙烯、聚丙烯和聚苯乙烯等。因为塑料种类比较多，所以塑料包装的综合性能比较好。

3. 木制品包装

这是指使用普通木箱、花兰木箱、木条复合板箱、金属网木箱以及木桶等木制包装容器对商品进行包装。木制容器一般使用在重物包装以及出口物品的包装等方面，现在有很大一部分已经被瓦楞纸箱代替。

4. 金属容器包装

这是指用黑白铁、马口铁、铝箔和钢材等制成的包装容器对商品进行包装。这种包装主要有罐头、铁桶和钢瓶等。

5. 玻璃陶瓷容器包装

这主要是指利用耐酸玻璃瓶和耐酸陶瓷瓶等对商品进行的包装。这种包装耐腐蚀性较好，而且比较稳定，耐酸玻璃瓶包装还能直接看到包装内的物品。

6. 纤维容器包装

这是指利用麻袋和维尼纶袋对商品进行的包装。

7. 复合材料包装

这主要是指利用两种以上的材料复合制成的包装，这种包装主要有纸与塑料、纸与铝箔和塑料。此外还有以竹、藤、苇等制成的包装，主要有各种筐、篓和草包等。

8. 衬垫材料

衬垫材料保护产品免受震动、摇摆和在搬运过程中的表面损伤。衬垫材料包括收缩膜、气泡衬垫、纤维填充物、瓦楞纸和塑料，塑料又可进一步分为膨胀的聚苯乙烯、聚亚安酯、泡沫塑料和聚乙烯。表 9.2 对各种衬垫材料进行了对比。

表9.2 衬 垫 材 料

| 材料 | 材料成本 | 静物装载 | 弹性 | 典型应用 |
|------|---------|---------|------|---------|
| 充气垫 | 低 | 轻到中等 | 好 | 空间填充<br>包裹键盘<br>塑料和金属元件<br>服务中心 |
| 纤维填充物 | 低 | 轻到中等 | 不错 | 表面保护<br>家具<br>塑料元件 |
| 膨胀的聚苯乙烯 | 低 | 轻到中等 | 不错 | 空间填充<br>书 塑料和金属元件 |
| 聚亚安酯 | 高 | 轻到中等 | 极好 | 计算机 电子元件<br>服务中心 备用元件 |
| 塑料泡沫 | 中等 | 中等到重 | 好 | 电子元件<br>服务中心 备用元件 |
| 聚乙烯 | 高 | 中等到重 | 极好 | 光盘驱动器<br>易碎电子元件 打印机 |

案例9.3

### 长安福特福克斯的包装改进方案

在汽车零部件行业里，主机厂一般负责车身件的制造和总成安装，几乎所有的零部件都是依靠供应商生产，因此会产生大量的零部件物流运输。与零部件实物流相伴产生的是大量的包装材料，比如纸箱、内衬、托盘等。在中国汽车行业发展的早期阶段，零部件供应商主要是采用纸箱加托盘的运输方式，包装材料基本是一次性使用，造成了极大的资源浪费。

近年来，绿色环保可持续发展的理念越来越深入人心。对于企业来说，绿色环保的发展道路也是势在必行，一方面，政府对于环境保护的标准逐年提高，另一方面，企业的经营成本在每年增加，使用绿色环保可循环的材料可以降低成本，增加竞争力。

在这种大背景下，汽车零部件供应商也开展了多种方式的可循环包装材料的应用，长安福特福克斯使用标准化可折叠回收箱加内衬的包装方案效果较好，优点较多，例如采用标准化管理的周转容器，通过规模化效应提高集装箱装载率，从而降低国际运输费用；采用金属网格周转箱和塑料周转箱，在回程时候可以折叠，从而降低运输费用，见图9.2。但该方案也存在一定缺点，例如需要有一个专业的管理团队、需要建立和维护专业的容器信息系统、投资巨大等。因此该方案适用范围主要是国际多式联运和大规模跨洋运输。

图 9.2　折叠式金属网格周转箱和塑料周转箱

（案例来源：https://www.linkedin.com）

**启发思考**：还有什么方案能更好地改善长安福特福克斯的包装管理？

## 三、包装的方法

正确的包装方法是保证产品在物流与供应链管理中安全流通的关键技术条件，直接影响着物流与供应链管理的合理化、有序化、低成本等目标的实现。因此，应在作业过程中，根据实际环境条件及物品特性等，采取合适的包装方法，提高物品安全运输保障。

目前包装方法随着包装材料和机械的进步而不断发展，且用于不同领域的包装的专业化程度也在不断提高。包装方法主要可以分为以下几类。

1. 防震包装

防震包装是在物流与供应链管理的装卸、运输和库存等过程中，为防止冲击、振动、堆码等外因对被包装物造成机械性破坏，需要将被包装物固定在容器内或货台上，以缓冲外力的一种包装方法。该方法包括全面防震包装、部分防震包装、悬浮式防震包装。

2. 防潮包装

物流与供应链管理的物品在流通过程中，常常会受到潮湿环境或空气的侵袭，严重者将会导致被包装物变质和失效。防潮包装就是为防止物品吸收湿气造成质量下降而采用的包装方法。通常首先采用防潮材料将物品密封，隔绝外界湿气侵入，再在包装容器中加入干燥剂，将内部残存湿气和透过防湿材料进入的湿气驱除，使包装内湿度符合要求。

3. 防锈包装

大气锈蚀是空气中的氧、水蒸气及其他有害气体等作用于金属表面，引起电化学作用的结果。如果使金属表面与引起大气锈蚀的各种因素隔绝（即将金属表面保护起来），就可以达到防止金属被大气锈蚀的目的。防锈包装就是根据这一原理，在物流与供应链管理过程中，将金属涂封防止锈蚀。用防锈油封装金属制品，要求油层要有一定厚度，油层的连续性好，涂层完整。此外，不同类型的防锈油要采用不同的方法进行涂覆。

4. 防霉腐包装

在物流与供应链管理中，如果包装内装运的是食品或其他有机碳水化合物时，物品表面就可能生长霉菌。在流通过程中如遇潮湿，霉菌生长繁殖极快，甚至发展至货物内部，使其腐烂、发霉、变质，因此要采取特别防护措施，即防霉腐包装，通常采用冷冻包装、真空包装或高温灭菌包装。

5. 保鲜保质包装

在物流与供应链管理中，为了保证鲜花、生鲜之类需要保鲜保质的产品有足够长的寿命，必须采取一系列特殊的包装方法，即保鲜保质包装方法，包括充气包装、真空包装、收缩包装、拉伸包装、脱氧包装以及泡罩包装和贴体包装等。

6. 防虫包装

物流与供应链管理的物品在库存环节存在的主要危害之一是仓库害虫对被包装物的损害。防虫包装就是为保护被包装物免受虫类侵害而采取的一定防护措施，目的就是要破坏害虫的正常生活条件，扼杀和抑制其生长繁殖，以防止害虫蛀食商品，并防止其新陈代谢中排泄的污物玷污物品。较为常见的防虫包装是在包装中放入有一定霉性和臭味的驱虫药物的方法，利用药物在包装中挥发的气体，杀灭和驱除各种害虫。常用的驱虫剂有萘、对位二氯苯、樟脑精等。也可以采用调节温度、电离辐射、微波、远红外线、真空包装、充气包装、脱氧包装等技术，使害虫无生存环境，从而防止虫害。

---

补充阅读

### RoHS：选择有效包装方法的前提

如果您是电子产品制造商或零售商，您需要了解欧盟制定的 RoHS——有害物质限制条例，它已经使全球电子产品行业发生了巨大的变化。当涉及电子设备运输时，RoHS-有害物质限制条例涉及一些重要的指令。

RoHS（Restrictions of Hazardous Substances）开始于 2008 年 12 月，当时欧洲委员会决定承担起与电子垃圾相关的环境和健康风险。欧洲委员会决定修订关于电子电气设备的法令，目的是阻止这类产品产生越来越多的废弃物，使更多的电子废物得到恰当处理，从而降低废弃物量。RoHS 也曾被起诉要求在降低行政负担的同时须保证与新立法相一致。

RoHS 有时被误称为"无铅指令"，被用来限制以下十种主要有害物质：铅（Pb）、汞（Hg）、镉（Cd）、邻苯二甲酸酯（DEHP）、邻苯二甲酸二丁酯（DBP）、邻苯二甲酸丁苄酯（BBP）、邻苯二甲酸二异丁酯（DIBP）、六价铬（Cr6+）、多溴化联苯（PBB）、多溴二苯醚（PBDE）、DEHP。2015 年 3 月，RoHS 添加了 BBP、DBP 和 DIBP 三项有害物质。RoHS 列出了这些有害物质在非豁免产品中的最大允许浓度为 1 000 ppm 或重量的 0.1%。其中镉例外，允许浓度为 100 ppm 或重量的 0.01%。

需要注意的是，RoHS 是一项指令，而不是一条实际的法规。法规是所有参与欧盟实体的通用法律；法令则是立法条例，要求成员国实现特定的目标而不指定如何实现。在实现目标的途径方面，指令留给你一些余地。尽管如此，RoHS 直接适用于所有想在欧盟销售、制造或进口的企业。

目前有超过 80 种物质如高温焊料中的铅、含铅量达 4% 的铜合金、太阳能电池板中的镉、汽车、主动植入式医疗器材是 RoHS 豁免的，将来可能会有更多豁免物加入指令中。

尽管 RoHS 看起来像一套烦琐的指令，但实际上它带来了很多好处，例如通过更严格的过程控制，提高生产效率，降低不合格品总量；加强整个供应链的沟通，可以作为 REACH 和其他倡议实施的平台；通过向欠发达国家输送知识，提高全球劳动力的技能水平；产品将含有更少的有害物质，从而减少垃圾填埋浸出，减少对环境和人类的危害，特别是在作为全世界大部分"高科技垃圾"归宿地的第三世界国家。

（资料来源：http://www.nefab.cn）

**启发思考：**请设计一种符合 RoHS 指令且环保的包装方法。

## 四、包装合理化

包装好坏不仅影响到物流与供应链管理的总成本，而且会影响物品在物流与供应链管理过程中的质量，因此是其中非常重要的一个环节。包装合理化就是要实现既降低包装成本，又能较好保护物品的目的。包装合理化主要包括以下几个方面。

1. 包装轻小化

由于包装只是起到保护作用，对产品使用价值没有任何意义，因此在强度、寿命、成本相同的条件下，更轻、更薄、更短、更小的包装，可以提高物流与供应链管理的装卸搬运效率，而且价格比较便宜，如果是一次性包装也可以减少废弃包装材料的数量。

2．包装单纯化

物流与供应链管理中，为了提高包装作业的效率，包装材料及规格应力求单纯化，包装规格还应标准化，包装形状和种类也应单纯化。

3．包装标准化

物流与供应链管理中，包装的规格和托盘、集装箱关系密切，但也应考虑到和运输车辆、搬运机械的匹配，从系统的观点制定包装的尺寸标准。

4．包装机械化

物流与供应链管理中，包装机械化是指采用机械化的包装设备，完成物品包装的一系列过程，包括物品的充填、裹包、封口等，以及与其相关的前后环节，如清洗、堆码和拆卸等。通过包装机械化，可提高物流与供应链管理的运作效率，减轻劳动强度，减少人工等成本，从而适应大规模物流与供应链管理的需要，还能满足其中清洁卫生的要求。

要使包装合理化，重点要考虑包装合理化的设计要求，而包装合理化是一个系统工程，因此设计合理包装不仅要考虑包装设计本身，更要着眼于物品流通全局，兼顾物流与供应链管理系统的相互关系，其重点在于以下几个方面。

1．坚持保护最经济

包装的保护功能应使物品能承受物流与供应链管理流通过程中各种环境的考验。因此，包装设计前应通过有关测试和调查，或查问有关流通环境资料等手段，来掌握环境实况，对不同的环境条件采取不同的包装设计。如为避免外力作用下被包装物破损，可设计缓冲包装；为避免温湿度的影响，可设计防潮、防水包装。

2．实行包装标准化

标准化是提高企业经济效率和效益而采取的一种必不可少的科学管理方法。在物流与供应链管理中，针对包装，要采用标准化设计，这样能减少设计时间，稳定包装质量，降低包装和流通成本，取得明显的经济效益。

3．与生产协调一致

包装贯穿物流与供应链管理始终。因此，它同物品的生产过程紧密相关，二者应协调一致，做到包装与生产同步，防止物品积压。为此包装设计应和产品大批量的生产工艺一起考虑，其中包括包装材料的选择和包装方法的选定等。

4．装卸及开启方便

物流与供应链管理中，物品流通过程中都必须装卸及开启，如果装卸及开启不方便，将会导致耗费大量人力物力和时间，甚至耽误运转，因此包装必须便于装卸及开启，以取得在其中各环节减少破损的直接经济效益。

案例 9.4

## 十部门联合发文协同推进快递绿色包装工作

2017 年 11 月，为深入贯彻落实《生态文明体制改革总体方案》和党的十九大关于加快生态文明体制改革的决策部署，国家邮政局、国家发展改革委、科技部、工业和信息化部、环境保护部、住房与城乡建设部、商务部、国家质量监督检验检疫总局、国家认证认可监督管理委员会、国家标准化管理委员会日前联合发布《关于协同推进快递业绿色包装工作的指导意见》（以下简称《指导意见》），《指导意见》将按照"政府引导、社会参与，创新驱动、源头治理，分类指导、因地制宜"的原则，进一步优化顶层设计，推进源头治理，增加绿色快递服务产品供给，提高快递业包装领域资源利用效率，降低包装耗用量，减少环境污染。意见明确了"十三五"期间快递业绿色包装工作要实现的三大目标，即：绿色化、减量化、可循环取得明显效果，科技创新和应用水平大幅提升，治理体系日益完善。到 2020 年，可降解的绿色包装材料应用比例将提高到 50%，基本淘汰重金属等特殊物质超标的包装物料，基本建成专门的快递包装物回收体系。主要快递品牌协议客户电子运单使用率达到 90% 以上，平均每件快递包装耗材减少 10% 以上，推广使用中转箱、笼车等设备，编织袋和胶带使用量进一步减少。基本建立快递业包装治理体系。

我国快递业包装总量庞大、种类繁多、增长迅速，包装废弃物对环境造成的影响不容忽视。妥善处理快递包装问题对于节约资源、保护环境和促进快递业健康可持续发展具有重大意义。为推动建立健全中国特色快递业包装治理体系，引导企业承担社会责任，提高消费者环保意识，实现绿色发展，服务建设美丽中国，《指导意见》提出了以下七项重点任务：

一是完善快递业绿色包装法规和标准。推动出台《快递暂行条例》，明确鼓励使用可降解、可重复利用的环保包装材料。完善快递业绿色包装标准体系，制定实施《快递封装用品》系列国家标准、快递包装以及胶黏剂相关绿色产品评价标准，推广 1 200 mm×1 000 mm 标准托盘，加快推动相关标准有效衔接。

二是增加快递绿色包装产品供给使用。引导和支持各类企业加大对快递绿色包装产品研发、设计和生产的投入，健全快递包装生产者责任延伸制，鼓励生物基材料环保包装制品的研发、生产和使用。鼓励在电商产品和快递的仓储、运输、配送、分拣、加工全过程推进可循环包装、减量包装和可降解包装。

三是实施快递包装产品绿色认证。构建统一的快递包装产品绿色标准、认证、标识体系。按照"公平、公正、公开、自愿"的原则开展快递包装产品绿色认证，引导和支持电商企业、快递企业使用绿色包装产品或通过快递包装产品绿色认证的包装产品。

四是开展快递业绿色包装试点示范。支持快递企业开展"工业产品生态（绿色）设计"试点，在主要品牌快递企业和快递物流信息平台企业开展绿色包装应用试点，鼓励主要品牌快递企业和各类环卫企业、回收企业联合开展"快递业＋回收业"定向合作试点。支持一批符合条件的快递示范园区建设成为绿色园区。

五是做大做强快递绿色包装产业联盟。建立完善快递绿色包装全产业链体系。鼓励企业、科研机构和高等院校建立产学研相结合的新模式。发挥电商平台企业作用和优势，积极推广绿色包装、简约包装。鼓励企业强化绿色生产，建设绿色回收体系，搭建信息管理平台，打造绿色供应链，带动联盟企业实现绿色发展。

六是建设快递包装回收示范城市。在国家实施生活垃圾强制分类的城市共同推动建设快递包装回收示范城市。明确不同快递包装的分类要求，在社区营业网点配备标志清晰的快递包装回收容器。支持快递企业积极参与再生资源回收利用网络建设。

七是强化快递业绿色包装宣传引导与教育培训。将每年11月第一周作为"绿色快递宣传周"，并利用全国低碳日、节能环保周、"美丽中国"公益广告等活动广泛宣传绿色理念，倡导绿色消费方式，普及绿色包装和回收知识，营造"绿色快递，人人有为"的良好氛围。

《指导意见》还提出了组织管理、政策扶持、监督管理三方面的保障措施。十部门将共同成立推进快递业绿色包装工作领导小组，以加强对快递业绿色包装工作的组织领导，并落实国家鼓励节能减排等优惠政策，推动各地加大对快递包装回收利用的财政支持力度，推动各地研究出台针对快递、电商企业绿色包装的税收、信贷等扶持政策。

（案例来源：http://www.gov.cn）

**启发思考：** 从包装合理化的角度，谈谈快递绿色包装还有哪些方面能够完善。

## 第二节 供应链包装管理

### 一、供应链包装管理概述

在整个供应链体系中，包装既是组成部分之一，又是其他供应链活动的保障因素，是供应链中不可或缺的重要组成部分。在过去相当长的一段时间内，包装被认为只是对供应链整体绩效影响十分有限的子系统，因而没有得到足够的重视。

随着全球制造业竞争日益激烈、企业微利时代的到来，作为绝大多数作业活动基础的包装，在现代供应链中的重要性日趋明显，成为影响供应链绩效的基础因素之一。在现代供应链向智能化发展的大趋势下，供应链包装管理不仅仅是对包装方法的选择和结构设计，还是综合了物流网、材料科学等多学科应用技术的复杂系统，包装系统整体解决方案是否合理直接影响着供应链运营效率。

供应链与传统物流最明显的区别是物流信息化，物流信息化应用现代信息技术手段，以日臻完善的信息采集、处理、传输和管理等物联网应用技术为基础，通过对物流运行全过程的状态监控、信息传输的智能化、实时数据分析和决策，以及物流在供应链节点之间快速有效地移动，达到整合物流资源、降低物流成本、提升物流运作效率的目的。

供应链包装管理由包括包装在内的若干作业环节组成，处在生产物流终点和社会物流始点。除了传统功能外，供应链包装管理又是物流过程信息的主要携带者，这在一定程度上决定了包装在供应链发展进程中的重要性，同时也拓展了包装的内涵，即供应链包装管理系统，该系统是与包装相关联的、实现供应链高效运作的完整信息化解决方案。

案例 9.5

### 京东全方位提高供应链包装管理水平降低社会资源消耗

2017 年中秋国庆黄金周即将来临，每年节日都是礼品消费的高峰期。在国人开心过节的同时，因节日礼盒包装带来的污染问题也一直是公众关注的热点话题。早些年，社会关注包装污染的焦点主要集中在过度包装问题上。随着相关法规政策的制定，这一问题得到了有效遏制。但是伴随着个人网购的流行，以及越来越多企业电商化采购的尝试，这个中秋节，大量快递包装可能产生的潜在污染浪费问题又随之而来。

随着中秋临近，不少小区的垃圾箱前都堆满了被遗弃的快递纸箱、商品包装等。北京市民刘先生告诉记者："中秋节还没到，小区垃圾箱旁每天就会堆满了各种纸箱。"自己也觉得家里的快递纸箱太占地方，选择扔掉。有数据显示，在快递环节中，有 55.6% 的消费者会将包装丢弃，回收率更是不到 10%。

记者通过大量资料及调研发现，相较于个人的礼盒消费，企业节日礼品采购无论在同比增长及市场占有率上已远超个人消费，与此同时，相较于个人礼品消费的分散、随机及不可控，通过对企业礼盒采购绿色化的推动，对推动节日绿色消费的意义及现实作用更大。就此，记者对比了目前几家较大的线上企业采购平台，选择了目前企业用户多且节日礼品出货量较大的京东平台进行调研。

1. 绿色"揽月"从减少耗材开始

作为中秋时节的主力消费商品，大闸蟹一直备受追捧。京东今年也发力大闸蟹市场，一口气联合 11 个全国主要产区的蟹塘，最大限度保证充足供货。对此，面对京东平台每日如此大的备货量及出货量，其如何实现包装耗材的绿色化？记者从京东相关人士了解到，从 2016 年开始，京东就率先在自营生鲜业务中使用全生物降解包装，包装材料在堆肥条件下 3 至 6 个月可分解为二氧化碳和水，不会对环境产生污染。

与此同时,对于公众诟病颇多的过多包装问题,京东也着力推出相关解决措施。上述京东负责人表示,在减少包装数量上,京东物流生鲜冷链当中全部使用自主研发的保温箱,每年节省EPS泡沫箱至少4千万个。中秋大闸蟹及其他生鲜产品同样会享受到这些待遇,这场从湖区到全国的"大闸蟹迁徙之旅",在京东看来是一场绿色环保之旅。

2. 节能高效供应链实现全程低碳配送

记者从节日礼品采购的主体分析发现,企业福利已成为推动中秋礼盒消费的市场主力军。企业用户往往存在单批次大量集中采购、定时多点配送的需求。特别是每年不少企业会针对VIP客户推出节日礼盒回馈的活动,如何确保礼盒精准送达每个客户手中,其往往需要通过二次转运,调动多家物流配送公司完成分点配送。这一过程不仅耗时长、风险多,同时从时间成本、经济成本及环保角度考虑,也存在诸多弊端。

针对当前节日礼品的配送现状,记者从京东了解到,利用企业早已构建完成的企业级供应链,京东企业购针对企业采购时大宗商品调配难和C端物流体系不能很好匹配大宗采购的整体配送等问题,专门针对企业采购推出专属配送体系。京东企业购相关负责人告诉记者,利用京东企业级供应链体系及企业用户专属配送体系,可实现企业对节日礼品采购中的集中配送的要求,同时也能有效降低商品搬运次数,节省企业成本和社会资源,提升物流效率,减少碳排放量。

除了通过减少中间配送环节、节能能源消耗外,记者了解到,如何解决燃油运输货车所带来的化石能源污染问题也是实现绿色配送的关键,据测算,普通柴油货车每百公里油耗至少11升,按照日均行驶200公里计算,如果采用新能源电动车,一辆车一年将至少减少5.84吨二氧化碳的排放量。显然,用新能源配送货车取代燃油货车,才是构建绿色物流的关键。而在此方面,京东也早已着手布局。记者从京东处了解到,集团目前已全线升级配送运输货车,着力推进物流新能源电动运输货车在物流系统的使用。京东相关负责人告诉记者,这些新能源配送车辆行驶过程中不仅不会产生任何污染,还能减少大量二氧化碳排放。预计未来5年内,京东物流将目前上万车辆全部更换为绿色环保车辆。

3. 联合商家消费者打造绿色购物闭环

根据相关环保机构统计,越来越多的消费者,特别是新生代消费群体的环保意识不断增强,商家提供的产品是否节能环保,对其购买行为的影响也不断增强。从这个层面来看,提升企业的环保意识,不仅仅是一份社会责任,也符合当前的主流消费意识形态。作为目前中国最具代表性的线上零售商之一,京东很早就已经观察并了解到这一消费趋势。京东相关负责人告诉记者,除了在节日消费期间发起绿色中秋的倡议外,京东从很早便从供应链端推进环保体系构建。

　　记者在京东分拣中心观察到，分拣系统员工使用的打包纸盒，有一部分是二次回收的包装盒。位于北京马驹桥京东物流园分拣部负责人告诉记者，这些回收的包装盒大多是从供应链的各个环节以及用户手中收集而来，包装盒再次利用时会贴上"包装回收利用，共同助力环保"的标签，以倡导环保理念。"越来越多的消费者开始意识到包装材料循环利用的好处，非常支持我们，我们的工作开展的也越来越顺利。"

　　记者同时了解到，京东针对包装耗材也从环保角度推进一系列创新措施，例如其目前正在包装环节推广运用的"专利防撕袋"。京东相关人士表示，这款包装袋不仅采用食品级安全环保的新型塑料材质，安全耐用；并且通过简单操作，就可当做手提袋重复使用。如果消费者提出并不需要，配送员还可提供回收服务，循环使用。"预计'专利防撕袋'全面推行后，每年节省PE包装袋至少1亿个。"

　　除了从消费端减少不必要的包装污染和配送污染，记者发现，京东还联合更多企业推出"青流计划"。京东相关人士向记者介绍道，京东已经与宝洁、雀巢、惠氏、乐高、金佰利、农夫山泉、联合利华、屈臣氏、伊利在内的19家合作伙伴达成共识，共同实施减少包装物的使用和绿色物流技术创新的应用，并统一物流耗材标准，促进品牌商、物流企业、包装耗材企业以及消费者之间的高效协同，从商品生产打包、入仓到出库、运输、配送，在整个链条中提升资源利用率，减少资源浪费，从而实现节能降耗，低碳环保的目的。预计到2020年，京东将减少供应链中一次性包装纸箱使用量100亿个。

　　"我们认为节能环保不应当只是少数几家企业的责任，希望更多的企业也加入到环保事业中，一同承担企业社会责任。"京东相关人士对记者说道。在环保方面的一系列转型措施和努力方向，也符合京东在第四次零售革命来临之际，对企业向零售基础设施服务商的转型定位——即通过智能技术驱动整个零售系统的资金、商品和信息流动不断优化，在供应端提高效率、降低成本，在需求端实现"比你懂你"、"随处随想"、"所见即得"的体验升级，通过提高供应链效率来降低对全社会资源的消耗。

　　（案例来源：http://www.cctime.com）

　　**启发思考**：京东还通过哪些举措来提高供应链包装管理水平降低社会资源消耗？

## 二、供应链包装管理技术

　　供应链越来越向信息化、自动化、网络化和智能化方向发展。为了实现这些目标，供应链包装管理必须迎合这些趋势，采用新的技术如物联网技术（该技术在第十三章有详述），RFID 是物联网在供应链包装应用中的核心技术，其应用一般有静态和动态应用两个层面。

1.静态应用

通常将集成了 RFID 电子标签的芯片嵌入包装的材料中或者包装体上，应用 RFID 电子标签内本身存储的信息，利用射频识别信号，通过空间耦合和传输，实现对静止或移动的待识别包装物进行自动识别、信息采集、通信和身份查验等相关互联活动，主要用于供应链中的门禁、防伪等领域。

2.动态应用

把 RFID 电子标签携带的信息与供应链上的生产、供应、运输、库存、销售等其他环节的信息管理系统及物联网智能设备进行信息通信、控制与信息处理，实现对供应链中所有作业活动的智能化监控与管理。

---

*补充阅读*

### 新型设备为供应链包装管理注入"智能"灵魂

要在产业竞争中突围而出，供应链包装管理必须走向科技化、规范化、品牌化，微电子、计算机、工业机器人、图像传感技术和新材料等在包装机械中的应用也越来越广泛。引进新技术，改用生产效率高、自动化程度高、可靠性高、灵活性强、技术含量高的包装设备，将会是供应链包装管理必须走的一步重要棋子。

下面列出了一些新型大的智能供应链包装装备，这些高端设备在为国内供应链包装管理提速的同时，也能有效降低供应链包装管理成本。

1.打包机器人 P505S

打包机器人（图 9.3）是国内首台自主研发，集成验货、打印、贴标、包装、封口于一体的打包机器人，具有智能打印、高效省人、优质体验、节能环保的优点，适用于快递袋形式包装应用需求企业。

图 9.3　打包机器人

### 2. 可重复使用的纸箱

可重复使用纸箱（图 9.4）采用全球独家专利结构和特殊箱体设计，胶带绿色环保，能高效完成拆封箱。依照客户需求量身定制，提升包装效率与用户体验，客户无须自备胶带及"任何工具"。

### 3. 快乐包可撕拉两次快递物流袋

快乐包可撕拉两次物流快递袋（见图 9.5）与市面传统的破坏袋不同，采用严选特级化学黏胶且搭配特殊专利撕拉结构，可加强开口处的坚固性，同时免除暴力撕扯，优雅不费力便可轻易秒拆包裹。

图 9.4　可重复使用纸箱

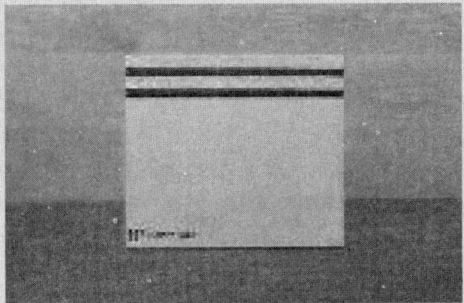

图 9.5　两次快递物流袋

（资料来源 http://www.sohu.com）

**启发思考：** 还有哪些新型设备处于供应链包装管理前沿？

## 第三节　典型系统

美国 TOPS 公司的运输包装设计优化软件 TOPS Pro 提供包装设计、货板分析及压缩强度分析等工具，使用户能优化装载方案，以及设计混合托盘或货板，以作商品陈列之用，协助用户优化包装设计，并能减低包装及运输成本 5% 至 20%。TOPS Pro 网上版 TOPSePAC 提供基于网络的包装与运输装载设计。

经过十多年的改进与发展，TOPS Pro 已成为一种世界公认的包装与运输专业技术人员使用的功能强大的创造性设计软件，在世界范围的安装用户已超过 5 500 家。

该软件的主要优势包括：

（1）优化装箱大小及货板方案，使每架货车或每个集装箱可以运载最多产品，从而降低运输成本；

（2）多款图像化报告显示如何包装及装载产品，高级立体图像展示产品的包装及付运情况。使用 MixPro 编辑器创制混合展示货盘及货板。

该软件包含以下七个功能模块。

1. 内包装设计（Primary Pack）

可选择普通盒、圆罐、桶、瓶、牛奶盒、薄膜袋等内包装容器库中的现有形式，也可以用 CASY 功能定义自己的内包装形式；同时，可将图形或公司标志加到容器的不同表面。使用 TOPS Pro 只需选择包装形态、尺寸及特别图像，设计结果就会瞬间活现于屏幕上。

2. 中包装设计（Intermediate Pack）

可选择展示盒、浅盘和普通盒等二次包装容器库中的现有形式，也可以用 CASY 功能自定义浅盘形状并设计提手，也可以设计隔板或衬垫。

3. 运输包装设计（Ship case）

可选择普通运输箱、浅盘、圆桶、异型桶、瓶和袋子等运输包装容器库中的现有形式，还可以自定义运输箱式样，也可以只给出箱中的内包装数量，或只给出运输箱每一尺寸的限制数量范围，经过程序计算，产生符合要求的箱子结构，也可以输出箱纸板的数据。

4. 托盘化集装设计（Pallets）

可选择托盘和衬板等集合包装容器库中的标准形式，也可以自定义新托盘（包括样式和大小）。根据需要可加角柱、层间纸板、顶盖、收缩裹包或加紧固带等。其中的堆码强度分析基于箱子的边压值（ECT）、环压值（RCT）和 Kellicut 方法，结合环境因素，利用了 McKee 公式。用 MixPro 图形模块还可以创建大小不一的包装产品的托盘混装及图形显示。

5. 装运设计

TOPS Pro 可使产品或托盘化集装产品有效地装入运输工具。它可以将固定尺寸的包装箱或货板装载入你的付运工具。你可以很快看到载货空间优化的最佳方法，并透过堆码强度分析，将损坏机会减至最低，从而节省最多成本。用户可选卡车、船只和火车车辆等运输工具库中的现有形式或自定义运输器具。

6. 简单清晰的用户界面

以图形用户界面形式输入各种参数；用户选择英制或国际单位制；多种语言选择（含中文）；可通过打印/传真/电子邮件/因特网显示设计结果；有各种包含产品包装与运输装载方法图形的打印报告形式等。

7. 运输装载的策划及优化软件 MaxLoad Pro

MaxLoad Pro 集装箱及货物装箱规划软件可以输出高效立体装箱计划，适用于货车、集装箱、拖车及列车，以优化货物分列及方形箱的使用。MaxLoad Pro 主要优点在于：

（1）提高装箱效率，使企业每年可以节省 8%～20% 的集装箱使用数；

（2）自动算出装载计划，并可在每次付运前得到准确集装箱数；

（3） 提供装箱步骤指示和图表，以达到最高运作效率；

（4） 为多站式运输及优先装载准备优先计划；

（5） 利用堆码强度分析，令集装箱装载最多货物，并减少运途中的货品的损坏。

## 本章小结

本章首先介绍了包装的影响、分类、方法及其合理化；其次对供应链包装管理及其技术进行了介绍，最后对相应的典型包装方法进行了列举和阐述。通过本章的学习，读者应熟悉包装的分类和方法，掌握如何进行合理化包装，了解主要的供应链包装管理技术和典型系统。

## 练习题

一、概念识记

包装机械化　供应链包装管理

二、简答

1. 简述包装的影响。

2. 简述包装的方法。

3. 简述包装合理化的要求。

4. 简述包装系统 TOPS Pro 的七个功能模块。

## 即测即评

请扫描二维码进行在线测试。

## 延伸阅读

1. C. 小约翰·兰利. 供应链管理：物流视角［M］. 8 版. 北京：电子工业出版社，2010.

2. 倪卫涛. 基于智能物流的供应链包装系统集成分析［J］. 包装工程，2016，37（23）：203-208.

# 第十章　物流与供应链管理的装卸搬运

知识逻辑图

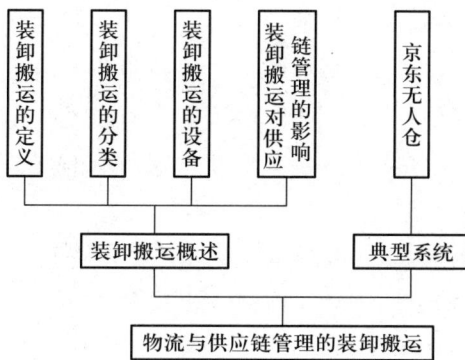

【学习目标】

理解并掌握装卸搬运的定义、分类和设备;了解装卸搬运在物流和供应链管理中的重要性;掌握装卸搬运的发展前沿、未来发展方向和典型系统。

案例 10.1

### 联华公司便利物流中心装卸搬运系统

联华公司创建于 1991 年 5 月,是上海首家发展连锁经营的商业公司。经过多年发展,已成为中国最大的连锁商业企业。截至 2017 年 6 月 30 日止的半年度业绩显示,2017 上半年联华超市实现营业额约 132.38 亿元,毛利约为 20.06 亿元,毛利率约为 15.15%,综合收益率约为 25.28%,经营盈利约为 1.65 亿元,经营利润率为 1.24%,连续多年位居全国零售业第一。

联华公司的快速发展,离不开高效便捷的物流配送中心的大力支持。目前,联华共有 4 个配送中心,分别是 2 个常温配送中心、1 个便利物流中心、1 个生鲜加工配送中心,总面积 7 万余平方米。

联华便利物流中心总面积 8 000 平方米，由 4 层楼的复式结构组成。为了实现货物的装卸搬运，配置的主要装卸搬运机械设备主要为：电动叉车 8 辆、手动托盘搬运车 20 辆、垂直升降机 2 台、笼车 1 000 辆、辊道输送机 5 条、数字拣选设备 2 400 套。

在装卸搬运时，操作过程如下：对来货卸下后，把其装在托盘上，由手动叉车将货物搬运至入库运载处，入库运载装置上升，将货物送上入库输送带。当接到向第一层搬送指示的托盘在经过升降机平台时，不再需要上下搬运，将直接从当前位置经过一层的入库输送带自动分配到一层入库区等待入库；接到向二至四层搬送指示的托盘，将由托盘垂直升降机自动传输到所需楼层。当升降机到达指定楼层时，由各层的入库输送带自动搬送货物至入库区。货物下平台时，由叉车从输送带上取下托盘入库。出库时，根据订单进行拣选配货，拣选后的出库货物用笼车装载，由各层平台通过笼车垂直输送机送至一层的出货区，装入相应的运输车上。

先进实用的装卸搬运系统，为联华便利店的发展提供了强大的支持，使其物流运作能力和效率大大提高。

（案例来源：https://www.zybang.com）

**启发思考**：该系统还有哪些地方可以进一步改进？

# 第一节　装卸搬运概述

## 一、装卸搬运的定义

装卸搬运是指在物流与供应链管理过程中，对货物进行装卸、搬运、堆垛、取货、理货分类等，或与之相关的作业，是由于物流与供应链管理中其他功能的需要而进行的作业。装卸搬运本身不创造价值，但物流与供应链管理成本和效率却在很大程度上受到装卸搬运质量的限制。装卸与搬运是互相联系且密不可分的，两者是相伴而生的。

根据国家标准，装卸（Loading and Unloading）是指物品在指定地点以人力或机械装入运输设备或从运输设备上卸下的活动，搬运（Handling/Carrying）是指在同一场所内将物品进行水平移动为主的物流作业。

装卸搬运与运输、库存相比较，在一定程度上有很大不同，物品空间距离的问题靠运输解决，物品时间距离靠库存解决，而装卸搬运既没有改变物品的空间价值，也没有改变其时间价值，所以一般不会引起人们的重视。可如果忽略装卸搬运，物品在物流与供应链管理过程中，轻则发生混乱，严重的会造成生产等各项活动的停顿。

补充阅读

## 装卸搬运在物流与供应链管理成本中占有重要地位

在物流与供应链管理中，装卸搬运活动是不断出现和反复进行的，它出现的频率高于其他活动。而且每次装卸搬运活动都要浪费很长时间，所以往往成为决定物流与供应链管理速度的关键。装卸搬运活动所消耗的人力活动也很多，所以装卸搬运费用在物流与供应链管理成本中所占的比重也较高。

以我国为例，铁路运输的始发和到达的装卸搬运作业费大致占运费的20%左右，船运占40%左右。我国对生产物流的统计显示，机械加工企业每生产1吨成品，需要进行252吨次的装卸搬运，其成本为加工成本的15.5%左右。因此降低物流与供应链管理成本，装卸搬运是个重要环节。

此外，进行装卸搬运操作时往往需要接触物品。因此，这是在物流与供应链管理过程中造成物品破损、散失、损耗、混合等损失的主要环节。例如袋装水泥纸袋破损和水泥散失主要发生在装卸搬运过程中，玻璃、机械、器皿、煤炭等产品在装卸搬运时最容易造成损失。

据我国统计，火车货运以500公里为分界点，运距超过500公里，运输在途时间多于起止的装卸搬运时间；运距低于500公里，装卸搬运时间则超过实际运输时间。美国与日本之间的远洋船运，一个往返需25天，其中运输时间13天，装卸搬运时间12天。由此可见，装卸搬运活动是影响物流与供应链管理效率、决定物流与供应链管理技术经济效益的重要环节。

（资料来源：https://baike.baidu.com）

**启发思考：** 装卸搬运可以在哪些方面改进，以降低物流与供应链管理成本？

## 二、装卸搬运的分类

随着新机械设备不断出现，装卸搬运也得到了快速发展，分类较多。主要分类有如下几种。

### （一）按作业场所分类

根据作业场所不同，装卸搬运可分为车船装卸搬运、港站装卸搬运、场库装卸搬运。

1. 车船装卸搬运

车船装卸搬运是在载运工具或载运工具之间的装卸和搬运作业，包括汽车在铁路货场和站台旁的装卸搬运作业、铁路车辆在货场及站台的装卸搬运作业、装卸时进行的加固作业以及清扫车辆、揭盖篷布、移动车辆、检斤计量等辅助作业。

2．港站装卸搬运

港站装卸搬运是指在港口、码头、车站、机场进行的各种装卸搬运作业，包括码头前沿与后方间的装卸搬运作业、港站堆场的堆码拆取、分拣、理货、配货、中转作业。

3．场库装卸搬运

场库装卸搬运是指在货主的仓库或储运业的仓库、堆场、集散点、物流中心等处进行的装卸搬运作业，主要配合出库、入库维护保养等活动进行，并且以堆垛、上架、取货等操作为主。

在实际运作中，将这三类作业割裂开来进行是很困难的，它们是相互衔接的。例如，在码头前沿进行的装卸船作业与场地（港站）、船舶（车船）就都有联系，因此，由于实际作业各项具体内容的复杂性，要合理组织这几种装卸搬运方式，使企业利益最大化。

## （二）按操作内容分类

根据操作内容不同，装卸搬运可分为堆码拆取作业、挪动移位作业（即狭义的装卸搬运作业）以及分拣配货作业。

1．堆码拆取作业

这种装卸搬运作业包括车厢内、船舱内、仓库内的码摆和拆垛作业，按规定位置、形状和其他要求放置或取出成件包装物品的作业，也包括按规定的位置、形状和其他要求堆存和取出散堆物品的作业。

2．挪动移位作业

挪动移位即狭义的装卸搬运作业，是指单纯改变物品的支承状态（如从汽车车厢上将货物挪动到站台上）的作业，以及显著（距离稍远）改变物品空间位置的作业。

3．分拣配货作业

分拣配货是指将货物按品类、到站、货主等不同特征进行分类的作业，是按去向、品类构成等一定原则要求，将已分类的物品集合为车辆、汽车、集装箱、托盘等装货单元的作业。

---

**补充阅读**

### 分拣配货率

分拣配货率＝分拣总类数/库存总类数，是指从库存的货物种类中分拣出的货物种类占全部库存货物种类的比重。分拣配货率越高，说明分拣配货效率越高。影响配货人员配货效率的因素主要有单位时间内处理订单的件数和处理货物的品种数、每天的发货品种数、每个订单的品种数、每个订单的作业量与配货人员的数量、中心内作业场地宽度及允许作业的时间等，因此，对分拣配货率的确定要综合分析。

（资料来源：http://www.managershare.com）

**启发思考**：还有什么指标能影响物流与供应链管理中的装卸搬运？

---

## （三）按机械及作业方式分类

根据装卸搬运的机械及机械作业方式不同，装卸搬运作业可分为"吊上吊下""叉上叉下""滚上滚下""移上移下"以及散装等方式。

1. "吊上吊下"

这种方式是通过各种起重机械和装置，从物品的上部进行起吊，是利用起吊装置的垂直移动实现装卸，并且在起吊机械运行的范围内或者回转的范围内实现装卸搬运（包括连同集装器具一起进行装卸搬运）。

2. "叉上叉下"

这种方式是利用叉车从底部托起物品，并且通过叉车的运动进行位移，物品位移完全依靠叉车本身的移动。这种方式的作业可以使物品在中途不落地的情况下直接被放置到目的地。

3. "滚上滚下"

这种方式主要是在港口进行装卸搬运的一种水平装卸方式，通常用于船上装卸货物，或利用拖车将半挂车、平车拖拉至船上后，拖车开下离船，而载货车辆（包括汽车）连同物品一起运到目的地，再原车开下或拖车上船拖拉半挂车、平车开下。

4. "移上移下"

这种方式是在两车之间（如火车及汽车）进行靠接，通过水平、上下移动物品，使之从一个车辆上推移到另一车辆上。

## 三、装卸搬运的设备

装卸搬运设备是指物流与供应链管理中，用来装卸、搬移、升降和短距离输送物料或物品的机械设备，是实现装卸搬运作业机械化的基础，因此是物流与供应链管理中重要的机械设备，在物流与供应链管理中受到广泛关注。

装卸搬运设备不仅可用于完成船舶与车辆货物的装卸搬运作业，而且可用于完成库场货物的堆码、拆垛、运输以及舱内、车内、库内物品的起重输送和搬运。表 10.1 列举了传统的主要装卸搬运设备。

表 10.1　传统的主要装卸搬运设备

| 设备名称 | 优点 | 适用范围 | 选择原因 |
|---|---|---|---|
| 叉车 | 适用性强、机动灵活、效率高 | 在厂区内短距离运输，不准长距离运输和上快车道，配合托盘作业 | 根据配送中心作业区域面积的大小 |
| 地牛 | 灵活，载荷 3 000 公斤，人力推动或者电动驱动行走 | 基本工具，应用广泛，配合托盘使用，也可单独使用 | 根据作业量的多少和作业程序复杂程度 |

续表

| 设备名称 | 优点 | 适用范围 | 选择原因 |
|---|---|---|---|
| 手动堆垛机 | 人力操作，灵活方便 | 仓库作业中货的装卸 | 根据作业场地通道面积的大小 |
| 货架型平台备货车 | 机动灵活，效率高 | 适合库房内的分拣作业 | 根据物品的形态来选择，通常使用运送散货 |
| 登高车 | 可方便人员站在车平台上进行取货物等作业 | 仓库内部物品的存取 | 物品的高度摆放 |
| 堆垛机 | 车身结构灵巧轻便，转弯半径小，操作舒适 | 仓库内部物品的堆垛 | 物品搬运的重量 |
| 滚筒式输送机 | 输送量大，速度快，运转轻快 | 配送中心物品的传送 | 物品的传递距离 |
| 杠杆式手推车 | 轻巧、灵活、转向方便 | 仓库内物品的搬运 | 物品的搬运距离 |

随着社会经济和各项先进技术的发展，在物流与供应链管理中，出现了越来越多更加新型化和智能化的装卸搬运设备，如自动导引车、搬运机器人等。

1. 自动导引车

自动导引车（Automated Guided Vehicle，AGV）是指具有磁条、轨道或者激光等自动导引设备，沿规划好的路径行驶，以电池为动力，并且装备安全保护以及各种辅助机构（例如移载、装配机构）的无人驾驶的自动化车辆。自动导引车系统通常是由多台自动导引车与控制计算机（控制台）、导航设备、充电设备以及周边附属设备组成的，其主要工作原理表现为在控制计算机的监控及任务调度下，自动导引车可以准确按照规定的路径行走，到达任务指定位置后，完成一系列的作业任务。

在传统的仓库或者工厂中，物品装卸搬运的过程通常会耗费大量的人力、物力，并且会出现效率低下的情况，以至于频繁出错。仓库中的选货更难把握，物品存储的地方、不同货物不同大小、不同重量等因素都是对人员和机器的一种挑战。但是，使用自动导引车，可以轻松完美地解决这一难题，这不仅使人力成本大大降低，工作效率也会明显提升，而且可以增强工作环境的安全系数。

补充阅读

**自动导引车（AGV）的两种主要技术**

自动导引车（AGV）的主要功能是对自动导引车系统中的多台自动导引车单机进行任务分配、全自动导引、车辆管理、交通管理、通信管理等，相关技术主要有以下两种。

（1）以欧美国家为代表的全自动 AGV 技术。这类技术追求 AGV 的自动化，几乎完全不需要人工干预，路径规划和生产流程复杂多变，无人自动导引车能够运用在几乎所有的搬运场合。这些 AGV 功能完善，技术先进，同时为了能够采用模块化设计自动导引车，降低设计成本，提高批量生产的标准，欧美的 AGV 放弃了对外观造型的追求，采用大部件组装的形式进行生产。系列产品的覆盖面广，各种驱动模式、各种导引方式、各种移载机构应有尽有，系列产品的载重量可从 50 kg 到 60 000 kg。尽管如此，由于技术和功能的限制，此类 AGV 的销售价格仍然居高不下。我国也有为数不多的企业可以生产此类产品，技术水平与国际水平相当。

（2）第二种是以日本为代表的简易型 AGV 技术，或只能称其为 AGC（Automated Guided Cart）。该技术追求的是简单实用，极力让用户在短的时间内收回投资成本，这类 AGV 在日本和我国台湾的企业应用十分广泛。从数量上看，日本生产的大多数 AGV 属于此类产品（AGC）。该类产品完全结合简单的生产应用场合（单一的路径，固定的流程），AGC 只是用来进行搬运，并不刻意强调 AGC 的自动装卸功能，在导引方面，多数只采用简易的磁带导引方式。由于日本的基础工业发达，AGC 生产企业能够为其配置上几乎简单得不能再简单的功能器件，使 AGC 的成本几乎降到了极限。这种 AGC 20 世纪 80 年代在日本就得到了广泛应用，2002—2003 年达到应用的顶峰。由于该产品技术门槛较低，目前国内已有多家企业可生产此类产品。

**启发思考：** 自动导引车（AGV）还有哪些类型？

2．搬运机器人

搬运作业是某种设备握持工件从一个加工位置移动到另一个加工位置的活动过程。搬运机器人是利用机器人运动轨迹实现代替人工搬运的自动化产品，是一种可以进行自动化搬运作业的工业机器人。安装不同末端执行器的搬运机器人可以完成不同状态和形状的工件搬运作业，这种方式在很大程度上减轻了人类的体力劳动。

目前，世界上有超过 10 万台的搬运机器人在被使用，被广泛地应用于机床上下料、冲压机自动化生产线、自动装配流水线、码垛搬运、集装箱等物流与供应链管理的自动搬运。有些发达国家还制定了人工搬运最大底线，超过这一限度作业必须由搬运机器人来完成。

3．分拣输送系统

随着社会生产力的提高，物品品种的日益丰富，在生产和流通领域中的物品分拣作业，已成为耗时、耗力、占地大、差错率高、管理复杂的部分。因此，物品分拣输送系统已经成为装卸搬运的一个重要分支，被广泛应用于邮电、航空、食品、医药等行业以及流通中心和配送中心。分拣输送系统是将随机的、不同类别、不同去向的物品，按要求进行分类（如按产品类别或产品目的地不同分类）的一种物料搬运系统，它具有链式分拣机、钢带分拣机、胶带分拣机、滑块横向推出式分拣机、悬挂式分拣机、专用分拣机等多种形式。

---

案例 10.2

### 副教授发明"眼疾手快"机器人 1 秒内识别 26 种香菇

面对埋在灰堆里的成百上千颗豆子，灰姑娘需要的，或许不是一群鸟，而是几个柔性机器人。

2017 年 12 月 8 日，首次举办的湖北省高校科技人员创新创业大赛上，武大工业科学研究院 31 岁的海归副教授李淼，凭借库柏特工业机器人智能操作系统项目夺得一等奖。

当然，他不是来解救灰姑娘的。李淼的武汉库柏特科技有限公司，专注于机器人柔性制造系统，能完成无序分拣。啥叫无序分拣？举个例子——灰姑娘在灰堆里拣豆子。常见的工业机器人，以机械臂为例，大部分都是按照既定程序，按设定轨迹作业，而在医药、食品、3C、零售等行业，无序的分拣还是需要人来完成。

红豆、绿豆、黄豆……如果灰姑娘要在灰堆里拣出 26 种豆子呢？

李淼曾为一家企业定制了一条机器人智能香菇无序分拣流水线，白花菇、茶花菇、板菇、薄膜菇……可以识别 26 种香菇，拾取速度可以达到 0.8 秒/个，精准率可以达到 99.7%。4 台机器人与 2 个工人协同工作，能取代 8 个工人，一天拣近万颗香菇，成本能减去两成。

曾在瑞士洛桑联邦理工读博的李淼，长期研究抓取规划与智能控制，去年刚被引进回国，就成立了武汉库柏特科技有限公司。"基于视觉做决策"，李淼说，人工智能用于分拣流水线，不仅是省力，更重要的是省"心"、省"眼神"，人花上几秒钟分拣，机器只用不到 1 秒钟，眼疾手快。

（案例来源 http://news.youth.cn）

**启发思考**：相比于一般的分拣系统，李淼副教授设计的分拣系统进步在哪些方面？

---

## 四、装卸搬运对供应链管理的影响

供应链管理中，装卸搬运是链条上各环节之间以及同一环节的不同活动之间的有机结合，在供应链中随处存在，并以保持物品在链条上一直处于连续运动状态，以此实现供应链管理的各项价值。因此，装卸搬运在供应链管理中占有很重要的位置。例如，供应链管理中，无人机先进技术出现，使运输方式更加多样化，装卸搬运应更加智能化，才能实现无人机与其他各种不同运输方式的很好配合，以更好地发挥供应链的整体效果。具体来说，装卸搬运对供应链管理有如下几方面影响。

1. 对供应链管理质量的影响

供应链管理中，装卸搬运会使物品在水平和垂直方向上产生位移。而在此过程中，物品会受到很多外力的作用，如振动、撞击、挤压等，这些外力很容易使物品包装以及物品本身受到损害，如损坏、变形、破碎、散失、流溢等。这些都会影响供应链的整体绩效，从而影响供应链管理质量。

2. 对供应链管理效率的影响

供应链管理效率主要在于运输管理和库存管理两方面。运输管理中，物品发运地的装车时间和目的地的卸车时间，在供应链的整个运输时间中占比重不小，尤其是在短途运输过程中，装卸车所需时间占的比重会更大，有些情况下甚至会超过运输工具运行的时间。因此，要想提高车船和物品在供应链管理中的周转速度，就要在一定程度上缩短装卸搬运的时间；同样的道理，在物品进出仓库以及在仓库内的装卸搬运时间也在整个供应链中占有一定比例，因此，库存管理中，物品的收发和周转速度也都直接受到装卸搬运效率的影响。

3. 对供应链管理成本的影响

供应链管理中，装卸搬运是一项供应链管理人员通过装卸设备，对要装卸搬运的物品产生作用的活动。实际运行中，装卸搬运作业量较大，通常是物品运输量和库存量的若干倍。因此，为了有效地进行这项活动，必须配备充足的装卸搬运设备和人员，即要投入较多的活动和物化劳动，这些劳动的消耗都属于供应链管理成本。

4. 对供应链管理安全的影响

供应链管理中的各项活动都是物品的实体流动，因此在供应链管理各项活动过程中，对相应的管理和作业人员以及劳动对象安全的保障相当重要，而装卸搬运，特别是装卸作业中物品发生垂直位移时，不安全因素较多。实践表明，在供应链管理过程中发生的物品破损事故、设备损坏事故、人身伤亡事故等，很大一部分是在装卸作业中发生的，尤其是一些危险品的装卸活动。如果在此过程中违反操作规则，进行野蛮和暴力装卸，很容易造成物品燃烧甚至爆炸等大型危险事故。

---

案例 10.3

**危险品装卸搬运不当致山东金誉石化"6·5"重大爆炸事故**

2017 年 6 月 5 日 0 时 58 分，临沂金誉物流有限公司驾驶员唐志锋驾驶豫 J90700 液化气运输罐车经过长途奔波、连续作业后，驾车驶入临沂金誉石化有限公司并停在 10 号卸车位准备卸车。

唐志峰下车后先后将 10 号装卸臂气相、液相快接管口与车辆卸车口连接，并打开气相阀门对罐体进行加压，车辆罐体压力从 0.6 MPa 上升至 0.8 MPa 以上。0 时 59 分

10 秒，唐志峰打开罐体液相阀门一半时，液相连接管口突然脱开，大量液化气喷出并急剧气化扩散。正在值班的临沂金誉石化有限公司韩仲国等现场作业人员未能有效处置，致使液化气泄漏长达 2 分 10 秒钟，很快与空气形成爆炸性混合气体，遇到点火源发生爆炸，造成事故车及其他车辆罐体相继爆炸，罐体残骸、飞火等飞溅物接连导致 1 000 立方米液化气球罐区、异辛烷罐区、废弃槽罐车、厂内管廊、控制室、值班室、化验室等区域先后起火燃烧。现场 10 名人员撤离不及当场遇难，9 名人员受伤。

经调查，本次事故最主要原因之一是装卸环节安全管理缺失。例如，对装卸安全管理重视程度不够，装卸安全教育培训不到位，未依法配备道路危险货物运输装卸管理人员，肇事豫 J90700 罐车卸载过程中无装卸管理人员现场指挥或监控。危化品装卸管理不到位。连续 24 小时组织作业，10 余辆罐车同时进入装卸现场，超负荷进行装卸作业，装卸区安全风险偏高，且未采取有效的管控措施；液化气装卸操作规程不完善，液化气卸载过程中没有具备资格的装卸管理人员现场指挥或监控。

为避免此类事故发生，应进一步加强危险化学品装卸环节的安全管理。危险化学品生产、经营、运输企业要建立并执行发货和装载查验、登记、核准制度，按照强制性标准进行装载作业。各地区要深刻吸取事故教训，要以涉及液化气体生产企业、储存企业和装卸环节为重点，督促企业定期检查液化气体装卸设施是否完好、功能是否完备、是否建立装卸作业时接口连接可靠性确认制度，装卸场所不符合安全要求，未建立安全管理制度并严格执行，安全管理措施不到位，应急预案及应急措施不完备，装卸管理人员、驾驶人员、押运人员不具备从业资格，装卸人员未经培训合格上岗作业，运输车辆不符合国家标准要求等。对发现的问题，要立即整改，一时难以整改的，依法责令企业立即停产停业整改；对整治工作不认真的，依法依规严肃追究责任。

（案例来源：http://geek.csdn.net）

**启发思考：** 对这类危险品应采取什么样的装卸搬运措施？

## 第二节　典型系统：京东无人仓

京东的物流可以概括为三代。第一代以人力为主，效率很低。第二代（也就是大家熟知的亚洲一号），着重于系统化，通过一些机械设备、自动化设备，例如无线、手持、搬运机器人和存储机器人，提升空间使用效率。但因为涉及人力，第二代在很多高峰促销环节仍然存在瓶颈。第三代直接针对瓶颈所在，用机器人取代人，极大地提升了物流与供应链管理的装卸搬运效率。

2017 年 10 月 26 日，京东第一次披露了采用大量智能物流机器人进行装卸搬运的无人仓。共展出四种类型的仓储作业机器人，这四款仓储机器人均以京东自主设计的机器人本体为基础，融合视觉检测技术和无线通信技术。四种机器人协同作业，能全自动完成仓储任务，包括搬运、码垛、商品出库以及分拣。在京东，无人仓与无人机、无人车并称"三无产品"，无人仓的出现完整了京东智慧物流的环节链条。

1. 智能搬运机器人 AGV

这个外形酷似扫地机器人的自动导引小车叫作 AGV（见图 10.1），非常灵活，一般行驶速度为 2 m/s，自重 100 kg，最大负荷 300 kg，可以不间断运行工作 8 小时，具有电量低自动充电的功能。AGV 车身为全国最低，因此它能够为京东的仓储货架释放更多有效利用空间。

图 10.1　智能搬运机器人 AGV

为了提升 AGV 的运行速度和稳定性，京东自主研发了运动控制器。通过快速地提取 AGV 的运动状态来驱动电机的速度，实现差速轨迹控制算法。这个算法使得 AGV 在运行的时候更加平稳，而且运行轨迹更加的准确。AGV 机器人的前后车身内嵌入了防撞传感器和无线通信模块，使它在京东仓库复杂的工况环境里面轻松自如地工作。

AGV 的行驶依靠惯性导航和二维码，能够完全自主行走以及转弯，可以根据实际情况来调整安全速度，可以自动避障。AGV 是可以与人协作的设备，人或者设备出现它面前的时候，它会自动停止进行保护；两个 AGV 在仓储里面相遇的时候，可以重新规划路径。

2. SHUTTLE 货架穿梭车

SHUTTLE 货架穿梭车（见图 10.2）用于在货架间存取货物。它能够高速行走，空载状态下峰值速度为 6 m/s，处于全球比较靠前的位置（国际最高速度为 6.6 m/s，为一家日本企业的技术）；且能根据货物大小自动适配，宽度在 400 mm～630 mm 之间；配合高速提升机，吞吐量可达每小时 1 600 箱，效率是传统人工出入库的 10 倍。京东在穿梭车的任务调度算法、速度规划算法、高精度定位系统和容错系统方面都做了自主创新，使得穿梭车在高速运行的过程中，车身结构所受到的冲击力最小，而且安全性能最高。

图 10.2　SHUTTLE 货架穿梭车

3．DELTA 型分拣机器人

DELTA 型分拣机器人（见图 10.3）是此次京东无人仓技术的重头戏，用于小件商品的分拣环节。京东是国内首家自主研发三维动态拣选技术的公司，在世界范围内也只有两家公司能够掌握这一技术。DELTA 机器人的分拣速度可以达到每小时 3 600 次，合一秒钟一次，是目前人工拣选效率的 5~6 倍。DELTA 机器人可以拣选 5 kg 以内的小件商品，工作直径最大为 1 600 mm，可以根据产品的不同尺寸和种类更换拾取器。

图 10.3　DELTA 型分拣机器人

在为不同的产品选择更换不同的拾取器方面，京东与英伟达合作，为 DELTA 机器人配备了图像识别设备。在设备的训练方面，京东在其全国 234 个自营的仓库中，单独新建了一条标准操作线，来训练这些商品在不同姿态下的识别准确率，将算法的识别度从 60% 提升至 97%。目前京东所要面对的问题是，当新商品入库，对于这个商品的识别率需要经过一段时间的训练才能提高，如何迅速识别新商品将是京东需要突破的难题。

4. 六轴机器人

六轴机器人（见图 10.4）普遍应用在汽车制造行业，包括焊接和 3C 类的行业内，用于拾取大件物品，在京东库存场景下，六轴机器人主要被用来码垛。六轴高两米左右，重约 1.7 吨，每做一个单次的动作需要 8~12 秒，可以承载 165 kg 以内的大型货物，最大转角速度为每秒两百度，最大臂展 2.7 米左右。效率方面相较于人工可以提高 30%。由于在工业内已被普遍使用，所以六轴机器人制造的难度不是很大。但对于京东的使用场景来说，由于需要搬运的箱体大小不一，因此在算法层面对该机器人的要求较高，即如何将不同尺寸的箱子组合，达到最高的装载率。京东现在码垛的算法，永远没有一个完美的答案，没有最好，只有更好。

图 10.4　六轴机器人

京东在无人仓方面的优势主要有三点：首先，对于无人仓系统，京东既是产品方也是需求方。这使得其研发出来的产品能够放在实际应用场景里面进行快速的迭代，这是其他厂商做不到的。其次，在数据为王的时代，京东每日庞大的出库、入库量对于其调度算法的优化、图像识别系统的训练都有很大的便利。最后，京东自主研发的控制产品打破了国外对控制器件的垄断，大大降低了设备的成本，为未来国内无人仓的普遍使用增加了可能。目前无人仓系统的拣选速度为每秒一件商品，而传统人工所需的时间为 30 秒左右。

（案例来源：http：//geek.csdn.net）

## 本章小结

本章首先对装卸搬运进行了概述，包括装卸搬运的定义、分类和设备；其次对供应链管理中的装卸搬运设备进行了分析和介绍；最后以京东无人仓为例，对典型系统进行了阐述。通过本章学习，读者应该熟悉装卸搬运的定义和分类，能识别主要的装卸搬运设备，并能了解装卸搬运设备的前沿系统。

## 练习题

**一、概念识记**

装卸搬运　港站装卸搬运　场库装卸搬运　车船装卸搬运

**二、简答**

1. 什么是装卸搬运？如何正确认识装卸搬运在物流中的作用？

2. 装卸搬运有哪些分类方式？在不同方式下都可以具体分成哪些？

3. 装卸搬运最新的前沿系统有哪些？都具有什么特点？

4. 结合实际谈谈应如何提高装卸搬运的效率？

## 即测即评

请扫描二维码进行在线测试。

## 延伸阅读

1. C. 小约翰·兰利. 供应链管理物流视角 [M]. 8 版. 北京：电子工业出版社，2010.

2. 倪卫涛. 基于智能物流的供应链包装系统集成分析 [J]. 包装工程，2016，37（23）：203-208.

# 第十一章　物流与供应链管理的流通加工

知识逻辑图

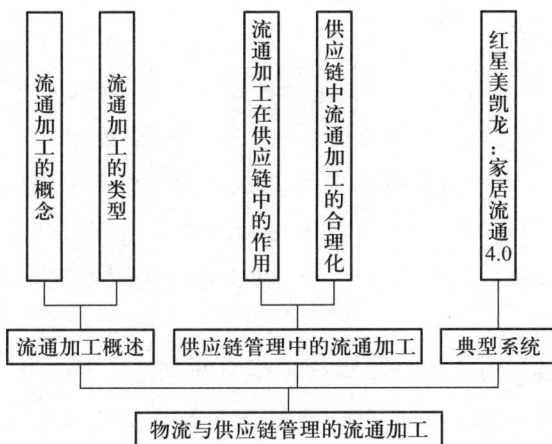

【学习目标】

理解并掌握流通加工的概念和类型;了解流通加工在物流和供应链管理中的作用和合理化;掌握流通加工的典型系统和发展前沿。

案例 11.1

**鲜易通构建全国首张流通加工网络,打通生鲜农产品流通的任督二脉**

2018 年 8 月 9 日,第六届中国生鲜农产品供应链峰会在江西南昌召开,鲜易控股旗下河南鲜易通食品有限公司副总经理李伟民受邀出席会议,并在大会现场分享了鲜易通在生鲜产业链服务模式的探索与实践,获得了行业的广泛关注和高度认可。

本次峰会由中国物流与采购联合会主办,由江西省商务厅、南昌市人民政府、南昌市商务局支持,以"共享、应势、链接"为主题,邀请分布于生鲜农产品产业链上下游的 600 多位专业人士,他们分别来自于政府协会领导、专家学者以及鲜易通、京东、饿了么等企业，共同探讨生鲜供应链现状和发展趋势，重构生鲜农产品经济和品牌价值。

作为我国国民消费的第一大刚需品的生鲜农产品，面临着供应链链条环节多、损耗和成本高、冷链物流基础设施薄弱等问题，困扰着行业及生鲜企业的发展。为此，李伟民在分享中指出：当前农产品供应链缺乏有效的服务链接者，应通过供应链两端延伸，打造交易闭环，提供从源头到终端的全链接、全网络的供应链集成服务。

为了解决"产地冷链最初一公里"和"销地冷链最后一公里"问题，鲜易通致力于构建全国首张分布式生鲜加工（PC）网络，以产地PC+销地PC，重点围绕国家物流节点城市、流通节点城市、跨境电商试点城市，形成全国性、分布式、路由的流通加工网络布局。

鲜易通目前已布局上海、天津、郑州、合肥、长春等12个PC流通加工基地，这使得越来越多的生鲜农产品享受到预冷、加工、冷链运输、冷库仓储、冷链配送等"待遇"，既提高了农产品标准化，又使农产品损耗大大降低，品质明显提升，附加值不断放大。

据悉，鲜易通定位于"新流通生鲜食品服务商"，旨在建设集新制造、新产业、新模式、新价值融合为一体的S2B智慧流通加工中心，为生鲜产业链中的终端商家、新零售等，提供品质安全、具备价格竞争力的全球生鲜食材供应链整合服务，优化生鲜食品流通方式。

同时，鲜易通链接鲜易供应链全国化网络布局优势，利用其完善的仓运配一体化服务，真正打通了从源头到终端的全链条、全覆盖、全流程的农产品服务解决方案。此外，鲜易通还依托鲜咨达技术服务平台的国家级企业技术中心、博士后科研工作站、CNAS认证实验室等，链接国内外标准、技术等资源，建立了食品安全追溯体系、严格执行标准化流程建设等措施，以保障食品安全。

（案例来源：https://baijiahao.baidu.com）

**启发思考**：鲜易通的生鲜农产品流通加工体系还有什么优势？

## 第一节　流通加工概述

### 一、流通加工的概念

流通加工是一种特殊的流通形式，指物品从生产领域向消费领域流动的过程中，为促进销售，维护产品质量和提高物流效率，对物品进行加工，使物品发生物理、化学或形状变化的活动。

　　在物流与供应链管理中，流通加工最主要的作用是能优化物流与供应链的管理效率，例如可以使管理的服务功能得到加强，可以提高对象的附加价值等，提高物流与供应链管理的利润，在一定程度上降低管理成本。

　　流通加工是根据客户和物流与供应链管理的需要改变和部分改变物品形态的生产性加工活动。通过流通加工，能更有效克服物流与供应链管理中生产和消费的分离，满足消费需求，提高加工效率和原材料利用率，从而促进销售。

　　物流与供应链管理中，容易将流通加工与包装混淆。一般来说，流通加工是包装的前序工作，包装则是流通加工的后序工作，两者相辅相成，相互联系，密不可分。包装通常是在特定区域对物品进行加工，流通加工则是在随机区域内进行的加工活动，例如码头仓库，或者是其他的加工仓库等。除了以上区别外，流通加工和包装还有共同之处，都是对物品进行非生产型加工的物流与供应链管理活动，两者都没有实质性地改变物品，只是通过改变外观来更好地迎合客户需求，最终结果都是使产品更能吸引客户注意力，更好地促销产品。

---

补充阅读

## 煤炭流通加工主要形式

　　煤炭是世界上储量最多、分布最广的常规能源，也是重要的战略资源，广泛应用于钢铁、电力、化工等工业生产及居民生活领域。目前，我国煤炭消耗量非常大，进行煤炭流通加工潜力也很大，可以大大节约运输能源，降低运输费用，具有很高的价值，相应的流通加工形式主要有除矸加工、煤浆加工、配煤加工三种。

　　1. 除矸加工

　　除矸加工是以提高煤炭纯度为目的的加工形式。一般煤炭中混入的矸石有一定发热量，混入一些矸石是允许的，也是较经济的。但是，有时则不允许煤炭中混入矸石，在运力十分紧张的地区要求充分利用运力、降低成本，多运"纯物质"，少运矸石，在这种情况下，可以采用除矸的流通加工方法排除矸石。除矸加工可提高煤炭运输效益和经济效益，减少运输能力浪费。

　　2. 煤浆加工

　　用运输工具载运煤炭，运输中损失浪费比较大，又容易发生火灾。采用管道运输是近代兴起的一种先进技术。管道运输方式运输煤浆，减少煤炭消耗、提高煤炭利用率。目前，某些发达国家已经开始投入运行，有些企业内部也采用这一方法进行燃料输送。在流通起始环节将煤炭磨成细粉，本身便有了一定的流动性，再用水调和成浆状，则具备了流动性，可以像其他液体一样进行管道输送。将煤炭制成煤浆采用管道输送是一种新兴的流通加工技术。这种方式不与现有运输系统争夺运力，输送连续、稳定、快速，是一种经济的运输方法。

### 3. 配煤加工

在使用地区设置集中加工点，将各种煤及一些其他发热物质，按不同配方进行掺配加工，生产出各种不同发热量的燃料，称为配煤加工。配煤加工可以按需要发热量生产和供应燃料，既防止热能浪费和"大材小用"，也防止发热量过小，不能满足使用要求。工业用煤经过配煤加工还可以起到便于计量控制、稳定生产过程的作用，具有很好的经济和技术价值。

（资料来源：https://zhidao.baidu.com）

**启发思考**：其他能源如石油的流通加工有哪些形式？

## 二、流通加工的类型

流通加工根据不同的目的而分为不同类型。

1. 为方便消费和省力的流通加工

物流与供应链管理中，根据下游生产的需要将物品加工成生产直接可用的状态。例如，根据需要将钢材定尺、定型，按要求下料；将木材制成可直接投入使用的各种型材；将水泥制成混凝土拌合料，使用时只需稍加搅拌即可使用等。

2. 为实施配送进行的流通加工

这种流通加工形式是配送中心为了实现配送活动，满足客户的需要而对物资进行的加工。例如，混凝土搅拌车可以根据客户的要求，把沙子、水泥、石子、水等各种不同材料按比例要求装入可旋转的罐中。在配送路途中，汽车边行驶边搅拌，到达施工现场后，混凝土就已经均匀搅拌好，可以直接投入使用。

3. 为衔接不同运输方式的流通加工

在干线运输和支线运输的结点设置流通加工环节，可以有效解决大批量、低成本、长距离的干线运输与多品种、少批量、多批次的末端运输和集货运输之间的衔接问题。在流通加工点与大生产企业间形成大批量、定点运输的渠道，以流通加工中心为核心，组织对多个客户的配送，也可以在流通加工点将运输包装转换为销售包装，从而有效衔接不同目的的方式。比如，散装水泥中转仓库把散装水泥装袋、将大规模散装水泥转化为小规模散装水泥的流通加工，就衔接了水泥厂大批量运输和工地小批量装运的需要。

补充阅读

#### 水泥流通加工主要形式

在 2003 年至今的十几年间，伴随着国民经济的腾飞，中国水泥行业蓬勃发展，水泥产量大幅增长，生产规模不断扩大，生产技术实现了质的飞跃。截至 2015 年，我国新型干法熟料产能为 17.99 亿吨，有利于提高能源利用效率的余热发电设备也成为每条生产线的标配。环保指标、能耗指标大幅度收严。近些年，水泥窑协同处置固废、危废项目在全国遍地开花。中国水泥业开始走在世界前列，一大批国内水泥集团走出国门，带动相当多欠发展地区，建立了水泥工业体系，相应的流通加工主要形式有水泥熟料的流通加工和集中搅拌混凝土两种。

一、水泥熟料的流通加工

在需要长途运入水泥的地区，变运入成品水泥为运进熟料这种半成品，即在该地区的流通加工厂（磨细工厂）磨细，并根据当地资源和需要的情况掺入混合材料及外加剂，制成不同品种及标号的水泥供应给当地用户，这是水泥流通加工的一种重要形式。在国外，采用这种物流形式已有一定的比重。在需要经过长距离输送供应的情况下，以熟料形态代替传统的粉状水泥有很多优点。

1. 可以大大降低运费和节省运力

运输普通水泥和矿渣水泥平均有 30% 以上的运力消耗在矿渣及其他各种加入物上。在我国水泥需用量较大的地区，工业基础大都较好，当地又有大量的工业废渣。如果在使用地区对熟料进行粉碎，可以根据当地的资源条件选择混合材料的种类，这样就节约了消耗在混合材料上的运力，节省了运费。同时，水泥输送的吨位也大大减少，有利于缓和铁路运输的紧张状态。

2. 可按照当地的实际需要大量掺加混合材料

生产廉价的低标号水泥，发展低标号水泥的品种，就能在现有生产能力的基础上更大限度地满足需要。我国大、中型水泥厂生产的水泥，平均标号逐年提高，但是目前我国使用水泥的部门大量需要较低标号的水泥。然而，大部分施工部门没有在现场加入混合材料来降低水泥标号的技术设备和能力。因此，不得不使用标号较高的水泥，这是很大的浪费。如果以熟料为长距离输送的形态，在使用地区加工粉碎，就可以按实际需要生产各种标号的水泥，尤其可以大量生产低标号水泥，以减少水泥长距离输送的数量。

3. 容易以较低的成本实现大批量和高效率的输送

从国家的整体利益来看，在铁路输送中运力利用率比较低的输送方式显然不是发展方向。如果采用输送熟料的流通加工形式，可以充分利用站、场、仓库等地现有的装卸设备，又可以利用普通车皮装运，比散装水泥具有更好的技术经济效果，更适合于我国的国情。

4. 可以大大降低水泥的输送损失

水泥的水硬性是在充分磨细之后才表现出来的，而未磨细的熟料抗潮湿的稳定性很强。所以，输送熟料也基本可以防止由于受潮而造成的损失。此外，颗粒状的熟料也不像粉状水泥那样易于散失。

**5. 能更好地衔接产需和方便用户**

采用长途输送熟料的方式，水泥厂就可以和有限的熟料粉碎工厂之间形成固定的直达渠道，使水泥的物流更加合理，从而实现经济效果较优的物流。水泥的用户也可以不出本地区而直接向当地的熟料粉碎工厂订货，因而更容易沟通产需关系，大大方便了用户。

**二、集中搅拌混凝土**

改变以粉状水泥供给用户，由用户在建筑工地现场拌制混凝土的习惯方法，而将粉状水泥输送到使用地区的流通加工点，搅拌成混凝土后再供给用户使用，这是水泥流通加工的另一种重要加工方法。

这种流通加工方式的经济效果，优于直接供应或购买水泥在工地现场搅拌制作混凝土的技术。因此，这种流通加工方式已经受到许多国家的重视。这种水泥流通加工方法有如下优点：

（1）将水泥的使用从小规模的分散形态改变为大规模的集中加工形态，因此可以利用现代化的科技手段，组织现代化大生产；

（2）集中搅拌可以采取准确的计量手段，选择最佳的工艺，提高混凝土的质量和生产效率，节约水泥；

（3）可以广泛采用现代科学技术和设备，提高混凝土质量和生产效率；

（4）可以集中搅拌设备，有利于提高搅拌设备的利用率，减少环境污染；

（5）在相同的生产条件下，能大幅度降低设备、设施、电力、人力等费用；

（6）可以减少加工据点，形成固定的供应渠道，实现大批量运输，使水泥的物流更加合理；

（7）有利于新技术的采用，简化工地的材料管理，节约施工用地等。

（资料来源：https://zhidao.baidu.com）

**启发思考：** 水泥流通加工还有哪些有效形式？

**4. 为保护产品所进行的流通加工**

在物流与供应链管理过程中，为了保护物品的使用价值，延长物品在生产和使用期间的寿命，防止物品在运输、库存、装卸搬运、包装等过程中遭受损失，可以采取稳固、改装、保鲜、冷冻、涂油等方式。例如，水产品、肉类、蛋类的保鲜、保质的冷冻加工、防腐加工等；丝、麻、棉织品的防虫、防霉加工等。还有为防止金属材料的锈蚀而进行的喷漆、涂防锈油等措施，运用手工、机械或化学方法除锈；木材的防腐朽、防干裂加工；煤炭的防高温自燃加工；水泥的防潮、防湿加工等。

5. 为促进销售的流通加工

物流与供应链管理中，流通加工还对促进销售起着积极的作用。比如，将过大包装或散装物分装成适合依次销售的小包装的分装加工；将以保护物品为主的运输包装改换成以促进销售为主的销售包装，从而达到吸引消费者、促进销售的目的；将蔬菜、肉类洗净切块以满足消费者要求等。

补充阅读

### 食品流通加工的主要形式

食品流通加工的形式很多，只要留意超市里的货柜就可以看出，那里摆放的各类洗净的蔬菜、水果、肉末、鸡翅、香肠、咸菜等都是流通加工的结果。这些商品的分类、清洗、贴商标和条形码、包装、装袋等是在摆进货柜之前就已进行了加工作业，这些流通加工都不是在产地，而是已经脱离了生产领域，进入了流通领域。食品流通加工的具体形式主要有冷冻加工、分选加工、精制加工和分装加工四种。

1. 冷冻加工

为了保鲜而进行的流通加工，为了解决鲜肉、鲜鱼在流通中保鲜及装卸搬运的问题，采取低温冻结方式的加工。这种方式也用于某些液体商品、药品等。

2. 分选加工

为了提高物流效率而进行的对蔬菜和水果的加工，如去除多余的根叶等。农副产品规格、质量离散情况较大，为获得一定规格的产品，采取人工或机械分选的方式加工称为分选加工。这种方式广泛用于果类、瓜类、谷物、棉毛原料等。

3. 精制加工

农、牧、副、渔等产品的精制加工是在产地或销售地设置加工点，去除无用部分，甚至可以进行切分、洗净、分装等加工，可以分类销售。这种加工不但大大方便了购买者，还可以对加工过程中的淘汰物进行综合利用。比如，鱼类的精制加工所剔除的内脏，可以制成某些药物或用作饲料，鱼鳞可以制高级粘合剂，头尾可以制鱼粉等；蔬菜的加工剩余物可以制饲料、肥料等。

4. 分装加工

许多生鲜食品零售起点较小，而为了保证高效输送出厂，包装一般比较大，也有一些是采用集装运输方式运达销售地区。这样为了便于销售，在销售地区按所要求的零售起点进行新的包装，即大包装改小包装，散装改小包装，运输包装改销售包装，以满足消费者对不同包装规格的需求，从而达到促销的目的。

此外，半成品加工、快餐食品加工也成为流通加工的组成部分。这种加工形式节约了运输等物流成本，保护了商品质量，增加了商品的附加价值。如葡萄酒是液体，从产地批量地将原液运至消费地配制、装瓶、贴商标，包装后出售，既可以节约运费，又安全保险，能以较低成本，卖出较高价格，附加值大幅度增加。

（资料来源：http://www.doc88.com）

**启发思考：** 1. 对食品进行流通加工，其作用体现在哪些方面？

2. 与生产加工相比，流通加工有何特点？

6. 为适应多样化需要的流通加工

物流与供应链管理中，由于大多数生产部门追求的都是高效率、大批量生产，所以生产出的物品通常都不能完全满足客户要求。因此，为了满足客户对物品多样化的需求，更要保证高效率、大批量生产，可以采用把生产出来的单一化、标准化产品进行多样化改制加工的方法。例如，对钢材卷板的舒展、剪切加工；将平板玻璃按需要规格的开片加工；将木材改制成枕木、板材、方材等。

7. 为弥补生产领域加工不足的流通加工

由于受到各种因素的限制，许多产品在生产领域的加工只能到一定程度，而不能完全实现最终加工。例如，木材如果在产地完成成材加工或制成木制品的话，就会给运输带来极大的困难，所以，在生产领域只能加工到圆木、板、方材这个程度，进一步的下料、切裁、处理等加工则由流通加工完成；钢铁厂大规模的生产只能按规格生产，以使产品有较强的通用性，从而使生产能有较高的效率，取得较好的效益。

8. 为提高效率和降低损失的流通加工

由于某些商品自身的形态很难进行物流操作，并且在运输和装卸搬运的过程中很容易受到损伤，所以，必须通过适当的流通加工去弥补这些缺陷，使物流各环节易于操作，从而达到提高效率、降低损失的目的。例如，造纸用的木材磨成木屑的流通加工，可以极大提高运输工具的装载效率；自行车在消费地区的装配加工可以提高运输效率，降低损失；石油气的液化加工，使很难输送的气态物转变为容易输送的液态物，从而提高了物流效率。

9. 生产—流通一体化的流通加工

这是指借助生产企业和流通企业的结合，或者流通企业涉足生产，或者生产企业涉足流通，然后对生产与流通加工进行合理分工、合理规划、合理组织，统筹进行生产与流通加工的安排。这种形式对调整产品结构和产业结构，以及发挥企业集团的经济技术优势都起着重要的积极作用，也是目前流通加工领域中的一种新形式。

案例 11.2

**禹州市中药材战略定位生产、加工、流通一体化建设**

2015 年以来，为适应新时代下物流与供应链发展的要求，禹州中药业的发展，在确保药农利益的前提下，以市场为导向，以产业化提升为重点，加快中药材生产、加工、流通一体化进程。

1. 以市场为导向，加快发展龙头企业群

其一是用产业化经营来带动中药业经济的发展。其核心是培育一批拉动能力大、辐射范围广、市场竞争能力强的骨干企业。其二是加强与外地大型知名企业的联合。利用当地中药材种植、加工的优势，以优惠的政策和宽松的环境吸引国内外中药制药、加工、销售企业来禹办工厂，建基地，实施订单药业，确保药农的种植效益。其三是鼓励现有制药、加工和销售企业通过技术创新，引进技术设备或资金，嫁接改造，尽快形成主业突出、技术先进、科技含量高、市场份额高的加工企业集团，使其真正成为推动禹州中药材产业化的骨干力量。

2. 完善中药材专业市场的功能和中药材信息服务体系

进一步完善中药材市场的软硬件功能，建设中药材储备仓库，设立中药材信息机构，建设农民能直接进入市场销售中药材的交易场所，相关服务单位和政府的职能部门进驻市场，真正使中药材专业市场成为中药材交易的场所，成为药农销售中药材的集贸市场，成为传播中药材种植、加工、销售技术和信息的阵地，药农连接农户的桥梁。

**启发思考：**从禹州中药业生产加工流通一体化来看，药材流通加工有什么特征和类型？

10. 绿色流通加工

这是指物流与供应链管理中，以绿色环保和节能减排为目标，对物品在流通过程中继续进行的加工，以使其成为更加符合环保要求和客户对绿色产品需求的最终物品。绿色流通加工将客户分散加工转变为专业集中加工，一方面可以通过规模作业的方式提高资源的利用率，从而达到减少环境污染（如餐饮服务业对食品的集中加工）、降低能源消耗、减少浪费以及空气污染等目的；另一方面可以集中处理消费品加工中产生的边角废料，减少客户分散加工所造成的废弃物污染，例如流通部门对蔬菜的集中加工处理，就减少了居民分散垃圾丢放及相应的环境治理问题。

案例 11.3

**利乐推出全定制模组化热处理解决方案开创流通加工行业先河**

利乐公司（Tetra Pak）创立于 1952 年，总部设在瑞典，是全球领先的食品流通加工和包装解决方案提供商。在利乐，所做的一切都源于一个简单的承诺：保护好品质。这个承诺不仅仅是要保护食品安全，还在于减少对环境的影响，帮助全世界的客户创造价值，使得食物供应不但源源不断，而且可靠而广泛，从而提高人们的健康和生活品质。

经过60多年的努力以及与各地伙伴密切合作，利乐的食品流通加工和包装业务遍布全球。不管是加工和灌装设备的设计，还是消费后包装的回收，利乐一直重视提高产品和服务的环保效益。其与世界自然基金会（WWF）和森林管理委员会（Forest Stewardship Council, FSC）紧密合作，确保所采用的纸板都来自于管理良好、符合可持续管理原则的森林。

日前，利乐公司发布中文版《2017年可持续发展报告》。报告首次根据全球报告倡议组织（GRI）G4指导方针，围绕"保护食品""保护人类"和"保护未来"三大议题，回顾了利乐集团在环境绩效、社会责任与公司治理方面的年度进展和主要成绩，同时也梳理了利乐大中华区在这几方面的不懈努力与阶段性成果。报告指出，"让安全的食品随处可得"是利乐长久以来的愿景和始终如一的目标。利乐独创的无菌流通加工与包装解决方案可在无须冷藏和无防腐剂的条件下保护食物延缓变质，即使是基础设施匮乏的偏远地区也可以获得安全营养的食物。

报告发布之前，利乐公司推出了业界首款可智能定制的模块组合热处理系统，为食品和饮料厂商提供定制化的加工解决方案。基于利乐在乳品、饮料和预制食品加工领域的领先技术，全新的定制化模块组合系统可以在同一流程中结合多种热处理解决方案（利乐®乳品杀菌机、利乐®乳品超高温灭菌机、利乐®饮料杀菌机、利乐®预制食品杀菌机、利乐®预制食品超高温灭菌机），实现模块的任意配置，为每一位客户提供专属的热处理解决方案。此外，新系统在提供最大灵活性的同时能保证性能的一致性，并实现热处理解决方案的升级和调整。

利乐液态食品业务副总裁Ola Elmqvist介绍："凭借全新的模块组合系统，我们能够更好地满足客户的业务需求——在不断变化的市场中，每一位客户都需要面对各种不同的挑战，根据不同战略部署优先事宜。""我们会先详细讨论和分析客户的业务情况，包括他们所生产的产品、生产流程、运行时间、能耗成本，以及短期和长期目标。在深入了解情况之后，我们才向客户建议合适的、完全定制化的热处理解决方案，为客户的业务创造更多价值。"

利乐俄罗斯客户OJSC Bogdanovich GMZ公司总监Alexander Belyanov表示："不得不说，新的利乐®乳品超高温灭菌机是一项重大创新。从概念开发和新布局设计开始，利乐就与我们进行了详细的讨论，为我们度身定制了一条全新的加工生产线，满足了我们提高工厂绩效的需求。全新的模块系统安装更便捷，效率和性能更出众，而且所有的配套能源接口均安装在同一地点，更为方便实用。"

这项全新的模块组合热处理解决方案的推出标志着利乐可以完全兼顾灵活性和升级性，不仅能满足客户当下的需求，还能支持客户未来的业务拓展。例如，升级后的解决方案可满足客户品类拓展的需求，实现从牛奶、奶油到颗粒饮料，或者从婴儿食品土豆泥到各类预制食品生产的品类转换。

目前，利乐已为欧洲及俄罗斯的客户完成了这项全新模块组合解决方案的测试，新系统将在 2018 年第三季度在大中华区正式发布。

（案例来源：https://www.tetrapak.com）

**启发思考**：利乐公司的绿色流通加工为适应新时代的发展做了哪些改变？

# 第二节 供应链管理中的流通加工

供应链管理中，流通加工最大的特点就是低投入和高产出，通常使用简单的方式就可以解决重大问题。实践中，有的流通加工通过改变商品包装，使物品档次升级而充分实现其价值；有的流通加工可将物品利用率大幅提高 30％甚至更多。因此，流通加工环节获得的利润并不比其他环节获得的利润少，该环节是供应链中的重要利润来源。

## 一、流通加工在供应链中的作用

### （一）提高原材料利用率

供应链管理中，集中下料可以优材优用、小材大用、合理套裁。通过流通加工进行集中下料，可按客户要求对供应链中的生产厂商直接运来的简单规格产品进行下料，例如将钢板进行剪板、切裁；将木材加工成各种长度及大小的板、方等，这样能大大提高原材料利用率。

### （二）提高客户服务品质

供应链管理中，用量小或有临时需求的客户不具备进行高效初级加工的能力，通过流通加工，可省去这些客户进行初级加工的投资、设备、人力，为客户提供了更好的服务，提高了客户服务品质。目前发展较快的初级加工有将水泥加工成生混凝土，将原木或板、方材加工成门窗，钢板预处理以及整形等加工。

### （三）提高流通加工效率

在分散加工的情况下，加工设备会受到生产周期和生产节奏的限制，利用设备就会时松时紧，从而会导致加工过程不均衡，设备加工能力不能得到充分发挥。供应链管理中，流通加工面向全社会，具有较大加工数量、较广加工范围和较多加工任务。通过建立集中的流通加工点，采用一些效率高、技术先进、加工量大的专门机具和设备，可以提高流通加工效率。

---

补充阅读

## 流通加工设备分类

流通加工设备种类繁多，一般按流通加工形式分类，具体如下：

（1）剪切加工设备，是进行下料加工或将大规格的钢板裁小或裁成毛坯的设备。例如，用剪板机进行下料加工，用切割设备将大规格的钢板裁小或裁成毛坯等。

（2）集中开木下料设备，是在流通加工中将原木锯截成各种锯材，同时将碎木、碎屑集中起来加工成各种规格的板材，还可以进行打眼、凿孔等初级加工的设备。

（3）配煤加工设备，是将各种煤及一些其他发热物质，按不同的配方进行掺配加工，生产出各种不同发热量燃料的设备。例如无锡燃料公司开展的动力配煤加工等。

（4）冷冻加工设备，是为了解决鲜肉、鲜鱼或药品等在流通过程中保鲜及搬运装卸问题，采用的低温冷冻加工设备。

（5）分选加工设备，是根据农副产品的规格、质量离散较大的情况，为了获得一定规格的产品而采取的分选加工设备。

（6）精制加工设备，主要是用于农、牧、副、渔等产品的切分、洗净、分装等简单加工的设备。

（7）包装加工设备，是为了便于销售，在销售地按照所要求的销售起点进行新包装、大包装改小包装、散装改小包装、运输包装改销售包装等加工的设备。

（8）组装加工设备，是采用半成品包装出厂，在消费地由流通部门所设置的流通加工点进行拆箱组装的加工设备。

（资料来源：https://baike.baidu.com）

**启发思考：** 流通加工设备还有哪些分类？

---

## 二、供应链中流通加工的合理化

供应链管理中，流通加工合理化是指实现流通加工的最优配置，即对是否设置流通加工环节、在什么地方设置、选择什么类型的加工、采用什么样的技术装备等问题做出正确抉择。不仅要避免各种不合理的流通加工形式，而且要做到最优。

### （一）流通加工不合理之处

流通加工的不合理主要在于地点设置、方式选择、环节安排和成本效益方面的不合理。

1. 地点设置不合理

流通加工地点设置是决定整个供应链管理是否有效的重要因素。例如，如果将流通加工环节设置在消费地即供应链各环节之后，不仅影响供应链正常运转，而且在流通加工中增加了中转环节。另外，在小地域范围内，如果流通加工不能正确选址，就会造成交通不便、流通加工点与生产企业或客户之间距离较远、加工点周围的社会环境条件不好等不合理现象。

2. 方式选择不合理

供应链管理中，流通加工方式包括流通加工对象、流通加工工艺、流通加工技术、流通加工程度等。实际上，流通加工方式是对生产加工的合理化分工。如果分工不合理，即把本来应该通过流通加工来完成的作业错误地交给了生产加工完成，又或者把本来应该采用生产加工的作业错误地交给了流通加工完成，都会造成流通加工的不合理。

3. 环节安排不合理

供应链管理中，有的流通加工过于简单，或者对生产和消费的作用都不大，甚至有时由于流通加工的盲目性，不能解决品种、规格、包装等问题，相反却增加了这些环节的作业，这也是流通加工不合理的主要表现形式。

4. 成本效益不合理

供应链管理中，流通加工具有较大的投入产出比，这也是它的优势中的最重要的部分，通过这个优势可以有效地对供应链管理其他环节起到补充和完善的作用。但是，如果流通加工所需成本过高，就不能通过较低投入获得更高价值，从而使其成本效益不合理。

**（二）实现合理化的途径**

从对流通加工不合理的分析来看，要实现流通加工的合理化，应从以下几方面加强。

1. 流通加工和配送结合合理化

将流通加工合理设置在配送点中。一方面按配送需要进行流通加工，另一方面流通加工又是配送作业流程中分货、拣货、配货的重要一环，流通加工后的产品直接投入到配货作业，无须单独设置加工的中间环节，而使流通加工与中转流通巧妙地结合在一起，大大提高服务水平，这也是目前对流通加工做合理选择的重要形式。

2. 流通加工和配套结合合理化

配套是指将使用上有联系的用品集合成套地供应给客户使用，例如方便食品的配套。有的配套不能由某个生产企业全部完成，如方便食品中的配菜、汤料等。这样，在供应链管理过程中采用适当的流通加工，就可以促成配套活动有效地进行，从而可以在很大程度上提高流通加工作为供需桥梁与纽带的能力。

补充阅读

### 阿迪达斯的流通加工中心

阿迪达斯公司在美国一家超级市场设立了组合式鞋店，摆放着不是做好了的鞋，而是做鞋用的半成品，款式花色多样，有 6 种鞋跟、8 种鞋底，均为塑料制造的，鞋面的颜色以黑、白为主，搭带的颜色有 80 种，款式有百余种，顾客进来可任意挑选自己所喜欢的各个部位，交给职员当场进行组合。一双崭新的鞋便唾手可得。这家鞋店昼夜营业，职员技术熟练。鞋子的售价与成批制造的价格差不多，有的还稍便宜些。所以顾客络绎不绝，销售额比邻近的鞋店多十倍。

**启发思考：**为什么阿迪达斯的流通加工中心取得了巨大成功？

3．流通加工和商流结合合理化

供应链管理中，流通加工也能起到促进销售的作用，从而使商流合理化，这也是流通加工合理化的方向之一。将流通加工和商流起来，通过流通加工提高商流水平，从而促进商品的销售，最终使流通加工与商流完美结合。此外，通过简单地改变流通加工，形成方便的购买量，解除客户使用前进行组装和调试的难处，都是有效促进商流的很好例证。

4．流通加工和绿色理念相结合

流通加工要想越来越合理，就必须提倡和践行绿色理念，高度重视能源、设备和人力的节约，还要降低消耗与浪费。这些对流通加工合理化起着重要作用，同时也是目前我国设置流通加工并考虑其合理化的较普遍形式。如果只是追求企业的局部效益，不适当地进行流通加工，甚至与生产企业争利，就有违于流通加工初衷，或者其本身已不属于流通加工范畴。

## 第三节　典型系统：红星美凯龙“家居流通 4.0”

新零售时代的变革，使得家居市场风起云涌，同时也为家居行业带来了机遇和挑战。尽管目前已有不少传统家居企业开始试水 O2O 模式，但其发展状况并不如想象的那么乐观。

在此背景下，红星美凯龙认真学习《国务院关于推进国内贸易流通现代化建设法制化营商环境的意见》，从家居流通行业的实际出发，于 2015 年正式提出“家居流通 4.0”。

为进一步推动“家居流通 4.0”的实践应用与理论创新，红星美凯龙与中国科学技术大学于 2016 年 2 月 24 日共建博士后工作站。

从实际应用来看，“家居流通 4.0”大幅度提升了消费者的购物体验，全面促进了家居流通物流与供应链管理效率的升级；同时，这一创新成果也为家居行业的流通加工等环节提供了参考和借鉴。

## 一、以物流配送为基础，全面提升物流与供应链管理效率

为了全面提升家居行业的物流与供应链管理效率，红星美凯龙自2014年起，通过创建全资子公司"星和宅配"以及建立库存中心和配套设备设施，组建专业的库存管理团队、物流运输团队及专业安装维修服务团队，提供全流程家居行业的售后配送安装服务。

1. 确立自营和平台双发展模式

在业务规模上，红星美凯龙目前已覆盖5个城市"全自营+一个城市平台"模式。自营模式由"星和宅配"负责场地、设备、人员、车辆等全部资产投入和管理，提供全链条运营服务。平台模式由合作方负责场地、设备、人员、车辆等全部资产投入和管理；"星和宅配"提供运营服务标准、物流系统、客户满意度管理和培训支持，监管服务质量达到星和标准。

2. 聚焦健康指标和效率指标

为了给顾客提供更好的服务，红星美凯龙设定了健康指标和效率指标。健康指标是以顾客感受、商户感受和问题管理为核心，侧重服务对象的满意度，通过对所有配送安装订单在24小时内进行100%客户回访，每月对所有商户进行满意度调研，问题100%跟进解决，无一起积压客户投诉，确保业务良性发展。效率指标是以每单配送成本、人效比、利润率为核心，侧重运营的效率，对异常指标明确运营问题并加以调整，确保业务盈利能力。所有星和项目运营初期均首先确保健康指标，随着业务平稳健康发展，逐步加大效率指标的考核权重。

## 二、采用行业先进技术，打造精益物流库存管理系统

1. 精益物流库存管理系统建设

红星美凯龙按照"统一平台、统一数据库、统一网络"的要求，设立统一信息管理系统，并整合线路、配送、库存等优化策略和物流计划、资金管理、客户管理等直观的商务智能分析，实现数据处理的全面控制，从而提高了整个物流系统的资源计划控制力度和管理控制能力。具体来说，该系统管理使用的是WMS系统，及时录入商品数据，支持在途信息查询、实时库存信息推送、APP一键下单，让商户实时查询库存状况，便捷销售，实现智慧物流，并最终利用大数据更好地满足消费者和工厂需求。

2. 香港大学研究团队支持研发标准体系

在香港大学工业与制造系统工程系主任黄国全教授和其博士后团队的支持下，在基础设施建设、信息化系统建设、现场管理、物流配送流程、岗位设定及岗位职责规定、

绩效考核等方面打造全面的流程体系，并通过实践验证"最后一公里"配装体系，使物流服务规范标准化，提高物流与供应链管理效率和服务质量。

3. 普洛斯和万科物流地产等合作伙伴确保库存质量

中国库存地产第一品牌普洛斯和新加坡丰树、万科物流地产等优秀合作伙伴的加盟，确保了所有流通加工项目在宽敞空间、自然采光、便利的卸货平台、严格的消防设施、24 小时安保、便利交通等条件下更好地完成。

## 三、以品质和信用为突破，实现物流与供应链管理升级

1. 以正品战略推动质量管理和信息融合

为了解决家居行业经营成本高、监管难度大等问题，红星美凯龙在质量追溯方面提出了以下对策：

第一，健全家居绿色环保质量检测标准体系。2013 年起，红星美凯龙邀请了众多国标拟定专家一起研讨，制定覆盖家具、建材 13 大主流品类的环保质量检测评价标准"家居绿色环保领跑认证规则"，并成为家居行业唯一得到国家质监局备案的企业环保质量标准。该标准中关系到消费者家居健康、安全的指标全面高于国家标准。

第二，建立家居商品编码标准体系。借助 ERP 系统，红星美凯龙编撰并实践了家居行业唯一一套单品编码体系，保证同一商品在不同商场内准确描述。在单品编码基础上，为更好地解决消费者商品全程追溯的需求，打通供应链上下游的商品管理，红星美凯龙又着手研发商品码、物流码和正品编码一体化的流通编码。

第三，建设家居行业正品追溯体系。红星美凯龙于 2015 年 12 月 11 日正式发布了"中国家居正品查询平台"，平台通过为品牌赋码的方式，为每一件家居产品生成独一无二的"身份证号"，通过此详细记录产品的生产、物流、库存和销售等信息，最终消费者收到产品后可以通过手机轻松查询产品信息，并验证真伪。这获得了众多家居品牌的大力支持。

2. 中国家居正品查询平台

2016 年 5 月 8 日，红星美凯龙联合中国质量认证中心，与 200 余国内外家居品牌一起，发布"中国家居正品战略"。至 2018 年，推动 2 000 家家居主流品牌上线中国家居正品查询平台。同时，实施假货"零"容忍，消费者在红星美凯龙体系内买到假货，红星美凯龙将坚决执行"退一赔三"，并先行赔付，售假商户，坚决清除。下一步，将与供应链物流系统全面深入打通，实现家居流通各阶段信息数据的实时采集与验证，支持消费者全程在线跟踪和验证真伪，真正做到商品来源可查、去向可追、责任可究。

3. 深入实施商户信用管理，构建家居行业信用体系

从 2012 年起，红星美凯龙启动商户信用管理的探索与实践。围绕客户最关注的质量、价格、服务、送货、履约行为、顾客喜爱度六个维度对商户进行信用评定，将商户

从一星到五星分级管理。

从 2015 年开始，红星美凯龙围绕两个方面，对信用体系进行再次升级，建设行业全过程的信用管理。

（1）将红星美凯龙平台上积累的信用数据与政府商务诚信平台共享互通，促进信用数据在社会上的融合，尤其是在家居行业中的深入应用。

（2）依托家居正品追溯和物流配送的试点，打通家居上下游链条的信用管理。

（3）依托正品防伪追溯和物流与供应链管理体系，分阶段推动品牌工厂信用评价，逐步纳入对上下游工厂的信用信息管理，加快形成"事前告知承诺、事中评估分类、事后联动奖惩"的全过程信用管理体系。

## 四、以大数据战略为抓手，推动家居行业良性发展

如果说以往的家居流通模式聚焦于终端的销售渠道和消费体验上，那么，"家居流通 4.0"则是把整个产业链上的各个环节分别打通和整合起来，进一步提升品牌工厂、经销商和物流与供应链承运商的整体效率，降低成本。

1. 建设家居行业大数据应用平台

基于标准化的编码体系，依托红星美凯龙统一收银，构建统一的数据仓库，并在此基础上建设数据应用平台。基于产品和销售数据，分析各工厂在不同区域、时间段的销售趋势，指导经销商和工厂更好地生产、备货和完成智能铺货；进一步改善企业的运转效率，推动工厂的品质制造提升，全面支持供给侧改革。基于商品在途、运输线路等数据，实现资源整合，优化物流与供应链管理效率；通过商品进出库、库位管理等信息挖掘，实现库位智能化调度，提升供应链集约化水平。

2. 推进消费金融与供应链金融服务

红星美凯龙下属公司星易通汇作为家居行业第一家单用途预付卡发行企业，在家居消费金融领域已经开展了大量工作。在支付业务上，红星美凯龙加快移动互联网支付牌照申请，已于 2015 年 12 月底前完成了地方央行受理公示。同时，还依托供应链体系中的信息流、物流和信用数据流的融合，推进对家居流通中的中小型企业、供应商、经销商的信贷授信、融资支持，降低供应链整体成本，提升效率。

"家居流通 4.0"模式的提出，是红星美凯龙自身发展的必然结果。它可以提供更具个性化、便捷化、绿色的商品与服务，进一步推动产业升级。

（案例来源：http：//www.chinawuliu.com.cn）

## 本章小结

　　本章首先对流通加工进行了概述，介绍了流通加工的概念和类型；其次对流通加工在供应链中的作用和合理化进行了阐述；最后介绍了相应的典型系统。通过本章学习，读者应该熟悉流通加工的概念和类型，能够充分认识到流通加工在供应链中所起的作用和如何合理化，并能了解流通加工的前沿系统。

## 练习题

一、概念识记

流通加工　　流通加工合理化　　绿色流通加工　　生产—流通　　一体化的流通加工

二、简答

1. 比较包装功能和流通加工功能的异同。

2. 流通加工根据不同目的分为哪些类型？

3. 流通加工在供应链中的作用有哪些？

4. 请说出流通加工的一种典型系统。它具有什么特点？

## 即测即评

　　请扫描二维码进行在线测试。

## 延伸阅读

1. 周兴建，蔡丽华. 现代物流管理概论 [M]. 北京：中国纺织出版社，2016.

2. 刘华. 物流管理基础 [M]. 北京：清华大学出版社，2008.

3. 冉泽松. 论物流新职能——流通加工 [J]. 物流科技，2008，（08）：3-4.

4. 张睿. 流通加工物流企业差异化经营的新选择 [J]. 物流科技，2010，33（10）：144-145.

# 第十二章 物流与供应链管理的金融管理

知识逻辑图

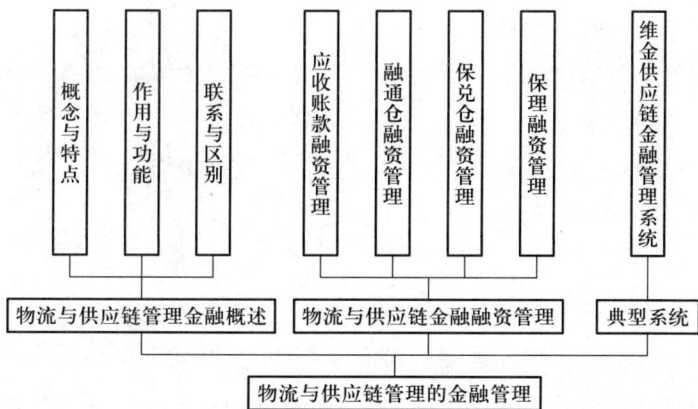

【学习目标】

理解并掌握物流与供应链管理金融的特点和功能；了解物流金融与供应链金融之间的联系与区别，掌握二者侧重点的不同；掌握物流与供应链金融融资管理的几个重要类型；了解典型的物流与供应链管理的金融管理系统。

案例 12.1

### 鲜易金融构建生鲜冷链行业供应链金融高品质服务

河南鲜易供应链有限公司（以下简称"鲜易供应链"）成立于 2009 年 4 月，定位于中国温控供应链集成服务商。公司自创业之初就秉承创新创业精神，历经十多年的发展，融合企业生态和产业生态，已由单一的冷链运输企业发展到现在的供应链服务平台。

作为中国温控供应链标杆企业，公司以产业互联网为基础，将供应链服务嵌入产业链，通过实施"产品+服务""科学技术+综合管理技术""软件+硬件""平台+杠杆"，构建链接生产、仓储、运输、加工、集采、交易、配送的一体化温控供应链，业务涵盖温控仓储、冷链运输、城市配送、集采分销、供应链金融、保税物流、流通加工等服务，致力于为生鲜行业提供温控供应链服务解决方案。

鲜易供应链自 2013 年以来连续三年蝉联中国冷链百强企业第三名。其中，鲜易金融专注生鲜冷链行业，依托食品产业链和温控供应链，凭借深厚的产业经验、完整的全国云仓网络和三种代表性模式——存货易、代采易、承运保，获得了包括郑州银行、广发银行、邮储银行等银行、保理公司、融资租赁公司、互联网金融服务平台等数亿元授信，为加工企业、国内贸易商、进口贸易商提供定制化的采购融资、存货融资、保理融资解决方案。

1. 存货易

存货易是基于存货模式的库存融资产品。客户缺乏经营资金时，可以将库存原料、产品存入鲜易仓库，鲜易对库存产品进行价值评估，核定融资比例（50%～70%）。存货易可以帮助客户盘活库存，加快资金流转，扩大经营规模。存货易最高授信金额可达 1 000 万元，可循环授信和额度内任意支用；单笔贷款期限最长达 3 个月，根据经营需求自主选择贷款期限；月利率最低至 1%。

2. 代采易

代采易是基于代采模式的预付款融资产品。客户采购缺乏资金时，只需将一定比例（30%～50%）的保证金付给鲜易，鲜易垫付剩余采购资金，采购货物存入鲜易冷库或经鲜易认证的第三方冷库。客户根据经营需要分批或一次性付款提货，代采易可以帮助客户放大资金杠杆，扩大经营规模，降低运营成本。代采易最高授信金额可达 1 000 万元，可循环授信和额度内任意支用；单笔贷款期限最长达 3 个月，根据经营需求自主选择贷款期限；月利率最低至 1%。

3. 承运保

承运保是基于承运商在冷链马甲平台上交易形成的应收账款，提供的应收账款保理产品。"承运保"帮助下游承运商解决应收账款回款慢、回款周期长等问题。承运保最高授信金额为 100 万元，根据入池应收账款金额，动态计算融资额度；单笔贷款期限最长达 3 个月，根据经营需求自主选择贷款期限；日利率低至 0.033%。

目前，鲜易金融已经与中国建设银行、农业银行、工商银行、中国银行、广发银行、平安银行、浦发银行、民生银行、汇丰银行、渣打银行、郑州银行等国内外多家金融机构建立了紧密的合作关系。破解生鲜产业上中小企业融资难融资贵问题，传递核心企业信用，推动行业生态建设。

（案例来源：http://www.hnxianyi.com）

**启发思考：**鲜易金融这三种产品有什么缺陷？ 该如何完善？

# 第一节 物流与供应链管理金融概述

## 一、概念与特点

物流金融是为物流产业提供资金融通、结算、保险等服务的金融业务，伴随着物流产业的发展而产生。在物流金融中涉及三个主体：物流企业、客户和金融机构，物流企业与金融机构联合起来为资金需求方企业提供融资，物流金融的开展对这三方都有非常迫切的现实需要。物流和金融的紧密融合能有力支持社会商品流通，促使流通体制改革顺利进行。

案例 12.2

### 平安银行橙 e 发货宝开创新型物流金融模式

平安银行橙 e 网目前推出的发货宝，可以帮助橙 e 网的用户快速找到合适的物流伙伴。对发货企业而言，它们可在橙 e 发货宝上输入收发货地址，查看不同物流企业的报价，对比后选择一个物流企业下单，填写相关资料，并对订单进行追踪最后签收。对于一些贵重货物发货企业可以直接进行投保，发货宝可快速为发货人生成货运保单，避免一些货主需要单独在保险公司购买保险的烦琐程序。

此外，发货宝还将为物流平台合作方（包括物流 O2O 电商、物流软件提供商等）提供基于各自业务模式的定制金融方案，为物流合作伙伴提供"物流+金融"服务，满足物流平台合作方支付结算、资金管理、资金增值、信用融资等金融方面的需求。例如，橙 e 网与国内首家物流垂直搜索及 O2O 电商交易与运营平台"运东西"进行了合作，发货宝可对"运东西"平台上的货运企业办理贷款，即物流货运贷。它主要依据货运企业发票信息进行额度审定，并将月结单信息推送至发货宝协助审核。橙 e 发货宝并不直接对接运输商资源，而作为一个"中介"连接发货方与物流平台，并借助橙 e 网自身海量的企业资源，作为一个新入口为这些物流平台带来新的流量与客户，这种双赢的安排让合作双方实现 1+1>2 的效果。

**启发思考：**为什么说平安银行橙 e 发货宝开创了新型物流金融模式？

关于供应链金融，目前主要有三类观点：第一类观点来自物流服务商，认为供应链金融是物流与金融业务的集成、协作和风险共担的有机结合服务，是一种物流金融或金融物流。它为商品流通的全过程提供服务，服务对象是供应商、生产商、销售商、物流企业、金融机构等。第二类观点来自供应链中的核心企业，认为供应链金融是一种在核心企业主导的企业生态圈中，对资金的可得性和成本进行系统性优化的过程。第三类观点来自商业银行，认为供应链金融是指商业银行站在供应链全局的高度，把供应链上的相关企业作为一个整体，基于交易过程中构成的链条关系和行业特点设定融资方案，将资金有效注入供应链上的相关企业，提供灵活运用的金融产品和服务的一种融资创新解决方案。

综合以上观点，国际上普遍认为，供应链金融指的是银行向客户（核心企业）提供融资和其他结算及理财服务，同时向这些客户的供应商提供贷款及时收达的便利，或者向其分销商提供预付款代付及存货融资等金融服务。简单地说，供应链金融就是银行将核心企业和上下游企业联系在一起，提供灵活运用的金融产品和服务的一种融资模式。

从银行层面来看，供应链金融是商业银行信贷业务的一个专业领域；从企业层面来看，供应链金融是企业尤其是中小企业的一种融资渠道。因此，供应链金融与传统金融的区别主要体现在对风险的控制、授信的灵活度等方面，如图 12.1 和图 12.2 所示。

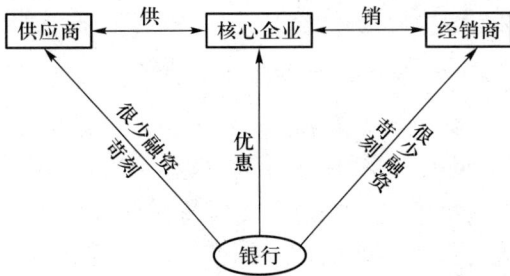

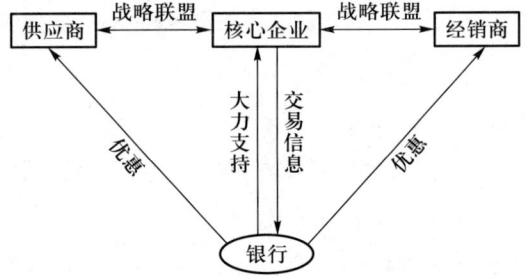

图 12.1 传统金融　　　　　　　　图 12.2 供应链金融

一般来说，供应链金融包括动产或货权质押授信业务、商业承兑汇票贴现担保业务、国内信用证、应收账款转让授信业务、出口退税托管贷款、出口信用险项下融资政府采购封闭授信等，具有以下两个特点：

第一，银行对授信企业（主要是中小企业）的信用评级不再强调企业所处的行业、企业规模、固定资产价值、财务指标和担保方式，转而强调企业的单笔贸易真实背景和供应链主导企业（通常是中间产品的购买者）的实力和信用水平。换言之，银行评估的是整个供应链的信用状况。由于供应链金融业务的开展实际上建立在对供应链的物流、资金流和信息流充分掌握的基础上，因此中小企业的信用水平远比传统方式评估的要高。

第二，银行围绕贸易本身进行操作程序设置和寻求还款保证，因而该授信业务具有封闭性、自偿性和连续性特征。封闭性是指银行通过设立封闭性贷款操作流程来保证专款专用，借款人无法将资金挪作他用；自偿性是指还款来源就是贸易自身产生的现金流；连续性是指同类贸易行为在上下游企业之间会持续发生。因此，以此为基础的授信业务也可以反复进行。供应链金融的发展适应了新的生产组织体系，有助于降低供应链上中小企业的运营成本，具有广阔的发展前景。

## 二、作用与功能

只有物流与供应链管理的金融渠道畅通无阻，才能保障物流与供应链管理的进一步循环，才能将现代化的结算方式广泛应用于物流与供应链管理的整个流程之中。开展物流与供应链管理的金融管理，对第三方物流的企业、金融机构、中小企业更是一种"多赢"的状态。其作用和功能具体体现在以下方面：

第一，对于物流企业而言，物流与供应链管理企业与银行合作，监管客户在银行质押贷款的商品，一方面增加了物流与供应链管理企业的增值配套功能，提升了物流与供应链管理企业的综合价值和竞争力，稳定和吸引了众多客户。另一方面，物流与供应链管理企业作为银行和客户都相互信任的第三方，可以更好地融入到客户的产销供应链中去，同时也加强了与银行的同盟关系，可以进一步保证和促进物流与供应链的稳定运作。

第二，对金融机构而言，可扩大和稳固客户群开辟新的利润来源，也有利于吸收由此业务引发的派生存款。在质押贷款业务中，物流与供应链管理企业作为第三方，可以提供库存商品充分的信息和可靠的物资监管，降低信息不对称带来的风险，并且可以帮助质押贷款双方较好地解决质物价值的评估、拍卖等难题，降低质物评估过程产生的高昂费用，使金融机构有可能对中小企业客户发放频度高、数额小的贷款。对于中小企业而言，物流与供应链金融不仅能为中小企业提供高质量、高附加值的服务，降低中小企业原材料、半成品和产成品的资本占用率，提高中小企业资本利用率，实现资本优化配置，还能为中小企业降低融资成本，拓宽中小企业的融资渠道，提高物流与供应链的整体绩效和中小企业的经营和运作效率等。

因此，通过物流与供应链管理的金融管理，参与业务的三方都能获得切实利益，真正实现"三赢"。这种多方获益、相互促进、共同发展的模式，保证了物流与供应链金融管理的持续发展和持久生命力，极大提高了全社会生产流通的效率和规模，促进了经济发展。

---

补充阅读

### 物流与供应链管理金融中的仓储质押融资

仓储质押融资业务属于结构融资，被誉为 20 世纪以来金融市场最重要、最有生命力的金融创新之一。在美国金融市场，该业务已占据 1/3 的份额。我国的仓储质押融资业务最初起源于广东、江苏、浙江一带，业务分布主要是生产制造企业、物贸业密集的地区。

仓储质押融资具有强大的生命力，它是指企业将拥有未来现金流的特定资产剥离开来。仓储质押融资在融资结构中包括四个方面：基于质押存货的产权结构、融资额度（即风险敞口、风险暴露）和偿还结构、费用结构、风险规避结构。

这些结构的制定是在银行、借贷者和质押管理者共同参与下完成的，体现为三者之间的合约。仓储质押融资最显著的一个特点是个性化需求服务，针对不同客户可以制订多种融资模式。

### 1. 仓单质押

由借款企业、金融机构和物流公司达成三方协议，借款企业把质物寄存在物流公司的仓库中。然后，凭借物流公司开具的仓单向银行申请贷款融资，银行根据质物的价值和其他相关因素向其提供一定比例的贷款，质押的货品并不一定要由借款企业提供，可以是供应商或物流公司。

### 2. 买方信贷

对于需要采购材料的借款企业，金融机构先开出银行承兑汇票，借款企业凭借银行承兑汇票向供应商采购货品，并交由物流公司评估入库作为质物，金融机构在承兑汇票到期时兑现，将款项划拨到供应商账户。物流公司根据金融机构的要求，在借款企业履行了还款义务后释放质物，如果借款企业违约，质物可由供应商或物流公司回购。

### 3. 现货质押

由借款企业、金融机构、监管公司达成三方协议，借款企业把质押物移交给金融机构指定的仓库（仓库划分为第三方仓库和出质人自有仓库）。现货质物由金融机构占有，委托监管公司监管、金融机构确定质物的单价，监管公司按照核定的监管质物的总值、监管质物的数量，同时承担审定质物权属和保管的责任。金融机构根据借款企业实际提供的经监管公司确定的质物价值的一定比例发放贷款。

### 4. 动态质押

动态质押使得企业在质押期间获得流动资金的同时，不会影响到其正常生产、销售，产生了资金放大效应。动态质押就是要使企业沉淀在原材料、半成品、成品的仓储资金变成现金流动起来。同时又通过专业的监管公司渗透到企业的各个交易层面，掌握资金的流向，根据授信额度控制风险敞口，确保银行放贷资金的安全。专业监管公司的专业管理又促进了融资单位的内部管理，使其管理和业务流程及资金链的加速运转都起到了极大的推动作用。

综上所述，动态质押融资全面盘活了企业的动产和不动产，使其存量资产发挥了最大的效益。具体主要有以下几种方式：

### 1. 循环质押（滚动质押）

考虑到仓单的有效性（仓单有效期、质物保质期）等因素，在质押期间，按与银行的约定，货主可用相同数量的产品替代原有质物，保证银行债权对应的质物价值不变。

2. 置换仓单质押

在质押期间，按照与银行的约定，货主可用新仓单置换替代原有仓单，银行释放相应的原有质押仓单。同时，保管人解除对相应质物的特别监管，置换后保证银行债权对应质物的价值不减少。

3. 信用或保证金置换仓单质押

在质押期间，按照与银行的约定，货主可用增加保证金或提供新的信用担保等方式置换替代原有质押仓单。置换后保证银行债权对应质物的价值不减少（可以增加），银行释放相应的质押仓单，同时保管人解除对相应质物的特别监管。

4. 动态控制存量下限质押（流动质押）

可分为动态控制仓储数量下限和动态控制仓储价值量下限两种，动态控制仓储数量下限与循环质押相同；动态控制仓储价值量下限与置换仓单质押相同，在保证银行债权对应质物的价值不减少的情况下进行监管。

**启发思考：** 物流与供应链管理金融中的仓储质押融资有什么作用？

## 三、联系与区别

物流金融与供应链金融都是近年来随着物流与供应链理论及实践的不断发展而发展的，两者之间既有联系，也有区别，如图 12.3 所示。

一般认为，两者的联系在于均是基于传统金融产品和服务而进行的创新；均是针对真实的贸易背景开展；均以融通资金为目的；均是整合物流、资金流与信息流的解决方案。

两者区别则表现为如下几个方面。

1. 参与主体与作用范围不同

物流金融的参与主体一般是单个企业和为其提供服务的金融机构、第三方物流企业等，其作用范围也局限于单次或一段时间的物流过程。一般来说，第三方物流企业在物流金融业务中起着主导作用。而供应链金融是比物流金融更广泛的概念，其参与主体是整个供应链和外部金融机构，也包括专业的物流服务提供商，甚至涉及投资者。其作用范围是整个供应链的交易与往来，而第三方物流企业在其中扮演着中间人和代理商的角色。

2. 运作机理与服务产品

物流金融的操作是与物流过程相伴而生的，旨在解决物流过程中的资金问题，其产品的开发也是围绕着物流设施投融资、物流保险、物流结算等。而供应链金融是植根于

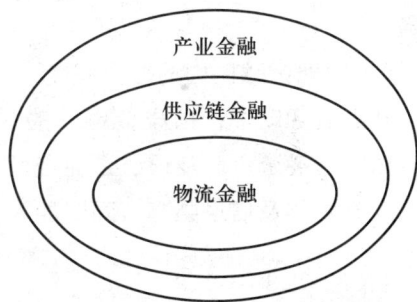

图 12.3　物流金融与供应链金融的关系

整个供应链的运作，旨在利用金融工具协调供应链上下游物流、资金流、信息流关系，实现整个供应链的资金平衡与绩效提升。例如货嘀嘀嘀网站通过线上线下结合，着力打造四流合一（包含信息流、资金流、商流、物流）的集装箱物流管控体系，采用云端大数据为相关企业提供信息支持，进而解决国内外贸易环节中的个体商户、中小贸易商、生产商及物流企业融资难的问题。从这个意义上来讲，供应链金融囊括了物流金融的内容。

3．服务对象

物流金融是面向所有符合其准入条件的中小企业，不限规模、种类和地域等；而供应链金融是为供应链中的上、下游中小企业及供应链的核心企业提供融资服务。

4．担保及风险

开展物流金融业务时，中小企业以其自由资源提供担保，融资活动的风险主要由贷款企业产生。供应链金融的担保以核心企业为主，或由核心企业负连带责任，其风险由核心企业及上、下游中小企业产生；供应链中任何环节出现问题，将影响整个供应链的安全及贷款的顺利归还，因此操作风险较大。但是，金融机构的贷款收益也会因整条供应链的加入而增大。

5．物流企业的作用

对于物流金融，物流企业作为融资活动的主要运作方，为贷款企业提供融资服务；供应链金融则以金融机构为主，物流企业仅作为金融机构的辅助部门提供物流运作服务。

6．异地金融机构的合作程度

在融资活动中，物流金融一般仅涉及贷款企业所在地的金融机构；对于供应链金融，由于上下游企业及核心企业经营和生产的异地化趋势增强，因而涉及多个金融机构间的业务协作及信息共享，同时加大了监管难度。

案例 12.3

**货嘀嘀嘀：真实贸易数据支撑的集装箱新供应链金融**

供应链金融的本质是金融机构通过资金注入以协助企业优化供应链上下游的运作效能。致力于集装箱供应链的货嘀嘀嘀，以 O2O 模式整合集装箱供应链相关货主、货代、车队等供应链上下游企业，提供集装箱全程线上可视化信息等服务，线上撮合这些企业与银行类金融机构、互联网金融（如京东金融）等资金渠道机构达成企业信用贷款、货物质押贷款，运费质押贷款及保理、车辆抵押贷款等业务合作，通过贷款给经销商增加流动性，解决货的资金缺口问题。金融机构最关心的往往是如何高效掌握供应链真实贸易数据，特别是全面自动化地处理高频、小额、发生时点集中、单据种类繁多等问题。

供应链结构与数据供应链的贸易活动，对采购商而言是从采购到支付的过程，包含选择供应商、需求计划和预测、采购管理、收货和质检入库、对账、接收和确认供应商发票、结算和支付等环节，对供应商而言是对应的从订单到收款的过程，包含获取客户、协同采购商计划和预测、订单管理、订单履行和发货、对账、开立和提交发票、收款等环节。

货嘀嘀嘀利用大数据及集装箱全程线上可视化信息，线上线下结合，打造信息流、资金流、商流、物流四流合一的航运物流管控体系。也就是说，真实贸易数据是存在的，而金融机构如何高效、自动掌握这些数据，来发展供应链金融各种应收、预付、库存的融资服务呢？

1. 掌握趋势：小快频模式的供应链金融全面爆发

相对于单笔大额流贷而言，供应链金融产品和模式往往是强操作性的产品。如大消费品行业经销商对品牌商是高频、小额的连续订货和补货，品牌核心企业月订单量甚至达到上万笔，如果因为季节性、促销等原因，订单量更会翻好几番，在设计跟单放款的经销商融资产品时，假设同时每笔订单再区分经销商自有资金和金融机构贷款，肯定会因为复杂度太高而造成极高的操作成本。尤其是目前核心企业电商化和 B2B 电商平台的发展，强烈呼唤无论是上游保理类业务和下游渠道融资都向小快频模式发展。

2. 场景融合：核心企业数据与交易银行网关

传统的做法是金融机构与核心企业约定好固定的频率和格式，由核心企业上传或以邮件发送指定的文档，例如经销商主档、供应商主档、订单数据、退货数据、应付账款数据等，这种做法大量依赖人工整理、传送和转换数据，时效性不佳而且需要重复劳动。

稍微进步的做法是核心企业定时从 ERP 等系统转出金融机构需要的数据，并利用 FTP 文件传输协议自动发送文档到金融机构后台，虽然解决了时效性和部分自动化问题，但金融机构通常仍需对文档进行加工、汇总以导入到贸易金融、供应链金融或信贷系统中，还是无法实现全面的自动化和业务流程集成。

先进的做法是利用国际互联互通认证的交易银行网关的数据自动采集、传输和转换等技术来实现的。货嘀嘀嘀实现了集装箱到门及海上全程定位跟踪网络可视化，货主、货代、车队跟踪信息全面网络无缝对接；货运车辆管理平台数据；以及交通部下属平台合作采集 57 家船公司货物信息；对接海关电子口岸和全国 10 大港口信息数据。在线监控，交易真实。与核心企业的 ERP、财务等系统对接，可以从系统中真实反映双方的贸易信息，数据采集及线上验证帮助资金方防控风险。

3. 数据驱动：信贷全流程

供应链贸易数据的汇总、分析、应用可全面支撑贷前、贷中、贷后等业务。贷前准

入的重点包含准入评分、量化授信、准入条件设置和客户筛选。利用不同系统间数据
是否匹配、企业业务数据自身波动、与行业相关等算法，可以推算贸易的真实性和批
量计算建议的授信额度等条件，推荐银行优质的贷款客户。

　　非银金融机构如保理公司、小贷公司等，也纷纷开始重视供应链贸易数据，特别
是应用在核心企业提供应付账款数据的反向保理业务中。与银行的差别在于非银金融
机构相对欠缺内部的业务审批、类似网银与客户交互的门户等系统，适时的增强相关
系统更有助于非银金融机构发展新供应链金融业务。

　　货嘀嘀嘀掌握技术层面、业务层面的关键点，与金融机构更高效地展开真实贸易
数据支撑的新供应链金融。尤其是构筑全面数据驱动的供应链金融服务能力，支撑符
合当前经济特点和交易特点的供应链金融业务。

　　（案例来源：http://www.huoddd.com）

　　**启发思考：**货嘀嘀嘀在集装箱新供应链金融方面做了哪些工作？

## 第二节　物流与供应链金融融资管理

　　根据金融机构担保措施不同，考虑风险控制因素，可将物流与供应链金融融资管理分
为应收账款融资管理、融通仓融资管理、保兑仓融资管理、保理融资管理几种主要类型。

### 一、应收账款融资管理

　　物流与供应链管理中，应收账款融资管理是指在核心企业承诺支付的前提下，供应
链上下游的中小型企业可用未到期的应收账款向金融机构进行贷款的一种融资管理。

　　图 12.4 是典型的应收账款融资管理。在这种管理中，物流与供应链管理上游的中小
型企业是债权融资需求方，核心企业是债务企业，并对债权企业的融资进行反担保。一
旦融资企业出现问题，金融机构便会要求债务企业承担弥补损失的责任。

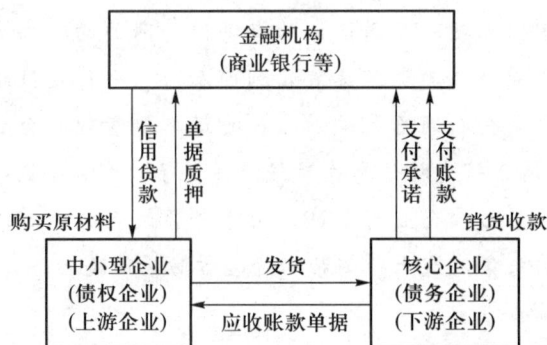

图 12.4　物流与供应链金融管理的应收账款融资管理

从图 12.4 可以看出，这种融资管理使得上游企业可以及时获得银行的短期信用贷款，不但有利于解决融资企业短期资金的需求，加快中小型企业健康稳定的发展和成长，而且有利于整个物流与供应链管理的持续高效完成。

---

补充阅读

### 应收账款资产证券化（ABS）——以阿里小贷 ABS/京东白条 ABS 为例

应收账款资产证券化就是将应收账款直接出售给专门从事资产证券化的特设信托机构（SPV），汇入 SPV 的资产池。经过重组整合与包装后，SPV 以应收账款为基础向资本市场发行有价证券，根据应收账款的信用等级、质量和现金流量大小确定所发行证券的价格。ABS 交易流程主要包括以下几个方面：

（1）发起人按账龄、债务人等特征对应收账款进行结构安排与重新配置，形成基础资产池；

（2）设立 SPV，发起人将应收账款真实出售给 SPV，实现破产隔离；

（3）SPV 聘请担保公司对应收账款进行信用增级和信用评级；

（4）SPV 将评级后资产支持证券委托承销商发行，发售证券获得收入用来向发起人支付购买基础资产价款；

（5）SPV 聘请服务商、受托人等中介机构对资产池进行后续期间的管理。

阿里小贷 ABS 的基础资产是 B 端的中小商户，即向淘宝、天猫平台上小微企业和个体工商户发放贷款形成的债权；京东白条 ABS 的基础资产是个人端的白条资产，更为分散、单笔金额更小、期限更短。两者的资产端不同，但应用的原理都是一样的。ABS 的意义在于把低流动性资产转化为高流动性的证券，将企业的未来资产进行提前变现和转移分拆，从而满足融资和风险释放的需求。

ABS 的风险主要来自产品类别和流动性，所以 ABS 风险控制需要注意这几点：

（1）对基础资产的选择；

（2）发行结构设计，即权益分配优先级、转手/过手、是否出表等；

（3）保证足够的流动性，市场层面的方式是进行合理的信息披露，让投资者有充分的认知。

（资料来源：http://www.sohu.com）

**启发思考**：应收账款资产证券化存在哪些风险？

## 二、融通仓融资管理

融通仓的"融"指金融，"通"指物资的流通，"仓"指物流的仓储即库存。融通仓是融、通、仓三者的集成、统一管理和综合协调。所以融通仓是一种对物流、信息流和资金流综合管理的创新。其内容包括物流服务、金融服务、中介服务和风险管理服务以及这些服务间的组合与互动。融通仓是一种物流和金融的集成式创新服务，其核心思想是在各种流的整合与互补互动关系中寻找机会和时机，提升客户服务质量，提高经营效率，减少运营资本等。

物流与供应链管理中，如果只有一家需要融资的企业，而这家企业除了货物之外，并没有相应的应收账款和其他企业的信用担保。此时，金融机构经过专业的第三方物流企业的评估和证明后，可采用融通仓融资管理对其进行授信的信用担保融资管理。

图 12.5 是典型的融通仓融资管理，其中抵押货物的贬值风险是金融机构重点关注的问题。因此，金融机构在收到中小企业融通仓业务申请时，应考察企业是否有稳定的库存、是否有长期合作的交易对象以及物流与供应链管理的整体运作，以此作为授信决策的依据。

银行等金融机构可能并不擅长于质押物品的市场价值评估，同时也不擅长于质押物品的物流监管，因此这种融资管理通常需要专业的第三方物流企业参与。金融机构可以根据第三方物流企业的规模和运营能力，将一定的授信额度授予该企业，由该企业直接负责融资企业贷款的运营和风险管理，这样既可以简化流程，提高融资企业的产销供应链运作效率，同时可以转移自身的信贷风险，降低经营成本。

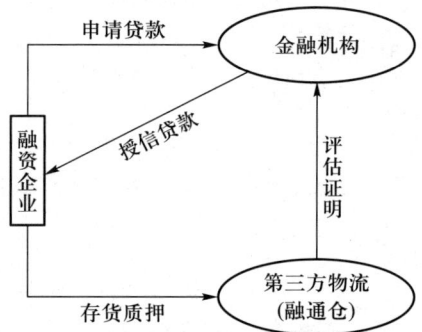

图 12.5 物流与供应链金融管理的融通仓融资管理

---

案例 12.4

### 江苏省某光电公司的融通仓融资管理

2013 年，中国银行为江苏省某光电公司办理供应链金融融资业务，该光电公司主要生产经营液晶显示器以及相关部件。该公司供应链上下游都是较强的垄断企业。因此，在购买原材料时需现金支付。由于该公司产品下游货款回期较长。加之应收账款在公司总资产中比例相对较大。致使公司资金出现短缺的情况，严重制约公司发展。江苏省中国银行在了解该详细情况后，由第三方物流企业为该企业贷款进行信用担保。果断为该公司提供贷款，及时解决了该公司资金流动问题。

（案例来源：http://www.xzbu.com）

**启发思考**：物流与供应链管理中，融通仓融资管理有什么优势？

## 三、保兑仓融资管理

物流与供应链管理中，保兑仓融资管理指承兑银行与经销商（承兑申请人，以下称买方）、供货商（以下称卖方）通过三方合作协议，参照保全仓库方式，即在卖方承诺回购的前提下，以贸易中的物权控制包括货物监管、回购担保等作为保证而开展的特定票据业务服务模式。保兑仓融资管理主要适用于知名品牌产品生产厂家（包括其直属销售部门、销售公司），产品市场占有率较高，与其下游主要经销商的批量供货形成商品交易关系或债权债务关系。

保兑仓融资管理的交易商品应符合适应用途广且易变现；价格稳定且波动小；不可消耗、不易变质且便于保全的要求。保兑仓融资管理业务开展过程中，银行方负责对买卖双方的商品交易签发银行承兑汇票，并监控商品；买方负责向银行申请为其开立的商业汇票提供承兑，并随时补充保证金和提货，按期兑付银行承兑汇票；卖方负责对银行承兑汇票敞口部分提供连带责任保证（及回购到期未发出商品），并配合银行共同监控商品。

物流与供应链管理中，保兑仓融资管理是一种"套期保值"的金融业务，极易被用于大宗物资（如钢材）的市场投机。为防止虚假交易的产生，银行等金融机构通常还需要引入专业的第三方物流机构，对供应商上下游企业的货物交易进行监管，以控制可能发生的供应链上下游企业合谋给金融系统造成的风险。

---

**补充阅读**

### 套 期 保 值

套期保值（Hedging），俗称"海琴"，又称对冲贸易，是指交易人在买进（或卖出）实际货物的同时，在期货交易所卖出（或买进）同等数量的期货交易合同作为保值。它是一种为避免或减少价格发生不利变动的损失，而以期货交易临时替代实物交易的一种行为。

套期保值的基本特征是，在现货市场和期货市场对同一种类的商品同时进行数量相等但方向相反的买卖活动，即在买进或卖出实货的同时，在期货市场上卖出或买进同等数量的期货，经过一段时间，当价格变动使现货买卖上出现盈亏时，可由期货交易上的亏盈得到抵消或弥补。从而在"现"与"期"之间、近期和远期之间建立一种对冲机制，以使价格风险降低到最低限度。

（资料来源：https://baike.baidu.com）

**启发思考**：物流与供应链管理中，套期保值还存在什么风险？

---

通过使用保兑仓融资管理，物流与供应链管理中的买卖双方都能从中获得各自效益。具体来说，买方能获得的利益有提供融资便利、解决全额购货资金困难，批量采

购、降低成本等；卖方能获得的利益有批量销售、增加经营利润、减少银行融资、降低资金成本、保障收款、提高资金使用效率等。

例如，国内多家银行委托中国对外贸易运输集团（简称：中外运）对其客户进行物流监管服务。一方面，银行能够实时掌握供应链中物流的真实情况来降低授信风险；另一方面，中外运也获得了这些客户的运输和库存服务。由此可见，银行和中外运在这个保兑仓融资管理的过程中实现了"双赢"。

案例 12.5

### 中国光大银行的保兑仓融资管理

中国光大银行的保兑仓融资管理是企业在物流与供应链管理中，买方、卖方、光大银行三方合作，买方凭采购合同向光大银行申请融资支付货款，光大银行控制提货权，买方在缴纳货款后凭光大银行签发的提货单向卖方提取货物。业务特点及流程如下：

（1）利用银行信誉促进贸易。光大银行为买方提供了融资便利，帮助卖方（生产商）有效解决销售渠道问题，促进双方达成贸易合作。

（2）为买卖双方提高资金使用效率。解决买方全额购货的资金困难，减少卖方（生产商）应收账款占用，提高资金效率。

（3）提高企业赢利水平。买方可通过批量订货和预付货款的结算方式获得优惠采购价格，降低成本；卖方通过提前确定销售规模，增大市场份额，提高企业利润，稳定客户关系。

（案例来源：http://www.cebbank.com）

**启发思考**：1. 其他银行保兑仓业务的特点与流程是什么？
2. 其他银行的保兑仓融资管理是怎么样的？

## 四、保理融资管理

保理融资（Factoring）管理，是指卖方申请由保理银行购买其与买方因商品赊销产生的应收账款，卖方对买方到期付款承担连带保证责任，在保理银行要求下还应承担回购该应收账款的责任，简单地说就是指销售商通过将其合法拥有的应收账款转让给银行，从而获得融资的管理，分为有追索与无追索两种。前者是指当应收账款付款方到期未付时，银行在追索应收账款付款方之外，还有权向保理融资申请人（销售商）追索未付款项，后者指当应收账款付款方到期未付时，银行只能向应收账款付款方行使追索权。比较适合物流与供应链管理中有真实贸易背景、合法形成应收账款的贸易企业。

物流与供应链管理中，保理融资系统已经发展到一定程度，主要适用于经营核心企业保理业务、供应商保理业务等的保理公司。这类系统功能除了一般的信贷系统外，还增加了其他保理功能，包括业务管理、票据管理、票据查询、贷后管理、保理台账、业务查询、风控管理、网站内容管理、运营管理等。目前，国内保理融资系统最成熟最专业的要数浦发银行以及招商银行，其他金融机构还不成熟，许多业务都还是通过半手工、半自动来实现的。

> **案例 12.6**
>
> ### 浦发银行 5 000 万元贷款被骗续：三假保理存重大失职
>
> 2016 年 10 月 27 日，鲁网财经独家刊发《浦发银行（12.570，0.08，0.64%）济南分行 5 000 万保理业务被骗　客户虚构应收账款》一文，引发业界广泛关注。鲁网财经了解到，保理作为浦发银行的优势业务之一，业务量曾在国内股份制商业银行中名列前茅。然而，此次浦发银行济南分行 5 000 万元保理贷款被骗，却是在假应收账款、假法人代表授权以及假公章的"三假"基础上形成的，与该行业务优势具有较大的反差。
>
> 鲁网财经独家报道过的内容显示，2015 年 2 月，枣庄市亚森实业有限公司与浦发银行济南分行签订《保理融资协议》，通过向银行转让其与兖矿煤化供销有限公司的 5 600 余万元应收账款债权，从而获得 5 000 万元融资。保理融资协议签订后，浦发银行济南分行与亚森实业签订《应收账款转让登记协议》，对亚森实业提供了 5 000 万元保理融资。然而，建立在应收账款的基础上的 5 000 万元保理业务，亚森实业提供的应收账款竟然是假的。并且，浦发银行济南分行号称寄送到买方兖矿煤化的《应收账款转让通知书》和法定代表人授权委托书也是假的。让这笔数额巨大的保理贷款业务成了镜花水月、空中楼阁。
>
> 案件审理过程中，买方兖矿煤化则表示，公司与亚森实业不存在买卖合同关系，亚森实业对兖矿煤化没有该笔应收账款，兖矿煤化公司也没有收到过浦发银行济南分行寄送的《应收账款转让通知书》，其法定代表人也没有签署过该笔业务的授权委托书。
>
> 为了证明保理业务涉及的假应收账款、假法人代表授权和假公章，兖矿煤化花了 7 万元委托山东永鼎司法鉴定中心进行鉴定。2016 年 7 月 26 日，山东永鼎司法鉴定中心出具的鉴定结论为：涉案二〇一五年一月十七日《授权委托书》中"兖矿煤化供销有限公司"公章印文与样本中同名公章印文不是同一公章盖印形成；"苗某某"（兖矿煤化法定代表人，记者注）署名字迹不是公司法定代表人所写。涉案 2015 年 1 月 21 日《应收账款转让通知书 B》中"兖矿煤化供销有限公司"公章印文与样本中同名公章印文不是同一公章盖印形成。

法院一审审理认为，由于浦发银行济南分行未提供有效证据证明兖矿煤化曾经使用过涉案印文，故不能证明《授权委托书》及《应收账款转让通知书B》上所记载的内容系兖矿煤化的意思表示，兖矿煤化不受《授权委托书》及《应收账款转让通知书B》的约束。浦发银行济南分行亦不能证实亚森实业对兖矿煤化享有价值 56 599 000 元债权，其要求兖矿煤化在此债权范围内承担连带责任的诉讼请求，不予支持。

资深业内人士认为，如此虚假的保理贷款业务，如果银行人员按照正常的风险控制要求进行审查，多重造假的现象则很难完成贷款。说明银行工作人员没有做好尽职调查，银行客户经理和风控都存在重大失职渎职，如果有灰色交易或者参与，很可能构成刑事犯罪。

（案例来源：http://finance.sina.com.cn）

**启发思考：**浦发银行的保理业务存在什么漏洞导致被骗？ 应如何避免类似案件再次发生？

## 第三节 典型系统：维金供应链金融管理系统

### 一、供应链金融管理系统

供应链金融管理系统是基于协同供应链管理的思想，配合供应链中各实体的业务需求，使操作流程和信息系统紧密配合，做到各环节无缝链接，形成商流、物流、资金流和信息流四流合一的领先模式。实现整体供应链可视化、管理信息化、整体利益最大化、管理成本最小化，从而提高总体水平。

**（一）主要功能**

（1）系统中的供应链综合管理系统能连接企业全程供应链的各个环节，建立标准化的操作流程；

（2）各个管理模块可供相关业务对象独立操作，同时又能通过第三方或第四方物流等平台整合，连通各个管理模块和供应链环节；

（3）缩短订单处理时间，提高订单处理效率和订单满足率，降低库存水平，提高库存周转率，减少资金积压；

（4）实现协同化、一体化的供应链管理。

**（二）使用价值**

1. 数据传输安全，保证随时掌握情况

系统将企业管理与外围企业管理有机地结合在一起，解决了因供应商分散、产品品种太多、订单过于频繁等情况而导致的品牌营运商与供应商之间存在的沟通问题、数据传输及时性问题、数据安全性问题、数据完整性问题等，整合品牌运营商与上游资源，实现效率的极大提升。

2. 信息沟通及时，生产发货完美整合

品牌营运商通过供应链金融管理系统发布需求信息，从而使供应商能及时组织生产、发货等工作；能通过供应链金融管理系统掌握货品从供应商到门店的整个物流过程。同时供应商也能通过供应链金融管理系统了解到自己所生产货品在门店的库存及销售情况，从而达到了供应商与营运商之间的互动。

3. 缩短生产周期，降低企业运营成本

企业采用供应链金融管理系统可以缩短与供应商的业务洽谈时间、大幅度减少采购成本。供应商也能通过系统了解自己产品的应用情况，做出合理补货策略。

4. 促进愉快合作，建立良好的供应商关系

通过改善与供应商的业务处理流程，与供应商进行协同办公，进行密切的信息交换，加强了对例外事件管理的能力和响应速度，与供应商建立稳固、长期的伙伴关系。

### （三）适用对象

物流与供应链管理中的供应商、制造商、代理分销商、物流服务商、零售商以及终端客户等实体。

## 二、维金互联网供应链金融管理系统

基于多年金融基础设施的建设经验，秉承"场景内金融"理念，致力于帮助供应链核心企业将优质金融管理服务高效送达具体交易场景中。

维金供应链金融管理系统支持包括预付款融资、应收订单融资及仓单融资在内的多种供应链融资管理；通过强大的产品配置能力，可快速上线新的贷款产品，以适应业务变化需求。

维金供应链金融管理系统采用全面风控理念，在贷前征信审查、贷中资金流控制及贷后检查管理上功能完备、经验丰富；同时，维金互联网供应链金融管理系统采取投融资一体化设计，支持资金与资产的高效匹配。

维金供应链金融管理系统如图12.6所示，以互动、协同为理念，基于维金多年的支付清结算业务经验，利用成熟互联网和IT技术构建平台，连接供应链的上下游及各参与方，包括核心企业、中小企业、银行、物流服务商等，实现各方信息交互，业务协同，交易透明；并通过对相关各方经营活动中所产生的商流、物流、资金流、信息流的归集和整合，提供适应供应链全链条的在线融资、结算、投资理财等综合金融与增值管理服务。

图 12.6　维金供应链金融管理系统

维金供应链金融管理系统优势如下：

（1）场景内金融。快速对接内外部系统，打通系统间数据通道，深度数据挖掘，基于具体场景与智能决策引擎，嵌入最合适的金融产品。

（2）灵活配置，快速适应业务变化。金融产品、评分模型、业务规则、决策引擎、审批流程、合同模板，全面配置化管理。

（3）全面风控、智能决策、全程预警。将多维数据来源、评分模型和智能决策引擎完美结合，从准入、评级、授信、审批、放款，到货后还款、催收，实现全面风险管理。预置多维风险指标，动态监测，持续跟踪，自动预警并处置。

（4）资金安全性、账务正确性。以清结算体系控制资金流向，支持各种复杂交易结构，实时清算，多方分账，完美对账。

（5）一站式整体解决方案。对接外部多家征信数据、金融服务、资金渠道；为客户提供一站式整体解决方案。

（6）投融资一体化设计。

（7）支持资产证券化、资产打包转让、P2P 等方式实现自身融资需求。

（案例来源：http：//www.vfinance.cn）

## 本章小结

本章首先对物流与供应链金融进行了概述，对相应的概念与特点、作用与功能、联系与区别进行了分别介绍；其次对物流与供应链金融融资管理进行了介绍，包括应收账款融资管理、融通仓融资管理、保兑仓融资管理和保理融资管理四种；最后举例对典型系统进行了介绍。通过本章学习，读者应该熟悉物流与供应链管理的金融管理，对四种基本的物流与供应链金融管理模式以及相应的典型系统有所了解。

## 练习题

一、概念识记

物流金融　供应链金融　应收账款融资模式　动产质押

二、简答

1. 物流金融和供应链金融的联系和区别是什么？

2. 供应链金融和传统金融的不同之处是什么？

3. 物流与供应链金融有哪些典型的融资模式？

4. 供应链融资系统具有哪些特点？

## 即测即评

请扫描二维码进行在线测试。

## 延伸阅读

1. 元明，徐宁. 互联网金融 3.0：玩转股权融资 [M]. 北京：中华工商联合出版社，2016.

2. 黄佑军，马毅，周启运. 互联网金融模式探究及案例分析 [M]. 广州：暨南大学出版社，2016.

3. 殷绍伟. 精益供应链：从中国制造到全球供应 [M]. 北京：机械工业出版社，2016.

4. 严广乐. 供应链金融融资模式博弈分析 [J]. 企业经济，2011，30（04）：5-9.

5. 闫俊宏. 供应链金融融资模式及其信用风险管理研究 [D]. 西北工业大学，2007.

# 第十三章 物流与供应链管理中的云计算

知识逻辑图

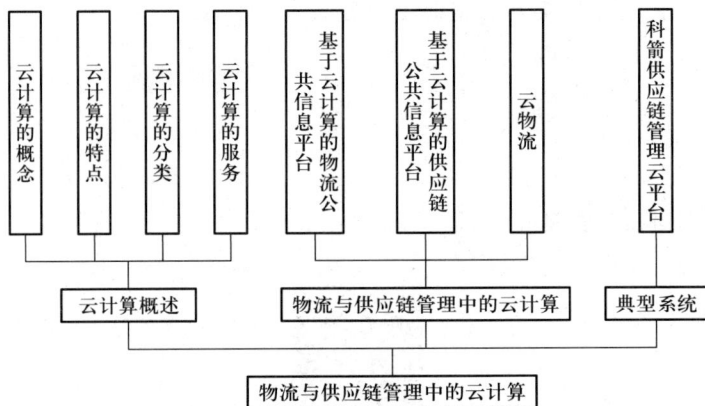

【学习目标】

理解并掌握云计算的概念和特点；熟悉云计算的分类和服务；了解基于云计算的物流公共信息平台和供应链公共信息平台及云物流；掌握物流与供应链管理中的典型云计算系统。

案例 13.1

### 腾讯云与中国外运在"云上"实现智慧物流与供应链

"产业数字化升级的本质，在于通过科技处理数据、创造新价值。"2017 年 9 月 21 日，腾讯"云+未来"上海峰会上，腾讯公司副总裁、腾讯云总裁邱跃鹏如此定义产业升级。他特别提到物流与供应链行业，认为"云"能够助推智慧物流与供应链，甚至重构物流与供应链产业。

在物流与供应链行业通过"上云"寻求转变的过程中，中国外运与腾讯云的合作是一个典型案例。作为世界领先的整合物流与供应链的服务商，中国外运的海外网络覆盖全球五大洲，这么一家在业内举足轻重的企业，腾讯云如何帮助其实现智慧物流与供应链？

1. 从 3 分钟到 4 秒钟，单据录入效率提升 45 倍

将大量需要人工操作的单据录入，变成全自动化，是腾讯云用信息技术帮助中国外运提升效率、走进智能化的第一步。中国外运拥有 30 万以上的业务交易方信息，每年业务系统订单超过 300 万，如此大的业务量，给单据录入和业务操作带来极大负荷。以往，中国外运的每笔单据都需要人工录入，由于物流单据通常比较复杂，人工肉眼识别并手动录入一笔单据需要 3 分钟。但和腾讯云合作后，中国外运应用了腾讯优图实验室的人工智能 OCR（光学字符识别）技术，识别单据仅需 4 秒，且与录入系统无缝对接，一经识别直接录入系统，效率提升 45 倍。

除了单据录入，目前中国外运在订舱委托、订舱确认件、提单样本、发票四个环节都应用了腾讯云人工智能 OCR 技术，将过去大量需要人工操作的业务流程变成全自动化，大大降低企业负担。"过去 OCR 技术处理标准印刷体已经非常成熟了，但识别手写体一直是难点。"9 月 21 日，腾讯"云+未来"上海峰会上，邱跃鹏谈到，"有了机器学习、深度学习能力之后，OCR 技术对手写体识别有了全新突破。它不仅体现在将 2 000 万个订单在 3 小时处理完毕，更重要的是让整体物流效率得到大幅提升。"

2. 除了提升效率，腾讯云还在重构物流与供应链产业

利用人工智能 OCR 技术提升信息录入效率，解决了当下物流与供应链行业的现实痛点，而这只是腾讯云实现智慧物流与供应链的一小步。4 月 20 日，腾讯云与中国外运达成战略合作，中国外运将逐步把公司的交易型应用、公共服务生产系统和开发测试应用系统部署或迁移到腾讯公有云；同时，利用腾讯的云管理平台能力和技术，扩充私有云，共建安全混合云平台。

"随着全球新一轮科技革命的兴起以及国家'互联网+物流+供应链'政策的引导，大数据、云计算、物联网、人工智能、区块链等新技术加快推广应用，智慧物流与供应链将成为主流。"中国外运 CIO 高翔如此表示。智慧物流与供应链时代，客户需求在不断升级，可视化、智能化、数字化的物流与供应链服务成为了最基本的要求。此外，物流与供应链的产业链的角色关系也在进行重构。例如中国外运的客户和物流与供应链供应商的合作逐步从代理关系转向战略合作伙伴关系，物流与供应链提供商也正从服务提供者，转变为物流与供应链管理解决方案的服务整合者。

面对这些挑战，传统物流与供应链企业唯有通过积极"上云"提升自己。依托腾讯云的大数据能力，中国外运丰富了业务数据维度，进一步优化了物流与供应链的路径和资源分配，还可进行上下游客户的分析研究，进行市场趋势预测和产品优化设计，从而更好连接用户。

（案例来源：http://news.chinabyte.com）

**启发思考**：中外运怎样借助腾讯云提升物流与供应链管理的能力？

## 第一节 云计算概述

### 一、云计算的概念

云计算至今没有统一的定义，不同的组织从不同的角度给出了不同的概念，根据不完全统计至少有 25 种。例如，Gartner 认为，云计算是一种使用网络技术并由 IT 使能而具有可扩展性和弹性，作为服务提供给多个外部客户的计算方式。美国国家标准与技术实验室认为，云计算是一种便捷的按使用量付费的模式，这种模式通过互联网访问可定制的 IT 资源（包括网络、服务器、存储、应用服务等），这些资源能够快速部署并只需要很少的管理工作或很少的与服务供应商的交互。随着应用场景的变化和信息技术的发展，关于云计算的定义还在不断产生新的观点。

综合给出的各种概念，可以认为云计算是将网络上分布的计算、存储、服务构件、网络软件等资源集中起来，基于资源虚拟化的方式，为客户提供方便、快捷的服务，可以实现计算与存储的分布式与并行处理。如果把"云"视为一个虚拟化的存储与计算资源池，那么云计算则是这个资源池中基于网络平台为客户提供的数据存储和网络计算服务。因此，互联网是最大的一片"云"，其上的各种计算机资源共同组成了若干个庞大的数据中心及计算中心。

狭义的理解认为，云计算只是一种或一系列技术的组合。广义的理解则认为，云计算关注的是 IT 基础设施的交付和使用模式，即通过网络以按需、易扩展的方式获得所需的资源（硬件、平台、软件等）的服务，这种服务可以是 IT 基础设施（硬件、平台、软件），也可以是任意其他的服务，提供资源的网络被称为"云"。但是，无论是狭义还是广义，云计算所秉承的核心理念都是"按需服务"，就像人们使用水、电、天然气等资源的方式一样。这也是云计算对于 ICT 领域乃至于人类社会发展最重要的意义所在。

### 二、云计算的特点

通过云计算，客户可以从第三方供应商租赁资源的使用权，不需要建设类似于自身软件平台这样的有形基础设施，避免了固定资产的支出。云计算把该资源作为一项服务提供给客户，并按照效用计算模式向最终用户收取费用，这类似于传统公用事业中的电力消耗。实际运行中，常常是多个客户共享云计算能力，这样可以使服务器不会闲置，同时可以使这些服务器在应用程序开发速度提高的同时，提高利用率，大大降低成本。另外，云计算的基础设施能动态调配闲置的资源，以此响应客户的请求，因此客户不必担心服务器的高峰负荷，还能使计算机能力大幅增加。具体来说，云计算具有以下特征：

1. 灵活性

云计算能使客户快速廉价地利用技术和基础设施等资源，且服务的实现机制对客户是透明的。客户无须了解云计算的具体机制，就可以获得需要的服务。

2. 经济性

云计算使各项成本大大降低，将客户的资本开支转换为业务支出。云计算的基础设施通常是第三方提供的，这使得客户不需要为了一次性或非经常性的计算任务而购买昂贵的设备。同时，云计算以计算量为计费标准，也减少了客户对 IT 设备知识的要求。

3. 独立性

云计算中，通过使用网络浏览器接入系统，客户可以从任何位置，利用正在使用的设备如个人计算机或移动电话，通过互联网访问他们所需要的信息，获得他们所需要的服务。

4. 共享性

云计算中，众多客户分享资源，这样就能避免单一客户承担较高的费用或有限的资源无法被充分利用。

5. 可靠性

云计算系统由大量商用计算机组成，通过计算机集群向客户提供数据处理服务。系统采用多种硬件和软件冗余机制，具有极强的业务连续性和灾难恢复能力。

6. 可扩展性

云计算的大部分软件和硬件都在一定程度上支持虚拟化，各种资源、软件、硬件都可以通过虚拟化放在云计算平台中统一管理。因此，通过动态的扩展虚拟化的层次，可以实现对这些应用进行扩展的目的。

7. 安全性

云计算的安全通过中央集权的数据管理而提高，这样供应商就能把资源集中，用于解决各项安全问题，而一般的客户能力或资金有限，无法做到。

8. 可持续性

由于计算机及相关的基础设施是主要的消费能源，因此供应商出于各方面考虑，都会通过提高资源利用率，建设更有效的系统，从而降低整体能耗，提高可持续性。

补充阅读

### 阿　里　云

阿里云创立于 2009 年，是全球领先的云计算及人工智能科技公司，致力于以在线公共服务的方式，提供安全、可靠的计算和数据处理能力，让计算和人工智能成为普惠科技。

　　阿里云服务着力于制造、金融、政务、交通、医疗、电信、能源等众多领域的领军企业，包括中国联通、12306、中石化、中石油、飞利浦、华大基因等大型企业客户，以及微博、知乎、锤子科技等明星互联网公司。在天猫双 11 全球狂欢节、12306 春运购票等极富挑战的应用场景中，阿里云保持着良好的运行纪录。

　　阿里云在全球各地部署高效节能的绿色数据中心，利用清洁计算为万物互联的新世界提供源源不断的能源动力，目前服务的区域包括中国（华北、华东、华南、香港）、新加坡、美国（美东、美西）、欧洲、中东、澳大利亚、日本。

　　2014 年，阿里云曾帮助用户抵御全球互联网史上最大的 DDoS 攻击，峰值流量达到每秒 453.8 Gb。在 Sort Benchmark 2016 排序竞赛 CloudSort 项目中，阿里云以 1.44 \$/TB 的排序花费打破了 AWS 保持的 4.51 \$/TB 纪录。在 Sort Benchmark 2015，阿里云利用自研的分布式计算平台 ODPS，377 秒完成 100TB 数据排序，刷新了 Apache Spark 1 406 秒的世界纪录。

　　在 2015 云栖大会上，阿里云发布全新品牌口号及品牌广告——"为了无法计算的价值"（Creating Value Beyond Computing.），深入地阐释阿里云的品牌定位及品牌价值。

　　2017 年 1 月，阿里巴巴成为奥运会"云服务"及"电子商务平台服务"的官方合作伙伴，阿里云将为奥运会提供云计算和人工智能技术。

　　（资料来源：https://baike.baidu.com）

　　**启发思考**：从阿里云的案例来看，云计算对于企业有哪些价值？

## 三、云计算的分类

### 1．公有云

　　公有云通常由第三方提供，可通过 Internet 使用，成本低廉甚至免费。公有云能以低廉的价格，给最终客户提供有吸引力的服务，创造新的业务价值。这种云有许多实例，可在当今整个开放的公有网络中提供服务。公有云作为支撑平台，还能整合上游服务（如增值业务、广告）提供者和下游最终客户，打造新的价值链和生态系统。

案例 13.2

### 2017 云计算前三出炉：阿里云腾讯云金山云

　　2017 年 10 月，IDC 发布了上半年中国公有云市场追踪报告。数据显示，在中国公有云 IaaS 市场，阿里云、腾讯云、金山云分别以营收 5 亿美元，47.6% 中国市场份额；营收约 1 亿美元左右，9.6% 份额；营收 6 839 万美元，6.5% 份额，成为领跑中国云计算的前三甲。

这几年，公有云 IaaS 市场逐年增长，表现不俗。前不久，Gartner 对全球公共云服务市场的增长预测进行了调整，预计 2017 年将增长 18.5% 至 2 662 亿美元，高于 2016 年的 2 196 亿美元，而其中 IaaS 占最大涨幅，预计 2017 年将增长 36.6% 至 347 亿美元。

正是在云计算良好的市场前景吸引下，各大互联网企业比如京东、美团、百度等，以及传统 IT 服务商比如华为、浪潮纷纷调整企业布局，加大对云计算的投入。而以垂直领域服务为特色的创业团队比如七牛云、Ucloud 等也加足马力，在云计算行业中持续耕耘。

**启发思考**：国外有哪些公有云？ 市场营收和份额分别如何？

## 2. 私有云

私有云（Private Clouds）是为某一个客户单独使用而构建的，因而能提供对数据、安全性和服务质量的最有效控制。该客户拥有基础设施，并可以控制在此基础设施上部署应用程序的方式。私有云可由公司自己的 IT 机构，也可由云提供商进行构建。

私有云赋予公司对于云资源使用情况的极高水平的控制能力，同时带来建立并运作该环境所需的专门知识。私有云可部署在企业数据中心的防火墙内，也可以部署在安全的主机托管场所。私有云极大地保障了安全，目前有些企业已经开始构建自己的私有云。私有云可由公司自己的 IT 机构建设，也可由云提供商建设。

**案例 13.3**

### 263 企业通信通过私有云海量数据集中管理森马

北京二六三企业通信有限公司（简称：263 企业通信）19 年深耕企业通信服务领域，成为国内企业通信协作市场领导者。近年来，公司凭借优秀的营收能力，成为国内企业级 SaaS 服务的龙头企业。

客户需求：森马在全国拥有 300 家分店，若要快速汇总各地员工的文件，让老板对营业数据和员工的工作状况一目了然，该如何做？

网盘的解决方案：森马集团通过网盘建立中心文档库，实现企业文档管理制度化。自动汇总各地店面的文件和报表，节省了人力成本。

该解决方案具有以下优势：

（1）多级权限，层层汇总：按照组织架构，对各地分店设置账号和权限，通过共享文件层层汇总，实现集中存储。

（2）多维度独立工作区：根据不同业务、项目、活动类型等多种维度，自由创建独立工作区，将分散的文件通过网盘自动汇总。

（3）八种访问权限设置：对不同安全级别的文件，集团管理员对各部门、各成员设置不同的访问权限，安全灵活。

（4）日志追溯：管理员通过日志查看子账号每一次登录和操作，杜绝文件的滥用。

（案例来源：https://www.263.net）

**启发思考：**国外有哪些私有云？　市场营收和份额分别如何？

3．社区云

"社区云"是"公有云"范畴内的一个组成部分。是指在一定的地域范围内，由云计算服务提供商统一提供计算资源、网络资源、软件和服务能力所形成的云计算形式。即基于社区内的网络互连优势和技术易于整合等特点，通过对区域内各种计算能力进行统一服务的整合，结合社区内的客户需求共性，实现面向区域客户需求的云计算服务模式。

社区云是由一些有着类似需求并打算共享基础设施的组织共同创立的云，社区云的目的是实现云计算的一些优势。由于共同费用的客户数比公有云少，因此这种选择往往比公有云贵，但隐私安全性和政策遵从方面都比公有云高。

案例 13.4

### 西南首个"云社区"（智慧社区）落地重庆

随着时代的发展，我国的高科技技术的发展水平也不断提高，越来越多的高科技产品开始应用到我们的生活中。而落地触摸屏一体机这种高科技产品的出现，给人们的生活带来了越来越多的便利，我们在商场、酒店、车站随处可见，可是在社区应用还是比较少。

2016 年，重庆九龙坡区石坪桥街道为了构建社区云，引进了不少落地触摸屏一体机，因此引得市民纷纷围观。这是九龙坡区智慧城市建设的先行试点项目。

据悉，石坪桥"云社区"服务平台项目是石坪桥街道办事处与重庆中商科技有限公司共同研发、建设的城市社区电子政务、电子商务查询、应用服务系统。市民可以登录到该项目的手机 APP、个人计算机端以及此电子触摸屏应用界面，在网上进行社区政务、社区便民事项的查询和办理，也可以进入 OTO 电子商务系统，感受到线上查询、线下体验、线上或线下支付的全新互联网商业模式带来的方便、快捷。该项目还在电子触摸屏内安装了工业级 Wi-Fi 发射器，市民进入 Wi-Fi 覆盖区域后，可以免费上网使用前述应用、服务系统，为自己的移动互联网生活节省流量。

据石坪桥街道工作人员介绍，通过扫描平台上的二维码，居民们还能下载安装平台的软件到手机上，平台更新的信息会及时发送到居民安装的手机软件上。九龙坡区石坪桥街道共安装了"云社区"终端落地式触摸屏 15 块，2016 年内已经覆盖此区域所有小区。

　　（案例来源：http://tieba.baidu.com）

　　**启发思考**：现在的云社区里还有哪些新设备？

### 4．混合云

混合云是目标架构中公有云、私有云的结合，为了安全和便于控制，有的企业信息不能放置在公有云上，这样应用云计算的企业将会使用混合云模式。

因为公有云只收取使用的资源费用，所以混合云在处理需求高峰时就非常便宜。例如对一些零售商来说，他们的操作需求会随着假日的到来而剧增，或者有些业务会有季节性的上扬，这样使用混合云就比较好。同时，混合云也为其他弹性需求提供了很好的基础，比如灾难恢复，私有云可以把共有云作为灾难转移的平台，在需要的时候使用它，这样便于控制风险和成本。目前，多数运营商都采取混合云的模式。

### 5．移动云

移动云是把虚拟化技术应用于手机和平板，适用于用移动 3G 设备终端（平板或手机）来使用企业应用系统资源，它是云计算移动虚拟化中非常重要的一部分。随着企业各种业务系统的扩展以及移动办公人数和地点的增多，如在分支机构、家里、咖啡室、出差旅途中、酒店，人们都习惯用手机远程接入内网办公。但是因为手机操作系统及其计算、存储、数据处理能力、3G 带宽和流量资费的限制，所以针对某些企业应用（如 OA），需要对其某些功能裁剪，或跨平台开发，同时要求其提供最佳的性能、最高的安全性和最卓越的用户体验，这些通过移动云得到了很好实现。

### 6．行业云

行业云是由行业内或某个区域内起主导作用或者掌握关键资源的组织建立和维护，以公开或者半公开的方式，向行业内部或相关组织和公众提供有偿或无偿服务的云平台。目前主要的行业云有医疗云、电信云、云制造等。

在国家数据大集中、电子政务升级等政策指导下，各个行业机构迫切需要建设行业云，转化职能，对外输出服务，以不断提升服务能力。同时，行业云建设具有成熟的技术和应用基础，例如经过三金工程、十二金工程、数据大集中等几个建设周期，税务、工商、能源等行业客户积淀下来大量异构的、相对封闭的海量数据，行业云可以将这些业务数据的巨大潜在价值释放出来。

## 四、云计算的服务

云计算通过互联网提供软件与服务，并由网络浏览器界面来实现。客户加入云计算不需要安装服务器或任何客户端软件，可在任何时间、任何地点、任何设备（前提是接入互联网）上通过浏览器随时随地访问。目前，典型的云计算服务有以下三类。

1. 软件即服务

软件即服务（Software as a Service，SaaS），是指用户通过标准的 Web 浏览器来使用 Internet 上的软件。从客户角度来看，这意味着他们前期无须在服务器或软件许可证授权上进行投资；从供应商角度来看，与常规的软件服务相比，维护应用软件的成本要相对低廉。SaaS 供应商通常是按照客户所租用的软件模块来进行收费的，因此用户可以根据需求按需订购软件应用服务，而且 SaaS 的供应商会负责系统的部署、升级和维护。SaaS 在人力资源管理软件上的应用较为普遍。Salesforce. com 以销售和管理 SaaS 而闻名，是企业应用软件领域中最为知名的 SaaS 供应商。

2. 平台即服务

平台即服务（Platform as a Service，PaaS），是指云计算服务商提供应用服务引擎，如互联网应用程序接口（API）或运行平台，客户基于服务引擎构建该类服务。PaaS 是基于 SaaS 发展起来的，它将软件研发的平台作为一种服务，以 SaaS 的模式提交给用户，可以加快 SaaS 的发展，尤其是加快 SaaS 应用的开发速度。从客户角度来说，这意味着他们无须自行建立开发平台，也不会在不同平台兼容性方面遇到困扰；从供应商的角度来说，可以进行产品多元化和产品定制化。Salesforce. com 公司的云计算结构称为 Force. com。该平台作为一个服务运行在 Internet 上，是完全即时请求的，收费以每次登录为基础，让更多的独立软件提供商成为其平台的客户，从而开发出基于他们平台的多种 SaaS 应用，使其成为多元化软件服务供货商（Multi Application Vendor），扩展了其业务范围。

3. 基础设施即服务

基础设施即服务（Infrastructure as a Service，IaaS），是指云计算服务商提供虚拟的硬件资源，如虚拟的主机、存储、网络、安全等资源，客户无须购买服务器、网络设备和存储设备，只需通过网络租赁即可搭建自己的应用系统。IaaS 定位于底层，向用户提供可快速部署、按需分配、按需付费的高安全与高可靠的计算能力及存储能力租用服务，并可为应用提供开放的云基础设施服务接口，用户可以根据业务需求灵活租用相应的基础设施资源。IBM 凭借其在 IT 基础设施及中间件领域的优势建立的云计算中心，能为企业提供基础设施的租用服务。

无论是 SaaS、PaaS 还是 IaaS，其核心概念都是为客户提供按需服务，于是产生了一切皆服务（Everything as a Service，Eaas 或 XaaS）的理念。基于这种理念，以云计算为核心的创新型应用不断产生。

补充阅读

**一切皆服务（Everything as a Service，Eaas 或 XaaS）**

XaaS 除了指在数字空间里基于云计算的各个层面上的各种服务之外，还包括现实世界中的设备分享和租赁、供应链金融、经营服务外包、物料托管等各种服务。换句话说，在我们通常所说的在信息流、资金流和物流的各个层面和维度，都会有平台级的服务商为企业尤其是为小微企业提供生产资料共享服务。

小微企业一直在社会经济发展中扮演重要角色。如今，XaaS 为中小型企业升级服务，即使是在美国这样市场经济高度发达的国家也不例外。随着产品互联网和 XaaS 的发展和普及，越来越多的产业基础设施服务平台为小微企业提供服务，小微企业得以在不扩大团队规模的条件下扩大经营规模。理论上，随着产业互联网和 XaaS 的发展和普及，很多企业可以不雇佣任何一个全职员工，而达到相当的经营规模。

当然，XaaS 模式的受益者也不限于小微企业，中型企业也可以从中收益。很多大型企业也会把他们的某些非核心业务外包到外部的服务平台上。例如，企业可以通过分享和租赁降低设备 CapEx 的投入，显著降低现金的消耗；通过供应链上下游信息协同，可以降低信息不对称，降低波动和不确定性，这样就没有必要保留那么高的库存；利用供应链金融盘活应收账款。这样在同等的自有资金规模下，企业可以在不显著增加财务杠杆的前提下大大拓展经营规模。

当然，通过 Everything as a Service 的平台为中小企业提供信息流、资金流、物流各个层面全方位的业务支持是一个宏大的理想，有很多的事情要做。而在为企业提供信息流方面，智能商业将发挥出它的威力。

（资料来源：http://www.sohu.com）

**启发思考：**XaaS 还有哪些具体模式？

# 第二节　物流与供应链管理中的云计算

## 一、基于云计算的物流公共信息平台

信息化、网络化、自动化、标准化，高效率、低成本和反应快速是现代物流的特点。信息化是核心，各企业也建立起了自己的物流信息管理系统，但是这些系统都是孤立的。尽管已经利用信息技术形成了运输、配送、自动仓储、库存控制等专业技术装备，每个企业都要为技术的更新和软件的购买、升级和维护支付昂贵的费用，尤其是近年来 RFID 技术的应用和物联网的兴起，很多中小型物流企业因为自身能力的不足，无法适应市场需求。所以一个低成本、高效率的基于云计算的物流公共信息平台是很多中小型物流企业所迫切需要建立的。

基于云计算的物流公共信息平台主要面向物流企业、客户和政府部门提供服务。它将制造、生产、运输、装卸、包装、库存、配送等各个环节的数据信息及时迅速地通过信息平台传输到各物流公司、政府相关部门以及客户手里。该平台主要包括基础设施层、平台层、应用层和管理层四部分。基础设施层使用云物理资源虚拟化技术，建立虚拟物理设备存储池，将所有客户硬件资源都放在池中，以实现资源共享。平台层完成物流信息的采集、分类、统计、加工、标准化、存储、中转等功能，为平台提供规范统一的数据资源。应用层提供信息平台需要的各种业务服务，如运输车辆的定位跟踪和查询、库存管理、物流监控、物流信息管理、网上电子交易管理和政府职能部门间信息交换等。管理层主要实现对云租户的信息管理功能，包括租户订购管理、收费管理、协议管理等。

基于云计算技术的物流公共信息平台主要具有以下优势：

第一，为企业减少开支，节约成本，提升公司竞争力。

第二，共享资源和实现资源动态优化分配。基于云计算的物流公共信息平台作为政府、物流企业和客户等主体的信息交汇中心，积聚了大规模的海量数据，可以实时动态反应，优化资源分配。通过共用一个平台，共享一个数据库资源，使得中小型物流企业能充分掌握基本信息、及时捕捉动态信息、提升反应能力，适应突如其来的变化。

第三，基于云计算的物流公共信息平台提供了一整套的标准化、流程化的数据交互和业务处理服务，完成了单个物流企业所无法完成的资料收集和资源整合工作，真正实现了物流、商流、信息流、资金流的协调和统一。

案例 13.5

**百世解读：云计算时代下的物流变革**

云计算时代下，物流中运用的"云"并不是简单的连接，而是更成熟地融合，达到减少中间环节，有效降低库存的目的。而新物流的产生，可以更灵活地从宏观上调整物流结构，更精准地配置库存，降低企业物流成本的同时，又可以增加消费者用户体验。

2017 年 5 月 29 日，百世与中粮"福临门"合作的"天网+地网"实现供应链服务新模式，荣获 2017 北京国际服务贸易交易会模式创新服务示范案例。

百世与中粮"福临门"在 2017 年年初签订的战略合作，要做的就是通过互联网技术深耕"云动力"以及搭建配送网络和服务能力，来打通传统线下渠道，让品牌商到消费者和消费者与上游的信息链条更加接近。

百世通过互联网信息系统组成的数据传输和处理网络形成"天网"，并自主研发订单、库存、运输等管理系统，让客户完成线上线下全渠道订单的接收和运营执行，可以为品牌商进行供应链诊断，帮助商家进行合理的供应链规划，提供全渠道全供应链物流解决方案。

而"云动力"的支持，则为商家或企业提供商品流转时效分析，并基于单个产品的热力地图，帮助品牌商优化库存布局，提高运营效率，助其精准地投入资源和获得最佳消费者体验。

同时，百世旗下百世云仓的仓储网络、百世快运的运输网络、百世快递的配送网络形成的"地网"，则帮助商家或企业实现门到门的仓配一体化。

百世与中粮"福临门"的合作路径可以说是传统企业转型升级的缩影。百世为中粮提供的服务从最初的 B2C 电商仓配，到干线运输，再到区域仓储，不断利用其"天网+地网"的资源，与中粮共同打通线上线下渠道，实现全渠道销售。

中粮"福临门"方面认为，百世为其提供的服务一方面是实现物流管理透明化，库存可视化，并通过大数据分析，提高库存转化率。客户通过数据管理，可以看到各地区产品的需求；另一方面通过百世的"地网"，从厂家到地区的仓库，可以直接分发给商超或消费者，大大减少物流成本，实现全国仓库布局优化，效率明显提高。而反向的，也可以把商品数据交给工厂，优化订单生产环节，加强制造商产品研发、质量。未来，甚至可以从厂家直达消费者，真正实现零库存。

眼下，在新零售时代，以消费者为中心来设计产品和相应供应链物流服务的 C2B 模式将成为潮流。根据客户需求改变，市场也会随着改变，百世近年来在布局全渠道供应链物流服务体系上已经下了很大功夫，为客户企业减少或替代不必要的环节。未来物流行业的竞争力已经不能只单纯依靠规模和价格的竞争，百世认为，搭建服务于现代商业的物流基础设施将成为关键。

（案例来源：http://www.prnasia.com）

**启发思考：** 基于云计算的物流公共信息平台变革趋势有哪些？

## 二、基于云计算的供应链公共信息平台

在经济发展全球化的大背景下，网络信息技术也快速发展，供应链与供应链之间的竞争逐步替代了企业和企业之间的竞争。想要在这场竞争中取得胜利，需要提升供应链管理水平，核心先进技术的采用必不可少。以此为基础，把供应链上各节点企业、供应商、制造商、分销商、零售商和最终客户有机结合起来，随时掌握市场需求信息，及时提供满足数量和质量要求的产品。同时，利用一切可以利用的资源，精确地预测市场行情，及时做出响应，有效地缩短生产、加工、配送和运输的时间，提高企业的运营效率。

传统供应链管理软件中的很多信息都是通过数据库表格来管理的，非常不利于信息的共享和传输。基于云计算的供应链公共信息平台是一个集成化的云计算管理系统，包括计划管理、采购管理、生产管理、销售管理、库存管理、财务管理等功能，具有以下

优势：

（1）为供应链上各节点企业节约大量成本。

（2）实现了整个供应链工作流程的整合，信息共享非常方便快捷。因为供应链上的各节点企业都使用的是同一个云计算模式的管理平台，实现了整个供应链工作流程的整合，信息共享速度快捷。例如，当销售商创建了一个销售订单时，制造商就会及时做出反应，查看库存、制订生产计划。供应商了解了制造商的生产计划后，也会立即做出反应，准备货源、安排配送。通过云计算，这样的信息传递几乎是同时进行的。

（3）适应了企业网络化办公的需要，为企业业务发展提供了及时有效的信息资源。随着云计算的发展，供应链管理也越来越趋近于云计算，使用云计算模式的供应链管理软件可以轻松地与各节点企业的电子商务网站实现无缝衔接，企业不仅可以将自己的产品数据发到"云"上，吸引更多的客户和合作伙伴，而且也可以通过"云"从供应链管理系统中快速获取其他企业的有用信息，扩展企业的业务发展空间。

## 三、云物流

1. 云物流的概念

云计算的应用十分广泛，与各行各业的结合越来越紧密。基于云计算的物流称为云物流（Cloud Logistics），主要是为了满足政府、工商企业、物流企业和普通客户等对物流信息的要求。它围绕从生产要素到消费者之间时间和空间上的需求，能够处理从制造、运输、装卸、包装、库存、加工、拆并、配送等各个环节中产生的各种信息，使信息能够通过物流信息平台快速准确传递到现代物流供应链上所有相关的企业、物流公司、政府部门及客户或代理公司。

云物流是指基于云计算模式的物流平台服务。在云平台上，所有的物流公司、代理服务商、设备制造商、行业协会、管理机构、行业媒体及法律机构等都集中整合进云资源池，各个资源相互展示和互动，按需交流，达成意向，从而降低成本，提高效率。

2. 云物流的三个平台

物流云计算服务平台是面向各类物流企业、物流枢纽中心及各类综合型企业的物流部门等的完整解决方案，它依靠大规模的云计算处理能力、标准的作业流程、灵活的业务覆盖、精确的环节控制、智能的决策支持及深入的信息共享，来完成物流行业的各环节所需要的信息化要求。

通过对物流行业各方面的基础需求分析，以及对现阶段国内物流行业的信息化现状的把握，可以把物流云计算服务平台划分为三个部分：

（1）物流公共信息平台，针对客户服务层，拥有强大的信息获取能力。

（2）物流管理平台，针对客户作业层，可以大幅度的提高物流及其相关企业的工作效率，甚至可以拓展出更大范围的业务领域。

（3）物流园区管理平台，针对决策管理层，帮助物流枢纽中心、物流园区等管理辖区内的入驻企业进行规划和布局。

3．云物流特点

有人将物流公司类比作自来水公司，需要水池，需要自来水管道，需要为数众多的水龙头。水池提供一系列资源，供给自来水管道、水龙头。自来水管道就是公路、航空、铁路运输公司，水龙头就是各种配送、快递公司。

"水池"提供的主要资源是来自全国的为数众多的发货公司的货单。这样一来，这个水池就具备一种能量，即能将海量的运单信息按地域、时间、类别、紧急程度等进行分类，然后指定运输公司，发送给快递公司，最后送达收件人手中。

对海量的运单信息进行处理，就需要建立一个"云计算"平台，小快递公司只需要一台计算机就可以访问"云物流"平台，获得客户，并通过这个平台取货、送货。

4．云物流的优势

（1）社会化：快递公司、派送点、代送点等物流终端成千上万，这个平台能充分利用这些社会资源。

（2）节约化：每个公司都建立小型云计算平台非常浪费，集中建设能享受规模效应。

（3）标准化：缺乏标准是物流行业最大的问题，1 000 个物流公司就有 1 000 个标准。而通过统一的云物流平台，运单查询流程、服务产品（国内、同城、省内）、收费价格、售后服务（晚点、丢失赔偿）以及保险等都能做到标准、透明。发货公司通过这个平台，能方便地找到物流公司；物流公司通过这个平台，也能方便地找到订单与运单。

案例 13.6

**阿根廷物流先锋 Andreani 如何构建云端物流体系？**

"Andreani 是一家来自阿根廷的物流企业集团，拥有阿根廷最大的物流基础设施，成立于 1945 年。业务领域涉及物流、制药、通信技术和房地产，范围覆盖阿根廷和巴西。"这是 Andreani IT 与物流流程部总监 Gustavo Echenique，在 2017 华为全联接大会——"商业管理，打造精简业务引擎"峰会上的开场白。

大会当天，Gustavo Echenique 发表了主题为《基于全面云化流程》的演讲。"为了商业增值，全球的物流企业的 IT 系统都在加速转型。"Gustavo 表示。作为阿根廷物流行业中的创新标杆，Andreani 一直在积极投入，尝试新技术，来促进自身 IT 业务的持续创新。

Andreani 在阿根廷有多个分支机构，目前，其业务已经扩展到了电子商务领域，通过电商平台，Andreani 可以为跨国企业提供完整的、个性化的电子商务服务解决方案，帮助客户不断优化流程、库存、货物准备及货物跟踪。Andreani 的客户成千上万，包括桑坦德银行和惠普公司。然而，随着业务量的增长，原有的 IT 能力明显不足，Andreani 面临云化选择。

在此过程中，Andreani 不仅在寻找云服务供应商，也在寻找技术合作伙伴，帮助自身设计和思考技术革新和云转型。"经过一段时间的测试、对比，Telefonica 和华为在云技术、网络和服务响应上给我们留下了深刻的印象。因此，Andreani 最终选择了 Open Cloud 作为自己云转型的服务供应商。"Gustavo 表示。

2016 年 10 月，华为与西班牙电信企业解决方案公司（Telefonica Business Solutions）携手在智利、巴西、墨西哥三国发布了 Telefonica Open Cloud 公有云服务，并于 2017 年扩展至秘鲁、阿根廷和美国。Open Cloud 的推出，确立了双方共同帮助传统企业 IT 上云的合作伙伴关系。基于双方的合作条款，华为提供包括服务器、存储、网络、云操作系统在内的创新软硬件解决方案，并为 Open Cloud 提供专业技术支持。

Gustavo 介绍，通过引入 Open Cloud 公有云服务，解决了 Andreani 四项业务瓶颈。首先，解决了 Andreani 原来多云管理，没有统一平台的窘境，提升了运维效率；其次，为电商平台提供了弹性伸缩资源，提升了用户体验；第三，为 SAP ERP 系统提供了本地云服务节点的服务支撑，并且满足了其保证物流系统实时稳定的 MPLS 互联专线的诉求，提升了应用系统的用户体验和网络延迟；第四，协助 Andreani 的 WMS DC 上云。降低了整体的 TCO 成本，双 AZ 备份，保证服务不中断。

据介绍，Andreani 向云整体迁移分为 3 个阶段，首先将电商平台迁移上 Open Cloud，应对黑色星期五等营销高峰的用户体验；其次，SAP 系统上云，提高内部生产环境的开发体验，提升效率。华为、Telefonica 为 Andreani 帮助其设计了基于双活架构的容灾环境，解决了容灾备份痛点；另外，基于 OpenStack 开放架构的 Open Cloud 支撑库存管理系统（集成所有承载关键业务的核心系统），使 Andreani 极大地节约了成本。

（案例来源：https://baijiahao.baidu.com）

**启发思考：**云物流的优势有哪些？

## 第三节　典型系统

上海科箭软件科技有限公司，成立于 2003 年。是国内最专业的物流供应链解决方案及云（SaaS）服务提供商之一。科箭致力于为制造业及物流客户创造价值，深耕行业，融合 SaaS、移动、微信及大数据挖掘等技术，推出了国内领先的供应链管理云平台-Power SCM Cloud。通过全流程管理优化及贸易合作伙伴的无缝协同工作，提升整个供应链效率，并基于最佳实践的实施方法论，快速帮助客户实现投资回报。

TMS 云是科箭创新设计的专业 SaaS 运输管理产品，帮助货主、物流公司及其合作伙伴（承运商及司机）通过互联网或手机访问同一个共享的云平台，实现运输工作协同化及流程 360 度可视化。TMS 云使用成本低，按需收费，用户无须额外硬件投入及维护成本。

WMS 云是基于科箭多年行业积累，针对制造及分销企业、物流公司及物流园区等客户业务特点设计的专业 SaaS 仓储管理产品。WMS 云流程可配置，可场景化设计，可快速上线，投资回报快。

科箭供应链管理云平台——Power SCM Cloud 推出以来，已经在哈药集团、伊利集团、延锋江森、富士施乐、普天太力、天音通信、宝钢金属、海信日立及诺尔物流、亮锋物流等多家行业领导企业成功应用。

## 一、科箭供应链管理云平台——Power SCM Cloud

如图 13.1 所示，Power SCM Cloud 整合运输管理（TMS）、库存管理（WMS）、订单管理（OMS）等供应链执行流程的云解决方案。基于多年制造及物流行业经验，融合云计算、移动、社交、大数据及消费级产品设计技术，让客户使用更便捷，让管理决策更智慧，让企业连接更顺畅。

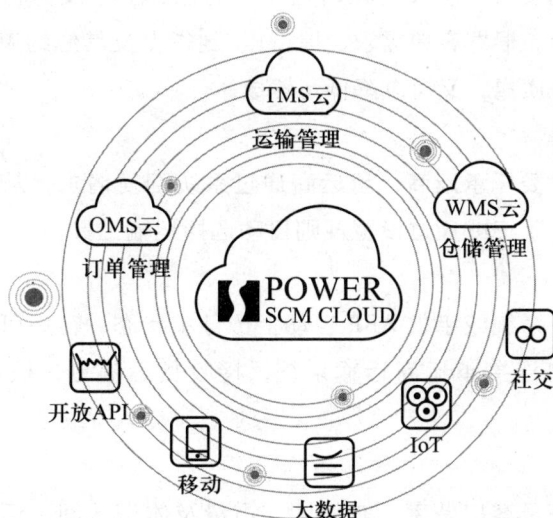

图 13.1　Power SCM Cloud

## 二、运输管理——TMS 云

如图 13.2 所示，通过 TMS 云，实现客户及其合作伙伴（物流公司、承运商、司机）通过互联网访问一个共享的云平台，以统一数据标准实现运单计划、执行、监控、结算及 KPI 分析等全流程协同工作，实现运输流程 360 度可视化。

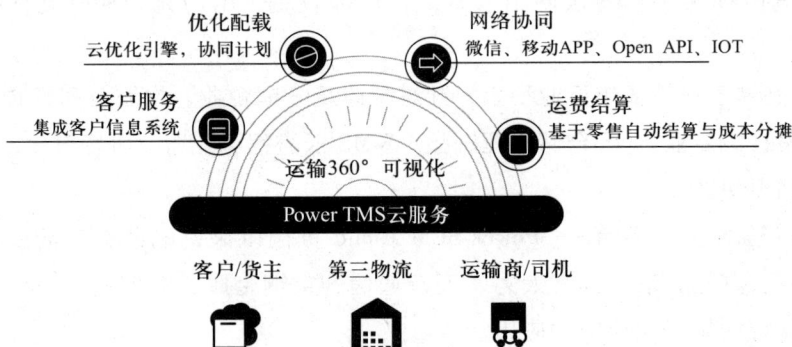

图 13.2　TMS 云

1．订单管理

支持手动录入及 Excel 模板导入，支持 EDI 及 SAP、Oracle 等 ERP 及业务系统的数据接口集成。

2．运输计划

灵活的规则及策略设置，可根据起始地及目的地、重量及体积、各种时间要求及优先级，自动选择承运商。根据客户需求、提货点/到货点及其他约束条件，自动匹配运输路线。既满足客户服务质量，又可以降低运输成本。

3．运力配载

可手工分配或自动委托承运商，承运商通过系统回复请求，从而降低沟通延迟。承运商可安排装载计划，手工或通过设置规则自动选择运输工具。

4．在途跟踪

承运商或司机通过系统或手机 APP 自动上传订单状态，客户可以及时查看承运商运输状态及异常汇报，可连接承运商运输系统，接收货运信息，根据客户地址生成电子围栏。

5．自动结费

可快捷导入承运商及客户费率、有效期、重量及体积区间、运费等级，支持运费折扣及各种附加费管理，提供强力的运费计算引擎，自动结算运费及按产品线成本分摊。

6．移动应用

可查看运输轨迹及目的地导航、可通过 APP 或微信直接下单或订单状态查询，在途异常（延误、破损或其他质量事故）、电子 POD 的拍照及时上传，让客户第一时间了解，从而提高客户服务水平，客户可直接评价运输行为。

7. 运输预约

创建进场运输并管理预约事项，追踪驾驶员从登记到离开状态，记录车辆进入和离开货场的时间及位置，现场看板管理，进行所有预约及排序通知。

8. 车队管理及物联网应用

登记车辆维修保养及保险、司机安全报告、油卡及证照等信息，无缝集成车辆 GPS 及北斗定位系统接口。汽车的智能传感器可采集与获取车辆信息，感知行车状态。接口温控标签可实时采集温度数据，为食品及医药冷链提供决策数据。

9. KPI 分析

帮助建立企业物流控制塔，实时掌控物流全方位动态，方便及时决策，自动生成各类报告和报表，可根据需要灵活改动。

## 三、库存管理——WMS 云

如图 13.3 所示，通过 WMS 云，制造商、供应商、新零售商及第三方物流通过访问共享的 WMS 云平台，可快速应对市场波动而带来的供应链库存变化，提高客户服务水平。通过库存的全局可视化，整合仓库资源，优化整个供应链网络，达到库存物流成本的节约。

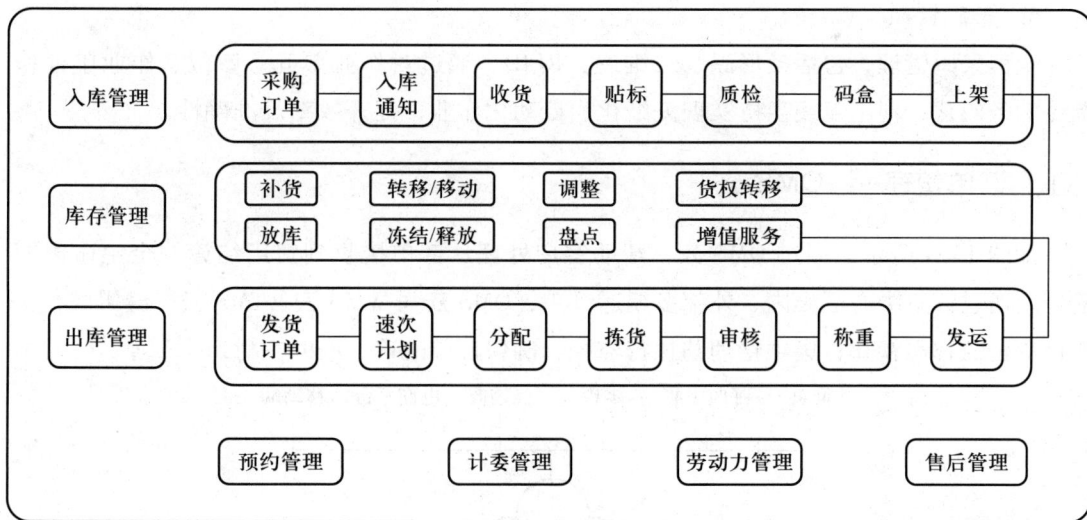

图 13.3　WMS 云

1. 入库管理

支持多种收货方式，如按托盘收货，箱级收货，按商品收货，或者按序列号收货。

收货时可灵活设置跟踪批号、生产日期、产地等批次属性，通过自定义上架规则和策略，系统智能推荐合适的库位以供上架。

2. 库存管理

WMS 提供库位化管理，可按照批次/库位/托盘/箱号等不同维度进行库存展现，并可通过图形化实现库存可视化。支持日常的库位移动和库存数量调整，以及进行库存批次变更的库存转移功能。

3. 出库管理

支持多种拣货策略，如按单拣货、波次拣货等，通过周转规则实现库存的先进先出、后进先出、先失效先出等周转策略，通过灵活的分配规则实现最短拣货路径，提高拣货效率。

4. 增值服务

针对库内加工的需求，系统可支持贴标、清关、换包装、组装和拆装等增值服务。组装业务可支持按固定 BOM/组装件进行组装，也支持在加工时直接指定灵活的组件和子件的数量关系。

5. 人力管理

系统内置任务分配规则，支持按照区域、任务类型进行任务分配。系统提供仓库电子看板，展现整体订单执行状况。通过工作量考核用户、班组的绩效并输出统计报告。

6. 条码管理

全程条码管理，包括条形码、二维码、RFID。通过对作业单元、库位、作业单证和指令的条码化，利用无线手持实现无纸化、自动化作业，提升效率及准确性。

## 四、订单管理——OMS 云

如图 13.4 所示，通过 OMS 云，帮助客户处理从订单接收到费用结算的全生命周期管理。通过订单中心汇集内、外部多渠道订单，OMS 云与 WMS 云、TMS 云无缝集成，实现订单全流程可视化，集中管理与执行监控，确保订单准确、准时交付。

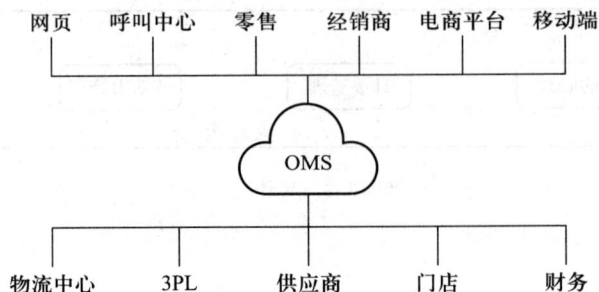

图 13.4　OMS 云

## 1．订单中心

无缝集成多渠道订单，支持来自网站、移动端、B2B 或 B2C 电商平台、呼叫中心、ERP 系统及其他内外部订单并集中处理，实现订单全生命周期管理及库存可视化。

## 2．订单分配

系统基于预设规则，通过管理订单合并或分拆、优先级、释放、冻结或取消等状态，最优满足客户需求的同时，实现供应链库存的优化管理。

## 3．订单协同

支持供应链合作伙伴通过网页或移动端，参与订单的交付和实时数据采集。同时可扩展帮助经销商实现库存管理或供应商 ASN 及标签管理。

## 4．结算管理

系统整合来自 WMS 云及 TMS 云的应收应付凭证或导入来自其他物流服务的费用，可按单按客户等条件汇总，同时根据业务规则进行费用分摊。

## 本章小结

本章对物流与供应链管理中的云计算进行了介绍。首先对云计算进行概述，介绍了相应的概念、特点、分类和服务；其次对物流与供应链管理中的云计算进行介绍，对基于云计算的物流和供应链公共信息平台、云物流进行了阐述；再次举例介绍了物流与供应链管理中的云计算典型系统。通过本章学习，读者应该掌握物流与供应链管理中的云计算的概念、特点、分类及服务，以及相应的典型系统。

## 练习题

一、概念识记

云计算　SaaS　云物流　社区云

二、简答

1. 简述云计算。

2. 简述云计算的服务模式。

3. 简述云计算技术的物流公共信息平台主要的优势。

4. 简述云物流。

5. 简述如何使用云计算技术提升物流与供应链管理效率。

## 即测即评

请扫描二维码进行在线测试。

## 延伸阅读

1. 张宇. 智慧物流与供应链 [M]. 北京：电子工业出版社，2016.

2. 张为民，赵立君，刘玮. 物联网与云计算 [M]. 北京：电子工业出版社，2012.

3. 鲍永伟. 云计算蓝皮书 2015—2016 [M]. 北京：电子工业出版社，2017.

4. 陈红松. 云计算与物联网信息融合 [M]. 北京：清华大学出版社，2017.

5. 张金良. 基于 RFID 的仓储管理系统开发 [J]. 数字通信世界，2016，06：14-15.

# 第十四章 物流与供应链管理中的大数据

知识逻辑图

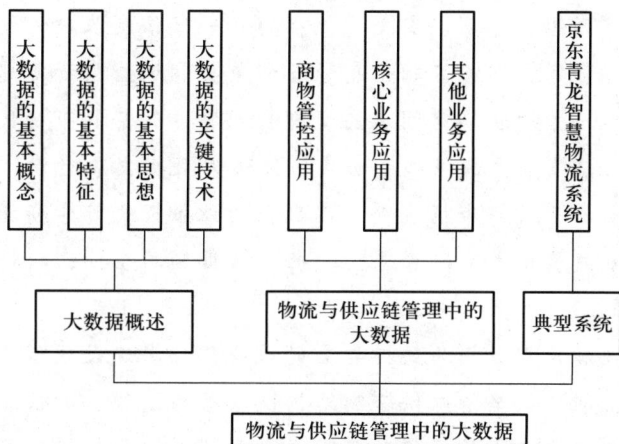

【学习目标】

理解并掌握大数据的基本概念和基本特征；熟悉大数据的基本思想和关键技术；了解物流与供应链管理中的大数据的作用；掌握物流与供应链管理中的大数据的典型系统。

案例 14.1

## 习近平：实施国家大数据战略加快建设数字中国

2017 年 12 月 8 日下午，中共中央政治局就实施国家大数据战略进行第二次集体学习。中共中央总书记习近平在主持学习时强调，大数据发展日新月异，我们应该审时度势、精心谋划、超前布局、力争主动，深入了解大数据发展现状和趋势及其对经济社会发展的影响，分析我国大数据发展取得的成绩和存在的问题，推动实施国家大数据战略，加快完善数字基础设施，推进数据资源整合和开放共享，保障数据安全，加快建设数字中国，更好地服务我国经济社会发展和人民生活改善。

北理工大学副校长、中国科学院院士梅宏就这个问题作了讲解，并谈了意见和建议。中共中央政治局各位同志认真听取了讲解，并进行了讨论。习近平在主持学习时发表了讲话。他指出，大数据是信息化发展的新阶段。随着信息技术和人类生产生活交汇融合，互联网快速普及，全球数据呈现爆发增长、海量集聚的特点，对经济发展、社会治理、国家管理、人民生活都产生了重大影响。世界各国都把推进经济数字化作为实现创新发展的重要动能，在前沿技术研发、数据开放共享、隐私安全保护、人才培养等方面做了前瞻性布局。

习近平强调，要推动大数据技术产业创新发展。我国网络购物、移动支付、共享经济等数字经济新业态新模式蓬勃发展，走在了世界前列。我们要瞄准世界科技前沿，集中优势资源突破大数据核心技术，加快构建自主可控的大数据产业链、价值链和生态系统。要加快构建高速、移动、安全、泛在的新一代信息基础设施，统筹规划政务数据资源和社会数据资源，完善基础信息资源和重要领域信息资源建设，形成万物互联、人机交互、天地一体的网络空间。要发挥我国制度优势和市场优势，面向国家重大需求，面向国民经济发展主战场，全面实施促进大数据发展行动，完善大数据发展政策环境。要坚持数据开放、市场主导，以数据为纽带促进产学研深度融合，形成数据驱动型创新体系和发展模式，培育造就一批大数据领军企业，打造多层次、多类型的大数据人才队伍。

习近平指出，要构建以数据为关键要素的数字经济。建设现代化经济体系离不开大数据发展和应用。我们要坚持以供给侧结构性改革为主线，加快发展数字经济，推动实体经济和数字经济融合发展，推动互联网、大数据、人工智能同实体经济深度融合，继续做好信息化和工业化深度融合这篇大文章，推动制造业加速向数字化、网络化、智能化发展。要深入实施工业互联网创新发展战略，系统推进工业互联网基础设施和数据资源管理体系建设，发挥数据基础资源作用和创新引擎作用，加快形成以创新为主要引领和支撑的数字经济。

习近平强调，要运用大数据提升国家治理现代化水平。要建立健全大数据辅助科学决策和社会治理的机制，推进政府管理和社会治理模式创新，实现政府决策科学化、社会治理精准化、公共服务高效化。要以推行电子政务、建设智慧城市等为抓手，以数据集中和共享为途径，推动技术融合、业务融合、数据融合，打通信息壁垒，形成覆盖全国、统筹利用、统一接入的数据共享大平台，构建全国信息资源共享体系，实现跨层级、跨地域、跨系统、跨部门、跨业务的协同管理和服务。要充分利用大数据平台，综合分析风险因素，提高对风险因素的感知、预测、防范能力。要加强政企合作、多方参与，加快公共服务领域数据集中和共享，推进同企业积累的社会数据进行平台对接，形成社会治理强大合力。要加强互联网内容建设，建立网络综合治理体系，营造清朗的网络空间。

习近平指出，要运用大数据促进保障和改善民生。大数据在保障和改善民生方面大有作为。要坚持以人民为中心的发展思想，推进"互联网＋教育""互联网＋医疗""互联网＋文化"等，让百姓少跑腿、数据多跑路，不断提升公共服务均等化、普惠化、便捷化水平。要坚持问题导向，抓住民生领域的突出矛盾和问题，强化民生服务，弥补民生短板，推进教育、就业、社保、医药卫生、住房、交通等领域大数据普及应用，深度开发各类便民应用。要加强精准扶贫、生态环境领域的大数据运用，为打赢脱贫攻坚战助力，为加快改善生态环境助力。

习近平强调，要切实保障国家数据安全。要加强关键信息基础设施安全保护，强化国家关键数据资源保护能力，增强数据安全预警和溯源能力。要加强政策、监管、法律的统筹协调，加快法规制度建设。要制定数据资源确权、开放、流通、交易相关制度，完善数据产权保护制度。要加大对技术专利、数字版权、数字内容产品及个人隐私等的保护力度，维护广大人民群众利益、社会稳定、国家安全。要加强国际数据治理政策储备和治理规则研究，提出中国方案。

习近平指出，善于获取数据、分析数据、运用数据，是领导干部做好工作的基本功。各级领导干部要加强学习，懂得大数据，用好大数据，增强利用数据推进各项工作的本领，不断提高对大数据发展规律的把握能力，使大数据在各项工作中发挥更大作用。

（案例来源：http://politics.people.com.cn）

**启发思考：**实施国家大数据战略加快建设数字中国对物流与供应链管理来说有什么意义？

## 第一节　大数据概述

### 一、大数据的基本概念

大数据是个较为抽象的概念，正如信息学领域大多数新兴概念，不同的行业对于大数据的定义不尽相同。美国麦肯锡咨询公司研究大数据的报告中认为，大数据指的是大小超出常规的数据库工具获取、存储、管理和分析能力的数据集，但并不是说一定要超过特定 TB 值的数据集才算是大数据。全球最大的电子商务公司亚马逊的大数据科学家 John Rauser 给出了个简短的定义，认为大数据是任何超过了一台计算机处理能力的数据量。维基百科中只有短短的一句话。巨量资料（Big Data），或称大数据，指的是所涉及的数据量规模巨大到无法通过目前主流软件工具，在合理时间内达到撷取、管理、处理并整理成为帮助企业经营决策更积极目的的资讯。

一般来说，大数据是由数量巨大、结构复杂、类型众多的数据构成的数据集合，是基于云计算的数据处理与应用模式，是通过数据的整合共享、交叉复用形成的智力资源和知识服务能力，并从各种类型的数据中快速获得有价值信息，从而为人们带来利益的一门新技术。大数据的核心是大数据技术。目前，大数据领域已经涌现出大量新的技术，它们成为大数据采集、存储、处理和呈现的有力武器，这些大数据技术在我国物流与供应链管理领域的应用，有利于整合物流与供应链管理企业，实现物流与供应链管理大数据的高效管理，从而降低物流与供应链管理成本，提升物流与供应链管理整体服务水平，满足客户个性化需求。

案例 14.2

### 科箭数据分析云提供多种大数据分析工具

科箭供应链管理云平台连接企业众多的业务系统，打造统一的数据分析平台。该平台采用众多预置的、凝结了先进管理思想的分析模型，帮助企业快速建立高水准的管控工具；可以根据企业要求，快速、自助地定制个性化的分析模型。该平台还借助专业级大数据可视化工具，打造属于客户自己的供应链大屏：

（1）专业级大数据可视化。专精于地理信息与业务数据融合的可视化，提供全面的运输状态视图。

（2）图形化编辑界面。拖拽即可完成样式和数据配置，无须编程就能轻松搭建数据大屏。

（3）多种数据源支持。支持接入包括阿里云分析型数据库、关系型数据库、本地 CSV 上传和在线 API 等，支持动态请求。

此外该平台还采用便捷的 BI 工具，基于自身物流数据及第三方物流数据 Power SCM 供应链分析云，提供了各种供应链相关指数等其他仪表盘：

（1）实时创建报表；

（2）无需编码即可构建绩效指标仪表盘；

（3）基于用户方便、快捷进行数据过滤；

（4）能分析非结构化数据；

（5）支持团队分享与协作。

**启发思考**：这些大数据分析工具为该企业带来了什么效益？

## 二、大数据的基本特征

将大数据的基本特征可以总结为 4 个 V，即 Volume（体量巨大）、Variety（类型繁多）、Value（价值密度低）和 Velocity（处理速度快），如图 14.1 所示。

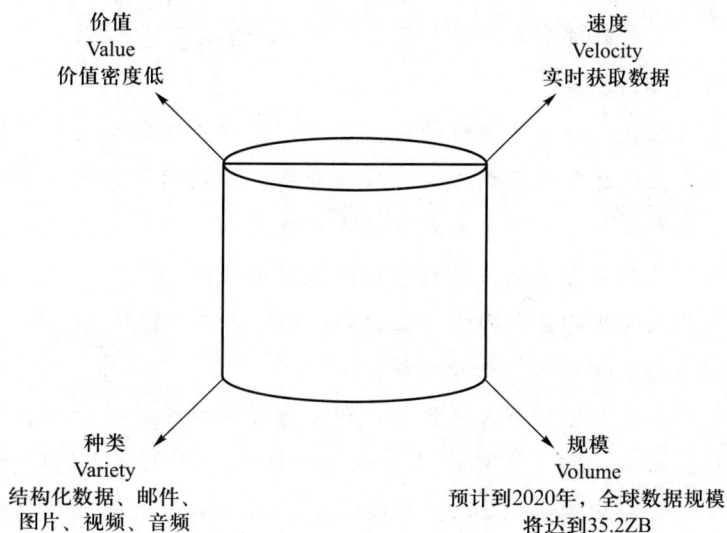

图 14.1　大数据的基本特征

1. 数据体量巨大

数据数量急剧增长，数据集已从 TB 级转向 PB 级别，并且不可避免地会转向 ZB 级。

2. 数据类型繁多

随着传感器、智能设备及社交协作技术的激增，企业中的数据也变得更加复杂，因为它不仅包含了传统的关系型数据，还包含来自网页、互联网日志、搜索索引、社交媒体论坛、电子邮件、文档、主动和被动系统的传感器数据等原始半结构化和非结构化数据。

3. 价值密度低

随着互联网的广泛应用，信息感知无处不在。信息海量，价值密度较低，如何通过强大的机器算法更迅速地完成数据的价值提纯，是大数据时代亟待解决的难题。以视频为例，连续不间断监控过程中，可能有用的数据仅仅有一两秒，这就需要相应的视频数据挖掘技术从中发现筛选有价值的信息。

4. 处理速度快

随着数据生成速度的提升，为了对大数据进行有效处理，需要在数据变化的过程中对它的数量和种类进行分析。

补充阅读

## 大数据及大数据企业的发展趋势

随着大数据技术的普及，各行各业越来越重视大数据技术的应用，从目前大数据应用市场来看，传统互联网、商业企业等均是大数据服务需求者，传统制造业也开始注重数据价值，因此大数据企业的服务对象和范围将会越来越广。

1. 大数据应用领域扩展

随着大数据在零售、金融等领域的价值凸显，各行业纷纷加大大数据应用方面的投入，各大中型企业通过各种形式开展大数据分析，以利用大数据为企业创造更大价值。而大数据企业在近年来获得大量融资的事实也表明，市场对大数据未来的价值有极大信心，大数据将在各行业风生水起。从目前的市场情况来看，几乎涵盖了从政府到金融、从制造业到商业的各个领域，大数据应用行业扩张的趋势愈加明显。

2. 定制化服务将成为大数据企业发展方向

当前部分大型企业本身拥有大量数据，但并未对数据很好地加以利用，因此迫切需要大数据企业根据企业需求进行产品和服务的设计，以更加贴合企业实际。比如，传统制造企业要跟上"中国制造2025"的步伐，实现智能制造转型，需要充分利用好大数据，而因行业各异，大数据需求各有不同，因此，需要大数据企业为其量身订制解决方案。

当然，企业的需求，是对所有大数据企业的一大考验。随着大数据所能创造的价值愈加明显，将会有越来越多的大型企业寻求专业大数据服务，这将是大数据企业未来竞争的一片蓝海。

3. 大数据企业产品和服务将更加注重行业应用

尽管目前多数大数据企业将其发展重点放在数据处理或分析的核心技术研究上，但鉴于大数据产生价值的途径是行业应用，且不同行业数据类型和应用方式存在差别，因此大数据企业在业务开展和战略定位时，也将会考虑到这一问题，将自身业务和产品定位在不同行业的应用上，更加有针对性地进行产品和服务设计及行业应用的深化。

未来，企业对大数据的需求会越来越多，大数据企业的竞争、考验与机遇也会相继增加。随着各行业对大数据重视程度日趋增加，未来大数据的发展趋势将日新月异。

（资料来源：http://www.huoddd.com）

**启发思考：** 未来大数据及大数据企业在物流与供应链管理中的发展趋势是什么？

## 三、大数据的基本思想

大数据是继云计算之后抢占市场制高点的又一领地，它既是社会经济高度发展的结果，也是信息技术发展的必然趋势。大数据书写了时代的新篇章，正在改变生活及理解世界的方式，它是一场生活、工作与思维的大变革。大数据的出现，使得通过数据分析可以预测事物发展的未来趋势，探索得知事物发展的规律。大数据将逐渐成为现代社会基础设施不可或缺的一部分，在社会、经济等各个领域发挥愈来愈重要的作用。

　　大数据时代，数据成为越来越有用的资源，大数据技术的基本思想主要体现在以下三个方面，如图 14.2 所示。

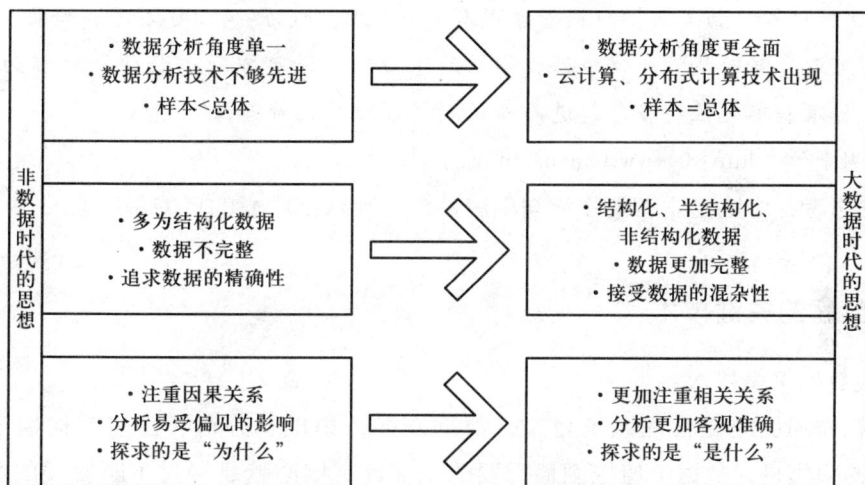

图 14.2　大数据的基本思想

案例 14.3

### 中国智能物流与供应链管理大数据中心落地贵阳

2017 年 5 月 25 日，作为首届中国国际大数据产业博览会系列活动之一，传化智联中国智能与供应链管理大数据（贵阳）中心启动。在刚刚投入使用的大数据中心里，十几组屏幕正显示着各类物流与供应链管理的指数和图表，其中包括贵州地区物流与供应链管理的活跃指数。

1. 大数据化身城市"晴雨表"，以大数据赋能区域物流与供应链管理

传化智联中国智能物流与供应链管理大数据（贵阳）中心建成后，将提供数据可视化分析与数据挖掘应用等，为区域及行业物流与供应链的发展提供动能。专注于物流与供应链各环节"人、车、货、场"数据的信息化建设与大数据架构，是传化智联中国智能大数据中心的核心功能。在传化网中，货物在每个环节留下的每个数据，都会在"网"中汇聚、计算、分析。进而通过数据挖掘、BI 分析等手段，可将不同地区的货物运输种类分析、物流车辆分析、地区物流活跃指数、物流司机画像等分类数据可视化，如此，本地区的整体物流与供应链管理状况、经济发展特征就一目了然了。

**2. 物流与供应链管理大数据价值集中爆发**

大数据产业的发展成为贵州经济发展新引擎，也逐渐成为贵州新的名片和标签。这与传化智联主张让数据成为物流与供应链行业发展的动力源，致力于打造覆盖全国的"传化网"、服务中国经济转型升级的理念不谋而合。以遵义辣椒的销售为例，农产品经销商通过传统配货方式运到贵阳，每吨成本300元。而通过两地传化公路港城市物流中心的路港快线，每吨可节约物流与供应链管理成本50至100元。按遵义干椒年产量40万吨算，物流与供应链管理成本可降低2 000万~4 000万元。如果再用传化陆鲸，则可避免耗时找货或空载返程等。到了贵阳，还可以通过传化易货嘀为货主提供定制、标准和确定性的服务，进而降低损耗并推动菜价降低。

（案例来源：http://www.banyuetan.org）

**启发思考**：中国建立智能物流与供应链管理大数据中心的目的是什么？

## 四、大数据的关键技术

1. 大数据采集技术

智慧物流与供应链管理系统复杂，数据众多，集成、分析、管理都构建于数据采集。数据的采集是大数据价值挖掘最重要的一环，其核心就是通过不断发展的数据采集方法及技术，获取海量有价值的数据，包括普通文本、照片、视频、链接信息等。

2. 大数据预处理技术

大数据预处理技术主要完成对已采集数据的辨析、抽取、清洗等操作。因获取的数据可能具有多种结构和类型，数据抽取过程可以帮助我们将这些复杂的数据转化为单一的或者便于处理的构型，以达到快速分析处理的目的；对于大数据，并不全是有价值的，有些数据并不是我们所关心的内容，而另一些数据则是完全错误的干扰，因此要通过数据清洗转化从中提取出有效数据。

3. 大数据存储及管理技术

大数据存储与管理要用存储器把采集到的数据存储起来，建立相应的数据库，并进行管理和调用。只有数据与适合的存储系统相匹配，制定出管理数据的策略，才能低成本、高可靠、高效益地应对大量数据。对于物流与供应链管理企业而言，大数据存储及管理首先要解决的问题就是成本和时间的效应问题。

4. 大数据分析及挖掘技术

大数据分析涉及的技术方法很多，根据挖掘任务可分为分类或预测模型发现、数据总结、聚类、关联规则发现、序列模式发现、依赖关系或依赖模型发现、异常和趋势发现等，大数据分析及挖掘就是从大量的、不完全的、有噪声的、模糊的、随机的实际数据中，提取隐含在其中的、人们事先不知道的、但又是潜在有用的信息和知识的过程。

补充阅读

## 大数据技术平台分类

1. 从大数据处理的过程划分

包括数据存储、数据挖掘分析以及为完成高效分析挖掘而设计的计算平台，它们完成数据采集、存储、结构化处理、挖掘、分析、预测、应用等功能。

2. 从大数据处理的数据类型划分

可以分为针对关系型数据、非关系型数据（图数据、文本数据、网络型数据等）、半结构化数据、混合类型数据处理的技术平台。

3. 从大数据处理的方式划分

可以分为批量处理、实时处理、综合处理。其中批量数据处理是对成批数据进行一次性处理，而实时处理（流处理）对处理的延时有严格的要求，综合处理是指同时采用批量处理和实时处理。

4. 从平台对数据的部署方式划分

可以分为基于内存的和基于磁盘的。前者是在分布式系统内部的数据交换，后者则是通过磁盘文件的方式进行的。

此外，技术平台还有分布式和集中式之分，云环境和非云环境之分等。阿里云大数据平台构建在阿里云云计算基础设施之上，为用户提供了大数据存储、计算能力、大数据分析挖掘以及输出展示等服务，用户可以轻松地实现商业智能、人工智能服务，具备一站式数据应用能力。不同的大数据技术平台提供了对这些处理过程的支持，有的平台可能会支持多个过程，但是侧重点不同，支持的深度也有所不同，因此有必要熟悉各种平台的功能，并做出比较分析，以便在实际应用中选择适合于自己需求的技术平台。

（资料来源：https://www.zhihu.com）

**启发思考：**未来大数据技术平台的发展趋势是什么？

# 第二节　物流与供应链管理中的大数据

## 一、商物管控应用

大数据背景下，智慧物流商物数据包括大宗商品数据和零售商品数据。大数据在商物管控中的应用可以使得对商品管理在时间空间上进行智能化决策，科学管理商物的流通节点及流通通道，实时掌控商物的流量流向，大数据在商物管控中的应用过程如图14.3所示。

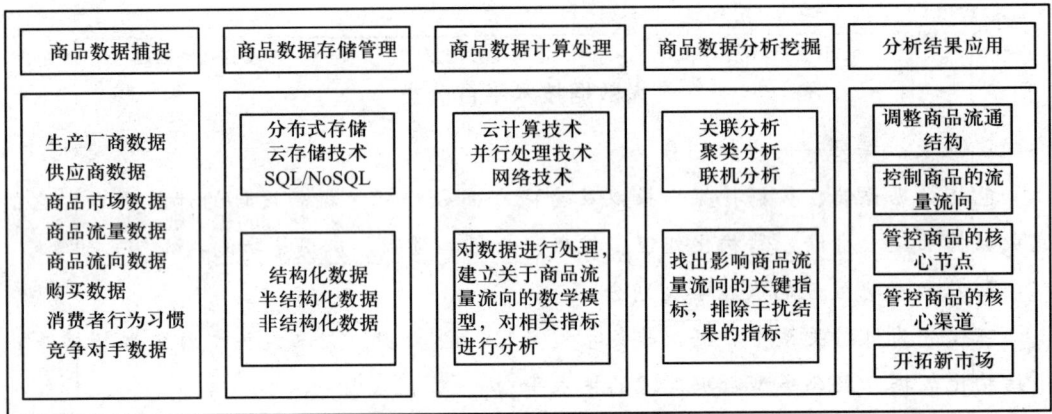

| 商品数据捕捉 | 商品数据存储管理 | 商品数据计算处理 | 商品数据分析挖掘 | 分析结果应用 |
|---|---|---|---|---|
| 生产厂商数据<br>供应商数据<br>商品市场数据<br>商品流量数据<br>商品流向数据<br>购买数据<br>消费者行为习惯<br>竞争对手数据 | 分布式存储<br>云存储技术<br>SQL/NoSQL<br><br>结构化数据<br>半结构化数据<br>非结构化数据 | 云计算技术<br>并行处理技术<br>网络技术<br><br>对数据进行处理，建立关于商品流量流向的数学模型，对相关指标进行分析 | 关联分析<br>聚类分析<br>联机分析<br><br>找出影响商品流量流向的关键指标，排除干扰结果的指标 | 调整商品流通结构<br>控制商品的流量流向<br>管控商品的核心节点<br>管控商品的核心渠道<br>开拓新市场 |

图 14.3　大数据在商物管控中的应用

从图 14.3 来看，商品的流量流向呈现动态变化的特点。企业通过大数据能及时捕捉商品的生产厂商数据、供应商数据、商品市场数据、商品流量数据、商品流向数据、消费者购买数据、消费者行为习惯、竞争对手数据等，运用分布式存储、云存储技术、SQL/NoSQL 技术对数据进行整合管理，按照结构化数据、半结构化数据和非结构化数据的分类，对数据进行分类管理，通过云计算技术、并行处理技术、网络技术等对数据进行处理，建立关于商品流量流向、流通结构等方面的数学模型，对相关指标进行分析，再运用关联分析、聚类分析等大数据分析挖掘技术从中找出对商品流量流向、流通结构影响最大的指标，排除干扰分析结果的指标，得出最优的解决方案，以调整商品的流通结构，使之合理化，控制商品的流量流向，对商品流通的核心节点及流通通道实现实时控制，进而还可以预测商品未来的需求情况，开拓新市场，扩大业务范围，实现商品流通过程的精细化、可视化管控。

## 二、核心业务应用

物流与供应链管理中，运输、库存和配送是其中的三大核心业务，应用大数据，可以实现智能运输，使运输资源得到最优化配置；也可以实现库存业务自动化，提高库存水平；还可以实现对配送环节的动态控制，从而提高配送效率，为客户提供动态多样化的配送服务。大数据在物流与供应链管理中的应用如图 14.4 所示。

### （一）大数据在运输中的应用

运输中的数据包括运输货物数据、运输企业数据、运输车辆数据等运输基础数据；运输车辆状态数据、运输货物状态数据、运输单证数据等运输作业数据；运输方式选择、运输组织、运输计划等运输协调控制数据；运输行业数据、运输技术数据等运输决策支持数据四大类。利用大数据技术对运输过程中产生的数据进行处理分析，可以使运输资源得到最优化配置，满足客户对运输业务的个性化需求，实现运输过程的信息化、智能化管控。

**数据捕捉**

| 运输业务数据 | 仓储业务数据 | 配送业务数据 |
|---|---|---|
| 运输基础数据 / 运输作业数据 / 运输协调控制数据 / 运输决策支持数据 | 仓储基础数据 / 仓储作业数据 / 仓储协调控制数据 / 仓储决策支持数据 | 配送基础数据 / 配送作业数据 / 配送协调控制数据 / 配送决策支持数据 |

↓

**数据储存**

分布式存储技术　云存储技术　SQL/NoSQL　结构化数据　半结构化数据　非结构化数据

↓

**数据处理**

批处理　流式处理　交互式处理

↓

**数据分析**

聚类分析　关联分析　联机预测

↓

**数据应用**

| 运输业务应用 | 仓储业务应用 | 配送业务应用 |
|---|---|---|
| 货物在途管理 / 运输车辆调度 / 运输路线调整 | 优化企业库存 / 合理补货 / 虚拟仓库管理 | 动态配送方案 / 自动装载 / 客户动态服务 |

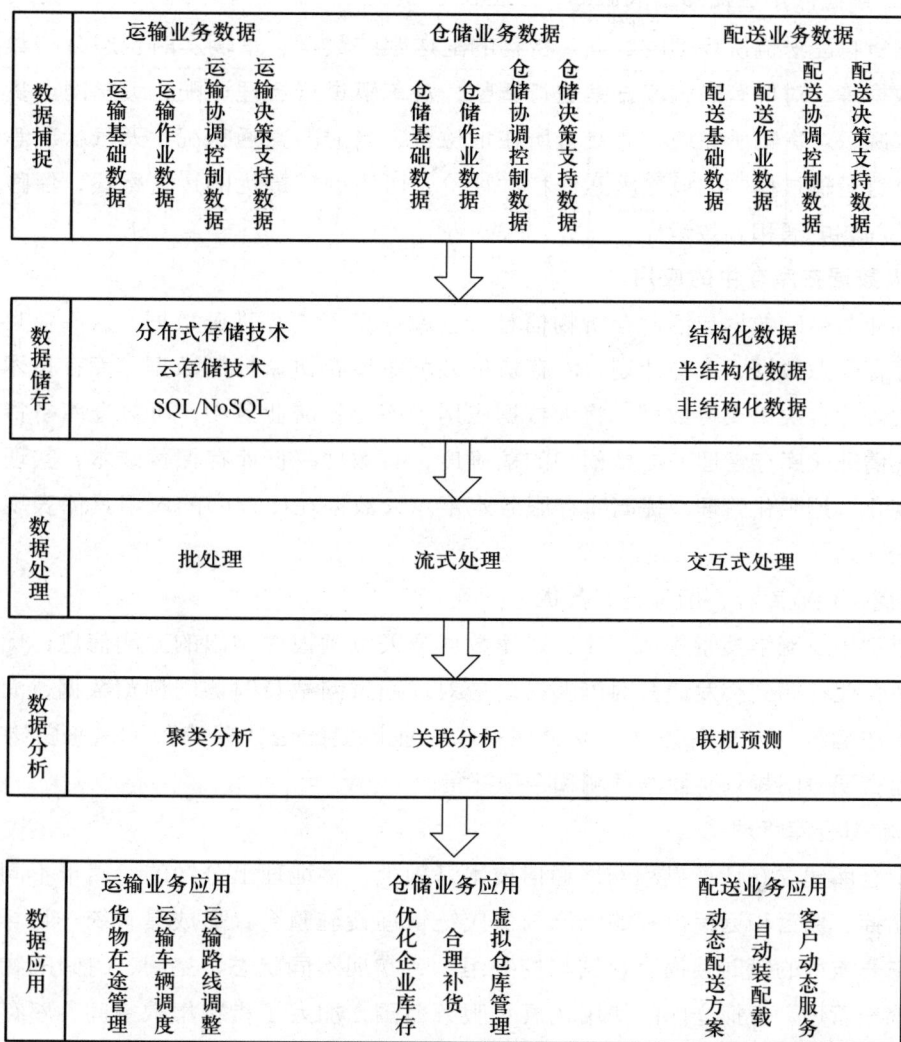

图 14.4　大数据在物流与供应链管理中的核心业务应用

大数据在运输中的应用具体体现在货物在途管理以及车辆调度和运输路线的调整。

1. 货物在途管理

在感知在途运输货物状态的基础上，通过 RFID 技术、GPS 技术、GIS 技术与传感技术的结合，对货物实施管理与控制。在运输线上安装 RFID 读写器设备和传感器设备，通过接收 RFID 标签信息来实现运输车辆及运输货物的识别、定位、跟踪及状态感知等。运输人员和用户通过输入货物编码和访问密码即可随时查询货物状态，如冷鲜货物的温度、易碎货物的压力、危险货物的密封性等，实现在途管理的可视化与透明化。在此基础上，运输人员根据货物状态数据可直接通过运输管理系统处理物流信息，并进行必要的在途控制，从而保证货物运送的质量与安全。

2. 车辆调度和运输线路的调整

根据货物配送情况反馈的数据、货物的配送跟踪数据、车辆实时状态分布数据和历史车辆数据等，对现有的调度方案进行调整，对车辆进行合理调配，缓解网点货物量不均衡的情况；对货物所在地、消费者所在地位置、当时的交通状况、天气状况等因素进行分析，对运输过程中的风险因素作科学评价，可以制定最优的运输路线，保障物流与供应链管理的畅通和高效运作。

**（二） 大数据在库存中的应用**

库存业务中的数据包括库存货物信息、仓库信息等库存基础数据，入库信息、出库信息等库存作业数据，库存计划、库存货位分配等库存协调控制数据，库存技术、库存政策法规等库存决策支持数据。将大数据应用于库存物流业务中，可对仓库备货进行指导，实现精细化库存管理、提高预测的精确度，有效地降低库存保管成本，实现库存作业的可视化、透明化管理，提高库存服务水平。大数据在库存中的应用具体表现在以下两个方面。

1. 优化企业库存，指导仓库备货

通过利用从网络搜索趋势、社交媒体数据及天气预报挖掘出的预测信息，优化企业库存，使企业在遇到突发情况时能够得以应对。通过网站及时访问浏览数据、消费者的浏览与关注趋势、电子商务平台交易记录和企业历史配送数据等预测未来货物的需求量，从而实现协同规划、精准预测和合理补货。

2. 虚拟仓库管理

虚拟仓库建立在计算机和网络通信技术基础上，将地理上分散的、属于不同所有者的物品储存、保管和远程控制的物流与供应链管理设施整合，形成具有统一目标、统一任务、统一流程的暂时性物资存储与控制组织，实现不同状态、空间、时间的物资有效调度和统一管理。虚拟仓库的使用拓展了服务范围，加大了货物集散空间，库存管理人员通过库存管理系统对货物库存状态进行查询，并根据货物库存大数据对仓库进行虚拟化管理，及时掌握货物的库存信息并最终将信息传递至库存管理系统，相关人员可根据信息情况进行库存处理及优化。

案例 14.4

### 菜鸟自动化仓库的大数据

2016 年 8 月 15 日，菜鸟联盟首个自动化仓库在广州增城正式开仓。这个仓库位于菜鸟增城物流园区，专门为天猫超市提供仓储和分拣服务，与别的仓库最大不同是自动化程度高，从收到订单到包裹出库，除了条码复核等环节均实现了自动化。客户在天猫超市下单之后，仓库会收到订单并生成唯一条码，纸箱被机器贴上条码之后，将会被传送带运送到不同商品品类的货架，货架电子屏会显示需要装入的商品和数量，分拣员据此将商品放入纸箱，纸箱接着再进入下一站。所有商品装好之后，纸箱到达"收银台"，进行人工复核和封装出库，再由物流服务运送给客户。

1. 自动识别包裹实现货找人

传送带上每隔一段距离就有传感器，可识别纸箱上的条形码，再决定纸箱下一步去哪，支持路线合并和分流，每个订单对应的包裹会被传送到不同货架装入商品，传统仓库则需要分拣员拿着纸箱去不同货架前找商品。自动化方案大幅降低了分拣员劳动强度，提高了包裹生产的时效性（10分钟出库）和准确率（100%），时效性是菜鸟网络当日达、次日达服务的基础，准确率意味着更好的客户体验以及更低的纠错成本。

2. 自动封箱机等自动机器人

菜鸟自动化仓库通过自动封箱机实现了纸箱打开、贴码、封装等步骤的自动化，节省了大量人力，缩短了商品打包时间。

3. 大数据智能选择适合的纸箱

每个订单对应的商品数量和种类不同，意味着它需要不同大小的纸箱，一般仓库是由人根据经验来选择，效率低且很可能会浪费大量纸箱。菜鸟仓库在不同商品入库之前就知道其尺寸和特性，基于此自动为每个订单分配最适合的纸箱，节省包装成本、更环保。

4. 大数据智能调度商品存储

结合大数据，菜鸟自动化仓库可预测哪些商品即将畅销和不再畅销，进而对其存放的仓库和货架进行智能调度，最大化减少商品物流节点、缩短商品传送路径，提升库存效率，从而提升物流与供应链管理的效率。

（案例来源：http://www.cyzone.cn）

**启发思考：** 菜鸟自动化仓库运用了哪些大数据技术？

## （三）大数据在配送中的应用

大数据背景下的配送业务数据包括配送货物信息、配送企业信息、配送车辆信息等配送基础数据，配送订单信息、分拣信息、送货信息等配送作业数据，配送计划、配送应急预案等配送协调控制数据，配送技术信息、配送政策法规等配送决策支持数据。在传统的配送过程当中，交通条件、价格因素、用户数量及分布和用户需求等因素的变化会对配送方案和过程产生影响。如何使信息及时、有效、精确地传递，已成为衡量配送服务水平的最重要标准。大数据的应用可以很好地解决这一问题，通过对以上影响因素进行数据采集及挖掘分析，可形成动态配送方案，为客户提供实时配送状态信息服务，从而提高配送效率，提升服务质量。

1. 配送方案动态制订

大数据背景下，配送方案的制订是实现配送动态化的最重要的一环，配送方案的实现首先通过对配送过程所涉及的各种数据进行采集，使数据的源头能够及时、有效地捕捉；其次是通过畅通的数据传输网络和复杂的存储技术，实现数据的传输存储；最终通过大数据分析技术，确定经济合理的配送方案，并将信息反馈给相关部门实施。

2. 自动配装配载

在大数据背景下，企业物流与供应链管理信息系统中包含企业处理的货物的各项属性。在配送的过程中，货物可能会在途经的物流中心经过一次或多次重新配装配载，应用大数据可从企业物流与供应链管理信息系统中获得货物属性数据，从配送环节感知体系获得货物的各项状态数据，利用这些数据进行实时分析，可实现货物自动分货、配装、配载，从而极大地提高配送过程中货物的周转效率，有效地控制配送时间。

3. 客户动态服务

物流过程的最后一环是配送，即最终将输送的货物运达客户手中。配送与客户的联系在所有物流与供应链管理活动中最为密切，因此配送环节与客户配合、接触过程中的表现会直接影响企业业绩。通过大数据的应用，全程监控货物配送，并根据实时捕捉到的客户反馈信息及时做出服务调整，可灵活满足客户的要求，提升企业形象。

---

案例 14.5

### "双十一"快递订单达 8.5 亿件　大数据助力电商平台

2017 年"双十一"的购物狂欢后，全国快递将迎物流高峰。根据国家邮政局监测数据，今年"双十一"当天，主要电商企业全天共产生快递物流订单 8.5 亿件，同比增长 29.4%；全天各邮政、快递企业共处理 3.31 亿件，同比增长 31.5%。各大电商平台的快递量也突破新高。菜鸟网络发布的数据显示，2017 天猫"双十一"当天共产生 8.12 亿物流订单，占到了"双十一"物流总订单的 95% 以上。这也意味着，其他所有电商平台的物流订单数为 0.38 亿件，菜鸟网络在"双十一"期间处理的物流订单数量是所有平台相加的 21 倍。

京东方面则表示，截至 11 月 11 日 16 点，京东物流成功配送单量突破 638 万单；11 点 15 分，全国仓库发货量已超过去年 11 月 11 日全天。苏宁易购数据显示，截至 11 日上午 8 点 52 分，苏宁全渠道销售超过去年全天；截至 11 日 12 时，苏宁全渠道增长 182%，其中，线上增长 227%。

值得一提的是，为了提高物流效率，各大电商都将智慧物流作为今年"双十一"的重头戏。"'双十一'是面向未来的新物流练兵场，是一场科技、数据协同的战役。"菜鸟网络总裁万霖对记者称。为了做好"双十一"物流，菜鸟网络协同了包括仓配、快递在内全国将近 3 000 万平方米的仓库、分拨中心、配送点，超过 300 万物流人员，18.8 万个快递网点，数万个末端驿站、20 万组自提柜、超过 10 万个快递代办点。除了城市，全国还有 2.6 万个物流村点都参与进来。

据介绍，通过大数据赋能，菜鸟网络给每一个包裹分配了最优线路，通过把平台、商家、快递公司总部、网点的数据打通，物流公司能够提前知道物流的流动，及时做好准备。通过自动化技术，在菜鸟超级机器人仓群、AGV 机器人、全自动流水线、机械臂之间实现联动服务。京东物流则打出了"无人科技""多样服务""数据驱动""协同开放"等王牌。北京、青岛、上海、广州、武汉等 13 个"亚洲一号"智慧物流中心及全球首个全流程无人仓等在今年"双十一"全面投入使用。

对快递公司而言，智慧物流也是应对快递高峰的重要手段。顺丰、韵达、中通等多家公司均在今年"双十一"期间使用自动分拣系统。在百世快递杭州分拨中心，自动化分拣线一直在快速转动，代替了过去的大量人工分拣。在心怡科技运营的菜鸟嘉兴全自动化流水线仓库，货物会根据算法自动去找到拣货员，效率比人工作业高 3 倍。"有了大数据的预测，分拣中心每天都在按计划完成任务。"百世集团董事长兼 CEO 周韶宁表示。

（案例来源：https://www.sohu.com）

**启发思考：** 大数据从哪些方面助力"双十一"电商平台？

## 三、其他业务应用

通过大数据预测分析，可以实现物流与供应链管理的智能化、可视化，极大地提高客户的满意度，塑造差异化的服务，并且可以及时快速地掌控各环节可能存在的风险，为客户提供安全运营保障。

1. 大数据在采购中的应用

采购数据和采购行为数据是采购环节的两大核心数据，其中，采购数据主要包括供应商基本数据、库存数据等，采购行为数据主要包括采购计划、采购市价数据、供应商评价及考核数据等，大数据在该环节的应用，可以准确确定最优采购量，对采购过程中的风险进行控制，通过大数据采集捕捉技术捕捉到供应商数据、采购批量批次数据、进货成本数据、缺货成本数据、采购部门的工作效率、工作质量、工作绩效、采购管理风险、人员风险、技术风险等数据，运用大数据计算处理技术，建立最优订购量决策模型和风险评价指标体系，从而确定最佳订购方案，对采购过程中的风险指标进行科学评价，实现对采购过程中的各种潜在风险可视化管理，使管理层可以以直观的方式了解和控制风险点，达到降低采购成本的目的。

2. 大数据在生产中的应用

物流生产数据主要包括生产成本数据、生产效率数据、生产质量数据、生产设备数据、生产人员数据和生产消耗数据。为了减少生产过程中不必要的资源浪费、节约成本，通过大数据的应用，对生产过程中的数据进行采集处理和分析挖掘，掌控整个生产过程，从而更好地指导生产。例如分析生产设备数据可以对设备进行预测性维护，分析生产成本数据可以挖掘出降低成本的环节，减少生产成本等。通过与零售商合作，从零售商那里获得产品的各种数据，并对这些数据加以整合利用，根据实时数据来调整生产，改变库存水平，提升自己的需求预测能力，使得资金得到更高效的使用，提高服务水平，获得更大的经济效益。

3．大数据在销售中的应用

销售环节的数据主要包括销售价格、销售数量、销售记录、销售群体、促销数据等数据。大数据在产品销售环节，可以应用于关联性促销、客户定制服务、个性化购物体验等方面。零售商通过采集客户行为数据、历史季节性销售额、气候天气、客户交易数据、来自社交媒体的有用信息、客户定位显示所在的位置、发布的内容等数据，对这些数据进行实时分析，开展关联性促销，随时改变产品的摆放布局，为自身各类商品的库存提供参考。大数据的应用，还可以使零售商为客户提供更深入的定制服务，零售商通过社交媒体中的信息了解到客户的近期需求及购买产品的记录，得知客户可能需要的产品，就可以向客户推荐购买他们需要的产品，然后将那些相关的为客户特别推荐的产品推送到客户的智能手机中，为客户提供定制服务，让客户享受到个性化的购物体验。

## 第三节　典型系统：京东青龙智慧物流系统

很多人对京东物流的高效印象深刻，客户体验受到认可。但是，在这些体验背后，隐藏着高昂的运营成本。青龙智慧物流系统（以下简称青龙系统）作为支撑京东物流的核心系统，也逐渐为外界瞩目，日处理数百万订单，大促销期间上千万单，数十万操作人员在这个物流网络中服务，智慧化物流系统成为迫切需求。

青龙系统从 2012 年的 1.0 版本，到 2015 年的 6.0 版本的演进过程中，以大数据处理为核心一直是该系统开发的关键。图 14.5 是京东青龙系统大数据平台的系统架构，对于实时数据和离线数据，都有完整的解决方案。对于青龙系统来讲，可以基于公司大数据平台，进行对应的实时数据处理和离线数据分析。

围绕大数据的应用，青龙系统具有以下四方面功能。

1．通过大数据技术准确及时还原业务

（1）可以及时准确采集业务运行的数据，并分不同层次需求展示出来；

（2）对于物流来讲，是商品流、实物流、资金流、信息流的结合。因此，地理维度展示也非常有帮助。青龙系统的地理维度做到了车辆和配送员实时展示，例如在京东 APP 上就可以查看订单的实时轨迹。

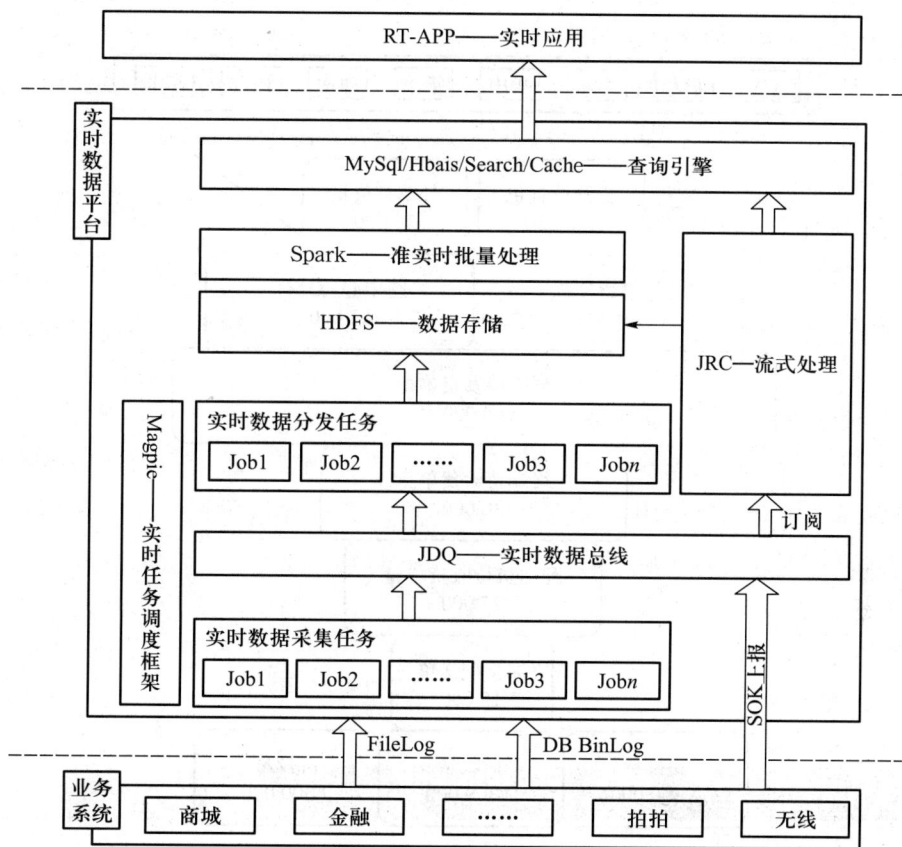

图 14.5 京东青龙系统大数据平台的系统架构

**2. 通过大数据提升业务**

离线数据都是业务管理的基础,例如业务日报、周报、月报等,这些数据如果不能做到及时准确,数字化运营便无法进行,更不用说智慧化。因此,对于物流这种劳动密集型行业,青龙系统利用实时数据进行业界排行,这对现场也起到了很好的激励作用。

**3. 利用大数据对业务进行预测**

预测一直是大数据应用的核心,也是最有价值的地方。对于物流行业,如果能够提前进行业务量预测,那么对于资源调度等非常有意义,不仅能够实现更好的时效,而且能够避免浪费。青龙系统利用大数据,通过单量预测,根据用户下单量、仓储生产能力、路由情况等,可以对各项业务进行建模预测,如图 14.6 所示。

**4. 依托大数据进行智能决策**

目前,做决策最好的方式依然是人机结合,青龙系统能够利用大数据技术,为人工决策提供辅助支持,可以让人工决策更加合理,如图 14.7 所示。

| 全国 | 华北 | 华东 | 华中 | 华南 | 西南 | 西北 | 东北 |
|---|---|---|---|---|---|---|---|

仓储待打包
100 230

外单接货量
20 400

打包待分拣
30 000

跨中心待分拣
21 000

分拣待发货单量
60 000

终端待验货单量
30 000

配送员待收货单量
25 000

终端待配送单量
15 000

妥投量
2 300 000

拒收量
2 300 000

再投量
2 300 000

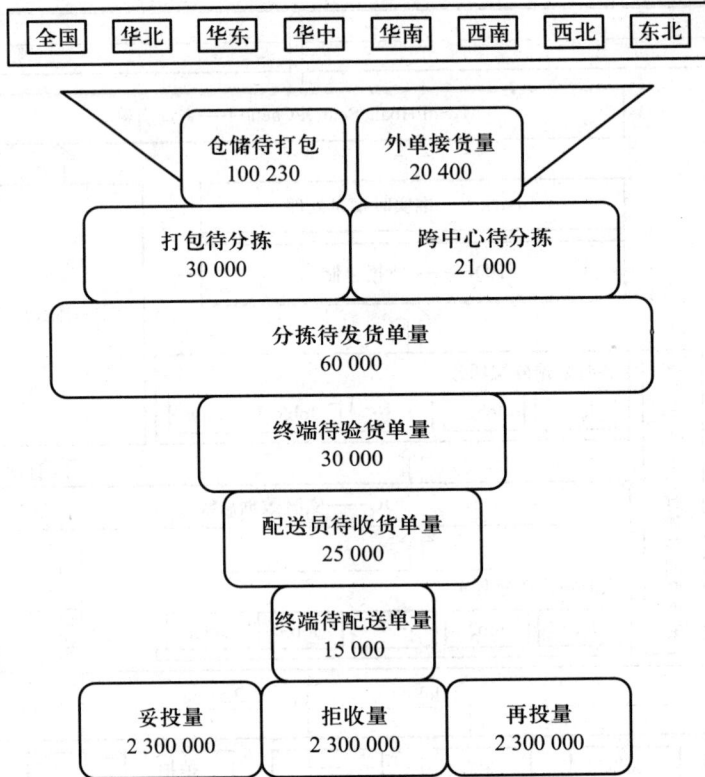

图 14.6　京东青龙系统大数据平台的业务预测

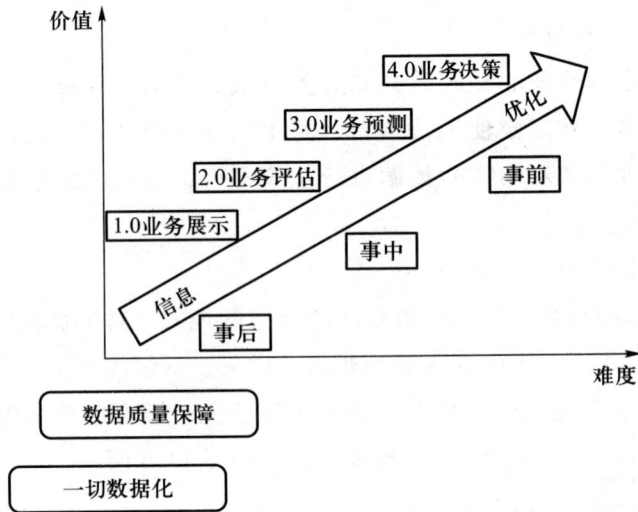

价值

4.0业务决策

3.0业务预测

2.0业务评估

1.0业务展示

优化

事前

事中

信息

事后

难度

数据质量保障

一切数据化

图 14.7　京东青龙系统大数据平台的智能决策

　　有一个实际案例，京东业务每年增长非常快，如何增加配送站逐渐成为问题，在以前没有系统辅助决策，就只能"拍脑袋"决策，但随着规模越来越大，发现"拍脑袋"代价会很大，于是京东就想用大数据来解决这个问题。但是，利用大数据进行预测，非常重要的是找到它的关联物。建站最直观的是跟订单相关，因此青龙系统也从订单开始着手来分析这个问题。

　　该系统从订单分布数据，加上客户分布数据进行分析，通过订单聚合等技术手段，找到订单很密的点，这个过程有很多的模型可以供参考。然后，加入更多的数据，包括位置信息、当地租金成本、管理成本、从分拨中心到中传站的距离等，输出一个模型分布，根据不同的维度，将建站预测展示给客户，辅助业务管理人员进行决策。并且，可以根据业务人员的使用情况，输入更多的业务知识，形成业务闭环，让系统更加智能化。

　　综上来看，京东青龙智慧物流系统以大数据处理技术为基础，利用软件系统把人和设备更好结合，让人和设备能够发挥各自优势，实现了智慧物流的最佳状态。

　　（案例来源：http：//www.infoq.com）

## 本章小结

　　本章首先对大数据进行了概述，包括大数据的基本概念、基本特征、基本思想和关键技术；其次对物流与供应链管理中的大数据应用进行了阐述，重点介绍了大数据在商物管控、核心业务及其他业务中的应用；最后介绍了物流与供应链管理中的大数据典型系统。通过本章学习，读者应该掌握物流与供应链管理中的大数据的基本概念和基本特征，了解大数据的基本思想和关键技术，以及大数据在物流与供应链管理中的各项应用和相应的典型系统。

## 练习题

一、概念识记

大数据　数据处理　数据挖掘

二、简答

1. 简述大数据含义和特点。

2. 简述大数据的关键技术。

3. 简述大数据技术在商物管控中的应用。

4. 简述大数据技术在物流与供应链核心业务中的应用。

5. 简述如何使用大数据技术提升物流与供应链管理效率。

## 即测即评

请扫描二维码进行在线测试。

## 延伸阅读

1. 周苏，孙曙迎，王文. 大数据时代供应链物流管理［M］. 北京：中国铁道出版社，2017.

2. ［美］娜达·R·桑德斯. 大数据供应链：构建工业 4.0 时代智能物流新模式［M］. 中国人民大学出版社，2015.

3. 陶皖. 云计算与大数据［M］. 西安：西安电子科技大学出版社，2017.

4. 王喜富. 大数据与智慧物流［M］. 北京：北京交通大学出版社，2015.

5. 孟小峰，慈祥. 大数据管理：概念、技术与挑战［J］. 计算机研究与发展，2013，50（1）：146−169.

# 参考文献

［1］马丁．克里斯托弗．物流与供应链管理［M］．4 版．北京：机械工业出版社，2012.

［2］Prof Martin Christopher．Logistics and Supply Chain Management［M］．5th Edition．Harper Collins Publishers，2016.

［3］李耀华，林玲玲．供应链管理［M］．3 版．北京：清华大学出版社，2018.

［4］顾东晓，顾佐佐，章蕾，陈欣．物流与供应链管理［M］．北京：清华大学出版社，2017.

［5］冯耕中．物流与供应链管理［M］．2 版．北京：中国人民大学出版社，2014.

［6］范碧霞，饶欣．物流与供应链管理［M］．上海：上海财经大学出版社，2016.

［7］吴群．物流与供应链管理［M］．北京：北京大学出版社，2015.

［8］李诗珍，关高峰．物流与供应链管理［M］．北京：北京大学出版社，2015.

［9］骆温平．物流与供应链管理［M］．北京：电子工业出版社，2008.

［10］苏尼尔·乔普拉，彼得·迈因德尔．供应链管理［M］．北京：中国人民大学出版社，2008.

［11］贾平．供应链管理［M］．北京：清华大学出版社，2011.

［12］张敏，黄中鼎．物流运输管理［M］．上海：上海财经大学出版社，2004.

［13］彭云飞，邓勤．现代物流管理［M］．北京：机械工业出版社，2009.

［14］邹辉霞．供应链物流管理［M］．北京：清华大学出版社，2009.

［15］马士华，林勇．供应链管理［M］．北京：机械工业出版社，2016.

［16］梭伦．库存管理胜经 现代企业经营者的存取之道［M］．北京：中国纺织出版社，2001.

［17］丁俊发．中国物流［M］．北京：中国物资出版社，2007.

［18］詹继兵．电子商务与物流［M］．大连：大连海事大学出版社，2014.

［19］阮喜珍．现代物流企业管理［M］．北京：机械工业出版社，2011.

［20］王喜富，沈喜生．现代物流信息化技术［M］．北京：北京交通大学出版社，2015.

［21］张川，张涛，王放．物流企业会计 基于管理者视角［M］．北京：中国人民大学

出版社，2017.

[22] 谢如鹤，刘广海，刘志学. 冷链物流［M］. 武汉：华中科技大学出版社，2017.

[23] 宋耀华. 传统物流与现代物流［M］. 北京：中国物资出版社，2007.

[24] 于宝琴. 现代物流技术与应用［M］. 重庆：重庆大学出版社，2017.

[25] 刘浩华. 物流学［M］. 北京：清华大学出版社，2016.

[26] 胡春森，袁荃. 物流与供应链管理［M］. 武汉：华中科技大学出版社，2012.

[27] 舒辉. 物流与供应链管理［M］. 上海：复旦大学出版社，2014.

[28] 孙国华，罗彦芳，刘伟华. 物流与供应链管理［M］. 北京：清华大学出版社，
2013.

[29] 王喜富. 大数据与智慧物流［M］. 北京：清华大学出版社，2016.

[30] 张宇. 智慧物流与供应链［M］. 北京：电子工业出版社，2016.

[31] 张佺举，张洪. 物流管理［M］. 北京：北京大学出版社，2014.

[32] 李创，王丽萍. 物流管理［M］. 2版. 北京：清华大学出版社，2016.

[33] 李严峰，张丽娟. 现代物流管理［M］. 4版. 大连：东北财经大学出版社，2016.

[34] 霍红，马常红. 物流管理学［M］. 北京：中国物资出版社，2008.

[35] 杨建华，王为人. 供应链物流管理教程［M］. 北京：清华大学出版社，2016.

[36] 邓明荣. 供应链管理［M］. 北京：机械工业出版社，2012.

[37] 王燕. 供应链风险管理［M］. 北京：中国财富出版社，2015.

[38] ［美］韦伯斯特. 供应链管理：原理与工具［M］. 蔡三发，邱灿华，王晓强译.
北京：机械工业出版社，2009.

[39] ［美］森尼尔·乔普瑞，彼得·梅因德尔. 供应链管理——战略、规划与运营［M］.
李丽萍等译. 北京：社会科学文献出版社，2003.

[40] 王丰. 现代物流配送管理［M］. 北京：首都经贸大学出版社，2008.

[41] 刘北林，付玮琼. 物流配送管理［M］. 北京：化学工业出版社，2009.

[42] ［美］辛奇·利维. 供应链设计与管理：概念、战略与案例研究［M］. 3版. 季
建华等译. 北京：中国人民大学出版社，2010.

[43] 姜大立，张剑芳，王丰，等. 现代物流装备［M］. 3版. 北京：首都经济贸易大
学出版社，2013.

[44] 汤兵勇，李瑞杰，陆建豪. 云计算概论［M］. 北京：化学工业出版社，2014.

[45] 张德丰. 大数据走向云计算［M］. 北京：人民邮电出版社，2014.

[46] 陈明. 大数据概论［M］. 北京：科学出版社，2014.

[47] ［英］维克托·迈尔-舍恩伯格，［英］肯尼思·库克耶. 与大数据同行［M］.
上海：华东师范大学出版社，2015.

[48] 关善勇. 流通加工与配送实务［M］. 北京：北京师范大学出版社. 2011.

［49］ 张亚辉，王庆，房大然. 流通加工技术［M］. 上海：上海交通大学出版社. 2009.

［50］ 于燕萍. 物流装卸搬运实务［M］. 北京：北京师范大学出版社. 2011.

［51］ 王成林. 装卸搬运技术［M］. 北京：中国财富出版社. 2012.

［52］ 王宇熹. 物流金融［M］. 上海：上海交通大学出版社. 2013.

［53］ 周利国. 物流与供应链金融［M］. 北京：清华大学出版社. 2016.

［54］ 宋华，于亢亢. 物流与供应链管理［M］. 北京：中国人民大学出版社，2017.

［55］ 倪卫涛. 基于智能物流的供应链包装系统集成分析［J］. 包装工程，2016，37（23）：203-208.

# 教学支持说明

## （教学课件）

　　建设立体化精品教材，向高校师生提供系列化教学解决方案和教学资源，是高等教育出版社"服务教育"的重要方式。为支持相应课程的教学，我们向采用本书作为教材的教师免费提供教学课件。

　　获取方式：烦请授课教师填写如下开课情况证明并寄出（或邮件）至下列地址（或邮箱）：

　　北京市朝阳区惠新东街 4 号富盛大厦 21 层　高等教育出版社高等文科出版事业部经济管理分社　　邮编：100029

　　电话：010-58581771/58581020

　　E-mail：zengfh@ hep. com. cn

　　或请加入管理专业类 QQ 群：23490416

------------------------------------------------------------

# 证　　　明

　　兹证明＿＿＿＿＿＿＿＿＿＿＿大学＿＿＿＿＿＿＿＿＿＿＿系/院第＿＿＿＿＿＿学年开设的＿＿＿＿＿＿＿＿＿＿＿＿＿＿课程，采用高等教育出版社出版的＿＿＿＿＿＿＿＿＿＿＿＿＿（书名和作者）作为本课程教材，授课教师为＿＿＿＿＿＿＿＿，学生＿＿＿＿＿＿＿个班共＿＿＿＿＿＿＿人。

　　授课教师需要与本书配套的教学课件。

　　联系人：＿＿＿＿＿＿＿＿＿＿＿＿＿

　　地址：＿＿＿＿＿＿＿＿＿＿＿＿＿＿　　　邮编：＿＿＿＿＿＿

　　电话：＿＿＿＿＿＿＿＿＿＿＿＿＿＿

　　E-mail：＿＿＿＿＿＿＿＿＿＿＿＿＿

系/院主任：＿＿＿＿＿＿＿（签字）

（系/院办公室盖章）

＿＿＿＿＿年＿＿＿＿＿月＿＿＿＿＿日